安徽省高等学校“十三五”省级规划教材

市场营销学

主　编　胡月英　张国宝
副主编　刘　菊　曹慧娟　雷　宇　张红军
参　编　赵伟峰　张德化　程英岭　刘　君
　　　　王崇彩　窦佳丽　胡礼梅

合肥工业大学出版社

前　言

党的十九大对高等教育提出了“加快一流大学和一流学科建设，实现高等教育内涵式发展”的要求，《教育部关于一流本科课程建设的实施意见》对本科教育提出了新的具体要求。为了适应高等教育发展的需要，进一步提高课程教学质量，我们特组织有关教师编写了本教材。

世界著名管理学家彼得·德鲁克精辟地指出：现代企业最重要的职能有两个，一个是创新，一个是营销。在市场经济条件下，加强市场营销是企业永恒的课题，搞好市场营销是搞活经济的前提和基础。一个企业的竞争力越来越取决于它的市场营销能力，从我国企业管理实践看，凡是有明确市场营销战略和实行营销型管理模式的企业，均能较好地抵御竞争的威胁，成为市场份额高、企业形象佳、经济效益好的优秀企业；而在困境中拼命挣扎却始终摆脱不了困境的企业，往往都是缺乏营销创新意识或实行的营销战略与策略不当的企业。因此，一个企业要想获得竞争优势，做到高质量发展，就必须高度重视市场营销工作。

市场营销学是一门建立在经济学、行为科学、现代管理理论基础之上的综合性的应用科学，以满足消费者需求为中心的企业活动过程及其规律性为研究对象，具有全程性、综合性、实践性和艺术性等特点。目前，市场营销知识不仅广泛应用于企事业单位和行政机构，而且已向社会经济生活的各个方面推广，例如大学生的就业与创业营销等。当今社会对市场营销人才的需求量非常大，因此培养高素质、有远见的现代市场营销人才，是高等学校经济管理类专业教育的重要任务。

由于市场营销学是一门应用性科学，在实践中学科内容更新和发展较快，不断有一些新思想、新理论和新方法出现，因此在编写本教材的过程中，我们尽量把市场营销的最新知识融入其中。为了体现教材的先进性、实用性、可读性，我们还设置了相关的特色栏目，以便读者更好地理解和掌握相关知识。本教材的主要特色如下：

（1）坚持立德树人，融入课程思政元素。本教材以习近平新时代中国特色社会主义理论为指导，在内容设计和案例的选择方面，将中华优秀传统文化和传统美德、职业文化、工匠精神等思想融入编写的内容，让学生树立正确的营销工作态度和服务人类美好生活需要的价值观念。

（2）根据市场营销的时代发展及现实需要，本教材增加了有关新媒体营销的学习内容。这主要是为了让学生了解新时代下新媒体发展的态势，培养学生具有新媒体营销的意识，并让学生初步掌握和运用新媒体营销的技巧与策略。

(3)为了拓展学生知识面，本教材设置了“延展阅读”栏目。该栏目主要是对教材相关知识点进行补充和延展，同时也是为了让学生能更好地学习和理解相关知识。

(4)本教材还在每章中设置了“导入案例”“结尾案例”等栏目。导入案例主要是为相关章节的内容提供背景知识，从而增加学生的知识储备；结尾案例更多的是对学生所学相关知识进行回顾、总结和运用。其目的是提高教材内容的可读性、应用性和实战性，让学生能更好地运用相关知识、提升实践能力。

(5)将校企合作共建的教研成果融入教材编写中。本教材的作者通过与安徽德力日用玻璃股份有限公司营销部门大力合作，在教材编写过程中吸收了校企合作的有关营销实战案例和教研成果，使教材内容更加鲜活生动。

(6)教材中设置了二维码识别图，学生可以扫码进入市场营销学慕课平台进行客观题练习。每个章节都配备了相应的习题练习，可以供学生自主学习和练习。学生可以通过慕课平台进行讨论和互动，这不仅丰富了教材的内容，还增强了教材的应用性。

(7)知识的学习、巩固和考核形式多样。本教材既有注重理论知识掌握的复习题，又有注重实践应用与探讨的思考题；既有简单的客观分析题，又有偏向综合知识运用的案例分析题。因此，学生可从不同角度、不同层面强化学习成果，提高学习效率。

本教材为安徽科技学院市场营销教学团队承担的安徽省高等学校省级质量工程项目成果(项目编号:2017ghjc178)。本书既可作为高等学校经济管理类专业的教材，又可作为企业市场营销管理者的培训用书，也可供相关读者自学时使用。

本教材的编写分工是：胡月英、王崇彩编写第一章，窦佳丽编写第二章，雷宇编写第三章，胡月英、赵伟峰编写第四章，曹慧娟编写第五章，刘菊编写第六章，张德化、王崇彩编写第七章，张红军编写第八章，刘君编写第九章，张国宝编写第十章，胡礼梅编写第十一章，张红军、程英岭编写第十二章。全书由胡月英、张国宝担任主编并统稿。

在本教材的编写过程中，所有参编教师都付出了辛勤汗水，我们对他们认真负责的态度表示敬意！合肥工业大学出版社对本教材的出版工作给予了大力支持与帮助，我们在此深表谢意！同时，在本教材的编写中，编者借鉴了国内外营销学者大量的最新研究成果，在此，谨向有关学者表示敬意与感谢！

尽管我们对编写工作高度重视，但由于水平有限，错误与不足之处在所难免，恳请同行与读者批评指正。

胡月英　张国宝

2020年10月28日

目　录

第一章 市场营销导论

【学习目标】

通过本章内容的学习，学生将了解当代企业所面临的市场挑战，掌握市场与市场营销相关概念的基本内涵，知晓市场营销理论产生和发展的过程，把握市场营销观念的新发展和新特点。

【导入案例】

海尔在沙尘暴里寻商机

进入21世纪以来，我国北方绝大部分地区都受到了沙尘暴或沙尘天气的影响。沙尘所到之处，天空昏暗、空气混浊，给我国北方人民的正常生活造成很大困难，并带来种种危害，使人们"谈沙色变"。在人们对沙尘暴束手无策之际，海尔集团却独具慧眼，在沙尘暴里发现了巨大商机。

海尔集团为此投入研发资金和力量，于2002年3月开发出"防沙尘暴Ⅰ代"商用空调，可谓"雪中送炭"，使产品的使用者在有限的空间之内，能有效地将沙尘暴的危害降低到最低限度，筑起了一道健康的"防护墙"。据悉，在海尔"防沙尘暴Ⅰ代"商用空调推向市场的两周时间内，仅在北京、西安、银川、太原、天津、济南等十几个城市就卖出去3700多套，部分城市甚至出现了产品供不应求的局面。仅凭"防沙尘暴Ⅰ代"商用空调，海尔商用空调销量便达到了上一年同期销量的147.8%。有市场需求才有相应的产品推出，海尔"防沙尘暴Ⅰ代"商用空调的应运而生，给处于沙尘之中的人们带来了享受清新生活的希望，也给其他企业带来了有益的启示。

第一节 当代企业面临的市场挑战与市场营销趋势

20世纪下半叶至今，世界经济形势发生了剧烈变化，对社会、个人产生了深刻的影响，使得当代企业面临众多的市场挑战。

一、当代企业面临的市场挑战

1. 经济全球化

经济全球化是指生产要素在全球范围内的流动，世界资源在全球范围内的配置，世界各国经济在全球范围内相互交融在一起，从而形成的有机整体。所以，经济全球化是资源在全球范围内的配置过程和结果。

经济全球化是一个动态的过程，自国际贸易产生后，世界就处于经济全球化进程之中。当初，由于各国实行"闭关锁国"的贸易保护主义，这一进程发展得较为缓慢。第二次世界大战之后，开放和自由化的倡导以及相应机制的建立，国际贸易和国际投资得到了飞速发展，从而使经济全球化的进程加快。自 20 世纪 80 年代以来，由于以下原因，这一进程得以快速发展：一是以计算机技术为代表的科技革命，带动了众多发达国家对外投资和对外贸易的发展；二是众多发展中国家为发展国民经济，纷纷采取对外开放和对内改革的政策，为发达国家的对外投资和对外贸易提供了广阔的市场，并且其自身也积极参与对外贸易和对外投资的国际竞争中；三是大量新兴工业化国家逐步走向成熟，在许多方面具备了与发达国家竞争的实力，尤其是在对外投资和对外贸易方面已经成为国际舞台上一股重要的力量；四是国际经济组织的努力工作和各国的积极响应，使得各种规则和制度更加趋于完善，产品和生产要素的自由化流动具备更加充分的条件。

经济全球化突出体现在以下几个方面：①投资全球化。国际投资分为直接投资和间接投资。就直接投资而言，其全球化的标志：一是从全球范围内来评估投资环境、进行投资决策的企业逐渐增多，其对外投资量也在逐步增加，即跨国公司的增多以及自身规模的扩大；二是全世界对外投资的量在迅速增加，发展中国家引进外资的力度也在不断加大。②生产全球化。其突出表现在国际分工以新的方式展开，生产变成了一种全球范围内的统一安排，各国的生产活动相互交融在一起，形成了全球生产的一体化。③贸易全球化。生产的全球化必然带来贸易的全球化，与国际分工的模式相适应，贸易的广度和深度都在增加。④金融全球化。其突出表现在：一是金融机构全球化，各国金融业在海外广设分支机构，实行跨国界金融兼并；二是金融市场全球化，各国国内金融市场和国外金融市场逐步接轨、交融，国内市场已经成为国际市场不可分割的部分，一国银行所吸收的资金可在全球范围内融通；三是金融衍生工具层出不穷并活跃于国际舞台，形成了巨大的交易规模。

在经济全球化进程中，有两股重要力量在发挥着极其重要的作用：一是电子技术和通信网络的发展，为各国经济的联系架起了桥梁；二是跨国公司成为经济全球化的中坚力量。在经济全球化的进程中，区域经济一体化得到了率先发展，使得投资、贸易、生产和金融首先在区域内得到完全的融合。欧洲联盟、美加墨协议、东南亚联盟、亚太经济合作组织等，都在以不同的程度加强地区经济一体化和推动经济全球化的发展。

经济全球化使得企业尤其是中小企业以及发展中国家的企业面临着严峻的挑战，面对越来越交融的各国经济，面对强大的跨国公司，面对众多的世界名牌，企业如何通过有效的营销在市场上占据一席之地，已成为企业生死存亡的关键。

2. 体验经济的发展

随着消费方式的变化，经济形态从过去的农业经济、工业经济、服务经济发展到了体验经济。所谓体验，是人们用个性化的方式来度过一段时间，并从中获得一系列以后可回忆的事件。一项服务被个性化之后，就变得值得回忆，所以把一项服务按照客户的内在需求个性化以后，它便成为一种体验。所谓体验经济，是指企业以服务为中心，以商品为媒介，使消费者在消费商品时留下对本商品的美好印象，并建立对品牌的忠诚，从而组织企业生产的经济形态。随着体验经济的到来，生产及消费行为发生了很大变化，厂商生产以体验为基础，开发新产品，加强与消费者之间的沟通，触动消费者的情感和情绪，增加产品的附加值，赢得消费者的认同。在消费方面，消费出现符号化趋势并越来越明显，消费不仅是消费者买有用的东西，更是消费者表达自己的手段。随着“体验”变成可以消费的商品，体验式消费或者符号化消费开始席卷全球。在服务经济之后，体验经济在经济形态中开始占据主导地位。

体验经济实质上是一种以客户为中心的经济，它在人类进入 21 世纪之际显露出来。这种经济的到来，由以下环境因素促成：一是科技进步，推动了生产力的发展，加快了产品更新换代，促使消费方式和消费内容不断转变；二是发展中国家市场化进程加速以及发达国家区域联盟建立，促进了世界经济一体化和世界市场的形成；三是电子信息技术的迅速发展和广泛使用，为消费者实现购物方式和消费方式的根本变革提供了可能；四是工农业高度发展，使人们不再为衣食住行发愁，有大量的休闲时间可供支配；五是现代交通和通信技术的日益发达，缩小了地域间的时空距离，促进了国际交流，它使不同国家和不同民族的文化传统、价值观念、生活方式得以广泛交流和融合，各种融合文化、消费意识、消费潮流不断涌现，并以前所未有的速度在世界范围内广泛扩散和传播；六是“人性”解放，物质生活和精神生活日益丰富，人们审美情趣和价值取向趋于多元化，从而拥有更多自由选择自己生活状态和生活方式的权利。

在体验经济时代，消费者的消费行为具有以下特点：一是从消费结构看，情感需求的比重增大；二是从消费内容看，大众化的标准日渐式微，趋向于对个性化的产品和服务的需求；三是从价值目标看，消费从注重产品本身转移到注重接受产品成本时的感受；四是从接受产品的方式看，人们已经不再满足于被动地接受企业的诱导和操控，而是主动地参与产品的设计和制造；五是从消费意识看，消费者的公益意识不断增强，希望自己消费绿色产品，成为“绿色消费者”，更加珍惜自己的生存环境，反对资源的掠夺式开发，追求永续消费。

面对环境的变化，企业必须以客户为中心，在将客户作为理性客户的同时，要学会体验营销，将营销的焦点放在客户体验上，把握消费者体验、传达感受，提供更多值得回味的情景和感觉，使顾客在广泛的社会文化背景中体验消费。只有如此，才能使顾客满意。

3. 绿色意识的增强

当代科学技术的发展，使人类的物质产品极大丰富。然而，自然资源的大量耗费和废弃物质的大量排放，使得人类的生存环境日益恶化，引起人们对环境问题的重视。尤其是 20 世纪 90 年代以来，绿色运动进入蓬勃发展时期。

当前，人类面临的自然环境问题主要包括：一是气候逐渐变暖；二是水资源的短缺和危机；三是土地日益退化；四是森林、矿物、海洋、能源等自然资源的衰竭；五是水、土壤、空气、噪声等环境污染；六是废弃物的大量产生和处理。同时，人们也面临日益严重的社会问题：一是消费者问题，其中一方面是消费者的消费需求日益旺盛使得资源消耗达到前所未有的程度，另一方面是消费者对产品质量、产品安全性和健康性以及广告的真实性、售后服务和消费歧视等问题十分关注;二是人口膨胀问题;三是城市化带来的交通、能源、住房、污染、就业等问题;四是劳动者权利被歧视等问题。

面对以上问题,人类真正的环保意识从20世纪60年代末70年代初开始出现,到80年代如火如荼,人们认识上的发展使90年代被冠以“环保时代”或“绿色时代”标记。人们不仅要求物质产品在数量上和质量上满足需要,也要求在环境质量上满足需要,从而形成以强调非物质价值为特点的绿色价值观。

面对环境问题以及人们价值观的改变,企业必须认识到:环境问题影响了市场需求,影响了企业的成本和资源,影响了企业的竞争环境,改变了经济法律规范,改变了社会道德规范。企业必须树立新的经营理念,建立社会责任感,重新审视自己所处的经营环境,挖掘新的市场机会,通过改变生产技术,生产出对社会和顾客有益的产品。这是当代企业所面临的新挑战。

4. 其他挑战

企业所面临的其他市场挑战还包括:技术的飞速发展,新产品层出不穷,市场竞争日趋激烈;IT产业的发展、互联网技术的普及日益改变着人们的生产服务方法和生活方式;人口老龄化、晚婚晚育、离婚率的增加,使得现代家庭变小;消费者越来越彰显个性,生活方式日趋多元化;等等。

各国经济发展水平不均衡,企业所面临的挑战也不一样。对于我国企业来说,除了上述挑战外,还面临以下挑战:面对全面过剩经济的到来,企业如何在买方市场的条件下学会生存与发展;面对人们收入水平的提高和消费者观念的日渐成熟,企业如何提高和维护产品与服务质量,打造品牌,维系顾客忠诚度;面对外来产品和企业的进入,市场竞争越来越激烈,企业如何提高核心竞争力;面对严格与规范的国际经贸规则以及区域市场保护问题,企业如何走向国际市场;面对逐步完善的市场经济体制和逐渐健全的法制,企业如何规范经营、平等竞争;等等。

面临上述一系列的市场挑战,企业如何审时度势,顺应变化与发展,开发产品,拓展市场,完善服务,满足顾客需求,有效开展市场营销,已成为企业成功与否的关键。

二、市场营销的10大趋势

1. 虚拟市场营销

21世纪市场营销因素的组合是信息与互联网技术的组合。以互联网技术为基础的高新技术与市场营销资源融合在一起,在信息社会发展的催化与影响下,生成新的市场营销模式——营销虚拟化:消费者身份虚拟化,消费行为网络化;广告、调查、分销和购物结算都通过互联网而转变为数字化行为。

20世纪工业时代创造的市场营销4PS要素与互联网技术资源重新整合,建立了一个全球性的统一而又抽象的市场。在这个市场上,商家不受空间限制地实行24小时网上营销,可以将产品或服务通过互联网最直接、最快速地传递给处于世界任何一个角落的客户。商品或服务的推广不再是面对面与客户进行,而是借助电脑与互联网和客户会面;客户不再是被动地去接受商品或服务,而是利用互联网、多媒体手段主动与企业建立互动式的商业关系。消费者通过互联网这个虚拟的购物空间决定自己的消费行为，标志着21世纪虚拟营销时代的到来。

2. 个性化市场营销

市场进一步细分化和个性化是未来市场发展的总趋势。菲利普·科特勒在其《想象本来的市场》一文中指出，未来市场经营者将把注意力从大的群体转移到特殊的、合适的目标群体。由于消费者需求的特殊性增强，不同消费者在消费结构、时空、品质等诸多方面的差异自然会衍生出"特殊的、合适的目标市场"，这些市场规模会缩小，但其购买力并不会相对减弱。目标市场特殊性的强化预示着消费者行为的复杂化和消费者的成熟。

21世纪的消费者大都具有良好的教育背景和日益个性化的价值观念，虽然他们总体上倾向于和大众保持同质化的产品或服务消费，但他们期望供货方在送货、付款、功能和售后服务等方面能满足其特别的需求，这是市场营销个性化的基础。

21世纪市场营销策略呈现细分化的发展趋势，完全不同于传统工业社会将消费群体相近的需求等同看待。根据单个消费者的特殊需求进行产品的设计开发，制定相应的市场营销组合策略，是21世纪营销个性化的集中体现。能够满足千差万别个性化需求的营销可能取决于高新技术的发展，因为互联网技术使信息社会供求关系变为动态的互动关系，消费者可以在全世界的任何地方、任何时间将自己特殊的需求利用互联网迅速地反馈给供给方，生产方也可以随时随地通过互联网了解和跟踪消费者的市场反馈。供需双方利用现代媒体相互沟通，使得工业时代难以预测和捉摸的市场变得逐渐清晰和有章可循，传统的市场调查在未来将渐渐失去其存在的价值。

3. 精简与反应快速的营销组织

信息社会的最大特征就是网络化和自动化。互联网所带来的速度、效率和不确定性，使得企业建立的营销组织必须变革才能适应新的市场营销环境。

美国著名管理学权威彼得·德鲁克指出，世界经济与技术正面临一个不连续的年代，在技术和经济上，在产业结构和经济理论上，在统领和管理的知识上，它将是一个瞬息万变的年代。社会的不确定性从本质上改变了传统市场营销组织设计的思路，适应网络时代变化的营销组织要求具有反应迅速、沟通畅通、加强行业内外的协调和互动的能力。传统的产品部门、分销部门、广告部门、公关部门和推销部门等都会被逐一淘汰。未来企业营销构架的特征不再设置中层管理机构，即20世纪层级组织体系将由网状组织体系取代。

由于信息化社会的市场竞争强调的就是速度，产品更新换代快、消费者行为变化快、竞争对手反应敏捷、信息技术日新月异等因素制约着市场营销组织建立的模式，因此，精简、富有弹性、互动极具效率并且高度自动化、网络化，将是营销组织在信息化社会设置的基本原则。

4. 以顾客为中心的市场营销管理

21世纪，以产品为导向的营销哲学将逐步转向以顾客为中心，全方位满足顾客需求，不断创造更新、更好的产品；市场营销管理的中心将从以往注重业务量的增长转向注重质量的管理;营销目标将从降低成本、提高效率转向开拓业务、提高顾客忠诚度方面。

工业时代市场竞争的焦点是产品和价格,降低生产成本、提高劳动效率决定了竞争的优势;进入21世纪之后,科技发展、全球经济一体化使得企业竞争的焦点变为对顾客的争夺。因为互联网的广泛应用和"信息爆炸",特别是电子商务的迅速崛起,改变了消费者传统的购买行为,顾客由以往购买产品的被动的信息接收者变为主动的信息搜寻者,现代高科技赋予消费者前所未有的权利,他们决定着信息价值的取舍;另外,消费者行为的个性化和多元化及其身份的国际化,也促使企业必须随时随地将市场营销管理的重点转移至顾客的开发和维系上来。可以说,没有同顾客的信息交流与互动,就没有企业的存在。

【延展阅读】

营销管理趋势:"三个转变"

一是从硬式管理向柔性管理的转变。传统营销管理的特点主要体现为集中管理和硬性管理,通过大量硬性指标和规章制度来强化对营销人员的管理;同时,营销管理者与被管理者之间的双向沟通缺乏,营销管理的效率不高,组织绩效低下。可以说这种滞后的营销管理在新经济的冲击下不堪一击。在传统工业经济时代,生产和经营是通过庞大的规模和集中的管理来获得高效率的。但是在新经济时代,知识型营销人员增多,靠强制性的硬式管理不但不能见效,反而会起副作用。知识型员工更需要与管理者沟通,过去"你说我听"的指令型管理模式需要改变为双向沟通模式。知识和信息在营销中的应用正成为现代营销管理的发展方向,如以数字化管理为代表的柔性营销管理。此外,在知识经济时代,企业不再把传统工业经济时代沿袭下来的速度、数量、产值作为追求的目标,不再只注重以往的流水线等严密的分工组织形式和工艺流程,而是重视人的主观能动性、独立性和创造性。

二是从忽视企业内外部协调向运用客户关系管理系统联结内外部营销管理转变。传统营销管理观念存在着明显与新经济不相适应的方面,即营销管理缺乏内外部协调。传统营销管理要么是只重视内部产品和人员的管理,要么是只重视外部公共关系的开展,而没有将内外部营销管理有机地结合起来,新经济强调的是持续发展,"重外轻内"或"重内轻外"都将妨碍企业的长期发展。营销的目的是要满足顾客的需求,因而企业要在重视内部营销管理的同时,将重心转移至外部顾客服务上来,特别是要注意通过加强内部的管理来实现外部的顾客满意目标。客户关系管理是一种倡导企业以客户为中心的营销管理思想和方法,已成为营销管理的必然趋势。

三是从忽视营销管理的整合到大力实施整合营销管理的转变。市场营销策略主要包括"4P",营销管理的整体效果取决于"4P"的整合程度。根据木桶原理,即木桶盛水的多少取决于木桶的最短板而非最长板。那么营销效果实际上是取决于“4P”中最弱的方面，而非做得最好的方面。企业在进行营销活动时，非常重视促销（尤其是广告）和价格，这未免有失偏颇。在营销管理中强化营销组合的整合程度是营销管理成败的关键。整合营销是一种通过对各种营销工具和手段的系统化结合，并根据环境进行即时性动态修正，使交换双方在交互中实现价值增值的营销理论与营销方法。这一营销方式已成为营销管理的又一趋势。

5. 市场营销人员成为咨询顾问

21 世纪是知识经济时代，营销管理人员存在的价值不再是推销产品和服务，而是充当信息咨询顾问。因为营销功能的实现在很大程度上依赖各种网络系统，营销人员的作用是要借助互联网等各种信息系统为客户提供各种解决问题的方案，而不是简单地诱劝顾客或向顾客推销产品。

由于营销人员的角色已转换为辅助消费者采取购买行为的顾问，因而他们不但要适应信息化社会千变万化的需求、全面掌握和了解市场全球化的发展趋势以及应对技术创新而带来的营销观念、营销理论和营销策略的不断变化，还要将自己培养成为洞悉消费者行为、精通业务分析的专家。

6. 产品多样化、产品生命周期缩短

21 世纪与工业时代相比，其中一个最大区别就是高科技的发展极大地影响着人类的生产方式和生产领域，数字化的经济模式使得产品生产不仅越来越多样化，而且越来越容易。由此而引发的问题是：技术的高度发展降低了生产成本，使市场上出现越来越多同质性很强的商品；先进的技术又会加速产品的发明创造，使得一种新产品在市场上停留的时间越来越短。

产品多样化满足了消费者个性化的消费需求，同时也加剧了市场竞争的激烈程度。工业时代早期的产品寿命周期少则数年，多则几十年甚至上百年。而当今以电脑为代表的电子产品寿命周期已经缩短到了以半年为一个周期，有些软件产品寿命周期仅有几个月 ，这已经是不足为奇的事了。21 世纪的市场竞争会越来越激烈。

7. 市场营销国际化

工业社会的市场壁垒随着互联网和全球经济一体化进程的加快而被逐渐打破，知识经济和信息社会将全球融合为一个巨大的没有时空差异的统一市场。社会的发展客观地把现代企业营销置于一个国际化的环境之中。

可以预计，随着自由贸易区域的扩大和各国对外国投资政策法规的放宽，全球市场将进一步开放，所有的企业面临的市场竞争不仅来自本国，更严峻的是要接受外国强大竞争者的挑战。全球性的战略联盟进一步加速了市场营销的国际化，特别是国家之间、区域之间和跨国公司之间的战略性联合，缩短了国际市场之间的差异和距离。尽管目前全球联盟仍未形成大规模发展的趋势，但互联网的迅猛发展客观上为各种联盟创造了良好的条件。近年来，西方航空制造业、汽车业实现联盟之后，市场营销战略的全球一体化大大增强了其品牌在国际市场上的竞争力。

8. 品牌趋向全球一致

与市场营销国际化相对应的必然是品牌的全球化。造成品牌全球化的主要原因，一方面是市场的开放和消费者购买模式的标准化，另一方面则是全球范围内跨国公司之间的合并。

与工业社会不同，越来越多的品牌可以在世界市场范围内流通，消费者在任何一个国家都可以买到他所熟悉的时装、快餐、旅游服务等。特别是网络营销和电子商务的出现，降低了品牌全球化的运作成本，使无数过去在传统工业社会难以跨出国界的品牌，可以一夜之间进入国际市场，面向全球的消费者；同时，也使消费者坐在家里就可以轻松买到过去无法在本国买得到的世界知名品牌。世界著名的营销战略家、定位理论的奠基人杰克·特劳特在分析未来市场品牌的意义时指出，有两类竞争者是成功的：一类是强有力的品牌、大的品牌，这类公司能够在全世界范围内谋求利益；另一类是专门化的或定位很好的品牌。

9. 数字化分销渠道

21 世纪，人类迅速进入数字化生存时代。商业过程的高度自动化和网络化将市场营销中的分销移植到了互联网，实现了真正的虚拟营销。电子商务改变了工业时代传统、物化的分销体制，企业必须为适应 B2B 或 B2C 的业务开展，在网上建立全新的分销模式。

数字化分销渠道缩短了生产与消费之间的距离，节省了商品在流通中经历的诸多环节，消费者或用户通过互联网就可完成购买行为。在网上购物不仅可以节省时间，方便快捷，而且还省钱、省力。互联网对于传统的市场营销最具革命性的影响就在于此。虽然全球电子商务的推广与发展还未能完全取代传统的分销体制，但数字化分销的电子商务带来的是 21 世纪全球性的商业革命。无论是 B2B 还是 B2C，全球电子商务正以飞快的速度推动着网络交易的发展。据统计，2019 年我国全年社会消费品零售总额为 41.2 万亿元，其中网上零售额突破 10 万亿元，占社会消费品零售总额的 25.25%。如何利用互联网建立自己的分销体系，如何将数字化的分销渠道和传统的分销体系有机结合起来，如何在网上和客户建立长久的合作关系，这些都是现代企业在 21 世纪相当长的一段时间内必须面对和思考的问题。

10. 高科技市场营销

20 世纪末，人类开始进入高科技时代。电脑、互联网、激光、生物工程、卫星通信等新技术的出现和应用，不仅改变和影响了人们的生活方式和生活质量，还改变了传统的市场营销管理体系和原则。全球知名企业咨询专家科克·泰森在他所著的《21 世纪企业制胜法则》中指出：在 20 世纪时，科技不断发展，改变更是屡见不鲜；21 世纪的改变步伐，将呈现前所未有的速度。20 世纪末的后 20 年，科技发展所带来的进步，远胜于过去 200 年的发展。可见，未来高科技营销管理将是企业制定市场营销战略的重点。在产品策略的组合方面，高科技所占比重会越来越高。高科技产品在市场总体份额中逐渐超过传统产品的市场比重，出现供给引发需求而不是需求决定供给的现状，源于新产品的问世皆是基于高科技的不断创新，在这一点上完全不同于传统营销理论强调的由调查研究市场需求之后而确定供给的模式。

产品日益高科技化的发展趋势进一步加速了产品寿命周期的缩短；同时，由于产品科技含量高、更新换代速度快以及科技发明层出不穷等因素，加之消费者对高科技产品认识不足和缺乏消费经验，促成高科技市场营销环境充满风险和不确定性，因而营销人员无法按照常规方式预测、把握市场对新产品的需求特性和相关数据。这些就是高科技行业利润高、风险也高的缘由。

显而易见，高科技营销除了注重持续创新，建立专业分工协作体系以抵御其风险性经营之外，围绕高科技产品创建的相应服务体系亦显得尤为重要。因为服务体系不只是解决客户对高科技产品缺乏了解等问题并解除其购买的后顾之忧，更为重要的是21世纪高科技产品的竞争最终都归结为服务的较量。

第二节　市场与市场营销

一、市场

市场属于商品经济的范畴，是社会分工和商品经济的产物。社会分工越细，商品经济越发达，则市场规模和范围就越大。市场随着社会生产力和商品经济的发展而发展，人们对市场的认识也随着市场的变化而不断深化。

1. 市场的概念

市场具有丰富的、多层次的内涵，可以从不同视角理解市场的内涵。

(1)市场是商品交换的场所

最古老、最传统的市场定义，是指买卖双方购买或出售商品进行交易活动的空间和地点。但是，随着信息技术的快速发展，出现各种无场所的交易方式和活动，如消费者可以坐在家里通过网络进行购物，因此以“固定场所”对市场加以界定就存在明显的局限性。

(2)市场是商品交换关系的总和

这是从经济学角度对市场所做的抽象与概括。只要有社会分工，只要存在商品生产和商品交换，就肯定有市场存在。市场是买卖双方为实现商品交换的目的而形成的，通过商品交换满足各自的需要，因此市场体现了买卖双方这种交换关系，更深层次的是市场反映了买卖双方之间的经济关系。

(3)市场是某种产品或服务的实际购买者和潜在购买者的集合

从营销角度来看，卖方构成行业，买方构成市场。行业和市场的关系如图1-1所示，买卖双方通过商流、物流、资金流和信息流联系起来，卖方把产品、服务和信息传递到市场，然后收回货币及信息；买方从行业获取信息、产品和服务，同时支付货币、提供信息反馈。换句话说，市场就是顾客，是现实顾客和潜在顾客之和，市场的本质则是顾客的需求。

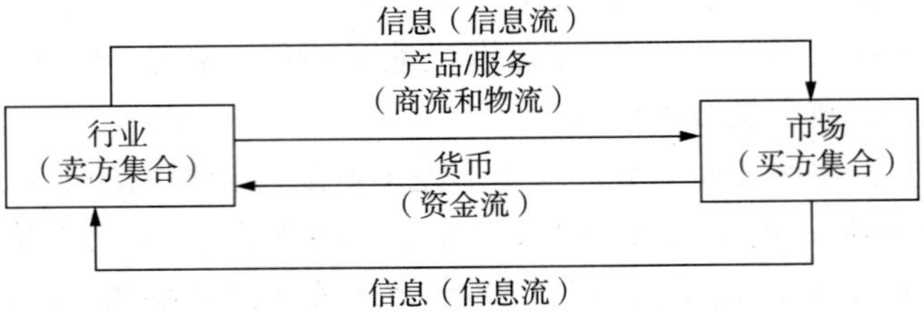

图 1-1　简单的市场营销系统图

2. 市场的构成要素

美国著名的市场营销学家菲利普·科特勒指出：市场是由一切具有特定欲望和需求并且愿意和可能从事交换来使欲望和需求得到满足的潜在顾客所组成的消费者总体。市场包括三个主要因素：有某种需求的人、为满足这种需求的购买欲望和购买能力。其关系为：

市场＝人口＋购买欲望＋购买力

市场的这三个组成要素相互制约、缺一不可，只有这三个要素统一起来才能构成现实的市场，才能决定市场的规模与容量。

人口是构成市场的基本要素，哪里有人，哪里就有消费，当人口集聚到一定程度、消费者群发展到一定规模时，就有形成市场的可能性。我国是一个拥有 14 亿人口的大国，诸如可口可乐、沃尔玛、奔驰等一大批世界知名的跨国公司纷纷进入我国市场，看中的就是众多的中国人口带来的巨大消费潜力。购买欲望和购买力也是市场的必备因素。购买欲望是潜在消费者转化为现实购买者的重要条件，而具备了购买能力的需要才能形成真正意义上的市场。非洲国家的汽车市场不够发达，销售量比不上欧美发达国家，这并不是非洲国家的消费者不想买车，而是当前它的大部分消费者还不具备这种购买能力。所以，市场是上述三个要素的统一。

二、市场营销

1. 市场营销的含义

市场营销就是辨别并满足人类和社会的需要。对市场营销最简洁的定义，就是“满足别人并获得利润”。eBay 公司在意识到人们于当地不能买到最想要的物品时，就发明了网上竞拍业务；宜家公司在意识到人们想购买廉价、质量高的家具时，就增加了可拆卸与组装的家具业务。所有这些都证明：市场营销可以把社会需要和个人需要转变成商机。

什么叫市场营销？国内外众多学者从不同角度，运用发展的观点对市场营销(Marketing)下了不同的定义。其中较为权威的是美国市场营销协会（AMA）、菲利普·科特勒以及格隆罗斯的定义。美国市场营销协会根据市场营销理论与实践的发展，不断更新市场营销的定义。1960 年，美国市场营销协会采用的市场营销定义为：市场营销是引导产品或劳务从生产者流向消费者的企业营销活动。1985年,美国市场营销协会第一次更新了市场营销的定义:市场营销是为创造能够满足个人和组织目标的交换而对有关思想、产品及服务进行构思、定价、促销及分销进行计划和实施的过程。这一定义也就是当今所见到的关于市场营销的最普遍定义。2004年,美国市场营销协会吸纳了营销界理论与实践的最新发展成果,再次修订市场营销的定义:市场营销是创造、沟通与传送价值给顾客,以及经营顾客关系以便让组织与其利益关系人受益的一种组织功能与程序。

除美国市场营销协会的两个经典定义和一个最新定义外,营销管理学派的代表人物——美国西北大学教授菲利普·科特勒、欧洲关系营销学派的代表人物——格隆罗斯于20世纪90年代对市场营销所下的定义也被世界各国市场营销界广泛引用,成为两个学术流派的权威定义。

菲利普·科特勒是美国著名的市场营销学家,创造了完整的营销理论体系,是当今营销学界的权威,被公认为"现代营销学之父"。他将市场营销定义为:市场营销是通过创造和交换产品及价值,从而使个人或群体满足欲望和需要的社会和管理过程。

格隆罗斯认为:市场营销是在一种利益之下,通过相互交换和承诺,建立、维持、巩固与消费者及其他参与者的关系,实现各方的目的。这一定义强调营销的目的是在共同的利益下,建立、维持、巩固"关系",实现双赢或多赢。

根据上述关于市场营销的定义,我们可以通过以下几个基本要点来理解市场营销概念的内涵:

① 市场营销的核心功能是交换。交换是以提供某物作为回报而与他人换取所需要物品的行为。因为交换活动存在于市场经济条件下的一切社会经济生活中。

② 市场交换活动的基本动因是满足交换双方的需求和欲望。从市场营销的视角观察市场交换活动,顾客购买是对某种需求和欲望的"满足",企业产出的是能使顾客的这种需求和欲望得到"满足"的方法或手段。

③ 市场营销活动的价值实现手段是创造产品与价值。市场营销意味着企业应先有市场后有工厂,整合各种可利用资源,创造出能使顾客的需求和欲望得到"满足"的方法或手段。

④ 市场营销活动是一个社会和管理过程,而不是某一个阶段。市场营销活动包括决策的过程和贯彻实施该决策的过程,需要全部工作的协调平衡才能达到目标。

2. 市场营销的核心概念

为了更好地理解、学习和研究市场营销,首先需要掌握市场营销的一些基本的核心概念。

(1)需要、欲望和需求

人类的需要和欲望是市场营销活动的出发点。需要是指没有得到某些基本满足的人的感受状态,包括对食物、水分、空气、睡眠、性等的生理需要以及安全、归属感、尊重和自我实现等心理需要。这些需要不是营销人员创造的,而是人类固有的。欲望是指人们想得到基本需要的具体满足物的愿望。欲望受到社会文化和人们个性的限制。如饥饿时,美国人想要的是一个汉堡包、一袋炸薯条和一杯饮料等,中国人想要的可能是一碗米饭或者一个馒头等。需求是指人们对于有能力购买并且愿意购买的某个具体产品的欲望。需求对市场营销最具现实意义，企业必须高度重视对市场需求的研究，研究需求的种类、规模、人群等现状，尤其是要研究需求的发展趋势，以准确把握市场需求的方向和水平。

(2)产品和服务

产品是满足人们各种欲望与需要的任何方法或载体。除了有形的物品，如轿车、饮料等，还包括服务，如银行服务、管理咨询等。服务是一种具有不可储存、生产和消费同时进行等特点的无形产品。更广泛的产品定义还包括经验、信息、思想等。对于产品，重要的并不是它们的形态、性能和对它们的占有，而是它们所能够解决人们因欲望和需要而产生的问题的能力。如买轿车不是为了观赏，而在于它能够提供交通服务；买饮料的根本目的在于解渴，而非其他用途。

(3)价值、满意与质量

价值是产品或服务所具有的、带给消费者并使消费者在消费过程中所感受到的满足程度，是人们满足欲望时的主观感受和评价。一般说来，消费者总是购买那些单位支出具有最大价值的产品。满意是一种心理状态，是顾客根据消费经验所形成的期望与消费经历一致时而产生的一种心情状态。质量是产品或服务满足顾客需要的性质与特征之和。质量必须起始于顾客的需要，结束于顾客的满意。

(4)交换、交易和关系

只有当人们决定通过交换来取得产品、满足自身需要时，营销才会发生。交换是以某些东西从其他人手中换取所需要产品的行为，是定义营销的基础。交换一般包含5个要素：①有两个或两个以上的买卖者；②交换双方都拥有对方认为有价值的东西；③交换双方都拥有沟通信息和向另一方传送货物或服务的能力；④交换双方都可以自由接受或拒绝对方的产品；⑤交换双方都认为值得与对方进行交换。当这5个条件满足以后，交换才可能发生。但是，交换是否真正发生，最终还取决于交换双方是否找到了交换的条件，或者说，交换双方是否能认同交换的价值。如果双方确认通过交换能得到更大的利益和满足，交换就会实际发生。交易是交换活动的基本单元，是双方之间的价值交换。在交易中，通常是一方将某物给予另一方，并从对方获取另一物作为回报。例如，用1000元从专卖店中买回一台电视机，这是货币交易；也可以是易货交易，如用旧冰箱换对方的旧电视。应该指出的是，交换不仅仅是一种交易，也是建立关系的过程。精明的营销人员总是试图与顾客、批发商、零售商以及供应商建立起长期互利、相互信任的关系，而这些关系要靠不断承诺以及为对方提供高质量产品、良好服务及公平价格来实现，靠双方加强经济、技术及社会联系来实现。关系营销的目标是企业建立一个由公司及其他利益相关者所构成的营销网络，这个网络包括顾客、员工、供应商、分销商、零售商、广告代理人等。

三、市场营销的功能

世界著名管理学家彼得·德鲁克精辟地指出：现代企业最重要的职能有两个，一个是创新，一个是营销。市场经济条件下，加强市场营销是企业永恒的课题，搞好市场营销是搞活经济的前提和基础。企业市场营销作为一种活动，有以下4项基本功能：

① 发现和了解消费者的需求。现代市场营销观念强调市场营销应以消费者为中心，企业也只有通过满足消费者的需求，才可能实现企业的目标，发现和了解消费者的需求是市场营销的首要功能。

② 指导企业决策。企业决策正确与否是企业成败的关键，企业要谋得生存和发展，最重要的是做好经营决策。企业通过市场营销活动，分析外部环境的动向，了解消费者的需求和欲望，了解竞争者的现状和发展趋势，结合自身的资源条件，指导企业在产品、定价、分销、促销和服务等方面做出相应的、科学的决策。

③ 开拓市场。企业市场营销活动就是通过对消费者现在需求和潜在需求的调查、了解与分析，充分把握和捕捉市场机会，积极开发产品，建立更多的分销渠道并采用更多的促销形式，开拓市场，增加销售。

④ 满足消费者的需求。满足消费者的需求与欲望是企业市场营销的出发点和中心，也是市场营销的基本功能。企业通过市场营销活动，从消费者的需求出发，并根据不同目标市场的顾客，采取不同的市场营销策略，合理地组织企业的人力、财力、物力等资源，为消费者提供适销对路的产品，做好销售后的各项服务，让消费者满意。

第三节　市场营销学的产生与发展

市场营销学于20世纪初期创建于美国。市场营销学的思想改变了人们对社会、市场和消费的看法，形成了一套新的价值理念和行为准则，对社会产生了巨大的影响。

一、西方市场营销学的发展

西方市场营销学的产生与发展同商品经济的发展、企业经营哲学的演变密切相关。从美国市场营销学发展的历史过程来看，市场营销学的发展大体可分为6个阶段。

1. 萌芽阶段(1900—1920)

这一时期美国等主要资本主义国家先后完成工业革命，生产力迅速提高，工业迅猛发展，市场商品空前丰富，市场竞争日趋激烈，促使企业日益重视广告和销售活动。专业化的广告公司在美国日渐活跃，发挥着重要的市场营销职能。连锁商店、邮购商店的产生和发展，给市场营销带来了薄利多销的新观念。该时期出现了一些市场营销研究的先驱者，其中最著名的有巴特勒、赫杰特齐、阿克·肖、斯威尼和韦尔德。

早在1902年，美国密歇根大学、加州大学和伊利诺伊大学的经济系就开设了有关市场营销课程，宾夕法尼亚大学、匹兹堡大学、威斯康星大学等也相继开设了此课程。第一次提出“市场营销”名词的是威斯康星大学教授巴特勒，在其著作《市场营销思想的发展》中记述了他最终决定使用“市场营销方法”(Marketing Method)作为其开设的一门专门讨论商业活动的课程名称。此后，“市场营销”这个名词被广泛接受，成为很多著作的书名。

1912年，哈佛大学教授赫杰特齐通过走访大企业主，并在了解他们如何进行市场营销活动之后，出版了第一本关于市场销售学的教科书，它是市场营销学作为一门独立学科出现的标志。这本教材同现代市场营销学的原理、概念不尽相同，它主要涉及分销和广告学。同年，阿克·肖在《经济学季刊》上发表了《关于市场分销的若干问题》的论文，率先把商业活动从生产活动中分离出来，并从整体上考察分销的职能。同时，他还出版了广告方面的书籍。阿克·肖有关广告和分销的重要思想对日后美国市场营销的发展起到重要的影响。斯威尼和韦尔德也是美国最早使用“市场营销”术语的学者。韦尔德提出：经济学家通常把经济活动划分为生产、分配、消费三大类，其中生产被认为是效用的创造，从这个意义上说，市场营销应当定义为生产的一个组成部分，生产是创造形态效用，营销则是创造时间、场所和占有效用，所以市场营销开始于制造过程结束之时。

综上所述，这一阶段的市场营销理论同企业经营哲学相适应，即同生产观念导向相适应，其依据的是以供给为中心的传统经济学。

2. 功能研究阶段(1921—1945)

美国消费经济结构在第一次世界大战以后的十几年间发生了明显的变化。由于美国经济的发展和国际地位的提高，国民收入迅速增加，人民生活水平显著提高，美国一跃而成为世界上消费水平最高的国家。但是美国国内分配不均的现象日趋严重，尽管国民收入大幅度增加，但广大消费者中间却蕴藏着大量未满足的需求。美国消费经济结构的变化，再度引起了学术界和企业界研究市场营销理论的热潮。这一时期的研究以市场营销职能研究为最突出的特点。此阶段的代表人物有克拉克、亚历山大、萨菲斯、埃尔德和奥德逊。

1932 年，克拉克和韦尔德出版了《美国农产品营销》一书，对美国农产品营销进行了全面的论述，指出市场营销的目的是使产品从种植者那儿顺利地转到使用者手中。这一过程包括三个重要又相互有关的内容：集中(购买剩余农产品)、平衡(调节供需)、分散(把农产品化整为零)。这一过程包含 7 种市场营销功能：集中、储藏、财务、承担风险、标准化、推销和运输。亚历山大、萨菲斯、埃尔德、奥德逊等在其著作《市场营销》中继续强调市场营销职能研究，并列举了美国全国市场营销协会定义委员会在 1934 年提出的各种市场营销职能：①商品化；②购买；③销售；④标准化和分级；⑤风险管理；⑥集中；⑦融资；⑧运输以及管理；⑨储存。1942 年，克拉克出版的《市场营销学原理》一书，在职能研究上有所创新，把市场营销职能归结为三大类：交换职能——销售(创造需求)和收集(购买)，物流职能——运输和储存，辅助职能——融资、风险承担、市场信息沟通和标准化等。

这一阶段的研究主要集中在市场营销职能上，但对于销售职能的解释却耐人寻味。克拉克和韦尔德认为销售就是寻找买主；亚历山大则提出，销售应该更富有主动性，要说服现有顾客和潜在顾客购买；1942 年克拉克又提出销售是创造需求。从销售定义的演变中，我们可以窥见市场营销观念的雏形。

3. 形成和巩固时期(1946—1955)

第二次世界大战以后，社会主义国家纷纷诞生，众多殖民地国家获得了独立，导致资本主义世界市场相对狭小，而战时膨胀起来的生产力又急需寻找新的出路，市场竞争日趋激烈。为适应这种情况的变化，研究市场营销学的学者们除了继续从经济学中吸取养料外，开始转向社会科学的其他领域寻觅灵感。此时，职能研究仍占据重要地位。这一时期的代表人物有范利、格雷特、柯克斯、梅纳德和贝克曼。

1952 年，范利、格雷特和柯克斯合著的《美国经济中的市场营销》一书，反映了经济学对市场营销思想的影响，全面地阐述市场营销如何进行资源配置、如何影响个人收入的分配、哪些因素影响人们的需求和购买等等。同时，该书认为，市场营销能够平衡供给和需求，并把市场营销当作一种分配稀缺资源的指导力量。他们依然把职能研究视为市场营销学的核心内容，提出市场营销职能应包括购买、销售、定价以及地区内或地区间交换。同年，梅纳德和贝克曼在其合著的《市场营销原理》中提出了市场营销的定义：市场营销是影响商品交换或商品所有权转移以及为商品物流服务的一切必要的企业活动。该书归纳了研究市场营销学的五种方法，即商品研究法、机构研究法、历史研究法、成本研究法及功能研究法；同时指出，市场营销原理是对一般规律的阐述。这些市场营销原理组合在一起时，便构成了市场营销理论。

由此可见，市场营销理论在这一时期开始形成。市场营销已被明确为是满足人类需要的行为，市场营销调研也在现实经济生活中受到了越来越广泛的重视，甚至连市场营销的社会效益也开始受到人们的重视，传统市场营销学已然形成。

4. 市场营销管理导向时期(1956—1965)

在此期间，美国国内生产和生活方式发生了巨大变化，市场营销理论研究也开始迈进一个新的里程，即市场营销管理导向阶段。其间，对市场营销思想做出卓越贡献的代表人物有奥德逊、霍华德和麦卡锡。

1957 年，奥德逊在《市场营销活动和经理行动》一书中提出“职能主义”。他解释说，职能主义是一种科学哲学，它从寻找某种行动机制出发，并力图解释这种机制是如何运转的。市场营销的职能就在于促进有利于双方的买卖。因此，奥德逊提出经理必须认识市场中供需多样的事实，利用本企业的优势，寻找机会，达成交易。

霍华德在其《市场营销管理：分析和决策》中主张从市场营销管理的角度论述市场营销理论和应用。该书内容有四个特色：①提出管理决策导向；②运用市场分析方法；③强调经营经验；④引进了行为科学理论。霍华德指出，市场营销管理的实质是企业“对于动态环境的创造性适应”，并提出了市场营销经理的任务就是运用这些手段来实现最佳的环境适应，企业要在动态环境里生存和发展，就必须根据形势的变化采取相应的政策措施。

麦卡锡在其《基础市场营销》一书中描述了研究市场营销的三种方法：商品研究法、机构研究法和职能研究法。此外，他还对美国市场营销协会定义委员会在 1960 年给市场营销所下的定义进行了修正，进而提出自己的定义：“市场营销就是指将商品和服务从生产者转移到消费者或用户时所进行的企业活动，以满足顾客需要和实现企业的各种目标。”麦卡锡强调说：“不是生产，而是市场营销决定了应该生产什么产品，制定什么价格，在什么地方以及如何出售产品或做广告。”麦卡锡在市场营销管理理论方面提出了新的见解。他把消费者看作是一个特定的群体，称其为目标市场。同时，他一方面考虑企业的各种外部环境；另一方面制定企业的市场营销组合策略，通过策略的实施，适应环境，以满足目标市场的需要，实现企业的目标。

从上面的分析中可以看出，霍华德只是从企业环境和市场营销策略两者的关系来讨论市场营销管理问题，强调企业必须适应外部条件；而麦卡锡则提出了以消费者为中心，全面考虑企业内部和外部条件，以促成企业建立各项目标实现的市场营销管理体制。

5. 协同和发展时期(1966—1980)

经过前几个阶段的发展，这一时期的市场营销学又吸收了行为科学、管理科学，以及心理学、社会学等学科的众多理论，市场营销理论进一步成熟，市场营销概念和原理的运用日益普及。其间，乔治·道宁和菲利普·科特勒等学者为市场营销理论的发展做出了突出贡献。

道宁的主要贡献在于首次提出了系统研究法。他在《基础市场营销：系统研究法》一书中提出，市场营销是企业活动的总体系统，通过定价、促销、分销活动，并通过各种渠道把产品和服务供应给现实顾客和潜在顾客。道宁力图阐明企业为什么以及如何在其所选择的市场上经常不断地修正自己的行动，以增强适应性。企业作为一个系统，它同时存在于一个由市场、资源和各种社会组织等组成的大系统之中，它将受到大系统的影响和制约，同时又反作用于大系统。道宁强调说，市场营销并非仅仅是某种职能，它是一个贯穿始终的过程。

科特勒是当代市场营销学界最有影响的学者之一。他所著的《市场营销管理：分析、计划与控制》一书更全面、系统地阐述了现代市场营销理论，1967 年该书出版后成为美国各管理学院最受欢迎的教材，并多次再版，还被译成十几国文字，受到各国管理学界和企业界的高度重视。科特勒精辟地给营销管理下了定义："市场营销管理就是通过创造、建立和保持与目标市场之间的有益交换和联系，以实现组织的各种目标而进行的分析、计划、执行和控制过程。"他指出其管理体系包括：①分析市场营销机会；②确定市场营销战略；③制定市场营销战术；④组织市场营销活动；⑤执行和控制市场营销努力。科特勒突破了传统市场营销学认为营销管理的任务只是刺激消费者需求的观点，进一步指出了营销管理任务还影响需求的水平、时机和构成，因而提出营销管理的实质是需求管理；还提出了市场营销是与市场有关的人类活动，既适用于营利组织，也适用于非营利组织，扩大了市场营销学研究和应用的领域。

6. 分化和扩展时期(1981 年至今)

在此期间，市场营销领域又出现了大量丰富的新概念，使得市场营销这门学科出现了变形和分化的趋势，其应用范围也在不断地扩展。

1981 年，莱维·辛格和科特勒对"市场营销战"这一概念及其理论在市场中的应用进行了研究。几年后，列斯和特罗在此基础上出版了《营销战》一书。1981 年，瑞典经济学院的克里斯琴·格罗路斯发表了论述"内部营销"的论文，科特勒也提出要在企业内部创造一种市场营销文化，即企业市场营销化的观点。1983 年，西奥多·莱维特对"全球营销"问题进行了研究，提出过于强调对各个当地市场的适应性，将导致生产、分销和广告方面规模经济的损失，从而使成本增加。因此，他呼吁多国公司向全世界提供一种统一的产品，并采用统一的沟通手段。1984 年，科特勒根据美国国内市场的具体情况，提出了大市场营销理论，即“6P”战略：在原来的“4P”策略上加两个“P”，即政治权力(Power)及公共关系(Public Relation)。他提出了企业不应只是被动地适应外部环境，而且也应该影响企业的外部环境的战略思想。1985 年，巴巴拉·本德·杰克逊提出了“关系营销”“协商推销”等新观点。在此期间，“直接市场营销”也是一个引人注目的新问题，其实质是以数据资料为基础的市场营销；只有事先获得大量信息并通过电视技术，直接市场营销才会成为可能。

20 世纪 90 年代，关于定制营销、营销网络、政治营销、绿色营销、差异营销、市场营销决策支持系统、市场营销专家系统等新的理论与实践问题开始引起学术界和企业界的关注。进入 21 世纪，互联网的发展与应用，推动着网上虚拟经济的快速发展，基于互联网的网络营销得到了迅猛发展。

二、市场营销学在中国的传播、研究与应用

党的十一届三中全会以来，中央提出了“对外开放、对内搞活”的总方针，从而为我国重新引进和研究市场营销学创造了有利的环境。1978 年，北京、上海、广州的部分学者和专家开始进行市场营销学的引进研究工作。经过几十年的努力，我国对市场营销学的研究、应用已取得了可喜的成绩。从整个发展过程来看，其大致经历了以下几个阶段。

1. 引进时期(1978—1982)

在此期间，通过对国外市场营销学著作、杂志和国外学者讲课的内容进行翻译、介绍，选派学者、专家到国外访问、考察、学习，邀请外国学者和专家来国内讲学等方式，我国系统引进了国外市场营销理论。但是，当时该学科的研究还局限于部分大专院校和研究机构，从事该学科研究工作的人数还很有限，对于西方市场营销理论的许多基本观点的认识也比较肤浅，大多数企业对于该学科还比较陌生，但这一时期的努力为我国市场营销学的进一步发展打下了一定的基础。

2. 传播时期(1983—1985)

经过前一时期的努力，全国各地从事市场营销学研究、教学的学者和专家开始意识到，要使市场营销学在中国得到进一步的应用和发展，必须成立各地的市场营销学研究团体，以便相互交流和切磋研究成果，并利用团体的力量扩大市场营销学的影响，推进市场营销学研究的进一步发展。1984 年 1 月，全国高等综合性大学、财经类院校的市场学教学研究会成立。在之后的几年里，全国各地各种类型的市场营销学研究团体如雨后春笋般纷纷成立。各团体在做好学术研究和学术交流的同时，还做了大量的传播工作。例如，广东市场营销学会定期出版会刊《营销管理》，全国高等综合性大学、财经类院校市场学教学研究会在每届年会后都向会员印发了各种类型的简报。各团体分别举办了各种类型的培训班、讲习班，有些还通过当地电视台、广播电台举办了市场营销学的电视讲座和广播讲座。这些活动既推广、传播了市场营销学知识，又扩大了学术团体的影响。在此期间，市场营销学

在学校教学中也开始受到重视，有关市场营销学的著作、论文在数量上和质量上都有了很大的提高。

3. 应用时期(1986—1988)

1985 年以后，我国经济体制改革的步伐进一步加快，市场环境的改善为企业应用现代市场营销原理指导经营管理实践提供了有利条件，但各地区、各行业的应用情况又不尽相同，具体表现为：①以生产经营指令性计划产品为主的企业应用得较少，以生产经营指导性计划产品，或生产经营以市场调节为主的产品的企业应用得较多、较成功；②重工业、交通业、原材料工业等以经营生产资料为主的行业所属的企业应用得较少，而轻工业、食品工业、纺织业、服装业等以生产经营消费品为主的行业所属的企业应用得较多、较成功；③经营自主权小、经营机制僵化的企业应用得较少，而经营自主权较大、经营机制灵活的企业应用得较多、较成功；④商品经济发展较快的地区(尤其是深圳、珠海等经济特区)的企业应用市场营销原理的自觉性较高，应用得也比较好。在此期间，多数企业应用市场营销原理时，偏重于分销渠道、促销、市场细分和市场营销调研部分。

4. 扩展时期(1989—1994)

在此期间，无论是市场营销教学、研究的队伍，还是市场营销教学、研究和应用的内容，都有了扩展。全国各地的市场营销学学术团体，改变了过去只有学术界、教育界人士参加的状况，开始吸收企业界人士参加。其研究重点也由过去的单纯教学研究，改为结合企业的市场营销实践进行研究。全国高等综合性大学、财经类院校市场学教学研究会于 1987 年 8 月更名为“中国高等院校市场学研究会”。学者们已不满足于仅仅对市场营销一般原理的教学研究，而对其各分支学科的研究也日益深入，并取得了一定的研究成果。在此期间，市场营销理论的国际研讨活动进一步发展，这极大地开阔了学者们的眼界。之后，学者们还对市场经济体制条件下的市场营销管理，中国市场营销的现状与未来，跨世纪中国市场营销面临的挑战、机遇与对策等重大理论课题展开了研究，这些研究也有力地扩展了市场营销学的研究领域。

5. 国际化时期(1995 年至今)

1995 年 6 月，由中国人民大学、加拿大麦吉尔大学和美国康科迪亚大学联合举办的第五届市场营销与社会发展国际会议在北京召开。中国高等院校市场学研究会等学术组织作为协办单位，为会议的召开做出了重要的贡献。来自 46 个国家和地区的 135 名学者和 142 名国内学者出席了会议。25 名国内学者的论文被收入《第五届市场营销与社会发展国际会议论文集》(英文版)，6 名国内学者的论文荣获国际优秀论文奖。从此，中国市场营销学者开始全方位登上国际舞台，与国际学术界、企业界的合作进一步加强。

三、市场营销学的性质、研究对象与研究内容

1. 市场营销学的性质

市场营销学究竟是什么性质的科学？菲利普·科特勒指出：市场营销学是一门建

立在经济科学、行为科学、现代管理理论之上的应用科学。这清楚地阐明了市场营销学的性质、特点以及与其他学科的关系。

从历史发展的角度来看，市场营销学是市场经济的产物，且又服务于市场经济，在不断适应市场经济发展需要的过程中变革和发展；它是从西方经济学中分离出的，但它本身不是一门经济科学，而是一门具有综合性、边缘性特点的应用科学；它运用上述学科以及哲学、数学、社会学、心理学、信息学等学科的基础理论、方法和成果来探讨市场营销理论和规律，包括营销哲学、营销管理程序、营销战略和战术等。因此，市场营销学在学科性质上属于管理科学。

2. 市场营销学的研究对象与研究内容

市场营销学的研究对象是市场营销活动及其规律，即在研究特定的市场环境中，企业如何识别、分析评价、选择和利用市场机会，从满足目标市场顾客需求出发，有计划地组织企业的整体活动，通过交换将产品从生产者手中转向消费者手中，以实现企业的营销目标。

现代市场营销观念及市场营销学的研究对象说明，市场营销学的研究应该从顾客开始，以顾客为终结，也就是市场营销学以顾客及其需求为研究的中心内容。这是因为企业能否实现利润、扩大再生产，不是取决于企业的主观愿望，而是取决于顾客是否购买企业的产品。所以，美国学者提出"消费者是市场的主人"；日本企业家则宣称"顾客第一""顾客至上"；英国市场学协会认为：一个企业如果要生存和盈利，就必须有意识地根据用户和消费者的需求来安排生产。因此，对于企业来说，识别、分析、预测并满足消费者的需求是企业生存和发展的基础及基本活动内容。

3. 市场营销学研究的结构体系

(1)市场营销原理研究

该研究包括营销观念、营销环境与营销信息系统、市场分析、消费者需求与购买行为、市场细分与目标市场选择等理论研究；着重分析企业与市场的关系、影响和制约企业营销活动的各种环境因素、各类市场购买者的行为等，进而提出企业进行市场细分和选择目标市场的理论和方法，并对市场调查和市场需求的预测做介绍。这部分内容具有市场营销基础的意义，阐述了市场营销的若干基本原理和基本思路。

(2)企业营销实务研究

该研究由产品策略、定价策略、分销渠道策略、促销策略、市场营销组合策略等策略研究组成，是市场营销学的核心内容，其主要任务在于论述企业应如何综合运用各种市场营销手段以保证从整体上满足顾客的需求，进而实现企业的预期目标，因此该研究全部是围绕企业经营决策展开的。

(3)市场营销管理研究

该研究包括企业营销战略研究，以及对市场营销计划、组织、实施与控制等的研究，主要阐述企业为保证营销活动的成功而应在计划、组织、控制等方面采用的措施与方法。

第四节 市场营销观念发展与理论创新

企业的市场营销活动是在特定的市场营销管理哲学或经营管理观念指导下进行的。所谓的市场营销观念，实质上就是一种市场营销管理哲学，是企业在开展市场营销活动的过程中处理企业、顾客和社会三者利益方面所持的态度和指导思想。了解市场营销观念的演变，对企业经营观念更新、适应市场需求变化、加强市场营销管理及提高企业经济效益具有十分重要的意义。

一、市场营销观念的演变过程

企业的市场营销观念可归纳为五种，即生产观念、产品观念、推销观念、市场营销观念和社会市场营销观念。

1. 生产观念

生产观念是指导企业经营行为的最古老的观念之一。生产观念认为，消费者喜欢那些可以随处买得到而且价格低廉的产品，因此企业的任务应是致力于扩大生产经营规模、提高生产效率、增加产品供给、降低成本和售价、扩展市场分销范围。这种观念产生于20世纪20年代以前，是在卖方市场的条件下产生的。当时社会生产能力较弱，市场产品供不应求，企业生产能力满足不了消费者的全部需要，产品短缺现象广泛存在，企业产品只要生产出来就不愁销售。此时，企业管理者所关心的是如何在资源有限的情况下获得最大限度的产出。企业的一切经济活动都是以生产者为中心，主要表现为“我能生产什么，就卖什么；我能生产多少，就卖多少”，而不需要考虑消费者的需求情况。

例如，美国皮尔斯堡面粉公司，从19世纪60年代末至20世纪20年代，一直运用生产观念指导企业的经营，当时公司提出的口号是“本公司旨在制造面粉”。美国汽车大王亨利·福特曾傲慢地宣称：“不管顾客需要什么颜色的汽车，我的汽车只有一种黑色的。”我国在计划经济体制下，由于市场面临产品短缺，企业不愁其产品没有销路，工商企业在其经营管理中也奉行生产观念。显然，生产观念是一种重生产、轻市场营销的经营哲学。

但是，生产观念最大的问题在于它假定需求完全是被动的，由生产左右并支配着，完全没有选择的概念。这显然只能在特定的条件下、特定的市场中才能适用。在一个社会化生产异常发达、开放的竞争性市场上，一味坚持以生产为导向而忽略消费者需求和市场营销的企业往往会失败。

2. 产品观念

产品观念认为，消费者最喜欢高质量、多功能和具有某种特色的产品，并愿意花较多的钱去购买质量上乘的产品。因此，企业应致力于生产优质产品，并不断加以改进。只要产品质量好就一定会有销路，消费者就必然会找上门，“酒香不怕巷子深”就是这类观念的典型代表。企业的一切生产经营活动都以质量为中心，围绕质量来安排一切业务。

例如，美国爱尔琴钟表公司自1869年创立到20世纪50年代，一直被公认为是美国最好的钟表制造商之一。该公司在市场营销管理中强调生产优质产品，并通过由著名珠宝商店、大百货公司等构成的市场营销网络分销产品。1958年之前，公司销售额始终呈上升趋势；但此后其销售额和市场占有率开始下降，造成这种状况的主要原因是市场形势发生了变化。这一时期的许多消费者对名贵手表已经不感兴趣，而趋于购买那些经济、方便且新颖的手表；同时，许多制造商为了迎合消费者的需要，已经开始生产低档产品，并通过廉价商店、超级市场等大众分销渠道积极推销，从而夺走了爱尔琴钟表公司的大部分市场份额。不断该公司竟没有注意到市场形势的变化，依然迷恋于生产精美的传统样式手表，仍旧借助传统渠道销售，认为自己的产品质量好，顾客必然会找上门。结果，企业经营遭受重大挫折。

这种观念的合理性在于重视产品质量，向消费者提供优质耐用的产品；但它的局限性在于对产品质量缺乏正确的认识，没有意识到产品质量及其改进应充分考虑消费者的需求和消费趋势，没有考虑竞争者的产品，也没有意识到产品质量的本质还在于提供某些服务和便利。产品观念过分重视自己的产品质量与设计能力，而不重视消费者的需求，甚至忽视了竞争者的存在，最容易导致“营销近视症”，从而容易出现产品质量虽好却受市场冷落的现象。

【延展阅读】

沙漠神灯

一个徒步旅行的人在沙漠中迷了路。沙漠十分广阔，他拼命地走，可怎么也走不出去，后来他又渴又饿又冷又累。他心想：“这一次一定会死在沙漠里了！”就在陷入绝望的时候，他突然看见了一盏灯，古朴老旧，仿佛已经被丢弃在沙漠中很多个世纪了。旅行者心想：“我会不会运气这么好，遇到传说中的那一盏神灯呢？”他捡起神灯，用手摩擦它，果不其然，“轰”的一声，跑出了一个巨人。巨人说：“主人，我是住在神灯里的神灵，我曾许愿，如果有人放我出来，我会给他世界上最珍贵的三样宝物！”旅行者说：“我现在很渴，请你给我一杯水。”巨人说：“水这么普通的东西，像我这么尊贵的神怎么会有呢？”旅行者说：“那么，我现在很饿，请你给我一碗饭！”巨人说：“饭这么平常的东西，像我这么稀罕的神怎么会有呢？”旅行者说：“那么请你给我一件衣服，我现在很冷！”巨人笑起来：“哈！哈！哈！衣服这么平凡的东西，像我这么非凡的神怎么会有呢？你这个不争气的家伙，你可不可以要一些尊贵、稀有、不凡的东西？”沙漠旅行者这时已经累得精疲力竭，他悲哀地说：“灯神啊！那么你到底有什么东西，赶快赐给我吧！”巨人说：“我可以给你这个世界上最珍贵的三样宝物。第一样是能使人觉悟人生的尊贵的佛法；第二样是能让人懂得给予和分享的稀有的爱；第三样是能叫人知足常乐的平常心。”听完了灯神的话，旅行者当场昏死在茫茫的大漠里。可见，再好的东西如果不能很好地满足人们的需要，都是无用的。

3. 推销观念

推销观念认为，消费者通常表现出一种购买惰性或抗衡心理，如果放任自流的话，消费者一般不会主动购买或不会足量购买某一企业的产品，因此企业必须积极推销和大力促销，以刺激消费者大量购买本企业的产品，从扩大销售中获取利润。这具体表现为“我卖什么，顾客就买什么”。

推销观念产生于卖方市场向买方市场的过渡阶段。1920—1945 年，由于科学技术的进步以及科学管理和大规模生产的推广，产品产量迅速增加，逐渐出现了市场上产品供过于求、销售者竞争激烈的新形势。尤其在 1929—1933 年资本主义经济危机期间，市场需求不足，即使是物美价廉的产品，也未必能够卖得出去，企业要在日益激烈的市场竞争中求得生存和发展，就必须重视推销术与广告术。例如，美国皮尔斯堡面粉公司在此期间，将生产观念转变为推销观念，将以前的经营口号改为“本公司旨在推销面粉”。我国在 20 世纪 80 年代中后期，由于市场竞争日趋激烈，因此广告宣传、促销活动等纷纷登台亮相，推销观念应运而生。1979 年，“傻子瓜子”的创始人将质优价廉的“傻子瓜子”在芜湖市的主要街道上摆摊推销，以“市场爱我，我爱市场”的口号宣传产品，以提高产品的知名度，并采用同样的推销方式和推销技巧迅速占领华东市场。1982 年下半年，上海人为购买“傻子瓜子”甚至在商店门口排起了长队，有时人数达四五百人之多，商家竟纷纷打出“限量销售”的告示牌。

推销观念在现代市场经济条件下被大量用于推销那些非渴求物品，即购买者一般不会想到要去购买的产品或服务。许多企业在产品过剩时，也常常奉行推销观念。实践证明，设置营销部门、组织营销队伍、着力推销与做广告、向顾客介绍产品、促进顾客的理解和认同等，这些措施对现代营销发展起到了积极的促进作用。但是，这种观念的局限性在于：销售能够生产的产品，而不是生产能够销售的产品；对市场的关心仅限于如何吸引消费者，认为产品销售出去经营活动就结束了，至于消费者是否满意，则不是企业考虑的事；推销给消费者的产品可能并不是消费者真正需要的产品；强行推销产品有时使购买者有上当受骗的感觉，给企业形象带来负面影响。总之，推销观念仍然属于“以产定销”的传统营销观念。

4. 市场营销观念

市场营销观念的核心是以满足消费者的需求为企业经营活动的中心内容，简单地说就是消费者需求导向。市场营销观念认为，实现企业各项目标的关键在于正确确定目标市场的需求和欲望，并且比竞争者更有效地传送目标市场所期望的物品或服务，进而比竞争者更有效地满足目标市场的需求和欲望。这具体表现为“顾客需要什么，就生产什么”“哪里有消费者需求，哪里就有市场营销”。在这种经营观念的指导下，市场从以生产者为主转变为以消费者为主，决定生产者生产什么产品的主导权不在于生产者，而在于消费者，即消费者的需求。

许多优秀的企业都奉行市场营销观念。例如，日本本田汽车公司要在美国推出一款“雅阁”系列的新车。在设计新车前，公司派出工程技术人员专程到洛杉矶地区考察高速公路的情况，实地丈量路长、路宽，采集高速公路的柏油、拍摄进出口道路的设计等信息。回到日本后，公司专门修了一条约 14 千米长的高速公路，就连路标和告示牌都与美国公路上的一模一样。在设计行李箱时，设计人员意见有分歧，设计者就到停车场看了一个下午，看人们如何放取行李。这样，各种意见马上统一起来。结果本田公司的“雅阁”系列汽车一到美国就备受欢迎，被称为是“全世界都能接受的好车”。再如，美国的迪士尼乐园，欢乐如同空气一般无所不在。它使来自世界各地的每一名儿童美梦得以实现，使各种肤色的成年人产生“忘年”之爱。因为迪士尼乐园成立之时便明确了它的目标：它的产品不是米老鼠、唐老鸭，而是快乐。大家来到这里是享受欢乐的，公园提供的全是欢乐，公司的每一个人都要成为欢乐的灵魂。游人无论向哪位工作人员提出问题，他都必须用“迪士尼礼节”回答，决不能说“不知道”。因此游人们一次又一次地重返这里，享受欢乐，并愿购买服务。

市场营销观念的出现，使企业经营观念发生了根本性变化，也使市场营销学发生了一次革命。西奥多·莱维特曾对推销观念和市场营销观念做过深刻的比较：推销观念注重卖方需要，市场营销观念则注重买方需要。推销观念以卖主需要为出发点，考虑如何把产品变成现金；而市场营销观念则考虑如何通过制造、传送产品以及与最终消费产品有关的所有事物，来满足顾客的需求。由此可见，与推销观念的“工厂、产品导向、推销、盈利”相比，市场营销观念则是：市场中心、顾客导向、协调的市场营销和利润。

推销观念和营销观念的对比如图 1－2 所示。

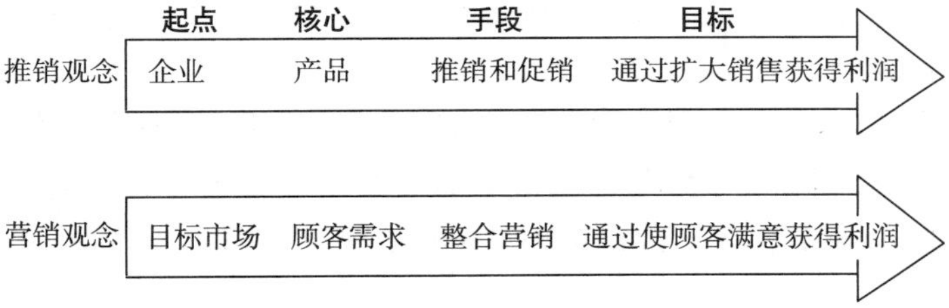

图 1－2　推销观念与营销观念的对比图

营销观念可能的局限性在于：如果一味地追求消费者利益，而忽视企业的能力和特长，企业最终就难以实现盈利；如果忽视社会利益，就可能会造成消费者欲望满足与其长远利益、社会长远福利之间出现潜在矛盾。

5. 社会市场营销观念

社会市场营销观念是对市场营销观念的修改和补充。它产生于 20 世纪 70 年代西方资本主义出现能源短缺、通货膨胀、失业增加、环境恶化、消费者保护运动盛行的新形势下。市场营销观念回避了消费者需要、消费者利益和长期社会福利之间隐含着冲突的现实。社会市场营销观念认为，企业的任务是确定各个目标市场的需要、欲望和利益，并以保护消费者或提高社会福利的方式，比竞争者更有效、更有利地向目标市场提供能够满足其需要、欲望和利益的物品或服务。社会市场营销观念要求市场营销者在制定市场营销政策时，要统筹兼顾三个方面的利益，即企业利润、消费者需要的满足和社会利益。

例如，用氟利昂制冷的冰箱虽然满足了部分消费者生活舒适便利的需要，但它会破坏大气层中的臭氧层，危害人类赖以生存的环境，危及人类的健康；饮料行业采用一次性罐式包装替代瓶式包装，满足人们对饮料的卫生、携带和开启方便的需要，却造成社会资源的浪费和环境的破坏；还有方便筷、便餐盒等方便食具，会引起树木过度消耗和环境污染问题；等等。因此，一些学者提出了人性观念、理智消费观念、生态准则观念、绿色营销观念等，这类观念可统称为社会市场营销观念。社会市场营销观念是在市场营销观念的基础上，综合考虑消费者、企业、社会三者利益的统一，是真正符合实现建立可持续发展社会目标的营销观念。

二、市场营销观念的深化与发展

1. 顾客让渡价值与顾客满意

(1)顾客让渡价值

① 顾客让渡价值概述

1994 年，美国著名的营销专家菲利普·科特勒在其著作《营销管理：分析、计划、执行和控制》(第 8 版)一书中，提出了顾客让渡价值理论。顾客让渡价值是指顾客获得的总价值与顾客为之付出的总成本之间的差额。顾客总价值是指顾客购买某一产品或服务所获得的所有利益，它包括产品价值、服务价值、人员价值、形象价值。

a. 产品价值是由产品的功能、特性、品质、品种与式样等所产生的价值。它是顾客需要的关键内容，也是顾客选购产品的首要因素。一般情况下，它是决定顾客购买总价值大小的主要因素。

b. 服务价值是伴随产品实体的出售，企业向顾客提供的各种附加服务，包括产品介绍、送货、安装、调试、维修、技术培训、产品保证等所产生的价值。随着收入水平的提高和消费观念的变化，消费者在选购产品时，不仅注意产品的本身价值，而且更加重视产品的附加价值。

c. 人员价值是企业员工的经营思想、知识水平、业务能力、工作效益与质量、经营作风、应变能力等所产生的价值。企业员工直接决定着企业为顾客提供的产品与服务的质量，决定着顾客购买总价值的大小。综合素质较高又具有顾客导向理念的工作人员能为顾客创造更高的价值，从而吸引更多的满意顾客，进而为企业创造市场。

d. 形象价值是企业及其产品在社会公众中形成的总体形象所产生的价值。它包括企业的产品、技术、质量、包装、工作场所等视觉形象价值，公司及其员工的职业道德、经营行为、服务态度、作风等行为形象价值，以及企业的价值观念、管理哲学等理念形象价值等。形象价值与产品价值、服务价值、人员价值密切相关，很大程度上是上述三个方面价值综合作用的反映和结果。良好的企业形象，赋予产品较高的价值，能带给顾客精神上的满足感和心理上的信任感，使顾客的需求获得更高层次、更大限度的满足，从而增加顾客购买的总价值。

顾客总成本是指顾客为购买某一产品所耗费的时间、精神、体力以及所支付的货币资本等成本，它包括货币成本、时间成本、精神成本和体力成本。一般情况下，顾客购买产品时首先要考虑货币成本的大小。因此，货币成本是构成顾客总成本的主要因素。在货币成本相同的情况下，顾客在购买时还要考虑所花费的时间、精神、体力等非货币成本。

顾客在购买过程中首选那些顾客让渡价值最大的商品或服务。企业在以顾客让渡价值为理念开展市场营销工作的过程中，应注意以下几点：第一，顾客是把购买总价值和总成本的各个要素作为整体看待的，其中的某一项价值最大或成本最低不一定能吸引顾客；第二，顾客让渡价值的大小受顾客总价值和顾客总成本两个因素的影响，因此必须同时从两个方面努力增加顾客让渡价值；第三，不同顾客对顾客总价值和总成本中各因素的重视程度不同，甚至在不同时期顾客对产品价值要求也不一样；第四，追求顾客让渡价值最大化将导致企业成本增加、利润减少，需要企业反复权衡。

② 顾客让渡价值的特点

a. 独立性。顾客让渡价值是独立于企业的。顾客价值实质上是顾客为满足其需求而进行消费所体现出的市场价值，而满足顾客需求的方式与具体的产品形态是多种多样的。也就是说，顾客的市场存在尽管对企业具有重要意义，但与具体的企业却没有必然联系。

b. 动态性。在不同的环境条件下，顾客追求不同层次需要的满足，其性质与程度都会随着时间与环境而变化，企业必须通过营销策划来争取将顾客潜在的市场价值转化为企业的现实收益。

c. 复杂性。顾客让渡价值受到顾客的收入水平、对自身需求的认知程度和个人素质等因素影响，这些都是企业在进行营销策划时所需要考虑的。

d. 生命周期性。顾客让渡价值与时间长短成正比关系。需要注意的是，这里的时间是指顾客可能具有的顾客关系生命周期。例如，企业的两位顾客，一位是年近花甲的富翁，另一位是年轻的职业白领，前者可能购买力更强，但顾客关系生命周期可能比后者少很多，因此其顾客价值也远远不及后者。

(2)顾客满意

① 顾客满意概述

顾客满意是个人通过对产品的可感知效果与他的期望值相比较后所形成的愉悦或失望的感觉状态。满意水平是可感知效果和期望值之间的差异函数。如果可感知效果低于期望值，顾客就会不满意；如果可感知效果与期望值相匹配，顾客就满意；如果可感知效果超过期望值，顾客就会高度满意、高兴或欣喜。顾客满意具有主观性、层次性、相对性、阶段性特征。

一个高度满意的顾客会更久地忠诚于公司，会购买公司更多的新产品并提高购买产品的等级，会为公司和它的产品建立好的口碑，会忽视竞争品牌和广告并对价格不敏感，会向公司提出产品或服务建议，并且由于交易惯例化使公司用于其服务成本比用于新顾客的更低。对以顾客为中心的公司来说，顾客满意既是目标，又是一个营销工具。

热情、真诚为顾客着想的服务会给顾客带来满意，同时这种满意又是顾客再次上门的主要因素。生意是否成功，就要看顾客是否再上门。美国《哈佛商业评论》杂志发表的一项研究报告指出：公司利润的25%～85%来自再次光临的顾客，而吸引他们再来的因素，首先是服务质量的好坏，其次是产品本身，最后才是价格。据美国汽车业的调查，一个满意的顾客会引来8笔潜在生意，其中至少有1笔成交；而一个不满意的顾客会影响25个潜在顾客的购买意愿。争取一位新顾客所花的成本是保住一位老顾客所花成本的6倍。

② 顾客满意营销战略

构成顾客满意营销战略的主要思想和方法，很早就有企业在无意中运用过，而顾客满意成为一种潮流则出现于20世纪90年代。顾客满意营销战略中最重要的就是要站在顾客的立场上考虑和解决问题，要把顾客的需求和满意放到一切考虑因素之首。而能否真正做到这一点，则是顾客满意营销战略能否取得成功的关键所在。

企业实施顾客满意营销战略，主要应从以下几个方面入手：

a. 开发顾客满意的产品。顾客满意营销战略要求企业的全部经营活动都要以满足顾客的需求为出发点，要调查他们的现实需求和潜在需求，分析他们购买产品的动机和行为、能力和水平，研究他们的消费传统和习惯、兴趣和爱好，把顾客需求作为具体内容和重点对象。

b. 提供顾客满意的服务。要不断完善服务系统，最大限度地使顾客感到安心和便利：定价力求公平；包装安全方便；经营诚信，善待顾客；售后服务细心、周到、全面。

c. 进行顾客满意的教育。要对企业全体员工进行顾客满意观念教育，使"顾客第一"的观念深入人心，使全体员工能真正了解和认识到顾客满意的重要性，并形成与此相适应的企业文化，即一种对顾客充满爱心的观念和价值观。

d. 建立顾客满意的分析系统。要用科学的方法和手段来检测顾客对企业产品和服务的满意程度，及时反馈给企业管理层，为企业不断改进工作和真正地满足顾客需求服务。

21世纪的企业以服务取胜，因此企业活动的基本准则应是使顾客感到满意。在信息社会，企业要保持技术上的优势和生产率的领先已变得越来越不容易，因此必须把工作重心转移到顾客身上。从某种意义上说，使顾客感到满意的企业是不可战胜的。

【延展阅读】

任天堂——建立在顾客让渡价值基础之上的顾客满意战略

顾客满意(CS)战略要站在顾客的立场上考虑和解决问题，要把顾客的需求和满足放在一切考虑的因素之首，而它又是建立在顾客让渡价值体系基础之上的。

任天堂的成功，缘于其对环境的正确判断和始终不变的清晰定位。

1975年，任天堂便已经意识到电子产业将成为未来经济的基石，并且这一产业正好与任天堂的娱乐产业相适应，如何使这两者更好地结合，将是任天堂能否生存与发展的关键。

1. 控制成本

既然CS战略建立在顾客让渡价值体系的基础上，就必须从这个体系入手。要使"娱乐十电子"能够发挥功效，就必须"软""硬"兼施，显然，硬件的普及程度将决定软件的销路。要为软件铺路，首先就要降低顾客购买硬件的成本。在这一条思路的启发之下，游戏机便产生了。

游戏机的功能简单，意味着它不需要太多的成本，而且它没有软件设计功能，这就决定了顾客不得不依赖于任天堂的软件，这样更可以采取互补定价的方式，将成本大大降低。

同样，在软件生成方面，以横向一体化的方式，做到用极少的投入就可以控制工厂，这样能大大节约在生产和管理上的费用。在“软”“硬”两个方面都节约了成本，便为该产品的普及奠定了基础。

2. 增加价值

虽然成本成了任天堂竞争的有利因素，但正如麦克尔·波特所说的：当仅仅依赖于成本的策略，越来越多的企业拥有相近生成要素、技术和人力时，企业便会出现危机。企业要保持这种领头的地位，尽量地增加价值，就变得尤为重要。

要增加这种价值，就必须从游戏的研发、硬件更新等方面做到不断地与现代科学技术相适应。因此，任天堂又做了建立CS分析体系、提供CS战略的财力支持、开发顾客满意的产品、规划人才战略等大量的工作。企业员工是让渡价值的实现者，正因为如此，公司才需要占总人数1/3的开发人员，并将他们看作公司的核心。

3. 剥离战略

任天堂曾经有过几次果断放弃业务的经历，实质上这都是为了更符合顾客需求。

作为战略系统的一部分，控制成本和增加价值是在正方向上满足消费者，而放弃战略是在资源既定的情况下，反方向地消除顾客的不满，从而使资源更能集中到服务于顾客方面。

从专做纸牌，到准备开发信息高速公路，直至果断放弃制作游戏卡，任天堂的多次变化无不体现出剥离战略。

2. 以追求顾客满意为目标的4C理论

4C理论是由美国营销专家罗伯特·劳特朋在1990年提出的，它以消费者需求为导向，重新设定了市场营销组合的四个基本要素：消费者(Consumer)、成本(Cost)、便利(Convenience)、沟通(Communication)。它强调企业首先应该把追求顾客满意放在第一位；其次是努力降低顾客的购买成本；再次要充分注意到顾客购买过程中的便利性，而不是从企业的角度来决定销售渠道策略；最后还应以消费者为中心实施有效的营销沟通。与产品导向的4P理论相比，4C理论有了很大的进步，它重视顾客导向，以追求顾客满意为目标，这实际上是消费者以及在营销中越来越占主动地位的市场对企业的必然要求。

① 关于顾客(消费者)。零售企业直接面向顾客，因而更应该考虑顾客的需求和欲望，建立以顾客为中心的零售观念，将“以顾客为中心”贯穿于市场营销活动的整个过程。零售企业应站在顾客的立场上，帮助顾客组织和挑选商品货源；按照顾客的需要及

购买行为的要求，组织商品销售；研究顾客的购买行为，更好地满足顾客的需求；更注重为顾客提供优质的服务。

② 关于成本。顾客在购买某一商品时，除耗费一定的资金外，还要耗费一定的时间、精力和体力，这些都构成了顾客总成本。零售企业必须考虑顾客为满足需求而付出的“顾客总成本”。为了努力降低顾客购买的总成本，企业可采用一些手段，例如降低商品进价成本和市场营销费用，从而降低商品价格，以减少顾客的货币成本；努力提高工作效率，尽可能减少顾客的时间支出，节约顾客的购买时间；通过多种渠道向顾客提供详尽的信息，为顾客提供良好的售后服务，减少顾客精神和体力的耗费。

③ 关于方便。最大限度地方便消费者，是目前处于过度竞争状态中的零售企业应该认真思考的问题。如上所述，零售企业在选择地理位置时，应考虑地区抉择、区域抉择、地点抉择等因素，尤其应考虑“消费者的易接近性”这一因素，使消费者容易到达商店。即使是远程的消费者，也能通过便利的交通接近商店。同时，在商店的设计和布局上要考虑方便消费者进出，方便消费者参观、浏览、挑选货品，方便消费者付款结算，等等。

④ 关于沟通。零售企业为了形成竞争优势，必须不断地与消费者沟通。与消费者沟通包括向消费者提供有关商店地点、商品、服务、价格等方面的信息；影响消费者的态度与偏好，说服消费者光顾商店、购买商品；在消费者的心目中树立良好的企业形象。在当今竞争激烈的零售市场环境中，零售企业的管理者应该认识到，与消费者沟通比选择适当的商品、价格、地点、促销更为重要，更有利于企业的长期发展。

3. *以建立顾客忠诚为目标的4R理论*

21世纪伊始，美国的唐·舒尔茨提出了关系(Relationship)、节省(Retrenchment)、关联(Relevancy)和报酬(Rewards)的4R营销理论，《4R营销》的著者艾略特·艾登伯格提出了关联(Relativity)、反应(Reaction)、关系(Relation)和回报(Retribution)的4R营销理论。4R理论以关系营销为核心，重在建立顾客忠诚，强调企业与顾客在市场变化的动态中应建立长久互动的关系，以防止顾客流失，从而赢得长期而稳定的市场；面对迅速变化的顾客需求，要求企业应学会倾听顾客的意见，及时寻找、发现和挖掘顾客的渴望、不满及其可能发生的演变，同时建立快速反应机制以对市场变化快速做出反应；要求企业与顾客之间应建立长期而稳定的朋友关系，从实现销售转变为实现对顾客的责任与承诺，以维持顾客再次购买和顾客忠诚；企业应追求市场回报，并将市场回报当作企业进一步发展和保持同市场建立关系的动力与源泉。

4R营销理论的最大特点是以竞争为导向，在新的层次上概括了营销的新框架。该理论根据市场不断成熟和竞争日趋激烈的形势，着眼于企业与顾客的互动和双赢，不仅要积极适应顾客的需求，而且要主动创造需求，通过关联、关系、反应等形式与顾客形成独特的关系，把企业与顾客联系在一起，形成竞争优势。

无论是4P、4C，还是4R营销理论，它们之间并不是取代关系，而是完善和发展的关系。企业应根据实际，把它们结合起来以指导营销实践，才会取得更好的效果。

【延展阅读】

营销理论之流变——从广告驱动到价值驱动

当前，从生产形态看，人们所处的是一个大规模生产个性化定制时代，面对的市场复杂性前所未有；从市场形态看，要素与要素之间的组合变化莫测，市场的系统性前所未有；从传播形态看，人人都是自媒体，迭代性前所未有。面对这样的三个“前所未有”，营销相关的一切势必要向新营销转化。传统市场营销关注的焦点更多的是基于竞争，而新营销则是对自我价值的判断及发现。新营销理论有以下四个要素：

(1)战略化。营销进入了“术”的时代，从业者更多关注速成的技巧，垂涎收益的丰厚，于是技巧取代了策划，技术取代了创意，经验取代了理论。新营销需要着眼于顶层设计，在企业战略、行业战略、国家战略层面找到新的空间与支点。

(2)仪式感。从“节庆营销”到“人工造节”，如“6.18”“双11”等消费节日已经成为汇聚规模化流量，最终完成变现的重要渠道。在长尾理论的作用下，营销者面向互联网平台的海量用户，通过“造节”来降低人们消费时的价格敏感，赋予消费者参与激情购买的理由，从而实现拉动规模化消费爆发式增长的最终目标。

(3)娱乐化。互联网的“泛娱乐化”理念快速融入营销传播。流量参与、节点化传播成为新营销传播的关键，以至于不重“经典”重“爆款”。

(4)人格化。“互怼”成为广告创意的新“范式”。网络受众在观看品牌网络“互怼”过程时的体验，能够产生与旁观现实生活中两个人吵架非常类似的画面感，从而实现了品牌与受众生活之间的深度联结，在一定程度上可以帮助品牌摆脱抽象的符号化承载方式，赋予品牌更加丰满的形象气质。

回归营销本质，探讨新营销价值，是符合时代发展趋势的突破性尝试。面对新时代经济发展的新常态，新时代下的营销创新对营销业态的健康、有序、可持续发展，有着极其深远的现实意义与历史意义。

三、市场营销理论创新

市场营销学产生于20世纪初，是近一个世纪中发展最快的管理学科之一。过去的100多年，市场营销学从孕育、成长，到不断丰富与发展，市场营销管理思想与实践不断革新、变化，尤其是20世纪50年代以来，差不多每隔几年就会产生一批营销理论的新成果。

随着经济全球化的加速，以及经济与科技的快速发展，市场上经常出现新的挑战，企业和组织必须做出反应，新的市场营销观念和方法不断产生。因此，市场营销学的理论体系和方式、方法等都将面临挑战，需要不断地重新审视和研究。如今的网络销售、新媒体营销等都是市场的新挑战，需要专家、学者、企业深入探讨，从某种意义上讲，营销就是创新。

1. 精准营销

(1)精准营销的定义

精准营销是在精准定位的基础上,依托现代信息技术手段建立个性化的顾客沟通服务体系,实现企业可度量的低成本扩张之路,也就是公司需要更精准、可衡量和高投资回报的营销沟通,需要更注重结果和行动的营销传播计划,更注重对直接销售沟通的投资。

精准营销有三个层面的含义:

第一,营销的终极追求就是无营销的营销,到达终极思想的过渡就是逐步精准。

第二,营销是实施精准的体系保证和手段,而这种手段是可衡量的。

第三,营销是达到低成本可持续发展的企业目标。

(2)精准营销的核心思想

精准的含义是精确、精密、可衡量。精准营销比较恰当地体现了精准营销的深层次含义及核心思想。它的核心思想主要体现为以下四点:

第一,精准营销就是通过可量化的市场定位技术,突破传统营销定位只能定性的局限。

第二,精准营销借助先进的数据库技术、网络通信技术以及现代高效、分散的物流等手段,保障与顾客的长期个性化沟通,使营销达到可度量、可调控等精准要求,摆脱了传统广告沟通的高成本束缚,使企业低成本快速增长成为可能。

第三,精准营销的系统手段保持了企业和顾客的密切互动、沟通,从而不断满足顾客的个性需求,建立稳定的企业忠实顾客群,实现顾客链式反应增值,从而达到企业的长期、稳定、高速发展的需求。

第四,精准营销借助现代高效、分散的物流,使得企业摆脱繁杂的中间渠道环节以及对传统机构的依赖,实现了个性关怀,极大地降低了营销成本。

(3)精准营销的个性化体系

① 精准的市场定位体系。通过对消费者消费行为的精准衡量和分析,建立相应的数据体系,通过数据分析进行客户优选,并通过市场测试和验证来区分所做定位是否准确有效。有些商家在精准营销的实践中借助自己开发的市场定位技术营销测试系统,很好地实现了对产品的精准定位。市场定位技术系统采用复合的数字理论模型,在模拟的真实市场环境中得到真实实验数据。数据模型是以求证营销为蓝本设计的,在小的真实市场环境下模拟大规模销售。模拟的市场环境包括货架实验、网络实验、用户走访 DM 模拟等。对一个大规模上市的产品投入很少的测试费用,企业就可以知道上千万投入的效果,这就是精准定位的魅力。

② 与顾客建立个性传播沟通体系。精准营销采用的不是大众传播,而是精准传播。这种传播有以下几种形式:DM(邮件)、EDM(网络邮件)、直返式广告、电话、短信、网络推广等。

直返式广告是对传统大众广告的改良。一般来说,传统广告主要是讲自己的产品怎么好,鼓动大家去什么地方购买,如何打折让利等。这需要下很大的气力去做,投入的广告费当然也不少。直返式广告主要是宣传一个活动,让感兴趣的人参与。直返式广告的设计核心是活动诱因设计,原则是让被精准定位的人群对广告产生兴趣,并设计这部分人群感兴趣的活动，以达到让他们参与的目的，从而进行下一步一对一的沟通。活动诱因是指让特定的客户感兴趣的东西，它涉及消费心理研究、购买行为研究等。

③ 适合一对一分销的集成销售组织。精准营销的销售组织包括两个核心组成部分：全面可靠的物流配送、结算系统和顾客个性沟通主渠道呼叫中心。

便捷快速的物流配送体系和可靠的结算体系是制约精准营销的主要因素，例如赢家同盟在精准营销的实践中借助国家邮政网络来实现货物配送及货款结算。

传统营销关心的是市场份额，而精准营销关心的是客户价值和增值。精准营销的运营核心是CRM管理系统。例如，Call Center是通过网络技术和电话建立起来的实现与顾客一对一沟通的平台，它的主要职能是处理客户订单、解答客户问题、通过客户关怀来维系客户关系。

精准营销摆脱了传统营销体系对渠道及营销层级框架组织的过分依赖，实现一对一的分销。

④ 提供个性化的产品。与精准的定位和沟通相适应，只有针对不同的消费者、不同的消费需求，设计、制造并提供个性化的产品和服务，才能精准地满足市场需求。

个性化的产品和服务在某种程度上就是定制。只有通过精准定位、精准沟通，找到并"唤醒"大量的、差异化的需求，再通过个性化设计、制造或提供产品、服务，才能最大限度地满足有效需求，获得理想的经济效益。

精准的、个性化的产品和服务体系依托的是现代化的生产和流程管理系统，包括供应链管理、ERP、BPR等系统。例如BMW(宝马)已经实现了按照客户订单来完成整车配置并及时送达的精准生产模式。

⑤ 顾客增值服务体系。精准营销的最后一环就是售后客户保留和增值服务。对于任何一个企业来说，完美的质量和服务只有在售后阶段才能实现。同时，营销界一般认为，忠诚顾客带来的利润远远高于新顾客。只有通过精准的顾客服务体系，才能留住老顾客，吸引新顾客，以形成顾客的链式反应。

(4)精准营销的理论依据

精准营销主要由以下三个主要理论构成：

① 4C理论。4C理论的核心是强调购买一方在市场营销活动中的主动性与积极参与，强调顾客购买的便利性。精准营销为买卖双方创造了得以即时交流的小环境，符合消费者导向、成本低廉、精准营销购买的便利以及充分沟通的4C要求，是4C理论的实际应用。

② 顾客让渡价值。顾客让渡价值是指顾客总价值与顾客总成本之间的差额。其中顾客总价值是指顾客购买某一产品或服务所期望获得的一组利益，包括产品价值、服务价值、人员价值和形象价值等；顾客总成本是指顾客为购买某一产品或服务所支付的货币及所耗费的时间、体力和精力等，包括货币成本、时间成本及精力成本等。

③ 一对一直接沟通理论。1973年，领导行为理论代表人物、美国行为科学家明茨伯格指出：管理工作有十种作用，其中沟通和人际关系最重要。明茨伯格首先创立了经理角色理论，该理论指出，"爱用口头交谈方式"和"重视同外界及下属的信息联系"为经理角色的六个特点中非常重要的两个特点，强化了直接沟通。

两点之间最短的距离是直线，所以精准营销在与客户的沟通联系上采取了最短的直线距离。精准营销的直接沟通，使沟通的距离达到了最短，强化了沟通的效果。

【延展阅读】

精准营销案例分析："比亚迪"营销

2005年至今，比亚迪汽车公司在新车F3上市的过程中，所采用的营销模式被业界称为精准营销的案例。细究比亚迪公司的这一营销策略，我们可以发现确实存在着一些精准营销的影子，同时有着自身的特色。

(1)比亚迪从细分市场出发，体现了精准营销案例的特点。比亚迪营销行为是以其细分目标市场为前提的，它在准确细分市场和定位目标客户群之后，根据不同的目标客户和市场特征，考虑他们不同的产品与服务诉求，包括不同的需求与购买行为，采取有针对性、差异化的产品上市活动与计划，收到了较好的成效。长期以来，我国的汽车企业虽然有市场细分和消费者研究，但往往忽视了市场研究与营销活动的统一，也很少真正从地区、时间等层面上关注和考虑市场与客户的差异，以致仍然摆脱不了营销泛化的困惑。

(2)比亚迪采取动态营销模式，展现互动和有效的精准营销案例推广策略。比亚迪营销活动的一个显著特点就是动态营销，在时空上采取有差异的营销推广策略，这一方面是根据消费者需求特征制定的战略，另一方面也让消费者参与整个营销活动中。比亚迪通过不同时空的错位，能更有效地激发出消费者的潜在需求和价值诉求，也就能有利于制定有效的营销推广策略，将消费者的利益需求纳入营销活动中，让企业与消费者互动沟通起来，从而让营销变成双向而非单向、主动而非被动，这才是以人为本的营销推广行为。

(3)比亚迪提供精准营销案例的个性化产品及服务，体现出它关注消费者体验。比亚迪这次的新车上市活动很引人注意的一点是，它将不同的消费群体区别开来，并结合自身服务于不同消费者的能力，包括售后服务、维修服务、经销网点的差异，制订出不同的推广和上市计划，体现了比亚迪关注客户体验的宗旨。这一点让消费者十分满意。这就是关注消费者体验所带来的公司价值提升。因此，企业不仅要关注自身的产品品质、服务质量、品牌形象，还需要重视消费者体验转化为公司价值的概率，只有消费者体验到了的产品与服务，才是有效的价值实现。

(4)比亚迪尚未重视新型精准营销案例传播工具。尽管比亚迪这次新车上市是一次比较成功的营销活动，也是崭新的营销模式，并且具有自身鲜明的特色，但是它离真正的"精准营销"还有相当长的路要走。从本质上讲，营销是为了找到市场，精准并不是某位大师的杰作，营销的本质或许就是精准，只是程度不同而已。而真正的精准营销是企业营销追求的终极目标，它不是一蹴而就的。在信息技术高度发达的今天，如果企业的营销活动还不能充分利用技术带来的一切便利，包括新型传播工具的话，那么说其为精准营销就有点言过其实了。

2. 病毒营销

随着市场竞争的加剧，商品的同质化程度越来越高，相应的营销手段也随之不断地创新，新的营销理念层出不穷。病毒式营销便是近年来基于互联网络兴起的一种新的营销理念。

(1)病毒营销概述

① 病毒营销的含义。病毒营销是一种常用的网络营销方法，常用于网站推广、品牌宣传和信息传播中，它利用的是用户口碑传播的原理。在互联网上，这种营销方式更方便，就像病毒一样迅速蔓延，成为一种高效的信息传播方式。由于这种传播是在用户之间自发进行的，几乎不需要费用。这里须注意，病毒营销并非真的以传播病毒的方式开展营销，而是通过用户的口碑宣传，使信息像病毒一样传播和扩散，利用其快速复制的方式传向数以千计、数以万计的受众。

病毒营销并不是什么新概念，其实就是一种数字版的口碑营销。它是伴随着互联网的发展而流行起来的，可以让顾客自发传递企业的信息或产品给他人，爆发力强，可以在短时间内迅速传播。随着互联网的飞速成长，病毒营销的方式越来越多，比如搞笑动画、图片、文字、免费打折券、免费邮箱等。

② 病毒营销理念的提出。"病毒式营销"这一术语最早是由美国学者贾维逊和德雷伯在 1997 年提出的。在此期间，专家学者对病毒营销进行了多方分析和探索，形成了病毒营销的理论基础。美国著名的电子商务顾问拉夫·威尔森博士认为，病毒营销是一种营销策略，营销者鼓励用户将营销信息传播给其他人，使之呈几何级数增长。拉夫·威尔森博士将一个有效的病毒营销策略归纳为六项基本要素，一个病毒营销的策略不一定要包含其所有要素，但包含要素越多，效果就越好。2004 年，美国另一位学者乔治·西尔弗曼在《口碑：营销效果无限放大的秘密》一书中也论述了病毒营销，称它是口碑营销的一种方式。

在日常的上网冲浪中，用户会遇到很多病毒营销，比如"网易 126 邮箱"在你发信时，系统会自动生成一段网易邮箱的广告加在该邮件的底部，收件人在查收邮件时就看到了网易邮箱的广告。病毒式营销具有繁殖快速、传播广泛的特点，是网上常用的一种营销方式。

③ 病毒式营销的三大核心要素：

a. 信息源。信息和服务对用户有价值，能够吸引意见领袖及用户，并使其愿意传播。

b. 传播方式。信息的发布要在意见领袖容易发现并乐于分享的地方(如相关专业 BBS、QQ 群、微信群等)。

c. 受众人群。网络用户越来越多，虚拟社区、BBS、QQ 群、微信群等用户群体越来越庞大。

(2)病毒营销的表现形式

① 节日祝福。每当节日时，营销者可以通过 QQ、MSN、E-mail 等网络工具向亲朋好友发送一些祝福，后面附上网页地址或精美图片。由于节日里大家都喜欢送祝福给朋友，也很高兴收到来自朋友的祝福，于是一个病毒链接就这样形成了。

② 免费服务。一些大型的网站或公司会提供免费的二级域名、免费空间、免费计数器等资源，对用户的吸引力很大，这些资源可以直接或间接地加入公司的链接或者其他产品的介绍。此外，用户自己在使用这些资源并对外宣传的时候，也就为提供该服务的公司做了免费宣传。

③ 便民服务。便民服务不需要一定的财力物力，比较适合小公司或个人网站。公司在网站上提供日常生活中常会用到的一些查询，如公交查询、公司查询、电话查询、手机归属地查询等，能给用户提供极大的便利，同时也起到宣传作用。

(3)病毒营销理念实施要点

① 制作具有强大吸引力的“病毒源”。在保证品质和服务的前提下，制作简单、易记、有刺激力的传播信息源，形成良性口碑，从而获得消费者的认可和好评，才能保证病毒式营销的效果。

② 寻找意见领袖，设计快速传播渠道。意见领袖的知识丰富，社会活动多，人际关系广泛，接收的信息和传播的信息是普通人所不能比拟的。意见领袖的个人意见具有权威性，能引导大众的观点。要分析意见领袖经常活动的场所，设计传播渠道，并对他们的活动场所进行宣传，让他们接收产品及服务的相关信息即“病毒源”。

③ 充分发挥意见领袖的作用。在传播渠道和意见领袖确定的前提下，要充分发挥意见领袖的重要作用。可采取免费试用、提供样品、寄送产品说明等方式，给意见领袖及所在的团体提供特别服务和优惠，引起意见领袖的兴趣，获得意见领袖的好感，让他们愿意帮助推荐产品，进一步形成主流意见，从而使意见成为口碑。

④ 免费策略的应用。免费试用策略是企业给用户提供一些试用产品，使用者在一定期限内可以免费试用。卡项免费策略是企业可以提供只有基础功能的会员卡、免费体验卡等，给予消费者较大的折扣空间，甚至免费让消费者使用。故意失误免费策略是消费者在规定时间内或相应条款下完全免费地使用企业的产品或服务。例如，可以前期宣传承诺：“电话订餐 20 分钟内送到，送货迟到，免费用餐。”但宣传之后，企业偶尔采取送餐故意迟到的策略，让消费者吃到免费的比萨，从而形成口碑传播。

⑤ 强化情感营销。给营销注入温情，让消费者成为企业的亲密伙伴，使其自愿为企业充当商品的宣传者，从而实现双赢。例如，药店可以定期为病人做健康体检，赠送给消费者有关健康方面的报刊或宣传资料等。

(4)病毒营销的应用实例

病毒营销的最初应用者其实是 IT 行业。例如苹果系列广告片，其中有一则广告内容是：在一个纯白的背景前，一个曾经使用过 PC 的消费者，非常投入和兴奋地诉说着 Mac OS 多么善解人意，即使你不是电脑老手，也不会被它搞得狼狈和困惑，相反，会让人产生愉悦体验和提高工作效率，等等。广告中的音乐，一直带着那种轻快而又有点迷幻的节奏，让人产生购买欲望。苹果的网络广告模式很快成了网络闪客们抄袭的对象。

“要与这个产品有一种发自内心的联系，你一定要全身心投入，甚至有一点疯狂。”把每个消费者都变成合格的品牌经理人，让他们“中毒”一定是最疯狂的好方法。

【延展阅读】

金山毒霸成功的病毒营销模式分析

金山公司曾开展了一次大型的病毒式营销活动，这次活动成为我国计算机杀毒软件病毒式营销的典范。

金山毒霸为用户提供免费试用版下载和网站转载服务，同时在相关的虚拟社区、BBS中传入相关信息，使该信息在网上得到大量传播。尤其是2007年熊猫烧香病毒猖獗时期，虚拟社区、BBS、QQ群中不断有金山毒霸升级试用版的相关信息出现。人们下载金山毒霸试用版本的信息，被众多网站转载。通过已试用用户的人际传播和转载网站的网络传播，更多的人知道了金山毒霸，这些人纷纷加入使用金山毒霸试用版的行列。金山毒霸的品牌信息在更大的范围扩散，知名度大大提高，形成了大量的试用消费群，一旦习惯了金山毒霸产品时，这些消费者便成了金山毒霸的忠实用户。

金山公司病毒营销的成功主要是做到了以下几点：

第一，保证产品的质量并及时更新。好的产品是病毒式营销的基础，只有产品得到用户的认可，传播才能够顺利进行。金山毒霸能够做到产品的及时更新，从而保证了用户的口碑。

第二，良好的信息源与渠道的设计。信息源设计简单、醒目、易记，具有刺激性，同时选择专业软件网站和专业论坛及相关社区、BBS等途径进行信息传播。把网络传播与病毒式传播较好地结合起来。

第三，恰当时机的选择。选择熊猫烧香病毒猖獗时期，正是受众最为关注杀毒软件的时期，在这一时期推出正版金山毒霸试用版，无疑能够博得受众的好评；同时，选择这一时期推广产品，目标明确，有利于品牌信息的大范围传播。

第四，及时的购买信息暗示。在试用版被下载试用后，公司及时发出升级信息及购买正版提示，形成心理暗示，在用户形成使用习惯的时候，促成消费。

第五，完善的后续跟踪与管理。金山公司在后续的网站宣传及相关社区、BBS中的形象维护与管理也是比较完善的，做到了及时提供相关的升级信息及病毒处理方式，增强了用户的使用信心，扩大了宣传的影响范围。

3. 水平营销

在今天这个网络化、全球化的竞争市场上，越来越多的企业开始感受到营销处境困难。一方面，传统的广告促销等营销组合已经无法有效激发消费者的消费诉求；另一方面，企业之间的竞争在每个传统的营销层面上都是兵戎相见，价格战、成本战等恶性竞争已经将企业竞争推向“他人即地狱”的境地。竞争加剧和又一轮的产能过剩已经将企业再次推向了微利时代。陷于营销困境和买方市场的现代企业将如何寻求持续生存与发展呢？水平营销理论的诞生无疑给企业带来了一剂良方。

(1)水平营销概述

① 水平营销的定义。水平营销是指企业在纵向营销思维之外运用另一种思维方式,探索开发出新的产品和市场,在获取高额利润回报的同时,成为新的市场的领导者。科特勒将这种思维方式称为水平营销。

② 水平营销思维的基本步骤。水平营销思维首先是创造性的思维,科特勒称之为“跳出盒子的思考”,它不同于纵向营销的逻辑思维,本质上是一种基于直觉的创造。这种思维的基本步骤是,首先选择一个焦点,然后进行横向置换以产生刺激,最后建立一种联结。例如,聚焦于生活中总是会凋谢的花,将凋谢置换成不凋谢,这时候就产生了“不凋谢的花”这一刺激。这个刺激对于市场虽然有价值,但在实现过程中却产生了逻辑思维的中断,此时通过引入塑料等材质,创造出永不凋谢的塑料花,这样就成功地建立了联结。

科特勒认为水平营销是一个过程,虽然它属于一种跳跃性的思维,但也是有法可依的。为此,他提出了水平营销的六种横向置换的创新技巧,并分别应用到市场层面、产品层面和营销组合层面上。这六种技巧分别是替代、反转、组合、夸张、去除、换序。

③ 纵向营销和水平营销比较。纵向营销要求企业必须首先界定市场,利用市场定义来创造竞争优势。水平营销则基于拓展产品的需求、用途、目标或情境来努力开拓市场,不过,这也意味着需要改变产品本身。

(2)实施水平营销的程序

与市场营销惯例不同,水平营销起始于选择一种产品或服务。可以选择当前投放市场的产品,在发展中创新;或者是选择一种难以竞争的产品或服务,来寻找其替代品。

① 选择垂直营销战略的一个层面。一旦选定了产品,最好的途径就是使用垂直营销方案将一种产品或服务分解成许多部分。这样既利于营销团队的合作,也能够从完整的商业角度来看待所有相关的因素。

将垂直营销过程简化成市场、产品和营销组合三个主要层面,来配合水平营销。市场层面包括功能或需求、消费者和购买者以及用途和情境,产品层面包括实际的解决方案,营销组合层面则是怎样去销售产品。

以纸尿片为例,如果从市场层面来进行水平营销,就要聚焦纸尿片的功能和使用者,也可以考虑为开始脱离纸尿片的孩子专门设计新款;如果从产品层面来界定水平营销,只需要对纸尿片的款式进行更改;如果从营销组合层面来进行水平营销,就可以推出以某种付款方式进行销售的纸尿片。从市场或产品层面进行水平营销,很容易导致新品种的产生;而从其他营销组合层面进行水平营销,则容易产生亚类别或创新的商业战略。

② 进行横向置换,制造营销空白。制造空白是水平营销的基础,没有空白,就没有水平营销。制造空白的唯一方法是暂时中断逻辑思维。

下面从产品层面来分析如何使用拉特勒提出的六种技巧:

a. 替代——用热狗甜饼替代热狗卷;

b. 反转——不送货上门的比萨饼;

c. 组合——装有汽车油量显示器的钢笔；

d. 夸张——200 升装的可乐；

e. 去除——不带显示器的笔记本电脑；

f. 换序——看过照片之后再冲洗胶卷。

③ 运用评估技巧填补空白。很多人会发现，运用上面六种方法制造出来的空白，很多是不合逻辑、没有价值的，纯属浪费时间。所以，必须分析这些营销空白的价值，对其进行评估。

首先，要逐步跟踪这些空白刺激所引发的整个购买过程，想象一个“假设”的购买者如何完成信息收集、购买决定、产品使用等整个过程，再将想象的情境作为“历史”记录下来。其次，在那些不合理的空白刺激中寻找积极因素，并思考能否运用其他的方法来产生那么积极的效果。再次，要找到一个可能的情境（如你身边的人、地点、时间、场合等）来使空白刺激产生意义。最后，移动或改变空白刺激，直到它适合该情境为止。

例如前面所提到的通过换序思维方法，发现了“看过照片之后再冲洗胶卷”这个营销空白，由此产生了照片预览服务。顾客可以要求将照片冲洗成很小的尺寸，看过每一张照片后，再冲洗值得放大到正常尺寸的照片。而“用热狗甜饼替代热狗卷”的思路产生了一种可爱的儿童午后小吃即巧克力夹心饼干，在制作时可模仿各种各样的三明治。

水平营销过程的三种结果：

a. 旧产品、新功能——扩大了垂直营销领域；

b. 新产品、新功能——创造了一个新的市场或类别；

c. 新产品、旧功能——创造了一种新的亚类别。

（3）水平营销应用实例

水平营销是一种水平思考，即跨越原有的领域进行横向思考，而不是在以前的界限内兜圈子。确切地说，水平营销是用横向思维来考虑产品的某个侧面，它跨越原有的产品和市场，通过原创性的理念和产品开发，激发出新的市场和利润增长点。

例如，日本伊仓产业公司原是一家从中国进口中药的贸易公司，然而在西药称霸的时代里，中药的销路并不好，药品大量积压在仓库。后来，该公司将中药和日本人习惯的茶饮联系起来，决定在东京中央区开办一家把中药与茶饮结合起来的新行业，结果这个被称为“汉方吃茶店”的茶饮店生意极好。中药和茶并无本质上的关联，但跳出中药的行销领域，伊仓产业公司创造了新的市场。

为什么书店只能把书放在书架上卖呢？为什么它们不能像图书馆一样提供桌椅？为什么它们不能向顾客提供星巴克咖啡和糕饼？为什么它们不能每天晚上都邀请作者来演讲呢？正是这些“跳出盒子”的思考，使得图书销售公司巴诺成功地重新定义了书店，并且凭借全新的面貌名声大振。

4. 大数据营销

（1）大数据营销的定义

大数据营销是指通过互联网采集大量的客户行为数据，帮助广告主找出目标受众，以此对广告投放的内容、时间、形式等进行预判与调配，并最终完成广告投放的营销过程。随着数字生活空间的普及，全球的信息总量正呈现爆炸式增长。基于这个趋势之上的，是大数据、云计算等新概念和新范式的广泛兴起，它们无疑正引领着新一轮的互联网风潮。

(2)大数据营销的特点

① 多平台化数据采集。大数据的来源通常是多样化的。多平台化的数据采集可以对网民行为的刻画更加全面而准确。这里的多平台化采集可包含互联网、移动互联网、广电网、智能电视、户外智能屏等数据。

② 强调时效性。在网络时代，网民的消费行为和购买方式极易在短时间内发生变化，在网民需求点最高时及时进行营销显得非常重要。全球领先的大数据营销企业AdTime对此提出了时间营销策略，它可通过技术手段充分了解网民的需求，并及时响应每一个网民当前的需求，让他在决定购买的“黄金时间”内及时接收到商品广告。

③ 个性化营销。在网络时代，广告主的营销理念已从“媒体导向”向“受众导向”转变。以往的营销活动须以媒体为导向，选择知名度高、浏览量大的媒体进行投放。如今，广告主完全以受众为导向进行广告营销，因为大数据技术可让他们知晓目标受众身处何方，关注着什么位置。大数据技术可以做到当不同用户关注同一媒体的相同界面时，所看的广告内容有所不同，大数据营销实现了对网民的个性化营销。

④ 性价比高。与传统广告“一半的广告费被浪费掉”相比，大数据营销让广告主的投放做到非常精准，并可根据即时性效果反馈，及时对投放策略进行调整。

⑤ 关联性。大数据营销的一个显著特点就是网民关注的广告与广告之间的关联性，大数据在采集过程中可迅速获得目标受众关注的主要内容，并且可知晓网民身在何处。大数据采集的这些有价值的信息可让广告的投放过程产生前所未有的关联性，即网民所看到的上一条广告可与下一条广告进行深度互动。

(3)大数据营销未来努力的方向

大数据营销的前提是挖掘线上的数据，而线下的数据较难搜集；同时，对于非数据化的事物如何转化为量化的数据也面临着挑战。尤其是大数据营销虽然能够追踪到消费者的行为，却抓不住消费者的心。要想抓住消费者的心，在以下方面还需要努力：一是大数据营销与人格心理分析；二是大数据营销与人际情境心理分析；三是大数据营销与物理情境心理分析；四是大数据营销与文化背景心理分析。

【延展阅读】

节能发电大厦

每一个成熟的产品，都是一个完整的模型。要创造新的产品，就要打破原有模型的结构，也就是说产品层面的水平营销起点在于对产品和服务的分解。水平营销要做的事情就是从非自然元素入手进行创新。

改变产品和服务指的是改变“核心产品”“有形产品”中非自然要素中作为产

品重要组成架构的元素，从而实现彻底的产品革新。

比如说，对于一栋大楼而言，稳定的输电系统、供电系统以及与外界电源的连接保障都是必要的设施，但是这些可不可以没有呢？

传统概念中，办公大楼是消耗能源的大户，采暖、空调、照明、热水等都要消耗大量的能源。而广州新落成的珠江大厦，是世界上诞生的第一座零能耗的超高层写字楼。

零能耗不是说珠江大厦不需要能源，而是它能最大限度地降低对外部能源的依赖，所用的能源能自给自足。广州地处珠江三角洲，一年当中，有10个月盛行东南季风。珠江大厦按照“东南一西北”朝向迎风而建，并将迎风面设计成弧形来捕捉更多的风量，且首次在建筑内部安装了风力发电机。

同时，由于地处北回归线以南的热带地区，广州的太阳能资源也相当丰富，广州的日照每年长达1800小时。珠江大厦的玻璃外墙上安装了太阳能电池，可以直接供电并提供热水。更巧妙的是，这些太阳能电池与大厦遮阳系统集成在一起，以最佳角度捕捉太阳光。通过传感器，遮阳系统能够根据太阳运动的轨迹和天气状况，改变百叶窗片的角度，控制进入室内的光线。这样既能避免直射增温，又能让太阳能电池得到充分照射。

迪拜的一座节能大厦旋转楼于2010年建成，楼高80层，每一层都可以360°方位独立旋转。为了驱动楼层旋转，每层旋转楼板之间都安装了风力涡轮机，并且在大厦屋顶还装有大型太阳能板，最高年发电量相当于一座普通的小型发电站。这些能量不仅能供大楼自己使用，还能将多余的电力传输给电网，为周围其他建筑物提供电力。

节能建筑的问世，是水平营销的“墨镜”和“潜望镜”工具的组合运用。用“墨镜”的思想去除了额外的能源供给，再用“潜望镜”看到了与建筑本身不相干的组合——太阳能发电系统，于是一种全新的建筑模式诞生了。

本章小结

经济全球化、体验经济发展、绿色意识增强、科学技术飞速发展、新产品层出不穷、IT产业发展、互联网技术普及等给企业带来了严峻挑战与发展机遇，有效开展市场营销已成为企业成功的关键。市场是企业营销的起点与终点。所谓市场，是由一切具有特定欲望和需求并且愿意和可能从事交换来使欲望和需求得到满足的潜在顾客所组成的消费者总体。市场包括三个主要因素：有某种需求的人、为满足这种需求的购买欲望、购买能力。市场营销则是通过创造和交换产品及价值，从而使个人或群体满足欲望和需求的社会和管理过程。市场营销的核心是交换。企业的市场营销活动是在特定的市场营销管理哲学或经营管理观念指导下进行的。所谓的市场营销观念，实质上就是一种市场营销管理哲学，是企业在开展市场营销活动的过程中，在处理企业、顾客和社会三者利益方面所持的态度和指导思想。企业的市场营销观念可归纳为五种，即生产观念、产品观念、推销观念、市场营销观念和社会市场营销观念。生产观念、产品观念、推销观念称为“传统营销观念”，市场营销观念和社会市场营销观念称为“现代营销观念”。

客观题

请扫二维码。

（http://www.ehuixue.cn/index/Orgclist/course? cid=11924）

复习思考题

1. 营销学中的市场含义是什么？

2. 怎样理解市场营销的定义？

3. 需求与需要有何区别，请举例说明。

4. 传统营销观念与现代营销观念的主要区别是什么？如何应用现代营销观念指导企业的营销工作？

5. 什么是顾客让渡价值？应用顾客让渡价值理论时要注意哪些问题？

6. 尝试比较 4P、4C、4R 营销理论。

7. 试论市场营销的发展趋势。

应用与探讨

根据所学的五种市场营销观念，分析你所熟悉的一家企业的营销实践是在哪种营销观念指导下进行的。

【结尾案例】

香格里拉的营销之道

香格里拉是国际著名的大型酒店连锁集团，它的经营策略很好地体现了酒店关系营销的内容。

香格里拉饭店与度假村是从 1971 年新加坡豪华香格里拉饭店的开业开始起步，很快便以其标准化的管理及个性化的服务赢得国际社会的认同，在亚洲的主要城市得以迅速发展。其总部设在中国香港，是亚洲最大的豪华酒店集团，并被许多权威机构评为世界最好的酒店集团之一，它所拥有的豪华酒店和度假村已成为最受人们欢迎的休闲度假目的地。香格里拉始终如一地把顾客满意当成企业经营思想的核心，并围绕它把其经营哲学浓缩于一句话“由体贴入微的员工提供的亚洲式接待”。

香格里拉有八项指导原则：①我们将在所有关系中表现真诚与体贴；②我们将在每次与顾客接触中尽可能为其提供更多的服务；③我们将保持服务的一致性；④我们确保服务过程能使顾客感到友好，员工感到轻松；⑤我们希望每一位高层管理人员都尽可能地多与顾客接触；⑥我们确保决策点就在与顾客接触的现场；⑦我们将为员工创造一个能使他们的个人、事业目标均得以实现的环境；⑧客人的满意是我们事业的动力。

与航空公司联合促销是香格里拉酒店互惠合作的手段之一。香格里拉与众多的航空公司推出“频繁飞行旅行者计划”。入住香格里拉酒店时，客人只要出示频繁飞行旅行者计划的会员证和付门市价时，就可得到众多公司给予的免费公里数或累计点数，如每晚住宿便可得到德国汉莎航空公司提供的500英里的优惠，美国西北航空公司、联合航空公司500英里的优惠，加拿大航空公司、新加坡航空公司、瑞士航空公司、澳大利亚航空公司、马来西亚航空公司、泰国航空公司等航空公司提供的各种优惠。

顾客服务与住房承诺方面，则体现了酒店在承诺、信任原则上的坚持。香格里拉饭店的回头客很多。饭店鼓励员工与客人交朋友，员工可以自由地同客人进行私人的交流。饭店建立了一个“顾客服务中心”，这个项目建立后，客人只需打一个电话就可解决所有的问题，这与原来客人遇到问题要询问不同的部门不一样。饭店也因此可更好地掌握顾客信息，协调各部门工作，及时满足顾客的需求。在对待顾客投诉时，饭店绝不说“不”，全体员工达成共识，即“我们不必分清谁对谁错，只需分清什么是对什么是错”。让客人在心理上感觉他“赢”了，而我们在事实上做对了，这是最圆满的结局。每个员工都时刻提醒自己多为客人着想，不仅在服务的具体功能上，而且在服务的心理效果上也要满足顾客的需求。香格里拉饭店重视来自世界不同地区、不同国家客人的生活习惯和文化传统的差异，有针对性地提供不同的服务。如对日本客人提出“背对背”的服务：客房服务员必须等客人离开客房后再打扫整理客房，避免与客人直接碰面。饭店还为客人设立个人档案并长期保存，以作为为客人提供个性化服务的依据。

根据上述材料，思考下列问题：

1. 分析香格里拉饭店的营销观念。

2. 香格里拉饭店在顾客满意方面采取了哪些措施？对你有何启示？

第二章　企业战略和营销管理过程

【学习目标】

通过本章学习，学生能够了解企业战略规划的一般过程、企业使命的内涵、战略经营单位的含义和特点、总体战略规划的步骤和营销组合的内容；了解竞争者的判定、竞争者的评估、选择具体竞争对象；理解市场营销组合的含义、特点，理解市场营销管理的一般过程；理解五种基本的竞争力量和通用的竞争战略；学会分析运用波士顿咨询集团法、通用电气公司法、规划成长战略。

【导入案例】

达利园：一直在模仿，总是在超越！

2019 年的福布斯排行榜上，达利食品的许世辉家族以 622.2 亿元的身家，赶超宗庆后家族的 579.8 亿元，继 2018 年后蝉联中国休闲食品行业的首富。达利集团也完成了从小工厂到食品王国的华丽转身。

1992 年，福建泉州一家专门生产饼干的小食品厂换了公司法人代表许世辉。他上任后不久，达利食品有限公司便诞生了。在许世辉的运作下，达利饼干卖向了全国。

20 世纪 90 年代，韩国食品“好丽友”巧克力派进入中国，通过广告加上新颖口感，让好丽友派迅速走红，几乎挤占了全部的市场份额。

2002 年，达利公司推出了达利园蛋黄派，以区别于好丽友派。达利园蛋黄派采用黄奶油夹心制成，具有酥软的口感，甜而不腻。接着，达利公司以好丽友派 60%～70%的价格定价蛋黄派，再胜一筹。然后，达利公司又采用农村包围城市的市场战略，一开始主推三、四线城市和乡镇市场，当达利园蛋黄派覆盖到一定规模，又反攻一、二线城市市场，利用价格优势逐渐蚕食对手的地盘。这一操作堪称完美，达利园蛋黄派投入市场后反响非凡。

这次首胜使达利公司尝到了甜头，跟随创新打法不仅节约了试错成本，还能帮助自身迅速树立新的品牌线。

2003 年，肥宅们最爱的零食——薯片风潮席卷而来。当时乐事、品客罐装薯片独占市场。于是，达利公司就推出了印着周杰伦图像的可比克薯片，罐装薯片覆盖一线城市，性价比高的充气薯片覆盖其他城市，定价只有对手的 30%～40%。这种“物美”价廉的定位真是想不火都难。

2007 年，达利公司大举进军饮料行业，先后推出瓶装和其正凉茶、优先乳蛋白饮料、乐虎功能饮料等 8 大品类、20 多种饮品，跟随对象分别为王老吉凉茶、娃哈哈营养快线、红牛等市场当红商品。

2015 年，达利食品赴港交所上市。2017 年上半年，达利食品仅饮料板块销售额就达到 44.74 亿元人民币，其中乐虎功能饮料的收入实现 15.66 亿元。

2019 年，达利即饮饮料板块销售额实现人民币 71.42 亿元。达利食品和它的老板一样，或许不是市场里最显眼的那一个，却是最赚钱的那一个。

第一节　企业战略概述

企业在正确的市场营销管理哲学指导下开展市场营销管理的一个重要步骤，就是制订切实可行的市场营销计划与战略计划。而市场营销计划又受到企业战略计划的制约。因此，在研究市场营销计划与战略计划之前，必须先分析企业战略计划的制订过程。

一、战略的概念、特征与层次结构

1. 企业战略的概念

“战略”一词源于希腊语“strategos”，原意是“军事将领、地方行政长官”，后来演变为军事术语，是指军事将领指挥军队作战的谋略。在现代社会和经济生活中，这一术语用于描述一个组织对如何实现其目标和使命的打算。

在商品经济高度发达的条件下，市场犹如战场，是商品生产者和经营者们激烈竞争的场所，因此经营管理学中常借用“企业战略”泛指企业为实现自己的总任务和目标所制订的全局性规划。

本书将企业战略解释为：企业在市场经济激烈竞争的环境中，在总结历史经验、调查现状、预测未来的基础上，为谋求生存和发展而做出的长远性、全局性的谋划或方案。它是企业经营思想的体现，是一系列战略性决策的结果，又是制订中长期计划的依据。

企业战略的概念及其方法在 20 世纪 60 年代中期萌芽，20 世纪 70 年代初现，并在 20 世纪 80 年代逐渐在企业的经营发展中占据中心位置。从 20 世纪 70 年代开始，资本主义经济出现持续的滞胀，经济衰退中又出现通胀，企业外部环境动荡，竞争日趋激烈。要使企业减少竞争者的攻击，在动荡的环境中生存并进一步发展，企业就必须洞悉环境变化的趋势及其给企业带来的影响，并有针对性地进行长期、全面的战略谋划。

战略规划对一个企业的生存和发展具有决定性的指导作用。如果战略决策失误，具体工作做得再好，也毫无意义。没有正确战略思想指导的营销活动，就像一艘无舵的船，随风漂泊，不知所终。特别是在市场环境变化无常的情况下，长期性、全局性、方向性的规划，对企业的前途和命运至关重要。因为按照“适者生存”的法则，谁能较好地适应环境，谁就能生存和发展；反之，则将被淘汰。市场竞争的过程，就是一个不断筛选、不断淘汰的过程。战略规划要有预见性，见微知著，未雨绸缪，要善于从环境变化中看到未来发展的大趋势。

2. 企业战略的特征

(1)全局性

企业在实践活动中不同阶段往往有不同内容的目标，这是局部经营行为的活动方向。企业战略规定了企业发展的总体目标，追求企业发展的总体效果，为各个局部经营行为指明方向，它以企业全局的发展规律为研究对象，对各局部活动起统率作用。

(2)纲领性

企业战略规定企业目标、战略发展的方向和重点等，这是企业发展的纲领，属于方向性、原则性、指导性的内容。企业战略是企业管理层对企业发展重大问题的决策、基本方针和路线，因此在经营活动中需要将其分解、展开，使其成为具有可操作性的行动方案。

(3)长远性

企业战略描绘企业发展的远景，它是对企业未来较长一个时期的全盘考虑。企业战略目标需要企业坚韧不拔、持之以恒地去实现。日本人在产品和市场开发投资中采取长期观念，不为短期利益“竭泽而渔”，菲利普·科特勒称之为“耐心的资本主义”。日本企业在欧美市场上建立的地位，正是受益于这种长远性的战略思考。

(4)稳定性

企业战略需要在一定的经营时期内具有稳定性，只有这样才能在实践活动中具有指导意义，使企业各部门能够采取相应的措施去实践战略内容，企业战略如果朝令夕改，只会对企业经营活动造成混乱。但由于环境是变动的，企业活动是一个动态过程，因此企业战略要具有一定的弹性，以适应外部环境的变化，企业战略的稳定性是相对的。

(5)抗争性

企业战略是置身于激烈的市场竞争中的企业行为计划，体现于来自对手多方面的挑战、威胁、冲击、对抗等竞争特征。设定企业战略的目的就是谋求在市场和资源的争夺战中打败竞争对手，占据市场制高点并不断壮大和发展自己；如果单纯、片面和理想化地试图让企业的经营活动独立于市场竞争之外，那么就无法制定有力的、充实的企业战略。因此，企业需要制定具有竞争优势特征的发展战略。

上述战略“五性”是企业战略必须具备的基本属性，脱离这些特征就不能称之为企业战略。

3. 企业战略的层次结构

企业内部有一定的组织结构，也就形成了不同的管理层次(如图 2-1 所示)。与此相对应，战略也有不同层次。典型的企业战略一般分为总体战略、经营战略和职能战略。

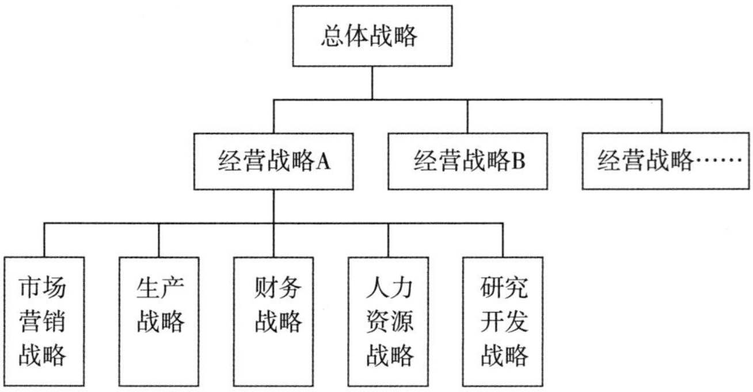

图 2-1　企业战略的层次结构

(1)总体战略

企业总体战略又称为公司战略，是一个企业最高层次的战略。大企业特别是多种经营的大企业，需要根据企业使命选择不同的业务领域，合理配置资源，促使各项业务相互支持、协调。总体战略的任务是回答企业在哪些领域开展活动，经营范围的选择和资源如何配置是其重要内容。通常，总体战略由企业高层负责制定、落实。

(2)经营战略

经营战略又称为“竞争战略”或“经营单位战略”。大企业特别是多种经营的企业，在组织形态上往往把一些具有共同战略因素的二级单位，如事业部、子公司或其中的某些部分，组成不同的战略业务单位。一般企业如果各二级单位的产品和市场具有特殊性，也可以作为独立的战略业务单位管理。经营战略是战略业务单位或有关事业部、子公司的战略。

(3)职能战略

职能战略是指企业各职能领域的战略，又称职能层战略。职能战略从属于所在的经营单位的战略和整个企业的总体战略。职能战略能帮助职能部门更清楚地明确自己在总体战略、经营战略中的任务、责任和要求，有效运用有关管理职能，以保证企业整体目标的实现。一个组织架构完备的企业，需要以下职能战略：①研究开发管理；②生产管理；③市场营销管理；④财务管理；⑤人力资源管理等。职能战略不能脱离其归属的总体战略和所在战略经营单位的经营战略，它是更高一层战略的展开和细化。

【延展阅读】

五大职能战略及其任务

职能战略涉及营销、生产(制造与采购)、财务、人力资源、研究与开发(研发)等领域的管理。

营销职能引导企业与市场、需求相适应。企业通过营销管理，识别、确认和评估市场上人们的需求和欲望，选择能更好地为之服务的顾客群，决定目标市场，引导生产、研发等管理职能，针对目标市场设计、研制和发展适销对路的产品；向市场和潜在顾客推荐产品、引导购买以及分销和配送。生产职能的任务包括设备、原材料采购、供应，形成和发展生产能力，管理作业流程，控制质量水准，按照要求完成生产任务。研发职能为企业运营提供后劲，进行产品、工艺和技术的开发、改造、更新和设计。财务职能解决企业运营所需资金的来源问题，在与创造价值有关的各种活动之间分配资金，对资金使用进行监督、管理，核算成本、收益。人力资源管理通过开发、使用“人”的资源，帮助企业实现经营目标。没有顾客，企业就失去了存在的价值。无论生产管理、研发管理还是财务管理、人力资源管理，都应该以营销为导向，成为营销管理的支持性职能。同时，各职能战略又要服从战略业务单位的经营战略，以及为整个企业发展制定的总体战略。

二、战略计划的一般过程

战略计划过程，又叫作"战略管理过程"。它是指企业的最高管理层通过制定企业的任务、目标、业务投资组合计划和新业务计划，在企业的目标和资源（或能力）与迅速变化的经营环境之间发展和保持一种切实可行的战略适应的管理过程。换言之，战略计划过程是企业及其各业务单位为生存和发展而制定长期总战略所采取的一系列重大步骤，包括：①设定企业使命；②确定企业目标；③制订企业的业务投资组合计划；④制订企业的新业务计划。

第二节　企业战略规划的程序和内容

企业战略规划的主要程序及内容如下：首先，在整体层次上规定企业的基本任务；其次，根据基本任务的要求确定企业的目标；最后，安排企业的业务组合（或产品组合），从而确定企业的资源在各业务单位（或产品）之间的分配比例，在此基础上制定企业的发展战略。

一、规定企业的基本任务

企业战略规划首先要规定企业任务。企业任务是在整体层次上对企业希望做什么的总概括，它明确而且具体地概括了企业所做的事和想做的事。企业任务实质上就是企业的奋斗目标和努力方向，它对于统一员工的思想和步调是很重要的。它能使企业全体员工有共同的使命感、方向感和紧迫感，它就像一只"看不见的手"，能引导各个岗位的员工分工合作，共同为实现企业的目标而努力。规定企业任务一般要回答以下问题：本企业经营的业务是什么，顾客是哪些人，顾客最需要的是什么；本企业将来要经营的是什么，将来应向哪个方向发展；等等。成功的企业总是不断地提出这些问题，并审慎而全面地做出回答。企业在规定其任务时，应当向投资者、顾客、经销商等有关方面广泛征求意见，并重点考虑以下因素：

(1)企业历史和文化。每个企业都会有自己的历史即自己的过去，过去的目的、政策、成就和公众形象，以及作为这种历史的沉淀的企业文化。界定企业任务，必须注意自己的历史和文化的延续问题。

(2)企业所有者和最高管理层的意图。企业的主管部门或董事长对企业的发展和未来要有一定的考虑和打算，企业的高层管理人员也会有自己的见解和追求，这些都会影响企业任务的界定。

(3)企业外部环境极其变化。企业的外部环境不是一成不变的，其发展变化会给企业的发展提供机会或带来威胁。规定企业任务，必须顺应时代和潮流，适应市场营销环境的发展变化。

(4)企业的资源条件。不同的企业，资源条件必然不同。资源条件的约束决定了一个企业进入哪些领域和开展哪些业务。

(5)企业的核心能力和优势。有一定规模的企业大都经营很多业务，但是企业只有具有自己最擅长且明显优于竞争者的能力，才能保持其经营优势。规定企业任务时必须结合企业的核心能力，使企业能扬长避短，倾注全力发挥优势，才有可能让企业立于不败之地。

为了指引全体员工都朝着一个方向前进，企业的最高管理层要编写出正式的企业任务报告书。一份有效的任务报告书应当做到以下几点：

(1)任务报告书必须规定企业的经营范围。这包括产品范围、顾客范围、市场的地理范围。有些公司只经营一类产品，有些则经营一组产品或跨行业多角化经营；有些公司目标顾客广泛，有些则比较单一；有些公司是地区性的，有些则是全国性的或世界性的跨国公司；等等。值得注意的是，任务书中关于企业经营的业务范围的表述应体现出营销观念的变化。例如，一家生产用于软饮料的人工甜味剂的公司过去表述的企业任务是："本企业制造甜蜜的糕点和食品"或"本企业是优秀的食品生产企业"。现在，企业在市场营销观念指导下，要通过千方百计满足目标顾客的需要来扩大销售，取得利润，实现企业的目标。因此，该企业的任务报告书应按照其目标顾客的需要将其企业任务重新规定和表述为："我们的任务是通过运用先进技术给顾客带来最佳食品以供选择"。再如，某化妆品公司过去对企业任务的表述是"本企业制造化妆品"，现在的表述是"本企业的任务是满足顾客的美容需要"或"为顾客充当美容的天使"。

(2)任务报告书必须切实可行，且具有激励性。规定企业任务既要与本企业的资源、实力、特长、经验相适应，又能展现企业的发展远景，把企业的任务与社会的进步联系起来，使职工明确个人辛勤劳动的价值和意义，从而激发职工的工作热情，让任务报告书成为企业的指南针与动员令。例如，生产吸尘器的企业，明确规定其任务是"为创造清洁卫生的环境提供有效的工具"，这是多么光荣的任务！这使得职工士气大增。生产农业机械的企业明确其任务是"提高农业生产力，解决世界上的饥饿问题"，这就既富有挑战性和鼓舞性，又利于调动员工的积极性和创造性，激励员工为完成任务而奋斗。

(3)任务书必须既高度概括，又具体明确。企业任务书既要以高度的概括，勾画出企业的任务与发展方向，又要明确列出完成这项任务的主要方针与措施，以尽量限制个人任意解释的范围。例如，在任务报告书中要明确规定：有关工作人员应如何对待供应商、顾客、经销商和竞争者以及一般公众，全体员工应遵循企业的优良传统和共同的价值观；要树立和保持良好的企业形象。例如，我国久负盛名的"六必居""同仁堂"等老字号，数百年经久不衰的重要原因之一就是它们都拥有一套具体的经营规范和优良的经营传统。

二、确定企业目标

企业任务确定以后，还要将这些任务细化为企业各管理层的目标，形成一套完整的目标体系。企业目标体现出企业的战略思想，也是制订战略实施方案的依据。因此，正确地确定企业目标具有重要的意义。

企业目标主要包括四个方面：一是企业盈利能力的目标；二是生产效率的目标；三是产品结构与产品形象的目标；四是市场竞争地位的目标。

为了使企业的目标切实可行，确定的企业目标必须符合以下要求：

(1)企业目标应符合企业基本任务的要求。企业目标是企业任务的具体化，目标是为实现基本任务服务的。因此，既不能把目标定得太高，也不能定得太低，要紧紧围绕企业任务来制定。例如，某公司的基本任务是“提供良好的设备和服务，满足顾客的通信需要”。为完成这一任务，该企业最高管理层规定的主要目标之一是到第二年年底企业的投资收益率应提高到8%，并根据这个指标派生出一系列指标。

(2)企业目标必须明确、具体，并尽可能量化。企业目标应该是明确的、可用文字表述的、稳妥的、可量化的，并且要有特定的时间周期。例如，某企业的目标是要求食品商店将其市场份额从现在的20%提高到明年的30%。

(3)企业目标应有相应的策略和措施作保证。这就是说，企业的最高管理层不仅要有目标，而且要有实现这些目标的策略和措施。例如，面对激烈的市场竞争，长虹电器公司为了实现其市场占有率达到30%的目标，保持其市场领先地位，在新产品开发、价格制定、售后服务、促销等方面推出了许多新的策略和措施，收到良好的效果。

【延展阅读】

警惕市场营销“远视症”

市场营销“远视症”是相对于市场营销“近视症”而言的。

早在1960年，美国哈佛大学教授西奥多·莱维特就提出了“市场营销近视症”这一概念。他用人们生理上的视力缺陷做比喻，提出有些企业陷入困境是由于他们在市场营销管理工作中目光短浅，患有市场营销“近视症”。从此，国内外许多专家学者对市场营销“近视症”进行了研究论述，使人们对市场营销“近视症”的成因、症状、危害等有了比较全面的认识。

但是，企业更要警惕市场营销“远视症”。原因有三：一是在市场营销“近视症”得到一定程度矫治的同时，市场营销“远视症”却蔓延开来，爱多、巨人、亚细亚等一批曾经无比辉煌的企业的失败，与患有市场营销“远视症”有非常密切的关系；二是市场营销“近视症”往往与鼠目寸光、闭目塞听、故步自封等贬义词相联系，以致人人避之唯恐不及，而市场营销“远视症”往往与高瞻远瞩、敢闯敢试、不断创新等褒义词相联系，以致人们不能意识到这是一种病，甚至欣赏这种病态的美；三是市场营销“近视症”已得到普遍关注，不同的是，市场营销“远视症”至今还没有引起人们的足够重视，以致对它的研究还是较少。

市场营销“远视症”的主要症状是企业经营目标的好高骛远和包罗万象，按照哈佛商学院教授迈克尔·波特的话说，就是盲目扩大产业链。这样的企业，在制定经营目标的过程中，企业经营者想的都是目标实现以后企业将是什么样子，而且越想越美，眼前浮现的全是美丽的画面；而本该在近处看得清清楚楚的，如企业存在的弱点、发展障碍、面临的危机等，却变得越来越模糊，甚至视而不见了。很明显，企业患此症后，就像一个既不顾自己的体能，又看不清楚脚下路况的人，却要拼命奔向很远的目标，其结果即使不活活累死，也要摔得遍体鳞伤。具体来说，患市场营销“远视症”的企业有以下两个明显的特征：

一是贪心，缺乏按科学规律办事的精神。这类企业往往信奉“世界上没有办不到的事，只有想不到的事”，轻率地制定出一个个激动人心的目标，对企业应具备哪些条件、企业能否具备这些条件以及企业如何才能具备这些条件等问题不屑一顾。这类企业奉行的是“有条件要上，没有条件创造条件也要上，不能创造条件则上了再说”，其结果肯定就像猴子捞月一样，徒劳无功。

二是花心，盲目搞多角化经营，不懂得培育企业核心竞争力的重要性。这类企业在某一个行业也许已经取得令人羡慕的业绩，但专一性不强。例如，房地产一热，这类企业经不住诱惑，有可能急忙去注册一家房地产开发公司；不久也许发现IT业也很不错，注册一家网络公司就顺理成章了；很快又发现生物工程更有魅力，有可能马上就斥巨资进军生物工程。这类企业由于精力分散，致使主业荒废、竞争力趋弱、市场占有率下降，往往被市场所淘汰。

三、安排业务(或产品)组合

企业的最高管理层规定了企业的任务和目标之后，就需要安排业务(或产品)组合，即在对现有产品(或业务)进行分析评估的基础上，确定哪些业务或产品能使企业扬长避短，发挥优势，从而能最有效地满足市场需要并战胜竞争者。这是企业战略规划中一个非常重要的步骤。这个步骤应从以下两个方面来进行。

1. 分析现有业务(或产品)组合

企业的最高管理层在安排业务组合的过程中，首先要对现有产品组合进行正确的分析和评估，以便找准现有产品组合中存在的问题和薄弱环节，发现其中的优势产品，确定哪些业务(或产品)应当发展、维持、减少或淘汰，实现对现有产品的科学重组。西方学者曾提出一些对企业业务(或产品)组合进行分类和评估的方法，其中主要有美国波士顿咨询集团法和通用电气公司法。下面介绍波士顿咨询集团法。

波士顿咨询集团是美国著名的管理咨询公司，该公司主张企业用“市场增长率—市场占有率矩阵”对企业现有的产品或业务进行评估，简称BCG法。这是一种两阶矩阵，共有四个战略决策区域，如图2-2所示。图中的纵坐标代表市场增长率，即产品销售的年增长速度，以10%为分界线，10%以上为高增长率，10%以下为低增长率；图中横坐标代表相对市场占有率，表示本企业各业务单位的市场占有率与同行业最大竞争对手的市场占有率之比。以1.0为分界线，1.0以上为高相对市场占有率，1.0以下为低相对市场占有率。如果该企业业务单位的相对市场占有率为0.2，则表示自己的市场份额为同行业最大竞争对手市场份额的20%；如果该企业业务单位的相对市场占有率为2.0，则表示自己的市场份额为最大同行业竞争对手市场份额的两倍。市场增长率反映产品在市场上的成长性如何，是否有发展前途；相对市场占有率则表明企业在市场竞争中的地位高低和实力大小。图2-2中的每一个圆圈都代表一个业务(或产品)单位，圆圈的大小表示该业务单位或产品的销售额占企业总销售额的比重，圆圈的位置则表示该业务单位的市场增长率和相对市场占有率的高低。

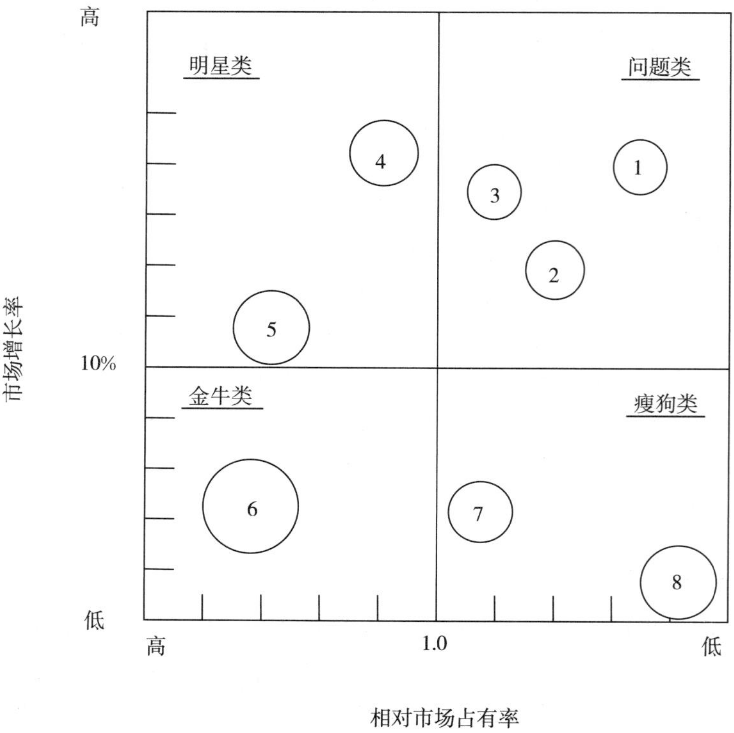

图 2-2　波士顿矩阵分析示意图

图 2-2 把企业所有的业务单位(或产品)分为以下四种不同的类型:

(1)问题类。这一类"战略业务单位"是高市场增长率和低相对市场份额的"战略业务单位",大多数"战略业务单位"最初都处于这一类。该类单位需要大量资金,以提高其相对的市场份额。企业的最高决策者要慎重考虑这种业务单位的获利性,以便做出正确的决策。

(2)明星类。问题类的"战略业务单位"如果经营成功,就会转入明星类。这一类单位是高市场增长率和高相对市场份额的单位。这一类单位由于迅速增长,同时要击退竞争对手的攻击,需要投入大量现金,因而是使用现金较多的单位。由于任何产品都有其生命周期,随着时间的推移,这一类单位的增长速度会降低,最后就转入金牛类。

(3)金牛类。明星类的"战略业务单位"的市场增长率下降到 10%以下,就转入金牛类。金牛类的"战略业务单位"是低市场增长率和高相对市场份额的单位。这一类单位因为其相对市场份额高,盈利多,现金收入多,可以提供大量现金。企业可以用这些现金来支援其他业务单位。

(4)瘦狗类。瘦狗类的"战略业务单位"是低市场增长率和低相对市场份额的单位,盈利少或亏损。

上述四类业务单位在矩阵图中的位置不是固定不变的,因为任何产品都有其生命周期,随着时间的推移和市场供求关系的变化,这四类业务单位在矩阵图中的位置也会发生变化。这种变化有两种:一是有利于企业的变化,即按照问题类—明星类—金牛类的顺序变动;二是不利于企业的变化,即按照明星类—问题类—瘦狗类的顺序变化。企业决策者应力争向有利的趋势变化，避免向不利的趋势变化。

在对各业务单位进行分析之后，企业应着手制订业务组合计划，确定对各个业务单位的投资战略。可供选择的投资战略有以下四种：

(1)发展战略。这种战略的目的在于提高业务单位的市场占有率，有时甚至不惜放弃短期利润来达到这一目的，这种战略适用于问题类中有希望转为明星类的产品。

(2)维持战略。这种战略的目的在于维持业务单位现有的市场占有率，保持产品的市场地位。这种战略适用于金牛类产品，目的是使其继续为企业提供大量的资金。

(3)收缩战略。这种战略的目的在于增加业务单位的短期收入，不考虑长期效果。这种战略主要适用于金牛类中前景黯淡的产品，目的是从它身上尽可能地获得现金收入。

(4)放弃战略。这种战略是售出产品并不再生产该产品，目的是把资源转移到那些盈利的产品上去，这种战略适用于没有发展前途的瘦狗类和问题类企业。

通过上述战略，企业可达到优化业务(或产品)组合的目的，使战略规划建立在科学的基础之上。

【案例 2-1】

波士顿矩阵法的应用案例

某一酒类经销公司经营 A、B、C、D、E、F、G 七个品牌的酒品，公司可用资金 50 万。

经过对这几个品牌前期的市场销售统计分析，公司发现：①A、B 品牌业务量为公司总业务量的 70%，两个品牌的利润占到公司总利润的 75%，且该品牌在本地市场占主导地位。但这两个品牌是经营了几年的老品牌，从去年开始，市场销售增长率已呈下降趋势。②C、D、E 三个品牌是新开辟的品牌。其中 C、D 两个品牌在最近半年表现抢眼，C 品牌销售增长了 20%，D 品牌增长了 18%，且在本区域内尚是独家经营。E 品牌是高档产品，利润率高，销售增长率也超过了 10%，但在本地竞争激烈，该品牌的其他两家主要竞争对手所占市场比例达到 70%，而本公司的该品牌只占到 10%左右。③F、G 两个品牌市场销售量下降严重，有被 C、D 品牌替代的趋势，且在竞争中处于下风，并出现了滞销和亏损现象。针对上述情况，该公司根据波士顿矩阵法原理，采取以下措施：①确认 A、B 品牌为金牛品牌，维持原来的资金投入 30 万元，以保证市场占有率和公司的主要利润来源；同时认识到 A、B 品牌已经出现了衰退现象，一方面寻找替代品牌，另一方面尽可能地延长其生命力。②确认 C、D 品牌为新星品牌，虽然目前不是公司的主要利润来源，但发展潜力很大，因此公司决定加大其资金投放力度，加快发展步伐，扩大与竞争对手的差距，力争使其成为公司新的利润增长点，最后决定对其先期投入资金 10 万元。③对 F、G 品牌果断采取撤退战略，不再投入资金，着手清理库存，对滞销商品降价处理，尽快回笼资金。④对 E 品牌投入研究力量，寻找竞争对手的薄弱方面，整合资源，争取扩大市场份额，使 E 品牌成为新星品牌。最后决定对其投入资金 5 万元。余下的 5 万元作为机动资金，以便在特殊情况下，对某品牌做侧重支持。

2. 制定企业发展战略

企业除了对现有业务进行评估和规划外，还应对未来的业务发展方向做出战略规划，即制定企业的增长战略。可供企业选择的发展战略主要有三类：密集型增长、一体化增长和多角化增长。这三类发展战略各自又包含三种具体形式，见表 2－1 所列。

表 2－1 企业发展战略

密集型增长战略	一体化增长战略	多角化增长战略
市场渗透	后向一体化	同心多角化
市场拓展	前向一体化	横向多角化
产品开发	横向一体化	综合多角化

(1)密集型增长战略

企业的现有产品和现有市场如果还有盈利潜力，可采用密集型增长战略。这一战略主要有以下三种形式：

① 市场渗透，即通过各种营销措施，如增加广告、增加销售网点、加强人员推销以及降价等，吸引更多的顾客。例如德国“阿克发”胶卷进入中国市场较晚，面对竞争激烈的市场，销售量不大。1992 年，该公司在上海采取免费冲洗和扩印等促销办法，销售量迅速增加。

② 市场开发，即努力使现有产品打入新的市场，如从地方市场扩展到全国市场，从国内市场扩展到国外市场等。市场扩大有时比产品开发更有利，如美国箭牌口香糖只有一种产品系列，但其市场遍及全球。

③ 产品开发，即在现有市场上通过改进原有产品或增加新产品，来达到增加销售的目的。如现在虽然只生产一种化妆品，但今后可将其发展为系列化妆品；又如现在虽然只生产一种汽油卡车，但将来可以开发出各种柴油车、自动装卸车、越野车、专用车等新产品。

(2)一体化增长战略

如果企业所属行业的吸引力和增长潜力大，或实行一体化后可提高效率，增强盈利能力和控制能力，则可采取一体化增长战略。具体形式有以下三种：

① 后向一体化，即生产企业向后控制供应商，使供应和生产一体化，实现供产结合。例如，某汽车制造商原来向其他厂商购进汽车轮胎，现在发现汽车市场需求增长很快，改为自己开办轮胎厂或通过收购股份参与控制现有的轮胎企业。又如，大零售商附设(或控制)加工企业，实行供销一体化。但不能把后向一体化理解为在一个工厂内搞“大而全”，如汽车厂自己生产轮胎。

② 前向一体化，即企业向前控制分销系统(如控制批发商、代理商或零售商)，实现产销结合，如汽车制造商自设分销系统等。

③ 横向一体化，即争取获得其他同类企业所有权或控制权，或实行各种形式的联合经营。这样不仅可以减少直接竞争的对手，还可以扩大生产规模和增强经营实力，或取长补短，或共同利用某些机会。

【案例 2-2】

青岛海尔整合通用电气家电

2016 年 6 月 7 日，由海尔集团控股 41%的青岛海尔股份有限公司和通用电气(GE)共同宣布，双方已就青岛海尔整合通用电气家电公司的谈判达成一致意见。这标志着通用电气家电公司正式成为青岛海尔的一员。海尔方面称，通用电气家电总部仍将保留在美国肯塔基州路易斯维尔，通用电气家电公司将在现有高级管理团队引领下，开展日常工作，并独立运营。由通用电气家电和海尔的高管团队及两位独立董事组成的公司董事会，指导公司的战略方向和业务运营。双方将在全球范围内合作，通用电气从海尔获得 54 亿美元的现金对价。

海尔集团董事局主席、首席执行官张瑞敏表示："海尔和通用电气家电的企业文化中都具备与时俱进的基因，相信双方的强强联合定能取得 1 加 1 大于 2 的成果。当前的海尔，正致力于转型成为真正的互联网企业，依托互联网，驱动企业从以自我为中心转型为与用户融合共创的平台。通用电气家电拥有优秀的员工和庞大的用户资源，相信能与海尔携手，顺应潮流，实现从传统的家电领先品牌到网器社群平台的转型，成为网络平台的引领者，为用户提供最佳体验。"同时，通用电气家电首席执行官奇普·布兰克希普表示："能够成为全球家电企业海尔的重要一员，我们倍感振奋。海尔对家电事业的热爱与通用电气家电相一致；海尔认同我们的长远目标，希冀通用电气家电成为全球最具竞争力与创新性并以客户为中心的公司。我们将携手找到更好的合作方式，以帮助客户改善居家生活质量。"

有分析人士认为，中国企业与西方企业决策文化不一样，海尔要通过通用拓展市场，除了增强研发能力和扩大市场渠道外，还需要提高自身的品牌价值。

(3)多角化增长战略

多角化亦称"多样化"或"多元化"，即企业向本行业以外发展，扩大业务范围，向其他行业投资，实行跨行业经营。企业所属行业在缺乏有利的营销机会或其他行业的吸引力更大时，可实行多角化增长战略。但多角化并不意味着毫无选择地利用一切可获得的机会，而是要扬长避短，结合自身的资源优势来选择市场机会，以充分发挥资源潜力并做到共同分担风险。多角化主要有以下三种形式：

① 同心多角化，即以现有产品为中心向外扩展业务范围，利用企业现有技术和营销力量，发展与现有产品近似的新产品，吸引新顾客。例如，汽车厂商除增加汽车类产品外，还可生产拖拉机、摩托车等。

② 横向多角化，即为稳定现有的顾客，开发与现有产品无关的新产品。例如，现在的大型百货商店内均开办餐厅、酒吧、美容店等。

③ 综合多角化，即发展与企业现有产品、技术和市场无关的新产品，吸引新顾客。例如，汽车厂商进入新的商业领域，经营房地产、开办饭店、设立影剧院等。

由于多角化战略可分散风险，取得很大的竞争优势，当代许多实力雄厚的大企业(公司)都实行这种战略。例如，美国通用电气公司于 20 世纪 80 年代收购了美国业主再保险公司和美国无线电公司，便从单纯的工业生产行业进入金融服务业和广播电视行业。我国春兰公司彻底改变空调生产产品单一的状况，组建金融、空调器、摩托车和贸易四大集团，形成决策在上海、生产在泰州、贸易在香港的集团格局。这些公司实行多角化经营，获得了很好的经济效益。

实践表明，多角化增长是现代企业发展的重要战略选择。值得注意的是，运用多角化发展战略一定要具备足够的实力并对新进入行业进行周密的了解。如果企业运用多角化发展战略的条件还不成熟，不如稳扎稳打。如果决策不慎，贸然进入陌生行业，一旦经营失误，就会给企业带来巨大损失。即便是具备足够实力和条件的企业在运用多角化发展战略时，也不可盲目追求经营规模的宏大和经营范围的全面，否则将会陷入被动局面而不能自拔。

【案例 2－3】

联想集团公司战略的制定

从 1984 年到现在，联想已经走过了近 40 个春秋，联想现在正踏在告别乳臭未干而逐渐成熟的关口。30 多年来联想跨过了坎坎坷坷，经历了风风雨雨，演绎着常人无法“联想”的豪情之路。随着联想的逐渐成熟，除了“贸工技”创新外，其战略的制定和实施也更加趋于科学和规范。联想常把制定战略比喻为找路，当草地、泥潭和道路混成一片无法区分的时候，公司领导层反反复复地细心观察，然后小心翼翼、轻手轻脚地去踩、去试；当踩过三步、五步、十步、二十步，证实了脚下踩的确实是坚实的黄土路时，则毫不犹豫地快步前行。这种去观察、去踩、去试的过程是谨慎制定战略的过程；而快步前行则是坚决执行的过程。这与军校里讲的“四快一慢”的战术原则相符合。联想选择先在本土发展而把业务面做宽，从一种产品发展到多种产品，从产品业务发展到信息服务业务。从 1994 年起，联想在与国外强大对手竞争中所发挥的几乎全都是本土优势。在资金、管理能力、技术水准、人力资源等诸多方面，联想虽然远不如竞争对手，但竞争是在中国展开的，联想熟悉中国市场、中国客户和中国环境，能更充分地调动中国员工的积极性，使得市场推广、渠道管理、服务组织、物流控制的运作更有效，成本更低，而研究开发的产品更符合中国市场的需要。联想把本土优势发挥得淋漓尽致。在其他方面，目前联想与国外强大对手相比可能还处于劣势，但联想不仅对未来的战略目标、路线进行了设计，而且对达到近期目标的具体战术步骤都做了分析、设计，并进行调整，因此，联想对未来充满信心。

第三节　规划与实施市场营销管理

市场经济条件下，企业为了实现战略计划规定的各项任务与目标，必须重视市场营销管理，根据市场需求情况，制订计划，配置资源，通过有效地满足市场需求来获得竞争优势，使企业健康发展。

一、市场营销管理的含义与实质

市场营销管理是指为了实现企业目标，创造、建立和保持与目标市场之间的互利交换的关系，而对设计方案进行分析、计划、执行和控制。企业通过市场营销管理，就是要很好地去满足人们的需求，而人们的需求又是多种多样的。在不同的需求情况下，企业的营销任务是不同的，因此市场营销管理的实质是需求管理。

二、市场营销管理的任务

市场营销管理的任务是为促进企业目标的实现而调节需求的水平、时机和性质。根据人们的需求水平、时机和性质不同，可归纳出八种不同的需求状况。在不同的需求状况下，市场营销管理的任务也有所不同。

1. 负需求

负需求是指市场上众多顾客不喜欢某种产品或服务，即指绝大多数人对某个产品感到厌恶而回避的一种需求状况。如近年来许多老年人为预防各种老年疾病而不敢吃甜食，又如有些顾客害怕冒险而不敢乘飞机，或害怕化纤纺织品中的有毒物质损害身体而不敢购买化纤服装。在无需求情况下，市场营销管理的任务是分析人们为什么不喜欢这些产品，并针对目标顾客的需求重新设计产品、定价，做更积极的促销；或改变顾客对某些产品或服务的信念，诸如宣传老年人适当吃甜食可促进脑血液循环，乘坐飞机出事的概率比较小等。把负需求变为正需求，称为改变市场营销。

2. 无需求

无需求是指目标市场顾客对某种产品从来不感兴趣或漠不关心的一种需求状况。市场一般对下列产品无需求：①人们一般认为无价值的废旧物资；②人们一般认为有价值，但在特定市场无价值的东西；③新产品或消费者平常不熟悉的物品等。

在无需求的情况下，市场营销管理的任务是刺激市场营销，即通过大力促销及其他市场营销措施，努力将产品所能提供的利益与人的自然需要和兴趣联系起来。

3. 潜在需求

潜在需求是指许多消费者对某些产品或服务有需求，而现有产品或服务又无法使之满足的一种需求状况。例如，老年人需要高植物蛋白、低胆固醇的保健食品，美观大方的服饰，安全、舒适、服务周到的交通工具等，但许多企业尚未重视老年市场的需求。在潜伏需求的情况下，市场营销管理的任务是准确地衡量潜在市场需求，开发有效的产品或服务，将潜伏需求变为现实需求。

4. 下降需求

下降需求是指目标市场顾客对某些产品或服务的需求出现了下降趋势的一种需求状况，如近年来城市居民对电风扇的需求已减少的状况。在需求下降的情况下，市场营销者要了解顾客需求下降的原因；或通过改变产品的特色，或采用更有效的沟通方法来刺激需求，即创造性地再营销；或通过寻求新的目标市场，以扭转需求下降的格局。

5. 不规则需求

不规则需求是指某些物品或者服务的市场需求在一年不同季节，或一周不同日子，甚至一天不同时间上下波动很大的一种需求状况。许多企业常面临顾客因季节、月份、周、日、时对产品或服务需求的变化，造成生产能力不足或过剩的局面。例如公用交通工具，往往在运输高峰时不够用，在非高峰时又被闲置；又如在旅游旺季时旅馆资源往往紧张和短缺，而在旅游淡季时旅馆资源往往又出现闲置；再如节假日或周末时，商店拥挤，在平时商店顾客稀少。在不规则需求情况下，市场营销的任务是通过灵活的定价、促销及其他措施来改变需求时间模式，使产品或服务的市场供给与需求在时间上协调一致，这称为同步营销。

6. 充分需求

充分需求是指某种产品或服务目前需求的水平和等于期望的需求，这是企业最理想的一种需求状况。但是，在动态市场上，消费者的需求会不断变化。因此，在充分需求情况下，企业营销的任务是改进产品质量以及不断估计消费者的需求满足程度，通过降低成本来保持合理价格，并激励推销人员和经销商大力推销，千方百计维持目前的需求水平。维持现时需求，这也称为"维持营销"。

7. 过度需求

过度需求是指市场上顾客对某些产品的需求超过了企业供应能力、产品供不应求的一种需求状况。比如，由于人口过多或物资短缺，引起交通、能源及住房等产品供不应求。在过度需求的情况下，企业营销管理的任务是减缓营销，可以通过提高价格、减少促销和服务等方式暂时或永久地降低市场需求水平，或者设法降低来自盈利较少或服务需要不大的市场的需求水平。企业最好选择那些利润较少、要求提供服务不多的目标顾客作为减缓营销的对象。减缓营销的目的不是破坏需求，而只是暂缓需求。

8. 有害需求

有害需求是指市场对某些有害物品或服务的需求。对此，市场营销管理的任务就是要消灭这种需求。企业营销管理的任务是通过提价、发出警告、减少可购买的机会以及通过立法禁止销售等，即为反市场营销。反市场营销的目的是采取相应措施来消灭某些有害需求。降低市场营销与反市场营销的区别在于：前者是采取措施减少需求，后者是采取措施消灭需求。

三、市场营销管理的一般过程

企业营销管理的目的在于使企业的营销活动与复杂多变的市场营销环境相适应，这是企业经营成败的关键。战略规划是企业的总体规划，规定企业的基本任务和目标，企业的各职能部门、各项工作都必须以战略规划的要求为转移。那么，作为企业中心职能部门的营销部门，应如何管理市场营销活动呢？这个管理过程包括哪些步骤呢？

所谓营销管理过程，就是识别、分析、选择、发掘市场营销机会，选择目标市场和确立市场定位，制定营销组合策略，编制营销计划，实施、评价、控制市场营销活动，以实现企业的战略任务及目标的管理过程，亦即企业与它最佳的市场机会相适应的过程。这个过程可概括为以下四个步骤。

1. 分析市场营销机会

市场营销机会就是消费者现实和潜在的需求。现代市场营销学认为，企业市场机会就是“顾客没有被满足的需求”或是“消费者在满足需求的过程中尚存的遗憾”。如果企业本身具备某种或多种特殊条件或专长，能利用某个“市场机会”，从事某方面的生产经营活动，比其他竞争者更具优势，这个企业便能获得更多的“差别利益”。

市场营销管理者往往采用以下方法发现市场机会：市场调研，了解消费者需求及购买情况；收集信息，掌握国内外技术、产品、竞争者等情报；分析营销环境，获悉营销环境的改变给企业带来的机会。

2. 确定目标市场

对市场机会进行分析评估后，企业要做进入市场的准备。在市场细分的基础上，企业根据自身的资源条件和经营能力，选择一个或数个子市场作为目标市场。这个过程分为：①市场细分；②目标市场选择；③市场定位。

例如，一家经营办公设备业务的公司，原有的公司办公设备和办公用品的经营走到一个发展的瓶颈。经过对市场的重新研究，公司细分出小型流动性企业和家庭办公用品的新市场，于是决定开发家庭办公用品。该公司的定位战略是重点开发小型、组合可分解型产品，以较低的价格和一流的服务吸引在家庭办公的顾客。

3. 发展市场营销组合

在选定了目标市场和确立市场定位以后，市场营销管理过程的下一个步骤是设计市场营销组合策略。

市场营销组合是现代营销学理论中一个十分重要的新概念，是 20 世纪 50 年代由美国哈佛大学的鲍敦教授首先提出来的，此后受到学术界和企业界的普遍重视和广泛运用。

所谓市场营销组合，也就是企业的综合营销方案，即企业根据目标市场的需求和自己的市场定位，对自己可控制的各种营销因素（产品、价格、渠道、促销等）进行优化组合和综合运用，使之协调配合、扬长避短、发挥优势，以取得更好的经济效益和社会效益。营销组合得好，可化平庸为神奇。所以说，营销组合也是一种艺术。

企业可控制的营销因素很多，麦肯锡将各种营销因素归纳为四大类：产品（Product）、价格（Price）、地点（Place）和促销（Promotion）。因这四个词的英文首字母是“P”，故简称为“4P”。所谓市场营销组合，也就是对这四个“P”进行适当组合与搭配，它体现着现代市场营销观念中的整体营销思想。这些都是企业的可控因素，即企业根据目标市场的需要，可以决定自己的产品结构、确定产品价格、选择分销渠道（地点）和促销方法等。对这些营销手段的运用和搭配，企业有自主权，但这种自主权是相对的，是不能随心所欲的。因为企业在营销过程中不但要受本身资源和目标的制约，而且还要受各种微观环境和宏观环境因素的影响和制约。这些是企业所不可控制的变量，即不可控因素。营销管理者的任务就是适当安排营销组合，使之与不可控制的环境因素相适应，这是企业营销成功的关键。

市场营销组合是一个多层次的复合结构。四个“P”中又各自包含若干小的因素，形成各个“P”的亚组合。因此，市场营销组合是至少包括两个层次的复合结构。企业在设计营销组合时，不但要求对四个“P”进行适当搭配，而且要注意安排好每个“P”内部的搭配，使这些因素得以灵活运用和有效组合，以达到良好的营销效果。

市场营销组合又是一种动态的、整体性的组合。每一个组合因素都是不断变化的，它们互相影响，每个因素都是另一个因素的潜在替代者。四个大的变量又各自包含着若干小的变量，每一个变量的变动都会引起整个营销组合的变化而形成一个新的组合（如图 2-3 所示）。

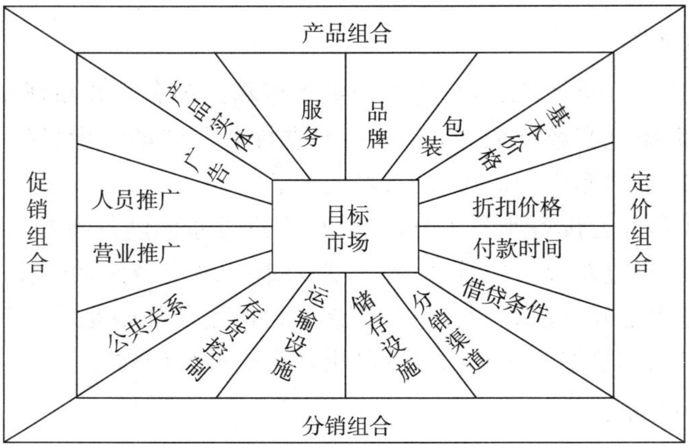

图 2-3　市场营销组合

由此可见，市场营销组合是企业可控的、多层次的、动态的、整体性的组合，即具有可控性、复合性、动态性和整体性的特点。它随着不可控的环境因素的变化和自身各个因素的变化而协调地组合与搭配。

企业营销管理者正确安排营销组合对企业营销的成功有着重要作用：其一，可扬长避短，充分发挥企业的竞争优势，实现企业战略决策的要求；其二，可增强企业的竞争能力和应变能力，使企业立于不败之地；其三，可增强企业的内部凝聚力，实现整体营销，灵活有效地适应营销环境的变化。因此，营销组合是体现现代营销观念的一种重要手段。

把企业的营销因素分为可控因素与不可控因素，以及把可控因素概括为“4P”，这些传统理论，在西方已经流行三十多年之久。但是，在国际市场竞争激烈、许多国家政府干预市场和实行贸易保护主义的形势下，市场营销学理论有了新的发展。菲利普·科特勒于 1984 年提出了一个新的理论。他认为，企业能够影响自己的营销环境，而不应单纯地顺从和适应环境，因此营销组合因素除以前的“4P”之外，还应该再加上两个“P”，即“权力（Political Power）”与“公共关系（Public Relations）”，被称为“6P”。这就是说，要运用政治力量和公共关系的各种手段，打破国际或国内市场上的贸易壁垒，为企业的市场营销开辟道路。菲利普·科特勒把这种战略思想称为“大市场营销”。此后，他又有“10P”和“16P”的新提法。

4. 管理营销活动

市场营销管理的最后一个步骤是对营销活动的管理。因为分析市场机会、选择目标市场、确定市场营销组合等活动，在实际的操作与运行中都不能离开营销管理系统的支持。对市场营销活动而言，需要有市场营销管理信息系统、市场营销计划系统、市场营销组织系统、市场营销控制系统等四个管理系统的支持。

第四节　企业竞争战略

竞争战略是企业战略的一部分，是在企业整体战略的制约下，指导和管理具体战略经营单位的计划和行动。制定竞争战略的目的是奠定本企业产品在市场上的特定地位并维持这一地位。

一、五种基本的竞争力量

决定企业获利能力的首要因素是产业吸引力。企业在拟定竞争战略时，必须深入了解决定产业吸引力的竞争法则。竞争法则可以用以下五种竞争力量来具体分析：行业内现有企业之间的竞争、潜在进入者的威胁、替代品的威胁、供应商讨价还价的能力和顾客讨价还价的能力。这五种竞争力量是由美国经济学家迈克尔·波特提出的，也称为“五力模型”（如图 2－4 所示）。

这五种竞争力量能够决定产业的获利能力，它们会影响产品的价格、成本及必要的投资，也决定了产业结构。

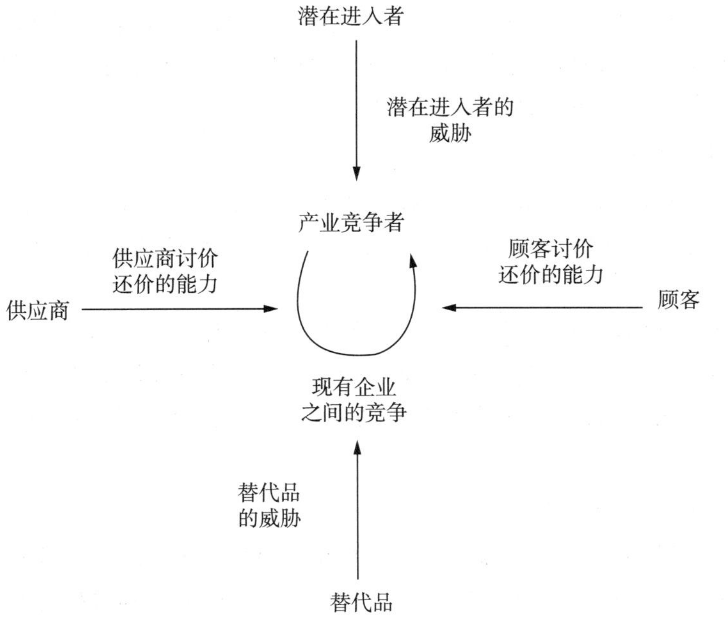

图 2－4　波特的产业竞争“五力模型”

1. 行业内现有企业之间的竞争

在许多产业中，一个企业竞争性的行为往往会影响产业中的其他竞争者，可能刺激其他竞争者报复或采取相应的行动。竞争者为了市场份额和投资分析师的良好评论而互相欺骗。企业的每一个新产品的介绍和市场促销及市场容量的扩张都意味着其收入、成本和其他竞争者利润的变化。

一般来说，影响产业竞争激烈程度的主要因素有：缓慢的产业增长意味着竞争者要想成长壮大就必须偷偷地获取市场份额，高昂的固定成本意味着企业具有更大的压力去弥补成本并获取利润；产品缺乏差异化会使定价面临更大压力；大量的竞争者意味着整个市场被更多的方式划分；高额的退出成本意味着企业从产业撤退时会失去全部或大部分的投资，即使利润很低，企业也愿意留在产业中；在许多产业中，竞争是如此激烈以至于企业几乎没有利润，例如在不同时期的航空业、小型计算机产业和速食食品业。

2. 潜在进入者的威胁

几股力量决定了潜在进入者进入产业的难易程度，因此可以预计有多少进入者。新的进入者加剧了产业内的竞争，并可能降低价格和利润。他们也可能增加商场容量、引入新产品或工艺过程并带来新观点和新想法，所有这一切都会降低价格、增加成本或二者兼而有之。因此，防止潜在进入者进入、保护现有竞争者的力量已成为进入障碍。

许多产业的进入障碍包括以下几方面：当以更大的设备生产更多的产品时，效率更高，这时就会产生规模经济；大量的资金需求，也就是人们熟知的开业成本将阻碍小的竞争者进入该产业；较高程度的产品差异化意味着一些企业拥有忠诚顾客的基础，这时的新企业更难将顾客拉走；很高的转换成本不仅适用于供应商，也可作为保护产业中既有企业的进入障碍；进入分销渠道的限制会阻止新公司将产品推向市场；限制进入产业的政府政策和管制有效地防止了新的竞争；短期内现有企业拥有的资源很难复制；产业竞争者对新竞争者具有侵略性的报复历史。

3. 替代品的威胁

如果组织提供的商品和服务极易被其他产业提供的商品和服务替代，那些组织就变成了间接竞争者。例如，阿司匹林、布洛芬和对乙酰氨基酚都是疼痛缓解剂的替代品。

在服务部门，邮政储蓄是银行的替代，高铁运输是航空运输的替代。近似的替代品能够为产业内商品和服务的讨价还价设定价格上限。例如，若萘普生疼痛缓解剂或降热剂的价格变得很高，许多过去喜欢使用的消费者可能会转向阿司匹林、对乙酰氨基酚或布洛芬。

4. 供应商讨价还价的能力

产业供应商提供设备、补给品、部分零件和原材料，公司获取雇员和投资基金的劳动力及资金市场也是供应的一个来源。强力供应商能够抬高其价格并且减少购买企业的利润水平。通过威胁要抬高价格、减少所供商品或服务的质量，或在需要时未输送商品，供应商能够施加影响并增大购买企业的不确定性。

一般来讲，供应商的权力在下列情况下更大：只有少量的供应商；所供商品或服务的现有替代品较少；对他们大的总销售百分比而言，供应商不依赖于购买企业，这意味着一个销售客户的损失并不重要；供应商知道购买企业必须拥有供应商提供的产品和服务以制造他们自身的产品；供应商实现产品差异化，这意味着购买企业愿意在某一品牌上支付更多的钱；供应商使得购买者转换供应商的成本比较高；供应商很容易前向一体化并与他们以前的竞争者直接竞争。这些力量的结合决定了供应商的力量和这些供应商在多大程度上能够对产业中的企业获得利润施加影响。

5. 顾客讨价还价的能力

顾客采取压低价格、要求较高的产品质量和索取更多的服务项目等竞争手段，并且从竞争者彼此对立的状态中获利，所有这些都是以行业利润作为代价。

按照波特的观点，在一个产业里，如果下列条件存在，顾客在竞争中会表现出强大的力量：顾客数量少，这种情况下，失去一个顾客会造成明显差别；顾客购买数量很大；顾客正在购买的产品无差异；顾客的收入低；顾客很容易得到该产业所售商品的成本和需求的精确信息；顾客很容易实现后向一体化，成为自我供应者；顾客能够轻易地从一个卖主转向另一个卖主。这些力量的结合决定了顾客讨价还价的能力，即顾客能在多大程度上对价格和产品开发的努力方向施加影响。

二、通用的竞争战略

通用战略思想的基本观念为：竞争优势是一切战略的核心。一个企业要获得竞争优势就需要做出抉择，即如果一个企业要获取竞争优势，必须就争取哪一种竞争优势和在什么范围内争取做出选择。

1. 成本领先战略

成本领先战略是指企业实现规模经营、提高劳动生产率、强化管理，使自己在产业内平均成本最低化，以创造和赢得竞争优势的战略。采用成本领先战略的企业应努力成为某种产品或服务的最低价格提供者。市场范围大的企业采用成本领先战略意味着它们要对市场上绝大多数的顾客提供产品或者服务。

一般来说，当需要降低价格，并且这样也不会完全无利可图时，企业采用成本领先战略进行竞争是合适的。追求成本领先的企业要想确立自己的地位，往往需要具备高生产能力、规模经济、技术先进、学习或经验效应等要素。

【案例 2－4】

成本领先战略的典范——美国西南航空公司

美国西南航空公司是实施成本领先战略较为成功的典范。西南航空公司进入美国民用航空市场的“撒手锏”是极低的票价，它销售的任何机票都没有超过100美元的。为了构成一个低成本运作的运营模式，美国西南航空公司主要采取了以下配套措施：①提高飞机的使用率。美国西南航公司只拥有一种机型——波音737，这样做不仅简化了管理，更重要的是简化了维修保养的成本。②美国西南航公司只提供在中等城市之间的点对点的航线，并且与其他航空公司形成联运服务，因而降低了管理成本。同时，美国西南航空公司的飞机只选择中等城市和二流机场降落，因而降低了运营成本。③设置少而精的地勤人员。美国西南航空公司一般只有4个地勤人员提供所有的地勤服务，人手不够时，驾驶员也会帮助地勤人员工作。④快速的离港率。从对顾客验票到飞机起飞的离港时间，一般航空公司最少需要45分钟，而美国西南航空公司能做到平均只需15分钟。⑤限量提供飞机上的供应（如食品、饮料等）。正是这一套完整的运营体系才使得美国西南航空公司的低价竞争战略得以顺利实现。

2. 差异化战略

差异化战略是指千方百计地使本企业有别于竞争者，凸现和形成鲜明的个性和特色，以创造和提升企业竞争优势的战略。与最低成本战略相反，在差异化战略中重点应集中在通过独特性来创造价值。独特性可以通过产品创新、高质量、优质服务、创意性广告、较好的供应关系或者其他途径获得。然而差异化战略能否成功则取决于客户是否愿意为厂商的产品或服务的独特性支付高于其成本的价格。广泛的竞争范围意味着应当研发出更多差异化产品或服务，以便能够占有更多市场份额。

【案例2－5】

贝因美公司的战略定位与实施

贝因美公司从零起步，十多年来专注于婴幼儿食品的生产，从生产婴儿营养米粉、磨牙饼干、奶伴侣葡萄糖到生产婴儿奶粉，贝因美公司典型地运用了产品补缺战略，从而在强敌环伺的婴幼儿食品市场上获得生存之本、立足之地。但仅仅专注于别人所忽视的细分市场，仅仅步人后尘，企业不可能有进一步的发展，反而因为产品补缺进入战略无竞争壁垒（产品很容易被模仿），自己的根基也很难得到稳固。贝因美公司为了做强、做大婴幼儿奶粉市场，综合运用了差异化竞争战略。

（1）目标顾客的差异化。贝因美奶粉顾客群体具有“两低一高”（学历和社会地位较低，收入相对较高）的特征，而外资高端奶粉的顾客具有“三高”的特征（学历高，社会地位高，收入高），两者的目标顾客特征有显著的不同，避免了顾客针锋相对的争夺战和资源消耗战。

（2）产品及品牌定位差异化。贝因美公司的产品定位是国产高档精品奶粉。高档婴儿奶粉一直是外资品牌的天下，国产婴儿奶粉给人的感觉一直是大众化、档次不高。市场上几乎没有高端定位的国产婴儿奶粉，这是一个巨大的市场空缺。

(3)产品成分及包装的差异化。贝因美公司率先在国产婴儿奶粉中添加"DHA+AA"营养成分，与普通配方奶粉相比，构成明显的品质差异化。"DHA+AA"的合理配比，能更加促进宝宝的智力和视力的发育，此营养配比是目标顾客购买奶粉的重要动机。同时，贝因美公司在奶粉包装形态上寻求新的突破，将有封口拉链的立袋作为袋装奶粉的包装，因为封口拉链包装更加卫生、安全，还能更防潮；并且立袋正面面积大，陈列醒目，有利于吸引顾客的注意力；更重要的是在市场上，精品奶粉尚无采用立袋包装的，因此能凸显产品包装的与众不同。

(4)重点销售区域的差异化。贝因美公司将重点销售区域锁定在二、三线城市和乡镇：一方面这些区域地方偏远，为外资品牌所忽视；另一方面这正是贝因美大量"两低一高"目标顾客的所在地。

(5)市场推广的差异化。在终端促销方面，贝因美公司系统运用了在保健品业已经盛行的导购策略；在品牌形象塑造方面，开展育婴讲座和爱婴工程，大量赞助全国多胞胎家庭和儿童福利院，争取新闻媒体的大量报道，潜移默化地树立品牌形象。总之，在差异化竞争战略的引领下，贝因美婴儿奶粉销量一路攀升。

3. 集中化战略

集中化战略是指将经营重点放在市场或产品的某一部分，在特定市场或部分市场中独领风骚而成为王者的竞争战略。集中化战略能够建立在差异化(差异化目标集聚)或低成本(成本目标集聚)或两者结合(最优成本集聚)的基础之上。集中化战略的关键是提供适合某一特殊细分市场的产品或服务。企业追求集中化战略必须比其他竞争者更能区分他们的目标细分市场，并能估计和满足细分市场中顾客的需求和愿望。

三、价值链分析

竞争优势源自企业内部的产品设计、生产、营销、销售、运输、支援等多项独立的活动。这些活动对企业的相对成本地位都有贡献，同时也是构成差异化的基础。因此，分析竞争优势的来源时，必须有一套系统化的方法，检视企业内部的所有活动及活动间的相互关系。

价值链就是一套分析优势来源的基本工具。它可将企业的各种活动以价值传递的方式分解开来，借以了解企业的成本特性，以及现有与潜在的差异化来源。企业的各种活动既是独立的，也是互相连接的。

企业应该根据竞争优势的来源，并透过了解组织结构与价值链、价值链内部的连接以及它与供应商或营销渠道间的连接，制定一套适当的协调形式。根据价值链的需要设计的组织结构，有助于形成企业创造的能力并保持竞争优势。

公司的价值链，进一步可与上游的供应商与下游的买主的价值链相连，构成一个产业的价值链。

本章小结

企业战略是以未来为先导，它将其主要目标、方针、策略和行动方向构成一个协调的整体结构和总体行动方案，并以战略规划的形式体现。一个规范的企业战略应具有长远性、全局性、指导性、抗争性、客观性、可调整性和广泛性等特征。企业战略规划是企业战略的重要组成部分，其程序和内容有：规定企业任务、确定企业目标、鉴别和评价战略方案。随着企业战略管理影响的扩大，市场营销理论提出了企业战略性营销概念，并明确其为制定战术性的市场营销组合的基础条件。制定和实施企业营销战略，可从总体上对市场营销活动起到规划、指导和约束等作用，是企业生存和发展的根本保证，有利于提高企业资源的有效利用率，增强企业经营活动的科学性、稳定性。

客观题

请扫二维码。

（http://www.ehuixue.cn/index/Orgclist/course? cid=11924）

复习思考题

1. 简述企业战略的特征。
2. 简述战略规划的一般过程。
3. 市场营销组合的特点是什么？
4. 简述“五力模型”中产业竞争的五种力量。
5. 企业若使用成本领先战略，应具备哪些要素？

应用与探讨

以小组为单位，搜集一家企业的二手资料，用波士顿矩阵法分析其战略业务经营单元，结合其企业任务和目标，为其重新规划业务（产品）组合。

【结尾案例】

佰康的成长

近年来，长春鲜奶市场一直处于群龙无首的状态，虽然品牌众多，但没有一个品牌能占有40%以上的市场份额，也没有哪个能够登上“霸主”宝座，而三家外埠乳品企业却趁机大举进犯，瓜分了其60%的市场份额。进入2001年，一个名叫“佰康”的长春本地乳品上市了。市场调查显示，当时送奶到户已经成为一种时尚，国内其他一些城市送奶到户的奶量已达到总需求量的50%,而本市只有少许几家乳品企业零零散散地开展此项工作,而且没形成气候。这正是佰康乳品的契机,做好了送奶到户项目,就能从源头上抓住消费者。

既然要送奶到户,产品就要讲求"纯""鲜""消毒"。为此,佰康决定在产品中不添加任何成分,包括添加剂、水等,并开发出消毒鲜牛奶、AD钙鲜奶、加锌鲜奶、加铁鲜奶等4种鲜奶产品。为了能够使产品的品质在价格上得到体现,同时为送奶到户留下价格空间,其产品的价格稍微高于本地其他同类产品。

在营销路线方面,佰康选择了两条:①公司→经销商→零售商及大中型卖场→终端消费者;②公司→奶站→终端消费者。

一切准备就绪,促销整合活动便开始大规模展开。

营业推广:在鲜奶产品上市的第一个月,开展"买三赠一"活动,利用消费者的求廉心理,激励更多的人来购买,然后通过产品的品质留住顾客;在产品上市"买三赠一"促销结束后,采取过渡性的促销措施"买奶中超值大奖",以防止已有的用户流失。奖品为彩电,仅有10台,由用户通过抽奖获得,让"小产品,大奖项"震动长春城;对订奶的用户,实行订一年免费送一个月活动,让用户得到真正的实惠。

硬性广告:硬性广告投入控制在15万元以内,并且都采用报纸广告、小区广告等形式。具体做法:公司选择在市内发行量较大的《长春晚报》《新文化报》上发布市区内送奶服务站地址、电话、产品信息、服务项目、服务承诺等信息。由于送奶到户工作是一项长期的工作,所以在起初的3个月攻坚战期间,公司以密集型广告发布策略为主,每周1次,共刊发12次,此后采取间歇性发布策略,每月一次;小区广告选择在每天下班和周末时间,采用宣传单、展板、条幅等形式进行宣传。这些广告深入终端,费用低、效果好。

软性广告:在《长春晚报》《新文化报》上刊发软性文章,各篇文章既呈系列化,又独立成篇。文章题目有《佰康开展送奶到户,方便千万家》《如何选择送奶公司》《佰康公司赢得万众之心》等。

佰康乳品虽然打了一场艰苦异常的"攻坚战",但事实证明,这场硬仗打得及时,打得到位。经过3个月的发展,虽然未达到预期目标,但公司已完成2600户的订奶量,接近了计划目标。经过近7个月的市场运作,佰康鲜奶产品已是名声在外。

对于乳品行业来说,产品同质化的大趋势也已经来临,市场竞争主要表现为品牌和服务之争。只有抓住了这个根本,企业才能制定出高效的市场策略。

根据上述材料,思考下列问题:

请对佰康乳品的战略业务单位进行评价。

第三章　市场营销环境分析

【学习目标】

通过本章的学习，学生能够明确市场营销环境的含义，了解市场营销环境的构成；了解微观营销环境与宏观营销环境对营销活动的影响；认识市场营销环境与营销活动的动态适应关系，明确企业如何制定营销组合去适应营销环境。

【导入案例】

成也萧何，败也萧何

山东荣成鞋厂生产了一种海蓝色涤纶塔跟鞋，很受消费者欢迎，不少用户前来订货。为了优待老客户，该厂主动给滨州市一家大商店发送了一批新产品，不久，这家商店却来信要求退货。这样的热销货怎么会要求退货呢？厂方百思不得其解，便迅速派人前去调查。原来根据滨州的风俗，只有办丧事的人家，妇女才穿这种蓝色的布鞋，以示哀悼，这批布鞋款式虽新，颜色却为当地消费者所忌讳，因此成了“冷门货”。

吃一堑长一智，第二年春天，这家鞋厂了解到即墨县一带有一种风俗，每逢寒食节，所有第一年结婚的新婚妇女都要给七姑八姨每人送一双鞋。于是该厂马上组织力量生产了4000双各种规格的布鞋，并赶在寒食节前几天发到即墨，结果不到一天就销售一空。

第一节　营销环境的含义及特点

一、市场营销环境的概念

所谓市场营销环境，是指与企业营销活动相关的外部因素和条件的总称，是指工商企业在进行市场营销活动过程中，所联系并受其影响的各种因素的作用的范围和影响力。

影响和制约企业营销活动的内外部环境因素很多，而且十分复杂，不同的因素对营销活动各个方面的影响也不尽相同。同样的环境因素对不同的企业所产生的影响也不同。通常将企业市场营销环境分为微观环境和宏观环境两部分，如图 3－1 所示。

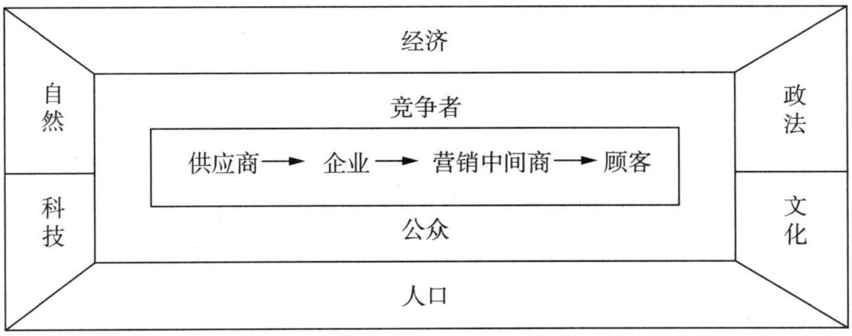

图 3－1　市场营销环境

宏观环境是指直接影响企业市场营销活动的各种社会约束力量，包括人口环境、经济环境、自然环境、科学技术环境、政治法律环境和社会文化环境等。微观环境是指企业内部各部门之间以及与企业营销活动有协作、竞争、服务等关系的企业相互之间的关系，它包括企业内部因素和企业外部的供应商、顾客、竞争者以及公众等。

微观环境直接影响与制约企业的营销活动，也称为“直接营销环境”。宏观环境一般以微观环境为媒介去影响和制约企业的营销活动，在特定场合，也可直接影响企业的营销活动。

二、市场营销环境的特点

企业的市场营销环境是极其复杂的、多方面的，但也不是毫无规律的，归纳起来，企业的营销环境具有以下主要特点：

1. 复杂性

营销环境是由多种因素组成的，在一定的经济条件下可以形成多种多样的组合，它们之间既此消彼长，又能互相融合，从而形成营销环境的复杂性。

2. 客观性

营销环境是客观存在的，它是可以通过企业的努力去认识和了解的，客观性是其最基本的特点。企业营销的关键，就在于正确地认识营销环境中的各种因素，把握其变化规律，发现机会，趋利避害，进占和开拓市场。

3. 动态性

社会总是在不断发展的，企业的营销环境也是处在经常变化之中，从而使营销环境呈现出多变的态势，形成了营销环境的动态性。

4. 不可控性

不可控性主要是指营销环境中的宏观因素。企业面对宏观的环境因素是无法控制的，只能适应它或找寻对策，创造条件来适应它。只有这样，企业才能立于不败之地。

企业生存和发展的条件，既可能为企业创造有利的营销机会，又可能给企业带来不利的营销风险。能否适应不断变化的营销环境关系到企业营销的成败。因此，企业要经常对营销环境进行分析，把握环境变化的规律和趋势，积极采取相应的措施，主动适应环境的变化。这对于增强企业的竞争能力、提高企业的经营效益、避免经营风险具有重要意义。

5. 相关性

市场营销环境是一个系统。在这个系统中，各个影响因素是相互依存、相互作用和相互制约的。社会经济现象的出现往往不是由某种单一的因素所能决定的，而是受到一系列相关因素的影响。因此，应充分注意各种因素的相互影响。

三、市场营销环境对企业营销的影响

1. 市场营销环境对企业营销带来双重影响

市场营销环境对企业的生存和发展至关重要，其重要性在于该环境是企业营销赖以生存和发展的空间。市场营销环境对企业营销的影响是双重的，企业必须注重对环境的分析。

(1)环境给企业营销带来的威胁

市场营销环境中会出现许多不利于企业营销活动的因素，由此形成挑战。如果企业不采取相应的规避风险的措施，这些因素会导致企业营销的困难，甚至对企业生产产生威胁。为保证企业营销活动的正常运行，企业应注重对环境进行分析，及时预见环境威胁，将危机降低到最低限度。

(2)环境给企业营销带来的机会

市场营销环境也会滋生出对企业具有吸引力的领域，带来营销的机会。对企业来说，环境机会是开拓经营新局面的重要基础。为此，企业必须加强对环境的分析，当环境机会出现的时候，要善于捕捉和把握，以求得企业的发展。

2. 市场营销环境是企业营销活动的资源基础

市场营销环境对于企业至关重要，是企业营销活动的资源基础，因为企业营销活动所需的各种资源，如资金、人才、信息等都是由环境来提供的。企业生产经营的产品或服务需要哪些资源、多少资源、从哪里获取资源，必须分析研究市场营销环境因素，以获取最优的营销资源，满足企业经营的需要，实现营销目标。

3. 市场营销环境是企业制定营销策略的依据

企业营销活动受制于客观环境因素，必须与所处的营销环境相适应。但企业在环境面前绝不是无能为力、束手无策的，而是能够发挥主观能动性的，通过制定有效的营销策略去影响环境，使自己在市场竞争中处于主动地位，从而占领更大的市场。

菲利普·科特勒在20世纪80年代提出的“大市场营销”策略，就是指导企业以正确的策略去影响营销环境，争取主动权。“大市场营销”观念认为：企业针对贸易保护主义，为了进入特定的市场，必须协调地运用心理的、政治的、经济的和公关的手段，以取得进口国或地区有关方面的支持、合作，使企业能顺利进入壁垒很高或封锁很严的市场。

【延展阅读】

德力公司从烟灰缸到水果盘

随着人们生活水平的不断提升，人们将身体健康作为消费的追求点，玻璃器皿作为最为健康环保的材质，越来越受到消费者的青睐。然而，玻璃器皿中的玻璃烟缸近年来的销售逐渐低迷，销量数据显示，玻璃烟缸在每年的销售中递减10%～15%，尤其是酒店宾馆房间用的小烟缸系列，销量下滑明显。德力公司的营销中心市场部针对该数据进行深入的探究，分别调研北京、广州、蚌埠、武汉4个城市，调研发现一线城市的公共场所开始禁烟，餐馆、酒店不再配置烟灰缸。然而很多商务型及高档酒店开始在房间配置水果，原来大型的果盘多为吧台和家庭客厅摆放，而小的水果盘是目前市场没有的产品。结合这样的市场变换，德力公司迅速研发酒店类小果盘，及时投放市场，逐步缩减小烟缸的生产线，使得产销平衡并稳步占有市场。

第二节　宏观市场营销环境分析

企业营销活动的宏观环境要素对微观环境要素施加影响从而间接对企业营销产生影响，也可能对市场影响活动直接产生影响。这些宏观环境要素是指给企业带来市场机会，同时有可能对企业营销活动产生威胁的各种力量。这些要素包括人口因素、经济因素、政治与法律因素、社会文化因素、科学技术因素和自然环境因素。

一、人口因素

市场营销所指的市场是有购买意愿和购买能力的人群的集合。一定量的人口是进行市场营销活动的基础。人口环境要素包括人口规模、人口增长、人口结构和人口迁移等细分要素。

1. 人口规模

人口规模即人口总量，是指一个国家或地区的人口总数。世界上大多数人口集中在低收入国家和中等收入国家，这个比例大约为80%，而高收入发达国家的人口约占总人口的20%。统计资料表明，人口总量与经济发展水平密切相关，发达国家人口总量一般低于发展中国家。导致这种现象的一个重要原因是经济发展推动了道德观念的变革。随着社会经济的发展，妇女摆脱家庭的束缚步入工作岗位已成为普遍现象，她们并不希望有太多的孩子；同时，现代道德观念和技术手段使得人们在得到理想的孩子数量后可以进行绝育。

2. 人口增长

10多年来，世界人口以年平均高于1.5%的速度增长。2009—2019，每年世界人口增长将近9亿。我国由于实行计划生育政策，人口增长率控制在1.19%以下，低于世界人口平均增长率。据估算,世界总人口增长一倍所需要的时间为41年,欧洲人口翻一番需178年,北美洲需95年,亚洲需40年,非洲需24年。世界不同地区的人口增长速度差异极为悬殊,除地理因素的影响外,经济发展水平也是重要原因。有数据表明,低收入和中等收入国家的人口平均增长率(大约为2%)远远高于高收入国家(大约为0.6%);同时,伴随社会经济的发展,所有国家的人口增长率都呈降低的趋势。

人口数量的增多,在给企业带来众多市场机会的同时,也带来了威胁。一方面,人口的增长意味着需求的增长,但只有在有购买力保证的前提下,人口增长才意味着市场的扩大。另一方面,人口数量的增长,可能会导致人均收入水平下降,限制经济发展,从而使市场疲软;也可能由于能源紧缺,房价上涨,从而使企业生产成本增高。这些问题企业都应给予高度关注。

3. 人口结构

人口结构往往决定市场产品结构、消费结构和产品需求类型。人口结构分为自然结构和社会结构两类。

(1)人口自然结构

人口自然结构包含人口的性别结构和年龄结构。人口的性别构成与市场需求的关系密切,反映到市场上就会出现男性用品市场和女性用品市场。男性和女性在生理、心理和社会角色上的差异决定了他们具有不同的消费内容、消费行为和消费特征。人口年龄结构是企业分析市场环境的主要内容之一,不同年龄层次的消费者因为生理和心理特征、人生经历、收入水平和负担状况的不同,有着不同的消费需求、兴趣爱好和消费模式。

(2)人口社会结构

市场的消费需求受人口文化素质的影响。一般来说,随着受教育人数的增多和受教育水平的提高,需求呈现出个性化和多样化特点,人们对优质高档产品、旅游、书籍杂志等文化消费品的需求日益增加。职业是消费者的社会角色,不同的职业往往和相应的收入水平联系在一起,直接制约消费者的购买能力。不同民族的消费者在各自传统民族文化的影响下,其消费行为、消费内容具有鲜明的民族性。

4. 人口迁移

世界上人口迁移呈现出两大趋势:在国家之间,发展中国家的人口(特别是高级人才)向发达国家迁移;在一个国家和地区内部,同时存在人口从农村流向城市和从城市流向郊区和乡村的现象。

人口从农村流向城市,是一个与工业化和城市化发展同步的自发过程。人口集中在城市,使城市居民需求和城市市场迅速扩大,由于城市人口结构趋于复杂,城市居民的文化价值观、生活习俗、购买动机、购买行为等均呈现出多层次性。

与人口从农村流向城市同步发生的是城市人口向农村的流动。第二次世界大战以后,经济快速发展的一个消极后果就是城市交通拥挤、污染严重。所以,在发达国家和部分发展中国家,人们纷纷从城市迁往郊区,使郊区不断扩大,甚至城市和乡村连成一片，形成所谓的“超级大都市”或“郊外都市”。

二、经济因素

经济因素是实现需求的重要因素。没有一定数量的人口不会形成市场，同样，没有购买能力则不能形成需求。经济因素在市场营销方面集中表现为购买能力，而购买能力决定于收入状况、储蓄与信贷等。

1. 收入状况

经济收入有多种衡量指标，不同衡量指标对分析市场需求有不同的意义。

① 国民收入是指一个国家物质生产部门的劳动者在一定时期内新创造的价值的总和。一年的国民收入总额除以一国的总人口，即得到人均国民收入，它大体上反映了一个国家的经济发展水平。

个人收入是指个人从各种来源得到的经济收入。各地区居民收入总额可用以衡量当地消费市场的容量。个人收入的总和除以人口总量，得到个人平均收入。个人平均收入反映了购买力水平的高低。

② 从个人收入中扣除个人所得税等各种税收、公债等，得到可用于个人消费支出和个人储蓄的可支配个人收入。

可任意支配的个人收入是指从可支配个人收入中减掉消费者用于购买生活必需品的支出和各种必需的固定支出（如房租、水电费等）所剩余的那部分个人收入。可任意支配的个人收入是影响市场消费需求比较活跃的因素，它通常对耐用高档消费品、奢侈品、享乐品等影响极大。

2. 储蓄与信贷

消费者的个人收入通常分为两部分：一部分用于当前开支；另一部分用于储蓄，用于未来的消费开支。在收入不变的情况下，储蓄数量越大，现实开支数量和市场购买力就越小；反之，储蓄数量越小，现实开支数量和市场购买力就越大，给企业提供的市场机会就越多。衡量一个国家、地区或家庭的储蓄状况，通常用3个指标：储蓄额、储蓄率和储蓄增长率。储蓄额是消费者储蓄的绝对数量，反映一定时期的储蓄水平；储蓄率指储蓄额与消费者收入的比例；储蓄增长率则反映某一时期的储蓄增长速度。通过这3个指标，可以分析一定时期消费与储蓄、消费者收入与支出的变化趋势。

消费者信贷是指消费者凭借信用先取得商品使用权，然后按期归还贷款，即消费者预先支出未来的收入，提前消费。可见，消费者信贷可以直接创造新的购买力。近年来我国消费者的观念改变，利用消费信贷购买住房和小轿车已成为一种时尚。消费者信贷作为一种经济杠杆，可以调节积累与消费、收入与支出、供给与需求之间的矛盾。

3. 消费结构

消费结构是指消费者在各种消费支出中的比例关系。家庭收入的高低是决定消费结构的主要因素之一。德国统计学家恩斯特·恩格尔提出了关于家庭收入变化与各方面支出变化的比例关系的规律，即恩格尔定律。恩格尔定律表明：家庭收入越少，在食品上的支出占收入的比重就越大;反之,所占比重则越小。随着家庭收入的增加,用于食品的支出占收入的比重下降,用于医疗保健、教育、娱乐、交通等方面的支出所占比重越来越大。我们通常把食品的支出与家庭收入之比称为恩格尔系数。恩格尔系数的高低表明生活水平的高低。

联合国为了衡量世界各国的富裕程度,曾规定:恩格尔系数在59%以上为绝对贫困,50%～59%为勉强度日,40%～50%为小康水平,20%～40%为富裕,20%以下为最富裕。随着经济的发展和家庭总收入的提高,西方发达国家的恩格尔系数明显下降,已降到20%以下,服装的支出比重下降20%～30%,住宅支出的比重增加8%～10%,劳务支出比重的增幅为50%～100%。近年来,我国人民生活水平逐年提高,恩格尔系数逐年下降,人民生活已步入小康阶段,见表3-1所列。

表3-1　2013—2017年我国居民恩格尔系数走势

年　份	2013	2014	2015	2016	2017	2018	2019
系数(%)	31.2	31	30.6	30.1	29.3	28.4	28.2

资料来源:《中国统计年鉴》,国家统计局,2019年版

4. 可支配收入的支出模式

边际消费趋向(MPC)是消费支出增量与收入增量之比。从绝对数量来看,消费者的消费支出一般随着收入的增加而增加。但是,在收入达到一定水平后,消费支出的增量小于收入的增量,即消费的增加不如收入的增加,也就是MPC呈现递减的趋势。我国的实际情况表明,高收入者的边际消费趋向低于低收入者的边际消费趋向。企业在市场营销中,市场营销人员不仅要分析和衡量目标市场人群的收入和总体购买能力,而且还要分析和衡量目标市场的边际消费趋向,特别是提供高档产品、享乐型产品的企业。

三、政治与法律因素

政治与法律环境是影响企业营销的重要宏观因素之一。政治因素像一只有形的手,调节着企业营销活动的方向,法律则规范了企业营销活动的行为准则,二者相互联系,共同作用于企业的市场营销活动。

1. 政治环境

政治环境是指那些能够强制和影响社会上组织和个人行为的政治体制、法律、政府机构、公众团体。国内的政治环境直接关系到社会经济的发展、社会购买力和市场需求的增长变化,包括政治制度、政治性团体、党和国家的方针政策等。

国际政治环境主要包括国际政治局势、国际关系等内容。在国际政治环境中,必须把握"政治权力"与"政治冲突"对营销的影响。政治权力的影响主要表现为政府机构通过采取各种措施约束外来企业,如进口限制、绿色壁垒等。政治冲突是指国际上的重大事件与突发事件。

【延展阅读】

华为受到中美贸易战的影响

2018年7月3日，华为在向联邦通信委员会(FCC)提交的一份文件中公开表示，禁止向一些美国移动服务提供商出售其设备的禁令是不合法的，这一禁令是"被人为限制，仅仅是基于对中国政府关系的错误认识的毫无根据的指控和怀疑"引起。特朗普任命的主席阿吉特·派提议禁止电信公司使用联邦补贴从华为和中兴通讯等公司购买设备，原因是这些设备被认为引起国家安全风险。

华为是中国最大的电信设备供应商，也是全球第三大智能手机制造商，由任正非于1988年创立。该公司周三(2018年7月4日)采取了不同寻常的举措，宣传了最近一次高级别会议的会议记录，其间任正非强调了两个世界大国之间的共生关系，以及中国对尖端美国技术的依赖。据他所说，华为今年将仅从高通公司购买约5000万颗芯片。

"美中贸易依赖是相互和广泛的，我没有预见到强烈的冲突"，任正非在社交媒体平台微信上发表的一篇文章中引述道。"美国的通信技术在20世纪60年代崭露头角，当时我们还只是大学生。"然而，华为和其他中国公司在过去10年中的迅速崛起引发了危险信号。7月5日，另一个联邦机构要求联邦通信委员会以国家安全为由阻止中国移动进入美国市场。中国外交部发言人表示，美国"应该停止对中国公司的毫无根据的猜测和蓄意镇压"。

2. 法律环境

法律环境是指各项法律、法规、条例等，尤其是经济立法，各个国家都根据自己不同的情况，建立了相应的执法机关。这些法律，有些是保护企业利益不受侵害，有些是保护消费者权益，有些是保护社会的长远利益。企业必须知法守法，自觉运用法律来规范自己的营销行为，并自觉接受执法部门的管理和监督。同时，企业还要善于运用法律武器维护自己的合法权益。

在国家和国际政治法律体系中，相当一部分内容直接或间接地影响经济和市场，某些方面的政治制度和法律条款禁止、限制或鼓励某些经济和市场行为。在国际经贸关系中，国与国之间的政治制度、法律体系的异同，对有关国家厂商的进出口、投资等国际营销活动有相当大的制约和影响。我国与企业营销有关的部分法令法规见表3-2所列。

表3-2 与企业营销有关的部分法令法规

名　　称	主要内容
中华人民共和国经济合同法	法人间经济合同的订立和执行、变更与解除、合同当事人的责任与权利，以及纠纷的解决等
中华人民共和国价格管理条例	价格的制定和管理、价格管理职责、企业的价格权利与义务、价格监督检查等

（续表）

名　　称	主要内容
中华人民共和国食品卫生法	食品的卫生、食品添加剂卫生、食品卫生标准和管理办法，食品监督、法律责任等
中华人民共和国消费者权益保护法	消费者的权利、经营者的义务、国家对消费者合法权益的保护、消费者组织、争议的解决、法律责任等
关于禁止侵犯商业秘密行为的若干规定	商业秘密定义、商业秘密内容、商业秘密认定、处罚等
中华人民共和国商标法	商标注册的必要性、商标注册的程序、商标的使用管理等
中华人民共和国专利法	保护发明创造的鼓励及推广等
中华人民共和国广告法	广告准则、广告活动、广告审查、法律责任等
中华人民共和国反不正当竞争法	不正当行为、监督检查、法律责任等
中华人民共和国产品质量法	产品质量的监督管理、生产者和销售者的产品质量责任和义务、损害赔偿等
中华人民共和国海关法	海关的权力，进出口运输工具的海关规定，进出口货物和物品的海关规定、关税、法律责任等
中华人民共和国公司法	有限责任公司的设立和组织机构、股份有限公司的设立和组织机构、股份有限公司的股份发行和转让、公司财务会计、公司合并分立、公司破产等

四、社会文化因素

文化是在一种社会形态下已经形成的信念、价值、宗教信仰、道德规范、审美观念以及世代相传的风俗习惯等被社会所公认的各种行为规范。

一个国家、地区或民族的传统文化以及受其影响而长期形成的消费观念、风俗习惯、伦理道德、家庭关系，以及开放和国际化带来的现代文化，构成营销活动的人文与社会环境，深深地影响着人们的生活方式和行为模式，消费者的任何欲望和购买行为都深深地印有文化的烙印。社会文化因素主要有以下几个方面：

1. 教育水平

教育程度不仅影响劳动者收入水平，而且影响消费者对商品的鉴别力，影响消费者的心理、购买的理性程度和消费结构，从而影响企业营销策略的制定和实施。

2. 宗教信仰

人类的生存活动充满了对幸福、安全的向往和追求。在生产力低下，人们对自然现象和社会现象迷惑不解的时期，这种追求容易带着盲目崇拜的宗教色彩。沿袭下来的宗教色彩，逐渐形成一种模式，影响人们的消费行为。

3. 价值观念

价值观念是指人们对社会生活中各种事物的态度和看法。不同的文化背景下，价值观念差异很大，影响消费需求和购买行为。对于不同的价值观念，营销管理者应研究并采取不同的营销策略。

4. 消费习俗

消费习俗是指历代传递下来的一种消费方式，是风俗习惯的一项重要内容。消费习俗在饮食、服饰、居住、婚丧、节日、人情往来等方面都表现出独特的心理特征和行为方式。

5. 消费时潮

由于社会文化多方面的影响，消费者产生了共同的审美观念、生活方式和情趣爱好，从而导致社会需求的一致性，这就是消费时潮。消费时潮在服饰、家电以及某些保健品方面，表现最为突出。消费时潮在时间上有一定的稳定性，但有长有短，有的可能几年，有的则可能是几个月；在空间上还有一定的地域性，同一时间内，不同地区时潮的商品品种、款式、型号、颜色可能不尽相同。

在营销竞争手段向非价值、使用价值型转变的今天，人文与社会环境及其影响得到营销企业的普遍重视。因此，企业在产品和商标的设计、广告和服务的形式等方面，要充分考虑并尊重当地的传统文化。

【案例 3－1】

不要小看"入乡随俗"的重要性

豪马公司的贺卡设计精美，并配之以柔情蜜意的贺词，历年来风行世界各国。但豪马公司的贺卡在最为浪漫的国度——法国却难以打开局面，原因很简单，浪漫的法国人不喜欢贺卡上印有现成的贺词，他们喜欢自己动手在卡片上写自己的心里话。

通用食品公司的唐牌(TANG)饮料一开始便在法国遭到失败。唐牌饮料是早餐橘子汁的替代产品，在美国市场，通用食品公司经过大力促销后，唐牌饮料占领了原来由橘子汁占领的相当部分的市场，取得了巨大的成功。但是通用食品公司未考虑到法国人很少喝橘子汁。作为橘子汁的替代产品，唐牌饮料在法国自然也就没有了市场。

凯洛格公司的泡波果馅饼(POP-TARTS)曾在英国失利。因为在英国拥有烤面包电炉的家庭比美国要少得多，而且英国人觉得这种馅饼过于甜腻，不合他们的口味。有的企业通过在国外首次失败后，针对当地的营销环境重新设计产品或通过改变广告策略来达到促销目的，取得了巨大的成功。

荷兰飞利浦公司发现日本人的厨房比较狭小，便缩小了咖啡壶的尺寸来打开市场，同时该公司发现日本人的手比西方人的手要小，于是缩小了剃须刀的尺寸，经过这些改进，该公司才开始在日本盈利。

可口可乐公司曾试图将 2 升的大瓶可口可乐打入西班牙市场，但是销量甚小。美国可口可乐公司总部调查后认为，大瓶可口可乐滞销是因为在西班牙很少有人用大容量的冰箱。于是可口可乐公司停止了销售大瓶可口可乐的计划，改为在西班牙境内销售小瓶可口可乐，结果大获成功。

麦当劳公司打入日本市场后进行促销，设计了“小白脸麦当劳”的滑稽形象进行广告投放，结果失败。原因是白脸在日本意味着死亡。于是麦当劳公司改为采用其在中国香港地区促销时用的“麦当劳叔叔”的广告形象，结果该公司当年的营业额翻了四倍。

五、科学技术因素

科学技术广泛而深刻地影响着社会经济生活、企业经营管理、消费者的购买行为及生活方式。市场营销人员特别是营销战略的设计者，要密切关注科学技术的发展和变革。科学技术的发展给企业创造了许多市场机会，也使企业面临许多潜在的威胁。同时，科学技术也改变了营销活动的各个环节和营销活动的方式。

1. 科学技术的发展创造了市场机会

科学技术的发展和变革可能引起需求发生剧烈变化。据美国《设计新闻》报道，由于自动化设备和新技术的使用，出现了新技术培训、新工具维修、电脑教育、信息处理、光电通信、遗传工程和空间技术等新兴产业。

2. 科学技术的发展给某些企业带来了威胁

科学技术在某种程度上是一把双刃剑，在给某些企业创造市场机会的同时，可能给另一些企业带来灾难。例如，晶体管危害了电子管，集成电路又危害了晶体管，电视危害了收音机，激光唱盘技术夺走了磁带市场，复印机伤害了复写纸行业等。

3. 科学技术改变了营销活动各个环节和营销活动的方式

(1)产品策略

由于科技迅速发展，新产品开发周期大大缩短，产品更新换代加速，开发新产品是企业开拓市场和赖以生存发展的根本条件。因此，企业营销人员必须不断寻找新技术来源和新专利技术，开发更多的新产品。

(2)分销策略

由于科技的进步，人们的生活方式、兴趣、思想等差异性日益扩大，自我意识的观念日益增强，从而引起分销机构的不断变化，出现了以凸显个性为主题的特色商店和自我服务的商店。物流分配与管理也快速化、多样化，运输的速度、容量、仓储与存货管理都从新技术中得以发展。

(3)价格策略

随着新技术的发展，企业一方面降低了产品生产成本，从而使产品价格下降；另一方面，企业通过信息技术，运用价值规律、供求规律、竞争规律来制定和修改价格策略。例如网络技术的发展带来了大量的有效信息和廉价的营销方式，使价格策略有了灵活运用的空间。

(4)促销策略

科技发展引起促销方式的多样化，尤其是广告媒体的多样化和广告宣传方式的复杂化。如人造卫星成为全球范围内的信息沟通手段，传真电视电话成为企业与顾客接触的有效广告媒体，电视购物与网上购物正在发展与普及。

六、自然环境因素

自然环境的发展变化也会给企业带来市场机会或造成威胁。企业管理人员要密切关注企业所涉及的自然环境因素的变化。自然环境因素包括自然资源与自然环境。

1. 自然资源

自然资源可以分为 3 类：一是有限的不可再生资源，如石油、矿产等；二是有限的可再生资源，如森林等；三是其他自然资源，如水、空气等。有限资源的无遏制的利用与人类对自然资源需求的无限扩大的趋势加剧了人类与自然资源的矛盾。

2. 自然环境

自然环境是人类生存的前提和条件，环境恶化已经对人类生存构成严重威胁。水资源的破坏与污染、大气中有毒物质的增加、工业垃圾带来的污染已严重影响了人类的生存环境。公众对环境问题非常关心，要求那些生产和经营过程中对环境和资源构成影响的企业改变经营方式和生产工艺。而政府的干预、为改善环境采取的措施，要求相关企业开发和利用环保产品和设施，这些因素又为企业带来新的机遇。

第三节　微观市场营销环境分析

企业营销活动的微观环境要素主要是指对企业营销活动过程和结果有直接影响的各种力量，这些要素与企业经营的供应链直接发生关联。这些要素包括企业本身、市场营销渠道机构、企业面对的购买者市场、竞争者和社会公众。

一、企业

企业本身对企业营销发生影响的因素也是内部因素，包括市场营销管理部门、其他职能部门和最高管理层。营销部门在制订和执行市场营销计划时，必须获得企业最高管理层的批准和支持，并与其他部门搞好分工协作。

首先，要考虑最高管理层的意图。作为企业的领导核心，最高管理层负责制定企业的任务、目标、发展战略及其重大决策，而这些都直接影响企业的市场营销活动。市场营销部门必须在企业发展战略的指导下制订市场营销计划，并报最高管理层批准后才能实施。

其次，市场营销部门要考虑其他业务部门（如生产部门、采购部门、研究开发部门、财务部门等）的情况，并与之密切协作，共同研究制订年度和长期计划。因为正是这些部门构成了营销计划制订者的公司内部微观环境。

二、市场营销渠道机构

在企业外部，向顾客提供服务的供应链上，存在一系列相互作用的机构，这些机构在把资源转化为消费者消费的产品组合的过程中，分别处于不同的分工环节，承担不同的任务，它们为满足需要、实现消费而相互协作共同发挥作用。

1. 供应商

供应商是向企业提供原材料、部件、能源、资金和智力等资源的企业和组织。供应商对企业营销业务有实质性的影响，其所供应的原材料数量和质量将直接影响产品的数量和质量；所提供的资源价格会直接影响产品成本、价格和利润。在物资供应紧张时，供应商更起着决定性的作用。企业要开发新产品，若无开发新产品所需的原材料或设备的及时供应，就不可能成功；有些比较特殊的原材料和生产设备，还需供应商为其单独研制和生产。企业对供应商的影响力要有足够的认识，尽可能与其保持良好的关系，开拓更多的供货渠道，甚至采取逆向发展战略，兼并或收购供应者企业。

2. 营销中间商

营销中间商主要是指协助企业促销、销售和经销其产品给最终购买者的机构，包括中间商、物流公司、营销服务机构和财务中介机构。

(1)中间商

中间商包括商人中间商和代理中间商。商人中间商即从事商品购销活动，并对所经营的商品拥有所有权的批发商、零售商等；代理中间商即专门介绍客户或协助商订合同但不取得商品所有权的中间商，主要职能在于促成商品的交易，借此取得佣金收入。

(2)物流公司

物流公司主要职能是协助厂商储存并把货物运送至目的地的仓储公司。实体分配的要素包括包装、运输、仓储、装卸、搬运、库存控制和订单处理等7个方面。

(3)营销服务机构

营销服务机构即协助厂商推出并促销其产品到恰当市场的机构，如营销调研公司、策划公司、广告公司、传媒等。

(4)财务中介机构

财务中介机构即协助厂商融资或保障货物购销储运风险的机构，如银行、保险公司等。财务中介机构不直接从事商业活动，但对工商企业的经营发展至关重要。

三、购买者市场

购买者市场的规模、市场消费行为、市场总的状态和变化趋势直接影响企业产品销售的数量和销售成本。市场是营销环境中最重要的微观环境要素之一。从买方的角度，我们可以把市场分为消费者市场、生产者市场、中间商市场和非营利组织市场。

消费者市场：购买商品和服务供自己消费的个人和家庭。生产者市场：购买商品及劳务投入生产经营活动过程以赚取利润的组织。中间商市场：为转售获利而购买商品和劳务的组织。非营利组织市场：为提供公共服务或转赠需要者而购买商品和服务的政府机构和非营利组织。

四、竞争者

市场经济是竞争经济。根据产品的替代性程度，企业的竞争对手可分为不同层次：欲望竞争者、类别竞争者、形式竞争者和品牌竞争者，如图3－2所示。

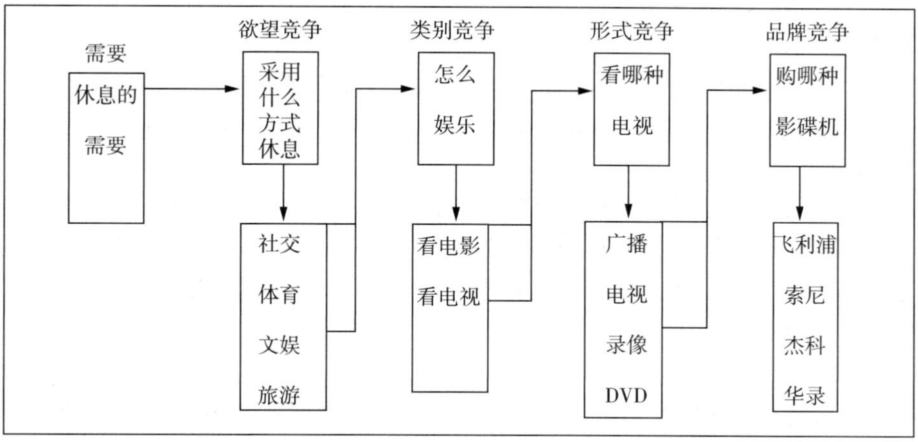

图 3-2　竞争的 4 种类型

在图 3-2 中，假定一个人在学习或是工作以后会劳累，因而有休息的需要。这种休息的需要指向了具体满足物（方式）时，就是欲望。而休息可用多种方式满足——可以和朋友相聚（社交活动）、可以玩一场球（体育活动）、可以出去远足（旅游）……这就是说，在同样一种需要下，人们可以有多种欲望产生。但一经选定某种方式，就会放弃其他满足方式。在这里，企业首先碰到的是欲望竞争。如果企业提供的产品不属于此人所选定的用来满足需要的方式，就根本不可能为此人所购买。

现在我们假定此人选定了"文娱活动"，接下来，他就要考虑"我怎么娱乐"？这就是类别竞争。假定他选择了看电视，其他的娱乐形式就放弃了。同样，企业的产品如果不属于该类别，也不会被此人购买。企业把提供同一类或同一种产品的企业看作广义的竞争者，称类别竞争者。

再接下去，这位人士就要考虑"我看何种电视"，这就是形式竞争，即以哪种产品形式来满足需要。再假定他选择了影碟机，则其他产品就被放弃了。

再接下去，他该面临选择哪家企业的产品，这就进入了品牌竞争。品牌竞争是指满足同一需要的同种形式产品不同品牌之间的竞争。品牌竞争者是企业最直接的竞争对手。如购买彩电的顾客，可以在同一规格的进口各品牌彩电及国产的长虹、海尔、康佳、TCL 等品牌之间做出选择。

五、公众

公众是指对企业实现营销目标的能力有实际或潜在利益关系和影响力的团队和个人。企业面对的广大公众的态度，会协助或妨碍企业营销活动的正常开展。所有的企业都必须采取积极的措施，树立良好的企业形象，力求保持和主要公众之间的良好关系。企业面临的公众主要有以下几种：

（1）融资公众

融资公众是指影响企业融资能力的金融机构，如银行、投资公司、证券经纪公司、保险公司等。企业可以通过发布乐观的年度财务报告，回答关于财务问题的咨询，稳健地运用资金，在融资公众中树立信誉。

(2)媒介公众

媒介公众主要是报纸、杂志、广播电台和电视台等大众传播媒体。企业必须与媒介组织建立友善关系，争取有更多、更好的有利于本企业的新闻、特写和社论。

(3)政府公众

政府公众是指负责管理企业营销业务的有关政府机构。企业的发展战略与营销计划，必须和政府的发展计划、产业政策、法律法规保持一致，注意咨询有关产品安全卫生、广告真实性等法律问题，倡导同业者遵纪守法，向有关部门反映行业的实情，争取立法有利于产业的发展。

(4)社团公众

社团公众包括保护消费者权益的组织、环保组织及其他群众团体等。企业营销活动关系到社会各方面的切身利益，必须密切注意来自社团公众的批评和意见。

(5)社区公众

社区公众是指企业所在地邻近的居民和社区组织。企业必须重视保持与当地公众的良好关系，积极支持社区的重大活动，为社区的发展贡献力量，争取社区公众理解和支持企业的营销活动。

(6)一般公众

一般公众是指上述各种关系公众之外的社会公众。一般公众虽未有组织地对企业采取行动，但企业形象会影响他们的惠顾。

(7)内部公众

企业的员工，包括高层管理人员和一般职工，都属于内部公众。企业的营销计划需要全体职工的充分理解、支持和具体执行。企业应经常向员工通报有关情况，介绍企业发展计划，发动员工出谋献策，关心职工福利，奖励有功人员，增强内部凝聚力。员工的责任感和满意度，必须传播并影响外部公众，从而有利于塑造良好的企业形象。

【延展阅读】

香飘飘：突出文化内涵，推定制“如意杯”

虽然春节营销“战役”越打越艰难，但奶茶香飘飘却每次都能抓准核心用户的需求和思维，使品牌赢得胜利。2019年，香飘飘又投入春节营销大战中，以“过如意年，喝香飘飘”为宣传点推出定制“如意杯”，主打新年礼盒市场。借此，香飘飘也传达出一个重要信息：馈赠市场正逐步升级，如今送礼送的更是文化内涵以及所要表明的心意。

除此之外，线上营销玩得飞起来的香飘飘也联合京东秒杀，在2019年正月初一零点开抢“如意杯”，抢货时间仅限1天。这样的限时营销让无数奶茶发烧友激动不已。同时，香飘飘在官方微博上发起了带话题“过如意年，喝香飘飘”活动，“说出你的如意心愿：2019，________如意”，并抽取最具创意答案的“飘粉”，送出红豆如意定制杯礼盒，让大家都能喝香飘飘、过如意年。

第四节 市场营销环境分析与对策

一、环境威胁与市场机会

环境威胁是指环境中不利于企业营销的因素的发展趋势，对企业的市场地位构成威胁。这种挑战可能来自国际经济形势的变化，如2008年爆发的全球金融危机，给世界多数国家的经济和贸易带来了负面影响。挑战也可能来自社会文化环境的变化，如国内外对环境保护要求的提高、某些国家实施“绿色壁垒”。这些变化对某些生产不完全符合环保要求的产品的企业，无疑也是一种严峻的挑战。

市场机会是指对企业营销活动富有吸引力的领域。在这些领域，企业拥有竞争优势。市场机会对不同企业有不同的影响力，企业在每一特定的市场机会中成功的概率，取决于其业务实力是否与该行业所需要的成功条件相符合。

二、威胁与机会的分析、评价

企业面对威胁程度不同和市场机会吸引力不同的营销环境，需要通过环境分析来评估环境机会与环境威胁。企业最高管理层可采用“威胁分析矩阵图”和“机会分析矩阵图”来分析、评价营销环境。

1. 威胁分析

对环境威胁的分析，一般着眼于两个方面：一是分析威胁的潜在严重性，即影响程度；二是分析威胁出现的可能性，即出现概率。其分析矩阵如图3-3所示。

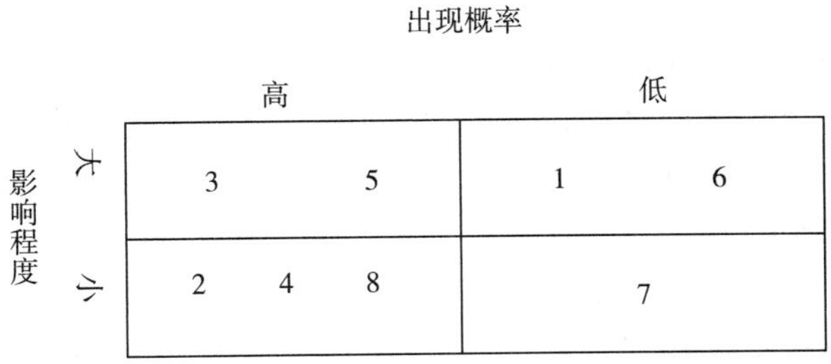

图3-3 威胁分析矩阵图

在图3-3中，处于3、5位置的威胁出现的概率和影响程度都大，必须特别重视，制定相应对策；处于7位置的威胁出现的概率和影响程度均小，企业不必过于担心，但应注意其发展变化；处于1、6位置的威胁出现概率虽小，但影响程度较大，必须密切注意监视其出现与发展；处于2、4、8位置的威胁影响程度较小，但出现的概率大，也必须充分重视。

2. 机会分析

机会分析主要考虑其潜在的吸引力（盈利性）和成功的可能性（企业优势）大小。其分析矩阵如图3-4所示。

潜在吸引力 \ 成功的可能性	大	小
大	3　7	4　2
小	6	1　5　8

图 3－4　机会分析矩阵图

在图 3－4 中，处于 3、7 位置的机会，潜在的吸引力和成功的可能性都大，有极大可能为企业带来巨额利润，企业应把握战机，全力发展；而处于 1、5、8 位置的机会，不仅潜在的吸引力小，成功的概率也小，企业应改善自身条件，注视机会的发展变化，审慎而适时地开展营销活动。

用上述矩阵法分析、评价营销环境，可能出现四种不同的结果，综合如图 3－5 所示。

机会水平 \ 威胁水平	低	高
高	理想业务	冒险业务
低	成熟业务	困难业务

图 3－5　环境分析综合评价图

对市场机会的分析，还必须深入分析机会的性质，以便企业寻找对自身发展最有利的市场机会。

（1）环境市场机会与企业市场机会

市场机会实质上是"未满足的需求"。伴随着需求的变化和产品生命周期的演变，会不断出现新的市场机会。但对不同企业而言，环境机会并非都是最佳机会，只有理想业务和成熟业务才是最适宜的机会。

（2）行业市场机会与边缘市场机会

企业通常都有其特定的经营领域。出现在本企业经营领域内的市场机会，即行业市场机会；出现在不同行业之间的交叉与接合部分的市场机会，即边缘市场机会。一般说来，边缘市场机会的业务，进入难度要大于行业市场机会的业务，但行业与行业之间的边缘地带，有时会存在市场空隙，企业在发展中也可用以发挥自身的优势。

（3）目前市场机会与未来市场机会

从环境变化的动态性来分析，企业既要注意发现目前环境变化中的市场机会，也要面对未来，预测未来可能出现的大量需求或大多数人的消费倾向，发现和把握未来的市场机会。

（4）全面的机会与局部的机会

市场从其范围来说，有全面的、大范围的市场和局部的、小范围的市场之分。全面的机会是在大范围市场，如国际市场、全国性市场上出现的机会；局部的机会则是在局部市场，如某个特定地区出现的尚待满足的需求。全面的机会对各个企业都有普遍意义，因为它反映了环境变化的一种普遍趋势；局部的机会对进入特定市场的企业有特殊意义，因为它意味着这个市场的变化有别于其他市场的趋势。

【延展阅读】

最长情 Campaign“把乐带回家”，7 年了！

从 2012 年开始，百事开始推出“把乐带回家”系列微电影，在新兴媒体和新型营销手段着实让人眼花缭乱的今天，百事坚持着这份贺岁情怀并且能在每年如期送达实属不易，也正是因为感受到百事的这份挚诚，才有了“把乐带回家”在今天的深入人心。几年间，“把乐带回家”逐渐变成百事的营销传统，也成了百事的王牌营销大 IP。

作为百事最长情的 Campaign，“把乐带回家”已经走过了 7 个年头了。作为每年春节营销必备案例，“把乐带回家”也一次次在制造着惊喜。2016 年六小龄童的“猴王世家”、2017 年《家有儿女》的再聚首，而 2018 年，“把乐带回家”又再次集齐了流量明星邓超、周冬雨、王嘉尔、林更新等集体上演回忆杀。这次的故事以“霹雳舞”和“爸妈的青春故事”作为情怀点，并且汇集了穿越、魔幻、歌舞诸多元素，而这些也让这个与青春和梦想有关的故事充满感动。

三、企业市场营销对策

在环境分析与评价的基础上，企业对威胁与机会水平不等的各种营销业务，要分别采取不同的对策。

对理想业务，应看到机会难得，甚至转瞬即逝，必须抓住机遇，迅速行动，否则丧失战机，将后悔莫及。

对冒险业务，面对高利润与高风险，既不宜盲目冒进，也不应迟疑不决，坐失良机；应全面分析自身的优势与劣势，扬长避短，创造条件，争取突破性的发展。

对成熟业务，机会与威胁处于较低水平，可作为企业的常规业务，用以维持企业的正常运转，并为开展理想业务和冒险业务准备必要的条件。

对困难业务，要么是努力改变环境，走出困境或减轻威胁；要么是立即转移，摆脱无法扭转的困境。

本章小结

所谓市场营销环境，是指工商企业在进行市场营销活动的过程中，所联系并受其影响的各种因素的作用、范围和影响力。通常将企业市场营销环境分为宏观环境和微观环境两部分。企业营销活动的宏观环境要素对微观环境要素施加影响，从而间接对企业营销产生影响，也可能对市场营销活动直接产生影响。这些要素包括人口要素、经济要素、政治与法律要素、社会文化要素、科学技术要素和自然环境要素。企业营销活动的微观环境要素主要是指对企业营销活动过程和结果有直接影响的各种力量，这些要素与企业经营的供应链直接发生关联，包括企业本身、市场营销渠道机构、企业面对的购买者市场、竞争者和社会公众。

客观题

请扫二维码。

(http://www.ehuixue.cn/index/Orgclist/course? cid=11924)

复习思考题

1. 市场营销微观环境是指什么？它主要由哪些因素构成？这些因素对企业营销有哪些直接影响？

2. 主要有哪些人口环境因素影响企业营销？

3. 从经济学的角度来分析，个人收入可分为哪两部分？它们对企业营销有怎样的影响？

4. 21世纪以来，科学技术发展对企业营销产生了哪些方面的影响？

5. 企业如何运用“威胁—机会”矩阵图法确定各环境因素的重要程度和业务类型？

应用与探讨

请以康师傅方便面为例，从宏观和微观两方面分析它所面临的营销环境。

【结尾案例】

王老吉为何进军新茶饮市场

王老吉，国内凉茶品牌的“老大”。近日，这位老大玩起了新花样，旗下实体店“1828王老吉”推出了两款奶茶。从凉茶到奶茶，这个跨度的确有点大。这让人不禁想探知一番。

王老吉的奶茶新品十分有戏。第一款是“荷叶嘟嘟奶茶”，据介绍，这款奶茶具有排毒减脂、清热降火的功效，被戏称为“喝不胖奶茶”。另一款叫“青蔗脆脆鲜奶”，据介绍，这款奶茶具有清热润燥、生津润喉的功效。有意思的是，第二种奶茶到手时牛奶和甘蔗汁是分开的，需搅拌后饮用。可以看出，王老吉在奶茶上做差异化的心思。一方面，王老吉奶茶的原料和市场的奶茶不尽相同，更多地使用天然、营养的配方，能吸引那些注重饮食健康的消费者；另一方面，针对催人发胖的奶茶品类，王老吉特意强调了减脂的功效，冲击了人们的认知，让广大想喝奶茶却怕胖的粉丝放心饮用。

(1)1828王老吉,传承悠远历史的来路

此次上新的"1828王老吉",是王老吉公司推出的系列饮品。1828意指王老吉品牌创立的年份——清道光年间1828年。2017年12月,"1828王老吉"四家实体店首次在广州同步开业,标志着王老吉正式布局即饮茶品行业。

(2)王老吉为何在线下进击

作为传统凉茶王者的王老吉,此前一直凭红罐王老吉征战四方,在与加多宝的品牌之争中取胜后,王老吉更是真正一统江湖。然而,顺风顺水的王老吉,一转身却踏入了线下茶饮这个新市场。这是为什么呢?

其一,凉茶市场逐渐饱和。

凉茶作为传统饮料的细分品类,市场规模曾经高速增长。据业内数据,2009—2012年,中国内地凉茶品类保持16%~18%的高增速。到了近几年,增速开始逐渐放缓,2015年市场增速下降到10%,到2016年整体增速仅为4.2%。面对趋于饱和的凉茶市场,王老吉寻求新的出口,自然是理所当然的了。

其二,新茶饮市场增长喜人。

近几年,新茶饮市场一鸣惊人,开始全面爆发。数据显示,截至2018年三季度,全国现制茶饮门店数达到41万家,同比增长74%。其中,一线城市现制茶饮门店增长59%;二线城市增速为120%;三线及以下城市的增速最高,达到138%。加速生长的新茶饮,又在品类上与凉茶有所关联,正是王老吉的下一个理想市场。

其三,新零售的趋势呼唤。

自从马云提出"新零售"的概念,相关行业就刮起了一阵风潮。所谓新零售,是充分利用线上线下双方的优势,为线上平台引流获取数据,为线下门店提升运营效率,达到双赢的局面。王老吉门店的线下布局,本身就包含对新零售的思考。

(3)王老吉线下布局前景可期

如今,高速增长的新茶饮市场面临新的变局。常识告诉我们,高增速只是行业生长初期的特征,不是一种可持续的状态。英敏特报告显示:中国茶饮店市场增长在2017—2018年达到峰值,以14%的年均复合增长率增至485亿元人民币。预测未来几年,该市场的增速将趋于缓和,2019—2023年的复合增长率将维持在约3%。换句话说,新茶饮正从增量市场向存量市场转变。这意味着:竞争将越来越激烈!

作为中国老字号的代表,王老吉已经是一代代人的品牌记忆,"怕上火喝王老吉",这句广告语也早已成了最为脍炙人口的广告语之一。这种具有历史文化沉淀并已经打入人心的品牌定位,是王老吉最为强大的护城河。作为王老吉衍生品牌的"1828王老吉",自然能继承品牌的衣钵,在新茶饮市场上打出真正的差异化标签。

简而言之,1828王老吉,未来可期。

根据上述材料,思考下列问题:

1. 你认为王老吉进军新茶饮市场是否可行?

2. 请搜集资料,分析王老吉进军新茶饮市场所面临的营销环境。

第四章　市场购买行为分析

【学习目标】

通过本章学习，学生能够理解消费者市场的基本概念及特征，掌握消费者行为的一般模式和影响消费者行为的主要因素，理解消费者购买决策过程，明确各个阶段应采取哪些营销对策；了解组织市场的含义、构成和组织市场购买行为的特征，理解组织购买的决策方式和决策过程，掌握政府采购行为的主要特征。

【导入案例】

一张打动消费者的优惠券背后的秘密

如果在以下场景中，你会做出什么选择？

场景1：网购时领取了一张满199元减30元的优惠券，而此时你购买的产品的价格是160元，你会为了这张30元的优惠券而凑满199元的消费吗？

场景2：你在你家附近的餐馆吃火锅，味道也符合你的胃口，结账的时候，商家赠送了一张价值30元的代金券，但是必须在一周内消费，你会去吗？

场景3：临近中午，本计划出去吃饭，在微信群里领了一张5元的优惠券，但只能够在今天使用，你是点外卖还是出去吃呢？

优惠券，究竟是商家的"馅饼"还是"陷阱"？商家究竟是如何用优惠券让消费者上钩的。商家为什么喜欢发放优惠券？

为什么？因为优惠券能够实现利润最大化，刺激消费者的冲动消费。聪明的你可能又在想，促销的方式有很多，而发放优惠券会导致营销成本上升，商家为什么要发放优惠券而不是直接降低价格来进行促销？

(1)如果直接采取降价的促销方式，消费者很容易怀疑产品质量和服务是不是削弱了。

(2)折扣后的价格将成为顾客心中的参照价格，当商家决定恢复正常价格时，顾客就认为价格上涨了，采用优惠券的方式不容易在顾客的心中形成破坏性的过低参考价格。

(3)单纯的价格优惠无法分人群给到不同的优惠额度，优惠券却可以根据不同的用户群体，给到不同额度的优惠，提高用户转化，实现利润最大化。我们已经了解了商家为什么喜欢发放优惠券，接下来我们再来看看优惠券的本质到底是什么，常用的优惠券类型又有哪些。

优惠券的本质到底是什么?

优惠券从本质上来看是价格歧视,价格歧视说白了就是差异化定价,就是同样的产品和服务对不同的消费者提供不同的价格,从而实现利润最大化。可能你还有点云里雾里,没关系,看看下面的小例子,你就明白了:

火车针对大学生提供学生票;游乐园对儿童提供半折票,但是家长必须全票;肯德基推出学生优惠券……优惠券究竟是“馅饼”还是“陷阱”?对价格敏感的客户给予价格上的优惠,而对价格不敏感的人群,依旧是用原价售卖,从而实现最大化效益。常见的优惠券有满减券、现金券、折扣券、新用户券、积分券、兑换券等。按照使用范围,可分为品牌券、通用券、品类券、单品券等。优惠券能够起到很好的拉新和激活用户的作用,因此受到很多商家的青睐。用优惠券让客户立马下单?一个完整版的优惠券内容有哪些?优惠券是商家促销的常规工具,而促销的最终目的无非就是提高销量和品牌知名度,优惠券在促销工具中体现出来的能量就是提高销售额。一张打动消费者的优惠券背后有两个隐性的秘密,那就是稀缺性和盈利性。

稀缺性:任何产品、任何工具因为稀缺而更有魅力,优惠券也是如此,限定使用时间、使用人群、使用地区、使用渠道,以便让消费者产生下单的欲望。消费者对于下单也是持观望态度的,你给他 10 天的使用优惠券的期限,他可能要拖到第 9 天才考虑是否使用;你把优惠券使用期限设定为 2 天,他心里面的紧迫性才会出来。而人群、地区、渠道的限制,让商家对其产品价格和业务有了更好的操作空间。

盈利性:对商家来说,优惠券是诱饵,放长线钓大鱼,优惠券的设计规则就是让消费者上钩。

现代市场营销要以顾客需求为中心。那么顾客是谁?顾客到底需要什么?他们在哪里购买所需要的商品?他们何时、何地、怎样购买商品?要解决这些问题,企业就需要研究顾客的购买行为。是否了解顾客直接决定着企业经营的成败。

第一节　消费者市场购买行为分析

一、消费者市场的界定与特点

消费者市场又称“最终消费市场”“消费品市场”或“生活资料市场”,是指为满足生活消费需要而购买货物和劳务的所有个人和家庭。一切企业,无论是否直接为消费者服务,都必须研究消费者市场,因为只有消费者市场才是最终市场。其他市场,如生产者市场、中间商市场等,虽然购买数量很大,但仍然要以最终消费者的需要和偏好为转移。因此,消费者市场是一切市场的基础,是最终起决定作用的市场。

消费者市场是现代市场营销理论研究的主要对象。成功的市场营销者是那些能够有效地提供对消费者有价值的产品,并运用富有吸引力和说服力的方法将产品有效地呈现给消费者的企业和个人。因此,研究影响消费者购买行为的主要因素及其购买决策过程,对于开展有效的市场营销活动至关重要。

与组织市场相比，消费者市场具有以下特征：

(1)广泛性

每一个生活在社会中的人都是一个消费者，都不可避免地发生消费行为或消费购买行为，成为消费市场中的一员。因此，消费者市场人数众多，范围广泛。

(2)分散性

消费品市场购买者众多，主要是家庭或个人。市场分散，成交次数频繁，但交易数量较少。因此，绝大部分商品都是通过中间商销售，以方便消费者购买。

(3)可诱导性

消费品种类很多，购买者大多缺乏相应的商品知识和市场知识，对质量、性能、使用方法、维修、保管、价格甚至市场行情都不太了解，只能根据个人好恶和感觉做出购买决策，其购买行为多属非专家性购买，受情感因素影响较大，他们对产品的选择受广告、宣传的影响较大。由于消费者购买行为的可诱导性，生产和经营部门应注意做好商品的宣传广告，一方面当好消费者的参谋，另一方面也能有效地引导消费者的购买行为。

(4)复杂性

消费者受到年龄、性别、身体状况、性格、习惯、文化、职业、收入、教育状况等因素影响而具有不同的消费需求和消费行为，所购商品的品种、规格、质量、花色等千差万别。

(5)易变性

消费者的需求具有求新求异的特性，要求商品的品种、款式不断翻新，有新奇感，不喜欢一成不变的老面孔。许多消费者对某个新品种、新款式的共同偏好就形成了消费风潮，这些都是因为消费心理的变化，与科学技术进步并无必然联系。

(6)发展性

社会在发展，科学技术在进步，新产品不断出现，消费者收入水平不断提高，消费需求也呈现出由少到多、由粗到精、由低级到高级的发展趋势。发展性和易变性都说明消费需求的变化，区别在于：易变性说明变化的偶然性和短期现象，发展性说明变化的必然性和长期性；易变性与科技进步关系不大，发展性是与科技进步有关的变化。

(7)伸缩性

消费需求受消费者收入、生活方式、商品价格和储蓄利率影响较大，消费者在购买数量和品种选择上表现出较大的需求弹性或伸缩性。收入多则增加购买，收入少则减少购买。商品价格或储蓄利率高的时候减少消费，反之则增加消费。

(8)替代性

消费品种类繁多，同种商品不同品牌甚至同种品牌之间往往可以相互替代。例如白猫洗衣粉和雕牌洗衣粉可以相互替代，由于消费品具有替代性，消费者在有限购买力的约束下对选择哪些品牌来满足需要必然会慎重决策并且经常变换，这就导致了购买力在不同产品、品牌和企业之间流动。

除了上述特点之外，消费者市场还具有地区性和季节性等其他特点。

【延展阅读】

神经营销

所谓的神经营销，是指运用神经科学方法来研究消费者行为，探求消费者决策的神经层面活动机理，找到消费者行为背后真正的推动力，从而产生恰当的营销策略。它实际上是伴随着近年来支撑营销理论的几大基础学科的发展而产生的。其中，起主要作用的是认知科学和神经科学的重大突破。随着行为决策和认知科学的发展，营销理论可以借用很多心理学上的概念来解释消费者行为，像内隐记忆、信息自动加工、潜意识等。由于人脑控制了人类行为的所有方面，理解人脑的工作原理不仅能够帮助解释人类行为，更能够帮助营销人员掌控消费者的行为规律。

二、消费者购买行为模式

消费者购买行为是指消费者为获取、购买、使用、评估和处置预期能满足其需要的产品和服务所采取的各种行为。

消费者市场涉及的内容千头万绪，从哪里分析入手？市场营销学家归纳出以下7个主要问题：

消费者市场由谁构成？(Who)	购买者(Occupants)
消费者购买什么？(What)	购买对象(Objects)
消费者为什么购买？(Why)	购买目的(Objectives)
消费者市场的购买活动有谁参与？(Who)	购买组织(Organizations)
消费者什么时间购买？(When)	购买时间(Occasions)
消费者在何地购买？(Where)	购买地点(Outlets)
消费者怎样购买？(How)	购买方式(Operations)

由于英文字母开头有6个W和1个H，所以称为"6W1H"分析法，或称"7Os"研究法。营销人员在制定针对消费者市场的营销策略组合之前，必须先研究消费者的购买行为。例如我们要研究手机的消费者购买行为，首先可以分析研究以下问题：手机的消费者市场由哪些人构成？消费者购买怎样的手机？消费者为什么购买这样的手机？哪些人参与消费者的购买行为，对购买决策会产生什么样的影响？消费者怎样购买手机？消费者何时购买手机？消费者在哪里购买手机？这是我们分析手机消费者市场的基本思路和切入点。

研究消费者购买行为的理论中，最有代表性的是以"刺激—反应模式"来说明营销环境刺激与消费者反应之间的关系(如图4-1所示)。

"黑箱"由两部分组成：

第一，购买者特性——决定如何理解问题并对刺激做出反应的主要方面。

第二，购买者决策过程——直接影响购买者的最后选择。

其实，"黑箱"是消费者行为的内部过程，即消费者信息处理过程。

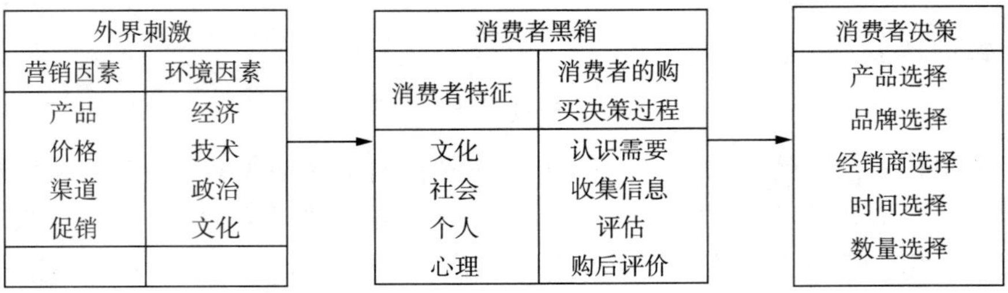

图 4－1　刺激—反应模式

刺激—反应模式表明，购买行为的发生首先由外界刺激引起。这种刺激包括两种：一是企业所能控制的营销因素，即产品、价格、分销、促销对消费者产生的刺激；二是企业不能控制的宏观环境因素，即经济、技术、政治、文化对消费者的刺激。这些刺激进入消费者的意识领域后，基于购买者的不同个人特征，在思想意识里进行受这些个人特征影响的决策，作出购买决策和发生相应购买行为的反应。

企业营销人员就是要探究外界刺激进入消费者思想意识领域后，受个人特征影响的消费者会做出何种反应并做出相应购买决策的，从而明确消费者购买行为的形成过程，并能自如地运用刺激—反应模式达到营销目的。

三、影响消费者行为的主要因素

图 4－1 显示，影响消费者行为的文化和社会因素有：文化、亚文化、社会阶层、参照群体和角色因素等。影响消费者行为的个人与心理因素有：人口因素、生活方式、自我概念与人格特征、知觉因素、学习与记忆、动机、个性与情绪、态度等。这些因素不仅在某种程度上决定消费者的决策行为，而且它们对外部环境与营销刺激的影响起放大或抑制作用。

1. 文化因素

文化因素包括文化、亚文化。

(1)文化

文化是指人类从生活实践中建立起来的价值观念、道德、理想和其他有意义象征的综合体。文化是决定人类欲望和行为的基本因素，文化的差异引起消费行为的差异。

例如：标有“老年人专用”字样的商品在美国等西方国家并不受到老年人的欢迎，因为这种宣传违背了这些国家中人们忌讳衰老的价值观。随着收入的增加和工时的缩短，人们的闲暇时间增多；由于生活水平的提高，人们对健康和仪表更加关注。现在，人们主张少吃多餐，吃自然食物，增加运动，保持健美。老年人也讲究衣着、染发、美容，喜欢年轻人的服装和用具，不愿被人说老。人们希望生活宽松些，喜欢轻松的生活方式，挑选宽松式的休闲服装，家庭布置也趋于简单化。

(2)亚文化

任何文化都包含一些较小的文化群体，这些较小的文化群体具有文化同一性，即为亚文化。

① 民族亚文化群体:不同的民族具有不同的民族习惯和生活方式。

② 宗教亚文化群体:不同的宗教信仰具有不同的尊崇和禁忌。

③ 地理亚文化群体:不同的地区具有不同的习俗和爱好。

④ 种族亚文化群体:一个国家可能有不同的种族,各个种族都有自己独特的生活习惯和文化传统。如世界上有白种人、黑种人、黄种人、棕种人四个种族,他们的购买行为各不相同。

2. 社会阶层

社会阶层是由具有相同或类似社会地位的社会成员组成的相对持久的群体。每一位个体都会在社会中占据一定的位置,使社会成员分成高低有序的层次或阶层。社会阶层是一种普遍存在的社会现象。导致社会阶层的终极原因是社会分工和财产的个人所有。

社会阶层的特点:

① 同一社会阶层内的人,其行为要比来自两个不同社会阶层的人的行为更加相似。因此,社会阶层不仅是影响消费者行为的重要因素,而且被用作细分消费者市场的重要依据。

② 人们以自己所处的社会阶层来判断各自在社会中占有的高低地位。

③ 某人所处的社会阶层并非由一个变量决定,而是受到多种变量的制约。

④ 个人能够在一生中改变自己所处的阶层,既可以向高阶层迈进,也可以跌至低阶层。

3. 社会因素

社会因素包括相关群体、家庭、角色和社会地位等。

(1)相关群体

相关群体是指能够直接或间接地影响消费者购买行为的个人或集体(如图4-2所示)。

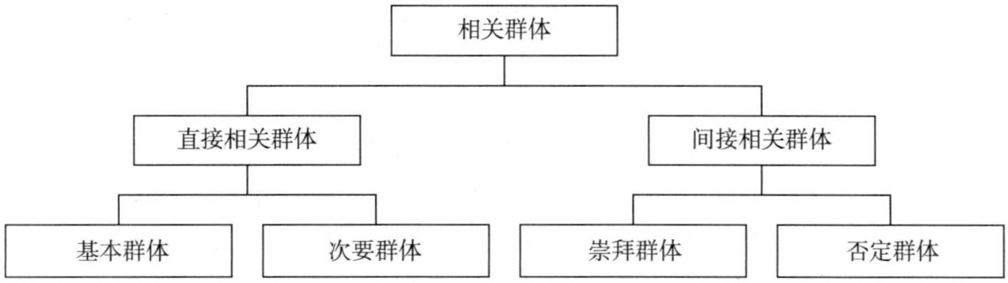

图 4-2　相关群体的分类

相关群体对消费行为的影响,表现在以下三个方面:

① 示范性——相关群体为消费者展示出新的行为模式和生活方式。

② 仿效性——由于消费者有效仿其相关群体的愿望,因此消费者对某些事物的看法和对某些产品的态度也会受到相关群体的影响。

③ 一致性——相关群体促使人们的行为趋于某种"一致化",从而影响消费者对某

些产品和品牌的选择。

相关群体对消费者购买不同商品的影响有所区别：它对购买使用时不易为他人所觉察的洗衣粉、食盐等商品影响较小，对购买使用时十分显眼的摩托车、服装、香烟等商品影响较大。在产品生命周期的不同阶段，相关群体对产品和品牌选择的影响也不尽相同。一般来说，在介绍期只对产品选择有强烈的影响，在成长期对产品和品牌的选择都有很强的影响，在成熟期只对品牌有强烈的影响，在衰退期对产品和品牌的选择的影响都很小。在相关群体对购买行为影响较强的情况下，企业应设法影响有关的相关群体中的意见领导者。相关群体在营销中的运用方法如下：

① 名人效应。对很多人来说，名人代表了一种理想化的生活模式。正因为如此，企业花巨额费用聘请名人来促销其产品。研究发现，用名人做支持的广告比不用名人的广告评价更正面和积极，这一点在青少年群体中体现得更为明显。运用名人效应的方式多种多样。例如：可以邀请名人担任产品或公司代言人；也可以用名人做证词广告，即在广告中引述广告产品或服务的优点和长处，或介绍其使用该产品或服务的体验；还可以将名人的名字使用于产品或包装上。

② 专家效应。专家是指在某一专业领域受过专门训练，具有专门知识、经验和特长的人。医生、律师、营养学家等均是各自领域的专家。专家所具有的丰富知识和经验，使其在介绍、推荐产品与服务时较一般人更具权威性，从而使产生专家所特有的公信力和影响力。当然，在运用专家效应时，一方面应注意法律的限制，如有的国家不允许医生为药品做证词广告；另一方面，应避免公众对专家的公正性、客观性产生怀疑。

③ “普通人”效应。运用满意顾客的证词来宣传企业的产品，是广告中常用的方法之一。由于出现在荧屏上或画面上的代言人是和潜在顾客一样的普通消费者，受众感到亲近，从而使广告诉求更容易引起共鸣。比如北京大宝化妆品公司就曾运用过“普通人”证词广告。还有一些公司在电视广告中展示普通消费者或普通家庭如何用广告中的产品解决其遇到的问题，如何从产品的消费中获得乐趣等，这些都是“普通人”效应的运用。

④ 经理型代言人。自20世纪70年代以来，越来越多的企业在广告中用公司总裁或总经理做代言人。例如，我国广西三金药业集团公司，在其生产的桂林西瓜霜上使用公司总经理和产品发明人邹节明的名字和图像，就是经理型代言人的运用。

(2)角色因素

角色是个体在特定社会或群体中占有的位置和被社会或群体所规定的行为模式。对于特定的角色，无论是由谁来承担，人们对其行为都有相同或类似的期待。

虽然承担某一具体角色的所有人都被期待展现某些行为，但每个人实现这些期待的方式却各不相同。期望角色与实践角色之间的差距被称为“角色差距”，适度的角色差距是被允许的，但这种差距不能太大，否则意味着扮演的角色不称职，社会或群体的惩罚也就不可避免。因此，大多数人都力求使自己的行为与群体对特定角色的期待相一致。

4. 个人因素

影响消费者行为的个人因素包括年龄和家庭生命周期阶段、职业、教育、经济状况、生活方式、自我概念与个性等。

(1)年龄和家庭生命周期

不同年龄消费者的欲望、兴趣和爱好有所不同,他们购买或消费商品的种类和式样也有一定的区别。例如,儿童是糖果和玩具的主要消费者,青少年是文教体育用品和时装的主要消费者,成年人是家居用品的主要购买者和使用者,老年人则是保健用品的主要购买者和消费者。同时,不同年龄消费者的购买方式也各有特点。青年人缺少经验,容易在各种信息影响下出现冲动购买;中老年人则经验丰富,常根据习惯和经验购买。

【案例 4-1】

"80 后""90 后"媒体习惯变化及"00 后"的新生代消费者

中国消费者结构与消费心理的变化导致传媒结构也发生变化。最近有研究认为,"80 后""90 后"一代的资讯接受模式全面改变。在一份关于"80 后"的收视状况研究报告中,超过 33%的"80 后"受众表示几乎不看电视,24%左右的"80 后"观众 4～7 天才看一次电视,2～3 天看一次的人也占 24%,只有 18%左右的"80 后"会每天看电视。尽管这些数据还需要进一步验证,但它说明了一个不争的事实,就是电视对于锁定和覆盖这些"80 后"人群的影响力正在减弱,随之而来的是新的数字化媒体对"80 后"人群正在产生深远的影响。新的数字化媒体主要包括户外液晶电视媒体、互联网以及手机和 iPad 等数字终端媒体。

而"90 后"的情况则更有过之,他们对电视节目更有选择与偏爱。"90 后"看杂志的概率较高,特别是自己喜好的题材。整体来说,"90 后"看报纸时间较少。这种媒体习惯的改变将可能直接颠覆广告主原有的广告投放模式、媒体策略和传播策略,应该引起广告人的高度注视。

正因为如此,最近几年有超过 60%的广告主正准备降低传统媒体的预算份额,大幅增加数字化媒体的预算,其中互联网、户外电视成为广告预算转移的最主要的方向,而手机则被广告主认为是有潜力的数字化媒体。中国的广告市场将开启从传统媒体到数字媒体的变革。事实上,目前数字媒体的更大价值不在于展示,而在于吸引受众的注意力并与受众产生互动。

"C0"后消费上更加追求品牌,他们的家长们也不惜代价,从奶粉、尿布、童车到学习用品、服装,还有各种电子产品等,尽力去满足他们。他们可能是我们国家最早具有品牌消费理念的一代。还有一个特点就是家长们对孩子的成长特别是教育的投入真是不惜血本。至于小学生就出国留学,中学、大学组团留学一浪高过一浪,相应的商机一眼看出。

(资料来源:丁家永,《销售与市场》评论版,2011 年 04 期)

家庭生命周期是指消费者从年轻时离开父母家庭独立生活,到年老后并入子女家庭或独居进而死亡的家庭生活全过程。不同阶段的家庭有不同的需求特点,营销者只有明确自己的目标市场处于家庭生命周期的什么阶段,并据以发展适销对路的产品和拟订适当的营销计划,才能获得成功。除了自然年龄的不同阶段之外,营销者还要注意消费者生理生命周期的阶段,即心理年龄和实际年龄的差别。

(2)职业

由于所从事的职业不同,人们的价值观念、消费习惯和行为方式存在着较大的差异。职业的差别使人们在衣食住行等方面有着显著的不同。譬如,通常不同职业的消费者在衣着的款式、档次上会做出不同的选择,以符合自己的职业特点和社会身份。

(3)教育

受教育的程度越来越成为影响家庭收入高低的重要因素。传统上,制造业中的一些高薪职位并不要求很高的受教育程度,但现在不同了。如今,制造业和服务业的许多高薪工作需要专业技能、抽象思维能力以及快速阅读和掌握新技巧的能力。这些能力往往要求人们通过受教育才能获得。受教育的程度部分地决定了人们的收入和职业,进而影响着人们的购买行为。同时,它也影响着人们的思维方式、决策方式以及与他人交往的方式,从而极大地影响着人们的消费品位和消费偏好。

(4)经济状况

经济状况直接决定了消费者的购买行为,从而决定了他们购买哪些商品以及购买的数量。一个千万富翁很少去买低档轿车,同样,低收入消费者也基本上不会去买奔驰、劳斯莱斯等高档轿车。所以,营销人员应该关注消费者个人收入、储蓄及利率发展趋势。当消费者的经济状况发生了变化时,营销人员就需要对自家的营销策略进行相应的调整。

(5)生活方式

生活方式是个体在成长过程中,在与社会因素相互作用下表现出来的活动、兴趣和态度模式。生活方式包括个人和家庭两个方面,两者相互影响。生活方式与个性既有联系又有区别。一方面,生活方式很大程度上受个性的影响。一个具有保守、拘谨性格的消费者,其生活方式不大可能太多地包容诸如攀岩、跳伞、蹦极之类的活动。另一方面,生活方式关心的是人们如何生活,如何花费,如何消磨时间等外在行为,而个性则侧重从内部来描述个体,它更多地反映个体思维、情感和知觉特征。可以说,两者是从不同的层面来刻画个体。区分个性和生活方式在营销上具有重要的意义。一些研究人员认为,在市场细分过程中过早以个性区分市场,会使目标市场过于狭窄。因此,他们建议,营销者应先根据生活方式细分市场,然后再分析每一细分市场内消费者在个性上的差异。如此,可使营销者识别出具有相似生活方式的大量消费者。

(6)自我概念和个性

① 自我概念也称"自我形象",是指个人对自己能力、气质、性格等个人特性的感叹、态度和自我评价。换而言之,即自己如何看待自己。大量实践证明,消费者在选购商品时,往往把商品品牌特性是否符合自我概念作为重要的选择标准,即判断商品是否有助于"使我成为我想象或期望的那样的人"以及"我希望他人如何来看待我"。例如:一个

自认为气质不凡、情趣高雅的消费者，在购买服装时，会倾向于那些款式新颖、做工考究、设计独特的服装，而不喜欢一般化、大众化的服装。

② 个性是指个人的性格特征，如外向、内向、开拓、保守等。不同的个性决定了人们选择购买不同的产品。比如，喜欢冒险的消费者容易受广告的影响，成为新产品的早期使用者。有的学者认为，按照个性的不同，可将购买者分为六种类型：

a. 习惯型。忠于某一种品牌或某几种品牌，有固定的消费习惯和偏好，购买时心中有数，目标明确。

b. 理智型。在做出购买决策之前经过仔细比较和考虑，胸有成竹，不容易被打动，不轻率做决定，决定后也不轻易反悔。

c. 冲动型。易受产品外观、广告宣传或相关群体的影响，决定轻率，易于动摇和反悔。

d. 经济型。特别重视价格，一心寻求最经济合算的商品，并由此得到心理上的满足。

e. 情感型。对产品的象征意义特别重视，联想力较强。这类购买者对产品设计、外观和装潢要求较高。

f. 年轻型。易于接受新的东西，消费习惯和消费心理正在形成之中，尚不稳定。

消费者的个性对品牌的选择和新产品的接受程度有很大影响。由于个性的不同，消费者对某一品牌会自然判断出是否适合自己。个性不仅使某一品牌与其他品牌相区别，而且使这种品牌具有激发情绪，为消费者提供潜在满足的作用。另外，有些人对几乎所有新生事物持开放和乐于接受的态度，有些人则相反；有些人是新产品的率先采用者，有些人则是落后采用者。了解率先采用者和落后采用者有哪些区别，有助于消费者市场的细分。营销者应了解自己的目标市场的消费者属于哪种类型，然后有针对性地开展促销活动。

5. 心理因素

个人的购买行为还受动机、知觉、学习、信念和态度等心理因素的影响。

(1)消费者的动机

动机是指引起、维持、促使某种活动向某一目标进行的内在作用。消费者具体的购买动机有：求实动机、求新动机、求美动机、求名动机、求廉动机、从众动机、喜好动机等。以上购买动机是相互交错、相互制约的。

美国人本主义心理学家马斯洛提出了著名的需要层次理论。马斯洛认为，人的需要可分为五个层次，即生理需要、安全需要、爱与归属需要、自尊需要、自我实现的需要。上述五种需要是按从低级到高级的层次组织起来的，只有当较低层次的需要得到了满足，较高层次的需要才会出现并要求得到满足。例如，目前我国人均 GDP 不断增加，人们已基本解决了温饱，于是就出现了黄金周出游的需要，当需要达到一定强度就成为动机。对营销人员来说，就应该适时地发现消费者的购买动机，以制定正确的营销策略。

(2)知觉因素

所谓知觉，是人脑对刺激物各种属性和各个部分的整体反映，它是对感觉信息加工和解释的过程。产品、广告等营销刺激只有被消费者知觉才会对其行为产生影响。同样的刺激能使人们形成不同的知觉。这是因为知觉会经历三种过程，即选择性注意、选择性理解和选择性记忆。选择性注意是指人们会注意他们觉得对自己有意义或接触较多的信息，这意味着营销人员必须努力提供信息去吸引消费者的注意力。选择性理解是指人们会按照自己的认识来解释所选择的信息。

从消费者行为角度来看，唤起知觉的主要是销售刺激。销售刺激分为两种：第一种是商品刺激，刺激源是商品本身，它包括商品的功能、用途、款式和包装等；第二种是信息刺激，即除商品外各种引发消费者注意和产生兴趣的信息，包括通过广告、宣传、服务及购物环境等表现出来的语言、文字、画面、音乐、形象设计等。

由于选择性注意、选择性理解和选择性记忆，营销人员必须努力工作，真正把信息传达下去。这种情况也解释了为什么企业不停地做广告、营销人员不断地重复把信息传到市场上。

(3)学习

消费者的大多数行为都是学习得来的。通过学习，消费者获得了商品知识和购买经验，并用之于未来的购买行为。一个人的学习是通过驱使力、刺激物、诱因、反应和强化的相互影响而产生的。由于市场营销环境不断变化，新产品、新品牌不断涌现，消费者必须经过多方收集有关信息之后，才能做出购买决策，这本身就是一个学习过程。

对于消费者而言，其学习的方法主要有模仿法、试误法和观察学习法。例如"韩流"在短时间内能在广大的青年中流行，就是青年人采用了模仿学习的方法。试误法是指消费者通过尝试与错误，从而在一定情境和反应之间建立起联结。例如消费者饥饿的时候可以选择面包、水果、巧克力等，也就是可以做出许多不同的反应，但经过多次尝试，发现做出某种特定反应能获得最满意的结果，于是该反应和饥饿这一情境的联结就会被保存。观察学习法是指消费者通过观察他人的消费行为来指导自己的消费实践，例如同事购买的某品牌的笔记本电脑使用效果较好，自己就会在脑海中留下好的印象，在以后购买笔记本电脑时就会有倾向性地去购买该品牌。

(4)信念和态度

① 信念是人们对事物所持有的具体看法。这些信念也许源于知识、意见与信仰，有可能包括或不包括某种情感因素。营销人员对人们关于特定产品和服务的信念非常感兴趣。这些信念构成了产品和品牌的形象，而人们往往会按照自己的信念行动。如果存在某些错误的信念并且阻碍了购买行为，营销人员就应该进行系列促销活动，以纠正这些信念。

② 态度是指一个人对某些事物或观念所持有的相对稳定的评价、感受和倾向。态度导致人们喜欢或不喜欢某些事物，并对它们亲近或疏远。

态度影响消费者的学习兴趣与学习效果，并将影响消费者对产品、商标的判断与评价，进而影响购买行为。态度一般通过购买意向来影响消费者的购买行为，但是态度与行为之间在很多情况下并不一致。造成不一致的原因，除了主观规范、意外事件以外，还有很多其他的因素，如购买动机、购买能力、情境因素等。

消费者态度的改变包括两层含义：一是指态度强度的改变，一是指态度方向的改变。消费者态度的改变，一般是在某一信息或意见的影响下发生的。在某种程度上，态度改变的过程也就是劝说或说服的过程。消费者态度改变主要受到3个因素的影响，即信息源、传播方式与情境。信息源是指持有某种见解并力图使别人也接受这种见解的个人或组织。传播方式是指以何种方式把一种观点或见解传递给信息的接收者。情境是指对传播活动和信息接收者有相应影响的周围环境。出于趋利避害的考虑，消费者更倾向于接纳那些与其态度相一致的信息。当消费者对某种产品有好感时，与此相关的信息更容易被注意，反之，则会出现相反的结果。因此，态度是进行市场细分和制定新产品开发策略的基础。

【案例4-2】

女性消费者的购买需求

调查表明，年龄在20～30岁的知识女性是未来营销中最有价值的顾客群体之一。她们是户外运动、自我形象与自我发展等营销项目的主要消费者。她们学历越高，收入越多，花钱越大方，追求时尚没商量。调查还表明，年轻知识女性在选择商品时，一般来说影响她们消费的因素依次是品牌、自我形象(体验)、质量、价格，而其他阶层的消费者情况可能就不一样了。所以，把握未来女性市场的关键是企业深入了解她们的内心欲望，开发满足她们需求的项目。

更有意思的是，“女人要有自己的房子”这一观念正在深入人心，现在也成了许多职业女性的座右铭。分析其内在动机，对于女性而言，一间房子在心理层面等同于独立、自主和安全感，在现实层面则等同于长线投资和经济收益。有调查表明，在2009年，以个人名义购房的女性比2008年增加了60%，女性由此开始成为购房主力，并且单身女性的买房意识明显强过单身男士。据统计，每10个女性购房者中，就有3个未婚。面对女性购房者数量增加的现象，社会学的解释是随着社会发展，女性的社会独立性和自主性正在增强，特别是年轻一辈。在面对房屋这种大宗购买对象时，男性往往首先考虑是否继承父母的房产或者购买的房屋是否适合未来家庭的居住等，而女性对购房的看法则大多出于是否满足自己当下居住需要。这种社会观念的不同，是造成女性首次置业的年龄小于男性的重要因素。这些对房地产经营者有着重要的启示作用。经营者今天如何适应当代女性消费的心理特点，设计营销策略已成为经营的重要问题。

（资料来源：丁家永，《销售与市场》评论版，2011年04期）

四、消费者购买决策过程

在了解消费者行为特征和影响消费决策购买因素之后，我们就要问：消费者究竟是如何进行购买决策的？不同消费者的购买决策过程有特殊性，也有一般性。我们首先分析在消费者购买决策过程中都有哪些参与者，然后再分析购买决策的几个阶段。

1. 消费者购买决策的参与者

学术界普遍认为：消费者在一项完整的购买决策过程中，可能会扮演下列五种角色中的一种或几种（如图 4－3 所示）：

① 倡议者，最初提出购买某种商品的人。

② 影响者，直接或间接影响最后决策的人。

③ 决策者，对部分或整个购买决策，如是否购买、购买什么、如何购买等，有权作出最后决定的人。

④ 购买者，实际执行购买决策的人。

⑤ 使用者，实际使用和消费该商品的人。

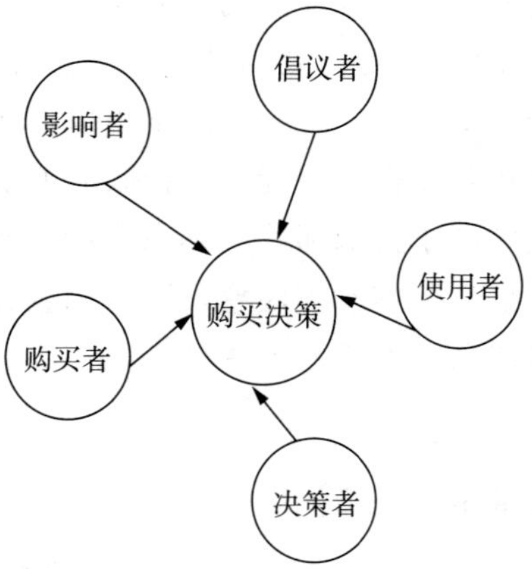

图 4－3　购买决策参与者

【案例 4－3】

婚宴饭店如何吸引消费者

某饭店正在大力吸引消费者来举办婚宴，这就应该研究一下购买决策过程的参与者。参与选择婚宴场所的通常包括新郎、新娘、双方的家长和亲朋好友等。最初可能由新娘的某位亲友倡议在某饭店举办，然后新娘和新郎可能还要征求许多人的意见，再由两人共同决定在某饭店举行，由新郎的父母与饭店签约预订，而使用者则是新郎、新娘及婚礼的所有参加者。

饭店的营销人员应搞清各种不同身份的参与者所起的作用，尽量将广告宣传集中在主要决策者身上。一般来说，新娘有最大的决策力，饭店应当充分研究新娘们选择饭店的标准，而新郎和新郎的家人可能对费用特别关心。如果饭店的促销方案能针对上述参与者的不同情况，选择恰当的广告媒体和广告语言，将会取得良好的效果。

2. 购买决策类型

消费者购买决策是指消费者谨慎地评价某一产品、品牌或服务的属性，并进行理性选择的过程。它具有理性化、功能化的双重内涵。但也有许多消费者在做购买决策时更多地关注购买或使用时的感受、情绪和环境。尽管如此，消费者决策过程仍对各种类型的购买行为产生了关键作用。

购买介入程度，是指消费者由某一特定购买需要而产生的对决策过程关心或感兴趣的程度。根据消费者在购买决策过程中介入程度和品牌差异程度的不同，可以把消费者购买决策划分为以下类型（见表 4－1 所列）。

表 4-1　购买行为的类型

		购买者的介入程度	
		高	低
品牌差异程度	大	复杂的购买行为	多样性的购买行为
	小	减少失调感的购买行为	习惯性的购买行为

(1)复杂的购买行为

当消费者购买介入程度较高,并且觉察到品牌间的显著差异时,他们进行的是复杂性的购买行为。当产品很昂贵、购买不频繁、购买有风险并且有很高的自我表现作用时,消费者购买介入程度一般较高,尤其是在消费者对此类产品不太熟悉时。例如购买个人电脑的人可能不知道该考虑产品的什么性能,对于奔腾处理器、超级扩展图形有源矩阵屏幕等计算机性能的意义,他可能一窍不通。

对于复杂的购买行为,营销者应制定策略帮助购买者掌握产品知识,运用印刷媒体、电波媒体和销售人员宣传本品牌的优点,发动商店营业员和购买者的亲友影响最终购买决定,简化购买过程。

(2)减少失调感的购买行为

当消费者购买介入程度较高,购买的产品很昂贵、购买不频繁、购买有风险,但品牌差别不明显时,消费者购买行为表现为减少失调感的购买行为,也叫"寻求平衡的购买行为"。例如购买地毯就是介入程度高的决策,因为地毯比较贵并能表现自我,不过购买者往往认为一定价格幅度内的各种品牌的地毯都差不多。因此,购买者到处看看,但由于品牌差别不明显,购买就会非常迅速。购买者主要关心的可能是价格合适与否或购买的便利性。这种行为在购买后可能会有心理不平衡的感觉,可能是由于他注意到了地毯的某些缺点,或是了解到其他品牌地毯的优点,因而会产生心理的不平衡或后悔感。

对于这类购买行为,营销者要提供完善的售后服务,通过各种途径经常提供有利于本企业和产品的信息,使顾客相信自己的购买决定是正确的。

(3)习惯性的购买行为

许多产品的购买是在消费者介入程度不高,同时品牌间差异也不是很大的情况下完成的,我们称之为"习惯性的购买行为"。例如食盐,消费者对这类产品的购买几乎不假思索,进店随便买了某个品牌的食盐。如果他们一直购买某个品牌的食盐,也只是出于习惯,而不是忠于品牌。事实证明,消费者对大多数经常购买的廉价产品的参与程度很低。

对于这些品牌差异不大、购买介入程度不高的产品的购买行为,营销人员的主要营销策略如下:一是利用价格与销售促进吸引消费者试用;二是开展大量重复性广告加深消费者印象;三是增加购买介入程度和品牌差异。

(4)多样性的购买行为

多样性的购买行为的特点是消费者介入程度低,同时品牌间的差异很大,这时消费者经常会改变品牌的选择。例如买饼干,消费者可能带着某种信念,但不过多评价就购买某种品牌的饼干，等吃完之后再评价。再次购买时，消费者也许由于厌倦了原有的口味或想尝试新鲜而转向另一个品牌。品牌的转变是因为寻求变化，而不是对产品的不满意。

对于寻求多样性的购买行为，市场领导者力图通过占有货架、避免脱销和提醒购买的广告来鼓励消费者形成习惯性购买行为。而挑战者则以较低的价格、折扣、赠券、免费赠送样品和强调试用新品牌的广告来鼓励消费者改变原习惯性的购买行为。

需要指出的是，这四种类型的决策并非截然分明，而是有重叠的部分。但同时也表明，消费过程的每一阶段都受到购买介入程度的影响，我们也应对不同的消费者决策类型制定不同的营销策略。

3. 消费者购买决策过程

消费者购买决策过程是介于营销战略和营销结果之间的中间变量。也就是说，营销战略所产生的营销结果是由战略与消费者决策过程的相互影响所决定的。只有消费者感到产品能满足某种需要，并觉得物有所值才会去购买，公司才能达到营销效果。图4-4表示消费者决策过程的一般模型。

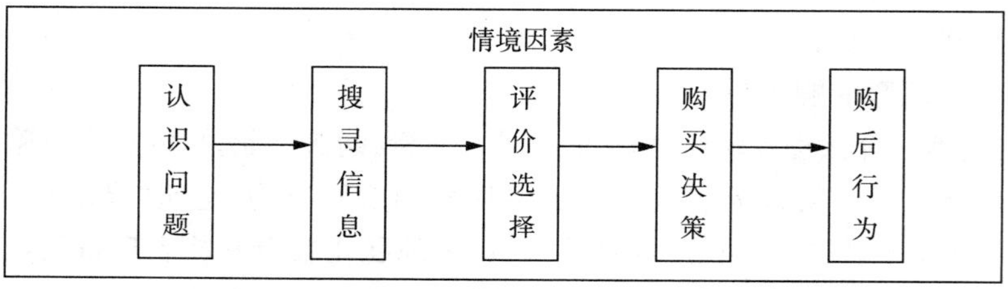

图4-4 消费者决策过程一般模型

从图4-4可以看出，消费者决策发生在一定的情境下，并受其中的情境因素的影响。

(1)认识问题

认识问题是消费者购买决策的第一步，它是指消费者意识到理想状态与实际状态之间存在差距，从而需要进一步采取行动的过程。比如说，我们意识到饿了，同时发现附近能够买到充饥的食品，于是就会产生购买食品的活动。另外，从图4-4中可以看出，消费者行为是一个整体，是一个过程，获取或者购买只是这一过程的一个阶段。因此，研究消费者行为，既应调查、了解消费者在获取产品、服务之前的评价与选择活动，也应重视在产品获取后对产品的使用、处置等活动。

作为对问题认知的反应，消费者采取何种行动取决于问题对于消费者的重要性、当时情境、该问题引起的不满或不便的程度等多种因素。需要指出的是，导致问题认知的是消费者对实际状态的感知或认识，而并非客观的实际状态。吸烟者总相信吸烟并不危害健康，因为他们认为自己并没有把烟吞进肚子里。也就是说，尽管现实是抽烟有害，但这些消费者并未认识到这是一个问题。

营销管理者通常关注四个与问题认知有关的问题：①需要明白消费者面临的问题是什么；②需要知道如何运用营销组合解决这些问题；③需要激发消费者的问题认知；

④在有些情况下需要压制消费者的问题认知。比如，一则香烟广告画面上是一对快乐的夫妇，标题是："享受人生"。很显然，这个标题正试图淡化由广告下方的强制性警示"吸烟有害健康"而带来的问题认知。

(2)搜寻信息

认识问题之后，消费者可能进行广泛的内部与外部信息搜集，有限的内外部信息搜集或仅仅是内部信息搜集。消费者搜寻的信息有：①问题解决方案的评价标准；②各种备选方案；③每一种备选方案符合评价标准的程度。

当面临某个问题，大多数消费者会回忆起少数几个可以接受的备选品牌。这些可接受的品牌，是在随后的内外部信息搜寻过程中消费者进一步搜集信息的出发点。因此，营销者非常关注他们的品牌是否落入大多数目标消费者的考虑范围。

消费者内部信息，即储存在记忆中的信息可能是通过以前的搜集或个人经验主动地获得，也可能是经低介入度学习被动地获得。除了从自己的记忆中获得信息，消费者还可以从四种主要的来源获得外部信息：①个人来源，如家庭和亲友；②公众来源，如消费者协会、政府机构；③商业来源，如销售人员、广告；④经验来源，如产品的直接观测与试用。

认识问题之后，显性的外部信息搜集是较为有限的。由此可知，营销市场人员在问题认识之前与消费者进行有效沟通是必要的。市场特征、产品特征、消费者和情境特征相互作用，共同影响个体的信息搜集水平。

很多人认为，消费者在购买某一商品前，应从事较为广泛的外部信息搜集，然而也应看到信息的获取是需要成本的。搜集信息除了花费时间、精力和金钱外，消费者通常还要放弃一些自己所喜欢的其他活动。所以，消费者进行外部信息搜集止于一定的水平，在此水平下，预期的收益（如价格的降低、满意度的提高）超过信息搜集所引起的成本。

有效的营销战略应考虑消费者进行信息搜集的详细程度。信息搜集的详细程度与企业品牌是否处于消费者考虑范围以及在消费者心目中的地位如何是两个非常重要的考虑因素。

(3)评价选择

消费者意识到问题之后，就开始寻求不同的解决方案。在收集与此有关的信息的过程中，他们评价各备选对象，并选择最可能解决问题的方案。图 4－5 描述了消费者在备选产品之间进行评价和选择的过程。

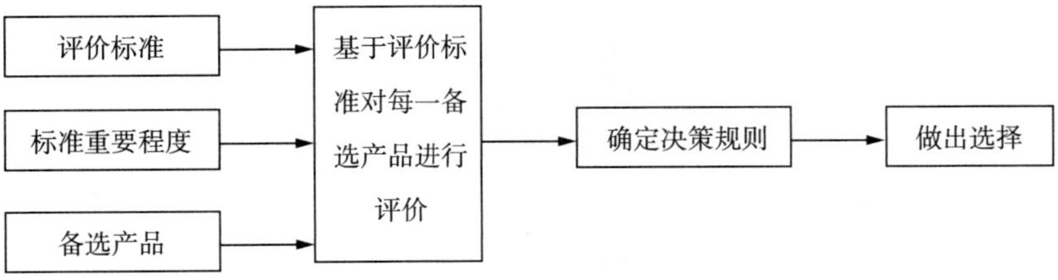

图 4－5　购买评价与选择过程

资料来源：[美]霍金斯等著，《消费者行为学》，机械工业出版社，2000 年

评价标准是消费者针对特定问题而考虑的各种特性和利益。它们是消费者根据特定消费问题，用来对不同品牌进行比较的依据。消费者应用的评价标准的数量、类型和重要程度因消费者和产品类别的不同而不同。

在运用评价标准制定营销策略时，关键的一步是衡量以下三个问题：①消费者应用了哪些评价标准；②消费者在每一标准上对各个备选对象的看法如何；③每个标准的相对重要性如何。上述问题的测量并非易事，企业可运用直接询问、投射技术、多维量表等各种技术进行测量。

对于价格、尺寸和色彩等的评价标准，消费者很容易准确判断。另外一些标准，如质量、耐久力和健康属性等的评价则要困难得多。此时，消费者常用价格、品牌名称或其他一些变量作为替代指标。当消费者根据几个评价标准来判断备选品牌时，他们必须用某些方法从各选项中选择某一品牌。决策规则就是用来描述消费者如何比较两个或多个品牌的。五种常用的决策规则是连接式、重点式、编纂式、排除式和补偿式。这些决策规则更适合运用于功能性产品的购买和认知性的接触场合。因为不同的决策规则需要不同的营销策略，市场营销管理者必须意识到目标市场所用的决策规则。

(4)购买决策

消费者通过对可供选择的商品进行评价，并做出选择后，就形成购买意图。在正常情况下，消费者通常会购买他们最喜欢的品牌。但有时也会受两个因素的影响而改变购买决定：

① 他人态度。其他人对某个商品的褒贬，评价积极或者消极，对消费者是否购买该商品都有影响。

② 意外事件。消费者修改、推迟或取消某个购买决定，往往是受已经察觉的风险的影响。“察觉风险”的大小，由购买金额大小、产品性能优劣程度，以及购买者自信心强弱决定。决定购买阶段的营销任务：消除或减少引起可觉察风险的因素；向消费者提供真实可靠的产品信息，增强其购买自信心。

(5)购后行为

在购买活动后，消费者可能会后悔所做出的购买决策，这被称为“购买后冲突”(如图4-6所示)。在下面四种情况下购后冲突很容易出现：①消费者有焦虑倾向；②购买是不可改变的；③购买的物品对消费者很重要；④购买时替代品很多。

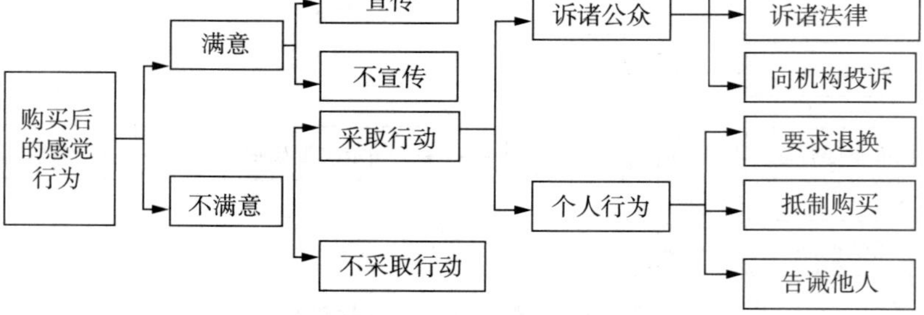

图4-6 购买后的感觉和行为

无论消费者是否经历购买后冲突，多数购买者在购回产品后会使用产品。产品可以是购买者本人使用，也可以是购买单位的其他成员使用。跟踪产品如何被使用可以发现现有产品的新用途、新的使用方法、产品在哪些方面需要改进，还可以对广告主题的确定和新产品开发有所帮助。

产品不使用或闲弃也是需要引起注意的问题。如果消费者购买产品后不使用或实际使用比原计划少得多，销售者和消费者都不会感到满意。因此，销售者不仅试图影响消费者购买决策，同时也试图影响其使用决策。

产品及其包装物的处理可以发生在产品使用前、使用后或使用过程中。由于消费者对生态问题的日益关注、原材料的稀缺及成本的上升、相关法规的制约，销售经理对这些处理行为的了解变得越来越重要。

购买后冲突、产品使用方式和产品处理都有可能影响购买评价过程。消费者对产品满足其实用性和象征性需要的能力形成了一定程度的期望。如果产品在期望的水平上满足了消费者需要，那么消费者满意就有可能产生。如果期望不能满足，就可能导致消费者的不满。更换品牌、产品或商店，告诫朋友都是消费者不满的常见反应。一般而言，销售经理应该鼓励不满意顾客直接向厂家而不是向别人抱怨或投诉。采取各种措施和办法如建立消费者热线可以提高不满意顾客向厂商抱怨的比例。

在评价过程和抱怨过程后，消费者会产生某种程度的再购买动机。消费者可能强烈希望在未来避免选择该品牌，或者愿意将来一直购买该品牌，甚至成为该品牌的忠诚顾客。在后一种情况下，消费者对品牌形成偏爱并乐意重复选择该品牌。

第二节　组织市场购买行为分析

同消费者市场相对应的是生产者市场。生产者市场亦称为“产业市场”或“工业市场”，原是指除商业以外的一切生产性行业。近年来，以菲力普·科特勒为代表的市场营销学者认为，一切商业转售者市场及其购买行为和生产者市场及其购买行为具有相同的特点，所以在分析时，应该把它们视为同一种类型。另外，还有一些非营利性组织市场和政府市场。我们把这些市场的集合总称为“组织市场”。组织市场由于其主体的性质和购买的目的与消费者市场有很大的不同，所以对其购买行为有必要进行特定的分析和研究。

一、组织市场的含义

组织市场和消费者市场的主要区别在于：购买者主要是企业或社会团体而不是个人或家庭消费者；目的是用于生产或转卖以获取利润，以及其他非生活性消费，而不是满足个人或家庭的生活需要。根据组织市场的这种特点，我们可将组织市场定义为：购买商品和服务以用于生产性消费，以及转卖、出租或用于其他非生活性消费的企业或社会团体。组织市场的规模很大，往往是消费者市场规模的几倍。

二、组织市场的分类

正因为我们把众多的不同购买者集合在一起统称为“组织市场”，所以有必要对其进行分类(如图 4 - 7 所示)，以做进一步的分析与比较。

1. 生产者市场

在某些场合，生产者市场亦可称作“产业市场”或“工业市场”。它主要由这样的一些个体和组织构成：它们采购商品和劳务的目的是加工生产出其他产品以供出售、出租，从中谋利，而不是为了个人消费。这部分市场是组织市场的主要组成部分。它主要由以下产业构成：①农、林、牧、渔业；②采矿业；③制造业；④建筑业；⑤运输业；⑥通信业；⑦公用事业；⑧银行、金融、保险业；⑨服务业。以生产者市场为服务目标的企业，必须深入研究这个市场的特点，并分析其购买行为，才能取得营销成功。

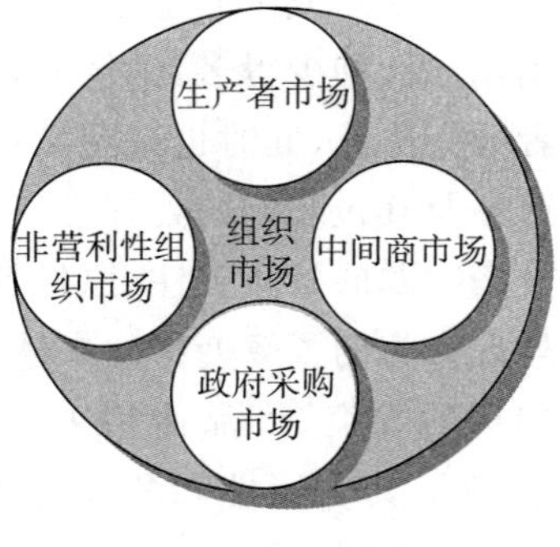

图 4 - 7　组织市场的主要构成

2. 中间商市场

中间商市场亦称作“转卖者市场”。它是由所有以营利为目的而从事转卖或租赁业务的个体和组织构成，包括批发和零售两大部分。在许多场合中，批发和零售往往作为营销渠道的组成部分被提出来，而不作为组织市场的一部分被讲述。其实，中间商市场和生产者市场有着许多相似之处，包括双方的购买行为，也有许多雷同的地方。因此，我们认为有必要把它作为组织市场的第二主要组织部分提出来，而在具体分析的时候，并不涉及其作为渠道组成部门的特点。

3. 非营利性组织市场

非营利性组织市场也称作“机构市场”，主要是指一些学校、医院、疗养院、监狱和其他为公众提供商品和服务的部门所组成的市场，它们往往是以低预算和受到一定的控制为特征的，而且一般都是非营利性的。所以，这部分市场也有其独特的特点，但为了全面起见，我们仍把它们也放入组织市场这个大概念中去，一起来讨论它们的共性问题。

4. 政府采购市场

在大多数国家，政府也是产品和劳务的主要购买者。因为政府的采购决策要受到公众的监督，所以它们经常会要求供应商准备大量的书面材料。此外，政府市场还有一些以竞价投标为主、喜欢向国内供应商采购等特点。但是这些特点都不会影响把它也纳入组织市场这个大概念里来分析，事实上，把它纳入之后将会使我们的分析研究更有意义。

以上就是我们在平常可能会接触到的一些构成组织市场的不同类型的成员。在大多数场合里，它们被分开阐述，各自说明特点或进行购买行为分析。但实际上我们不难看出，在各自不同类型的市场特征背后，却有着很多的共性特征。

【延展阅读】

工业 4.0

"工业 4.0"是德国联邦教研部与联邦经济技术部在 2013 年汉诺威工业博览会上提出的概念。它描绘了制造业的未来愿景，提出继蒸汽机应用、规模化生产和电子信息技术三次工业革命后，人类将迎来以信息物理融合系统(CPS)为基础，以生产高度数字化、网络化、机器自组织为标志的第四次工业革命。"工业 4.0"概念在欧洲乃至全球工业业务领域都引起了极大的关注和认同。西门子作为德国最具代表性的工业企业以及全球工业业务领域的创新先驱，也是"工业 4.0"概念的积极推动者和实践者。《工业 4.0——即将来袭的第四次工业革命》一书由乌尔里希·森德勒主编，其主题思想是：从经济和科学的角度，深入探讨怎样才能使中欧到 2030 年仍能保持一个成功的全球生产基地的地位。到 2030 年，互联网和其他服务联网的系统将使所有行业实现智能化，并取代传统的机械和机电一体化产品服务。

阅读该书，思考并讨论工业 4.0 会对工厂管理、产品设计、协作配套、采购管理等方面带来一些什么变化？

三、组织市场的特征

组织市场与消费者市场相比，具有一些鲜明的特征。

1. 购买者少，购买规模大

组织市场上的购买者比消费者市场上的购买者要少得多。例如美国固特异轮胎公司的订单主要来自通用、福特、克莱斯勒三大汽车制造商，但当固特异公司出售更新的轮胎给消费者时，它就要面对全美 1.71 亿汽车用户组成的巨大市场了。组织市场不仅买主人数少，而且其购买次数也少。一家生产企业的主要设备要若干年才购买一次，原材料与零配件也大都只签订长期合同。而文具纸张等日用品也常常是 8 个月集中购买一次。购买次数少就决定了每次采购量将十分巨大。特别是在生产比较集中的行业里更为明显，通常少数几家大企业的采购量就占该产品总销售量的大部分。

2. 购买者在地域上相对集中

由于资源和区位条件等原因，各种产业在地理位置的分布上都有相对的集聚性，所以组织市场的购买者往往在地域上也是相对集中的。例如中国的重工产业大多集中在东北地区，石油化工企业云集在东北、华北以及西北的一些油田附近，金融保险业在上海相对集中，而广东、江苏、浙江等沿海地区集聚着大量轻纺和电子产品的加工业。这种地理区域集中有助于降低产品的销售成本，也使得组织市场在地域上相集中。

3. 着重人员销售

由于仅存在少数大批量购买的客户，企业营销部门往往倾向于通过人员销售，宣传其优惠政策而不是通过广告。一个好的销售代理可以演示并说明不同产品的特性、用途以吸引买方的注意力，根据及时得到的反馈，立即调整原有的政策。当然这种快速反馈是不可能通过广告获得的。

4. 进行直接销售

消费品的销售通常都经过中间商，但组织市场的购买者大多直接向生产者购买。这是因为购买者数量有限，而且大多属于大规模购买，直接购买的成本显然低得多。此外，组织市场的购买活动在售前售后都需要由生产者提供技术服务。因此，直接销售是组织市场常见的销售方式。

5. 实行专业购买

组织机构通常比个人消费者更加系统地购买所需要的商品，其采购过程往往是由具有专门知识的专业人员负责，例如采购代理商。这些代理商将其一生的工作时间都花在学习如何更好地采购方面。他们的专业方法和对技术信息的评估能力导致他们的购买建立在对商品价格质量比、售后服务及交货期的逻辑分析基础之上的。这意味着组织营销者必须具有完备的技术知识，并能提供大量的有关自身及竞争者的数据。

6. 衍生需求，需求波动大

组织市场上的购买需求最终来源于消费品的需求，企业所以需要购买生产资料，归根到底是为了用来作为劳动对象和劳动资料以生产出消费资料。例如，因为消费者购买皮包、皮鞋，所在生产企业需要购买皮革、钉子、切割刀具、缝纫机等生产资料。消费者市场需求的变化将直接影响组织市场的需求。有时消费品需求仅上升10%，就可导致生产这些消费品的企业对有关生产资料的需求增长200%；而若需求下降10%，则可导致有关生产资料需求的全面暴跌。这种现象在经济学上被称为“加速原理”，这导致许多企业营销人员促使其产品线和市场多样化，以便在商业波动周期中实现某种平衡。

7. 需求缺乏弹性

组织市场的需求受价格变化的影响不大。皮鞋制造商在皮革价格下降时，不会打算采购大量皮革；同样，皮革价格上升时，他们也不会因此而大量减少对皮革的采购，除非他们发现了某些稳定的皮革替代品。需求在短期内特别无弹性，因为厂商不能对其生产方式做许多变动。对占项目总成本比例很小的业务用品来说，其需求也是无弹性的。例如，皮鞋上的金属鞋孔价格上涨，几乎不会影响其需求水平。

8. 互惠购买原则

另外一种在消费营销过程中不会发生，但在组织营销过程中常见的现象是互惠现象。更通俗地讲，这种现象叫互相帮忙。由于生产资料的购买者本身总是某种产品的出售者，因此，企业在采购时就会考虑为其自身产品的销售创造条件。但这种互惠购买的适用范围是比较狭窄的，一旦出现甲企业需要乙企业的产品，而乙企业并不想购买甲企业的产品时，就无法实现互惠购买了。互惠购买有时会演进为三角互惠或多角互惠。例如，甲企业向乙企业提出，如果乙企业购买丙企业的产品，则甲企业就购买乙企业的产品，因为丙企业以甲企业推销其产品作为购买甲企业的产品的条件，这就是三角互惠。虽然这类现象极为常见，但大多数经营者和代理商却反对互惠原则，并视其为不良习俗。

9. 租售现象

一些组织购买者乐于租借大型设备，并不愿意全盘购买。租借对于承租方和出租方有诸多好处。对于出租方，当客户不能支付购买其产品的费用时，他们的优惠出租制度为其产品找到了用武之地。对于承租方，租借为他们省下了大量资金，又获得了最新型的设备。这种方式目前在工业发达的国家有日益扩大的趋势，特别适用于电子计算机、包装设备、重型工程机械、运货卡车、机械工具等价格昂贵、磨损迅速或并不经常使用的设备。在美国，租赁方式已扩大到小型次要设备，甚至连办公室家具、设备也都可以租赁。

10. 注重谈判和投标

组织机构在购买或出售商品时，往往会在价格和技术性能指标上斤斤计较。如果营销人员能预先获知客户正在研究之中的新产品的有关信息，他们就可在谈判开始之前修改某些技术参数；卖方得知买方愿意接受耐用性较差和服务亦一般的商品时，就会提出一个较低的价格。当双方在价格上都有较大的回旋余地，而且此次交易对双方都至关重要，谈判就成为双方交涉中最重要的部分。谈判的风格或对抗或合作，但绝大多数买方倾向于后者。

有远见的买方通常在诸多投标的卖方间进行精挑细选。美国联邦政府将它所有买卖的40%建立在投标的基础上。在公开投标的基础上，可以参阅其他投标商的标书。然而在保密投标的情况下，标书的条款是不公开的。所以，供方会尽量提供好的设备和较低的价格。政府购买设备往往用保密投标的方式。

在研究组织市场购买行为的一般特征的基础上，在具体的营销活动中，还应当注意对特定时点上的特定购买者行为特点的研究和分析。这是由于相对于数量众多的个人消费者而言，数量有限的组织购买者行为特征的个性更为明显。

四、组织市场购买决策

正如个人消费者一样，组织消费者在做出购买决策之前，也经历几个步骤，心理过程充当了一个重要的角色。两者不同的是，组织购买更正规化、专业化、系统化。

1. 购买行为类型

组织购买者行为的复杂程度和采购决策项目的多少，取决于采购业务的类型。我们把它分为三种类型：直接再采购、修正再采购和新购。

(1)直接再采购

直接再采购是指采购方按既定方案不做任何修订直接进行的采购业务。这是一种重复性的采购活动，按一定程序办理即可，基本上不用做新的决策。在这种情况下，采购人员的工作只是从以前有过购销关系的供应商中，选取那些供货能满足本企业的需要并能使本企业满意的供应商，向他们继续订货。入选的供应商应该尽最大的努力，保持产品和服务的质量，以巩固和老客户的关系；落选的供应商则应努力做一些新的工作，消除买方的不满，设法争取新的订单。

(2)修正再采购

修正再采购是指组织购买者对以前已采购过的产品通过修订其规格、价格、交货条件或其他事项之后的采购。这类采购较直接再采购要复杂，购销双方需要重新谈判，因此双方会有更多的人参与决策。在被选掉的"名单"中的供应商压力会很大，为了保持交易将加倍努力。而对"名单"之外的供应商来说，这是一次机会，他们将会提供更好的条件以争取新的业务。

(3)新购

新购是指组织购买者第一次购买货品的购买行为。新购的成本费用越高，风险越大，参加决策的人数就越多，所需信息量也越多，制定决策的时间也越长，新购对一切供货方来说都是好的机会。他们应设法接触主要的采购影响者，并向他们提供有用的信息和协助。许多公司设立专门的机构负责对新客户的营销，即为"访问使用推销队伍"，一般由最好的推销人员组成。

在直接再采购的情况下，组织购买者所做的决策数量最少。而在新的条件下，他们所做的决策数量最多：购买者必须决定产品规格、价格限度、交货条件与时间、服务条件、支付条件、订购数量、可接受的供应商以及可供选择的供应商。不同的决策参与者会影响每一项决策，并将改变进行决策的顺序。

2. 购买决策者

谁在从事为组织市场所需要的价值达数千亿元的商品和服务的采购呢？在直接再采购时，采购代理人起的作用较大；而在新任务采购时，其他组织人员所起作用较大。我们把采购组织的决策单位叫作"采购中心"，并定义为：所有参与购买决策过程的个人和集体。他们具有某种共同目标并一起承担由决策所引发的各种风险。采购中心包括购买组织中的全体成员，他们在购买决策过程中可能会形成五种不同的角色(如图4-8所示)。

(1)使用者(Users)

使用者是指组织中将使用产品或服务的成员。在许多场合中，使用者首先提出购买建议，并协助确定产品规格。

图4-8　组织购买决策的主要参与者

(2)影响者(Influencers)

影响者是指影响购买决策的人，他们协助确定产品规格，并提供方案评价的情报信息。作为影响者，技术人员尤为重要。

(3)决策者(Deciders)

决策者是指一些有权决定产品需求和供应商的人，在重要的采购活动中，有时还涉及主管部门或上级部门的批准，构成多层决策的状况。

(4)购买者(Buyers)

购买者是指正式有权选择供应商并安排购买条件的人。购买者可以帮助制定产品规格，但主要任务是选择卖主和交易谈判。在较复杂的购买过程中，购买者中或许也包括高层管理人员一起参加交易谈判。

(5)守门者(Gatekeepers)

守门者是有权阻止销售员或信息员与采购中心成员接触的人。主要是为了控制采购组织的一些信息不外露。例如，采购代理人、接待员和电话接线员都可以阻止推销员与用户或决策者接触。

显然，参与购买一台重要机器设备的决策人数肯定会比参与购买办公文具的人数要多。产品营销人需要摸清客户的一些情况，才能有针对性地采取促销措施。

3. 影响采购决策的主要因素

组织采购人员在做出购买决策时受到许多因素的影响。有些营销人员认为经济因素是最为重要的，而另一些人则认为采购者对偏好、注意力、避免风险等个人因素反应敏感。实际上在组织市场的购买决策中，经济因素同个人因素对采购人员的影响是同样重要的。一般来说，如果所采购的商品效用和价格差异较大，经济因素就会成为采购人员所考虑的主要因素；而如果商品效用和价格差异很小，个人因素的影响就可能增大。一些采购人员会根据个人所得利益的大小以及个人的偏好来选择供应商。

我们可以把影响组织购买者的因素归为四类：环境因素、组织因素、人际因素和个人因素(如图 4－9 所示)。

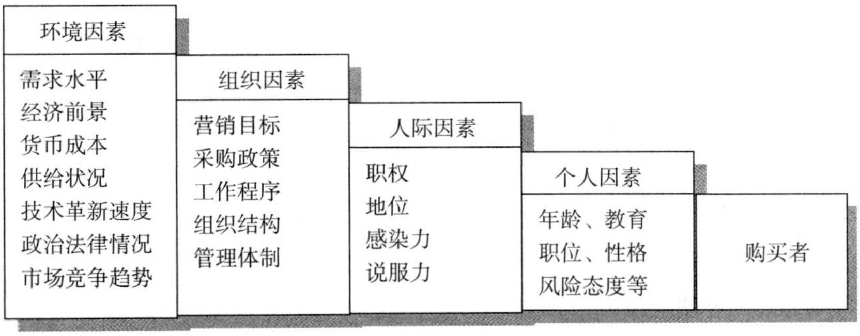

图 4－9　影响组织采购行为的主要因素

(1)环境因素

市场营销环境和经济前景对企业的发展影响甚大，也必然影响其采购计划。例如，在经济衰退时期，组织购买者会减少对厂房设备的投资，并设法减少存货。组织营销人员在这种环境下刺激采购是无能为力的，他们只能在增加或维护其需求份额上做艰苦的努力。

原材料的供给状况是否紧张，也是影响组织用户采购的一个重要环境因素。一般企业都愿购买并储存较多的紧缺物资，因为保证供应不中断是采购部门的主要职责。同样，采购者也受到技术因素、政治因素以及经济环境中各种发展因素的影响。他们必须密切注视所有这些环境作用力，测定这些力量将如何影响采购的有效性和经济性，并设法使问题转化为机会。

(2)组织因素

每一采购组织都有其具体目标、政策、程序、组织结构及系统。营销人员必须尽量了解这些问题。例如,有的地方规定只许采购本地区的原材料;有的国家规定只许买本国货,不许买进口货,或者相反;有的购买金额超过一定限度就需要上级主管部门审批等。

组织内部采购制度的变化也会对采购决策带来很大影响。例如:对于大型百货商厦来说,是采用集中采购的进货方式还是将进货权下放给各商品部或柜组,采购行为就会有很大差别;一些组织会用长期合同的方式来确定供应渠道,另一些组织则会采用临时招标的方式来选择其供应商。

(3)人际因素

采购中心通常包括一些具有不同地位、职权、兴趣和说服诱导力的参与者。一些决策行为会在这些参与者中产生不同的反应,意见是否容易取得一致,参与者之间的关系是否融洽,是否会在某些决策中形成对抗,这些人际因素会对组织市场的营销活动产生很大影响。营销人员若能掌握这些情况并有的放矢地施加影响,将有助于消除各种不利因素,获得订单。

(4)个人因素

购买决策过程中每一个参与者都带有个人动机、直觉和偏好。这些因素受到参与者的年龄、收入、教育、专业文化、个性以及对风险意识的态度的影响。因此,供应商应了解客户采购决策人的个人特点,并处理好个人之间的关系,这将有利于营销业务的开展。

组织营销人员必须了解自己的顾客,使自己的营销策略适合特定的组织购买行为中的环境、组织、人际关系以及个人因素的影响。

组织市场购买行为往往表现为组织与组织之间的交易关系,看来应当比消费者购买行为更为理性,而不涉及个人情感。但实际上并非如此,因为在组织采购过程中的每一个过程都是由具体的人员去完成的。执行组织采购任务的具体人员的个性与情感对于其做出相应的采购决策同样发挥着重要的影响。所以,注意研究组织购买行为中的个人因素,并有的放矢地开展相关的营销活动是十分重要的。组织之间的交易关系一旦建立,就会比较稳定。因为组织购买的信息收集和采购洽谈成本比较高,采购组织一般不愿轻易改变供应商,所以长期维护同购买者之间的稳定关系就变得十分重要。

4. 购买决策过程

组织购买者作出采购决策的过程与消费者有相似之处,但又有其特殊性。当然,不是所有的组织都会做出一模一样的选择,正如没有两个消费者做出无差别的选择一样。一般认为,组织购买者的采购决策过程可分为八个阶段(如图 4－10 所示)。

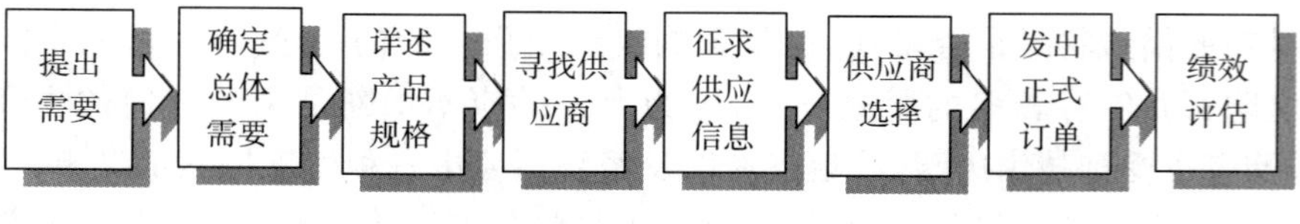

图 4－10　组织购买者采购决策过程

(1)提出需要

当公司中有人认识到了某个问题或某种需要可以通过得到某一产品或服务加以解决时，公司便开始了采购过程。提出需要是由两种刺激引起的：①内部刺激。如企业决定推出一种新产品，于是需要购置新设备或原材料来生产这种新产品；企业原有的设备发生故障，需要更新或需要购买新的零部件；或者已采购的原材料不能令人满意，企业正在物色新的供应商关系。②外部刺激。这主要是指采购人员在某个商品展销会上引起新的采购主意，或者接受了广告宣传中的推荐，或者接受了某些推销员提出的可以供应质量更好、价格更低的产品的建议。可见，组织市场的供应商应主动推销，经常开展广告宣传，派人访问用户，以发掘潜在需求。

(2)确定总体需要

提出了某种需要之后，采购者便着手确定所需项目的总特征和需要的数量。如果是简单的采购任务，这不是大问题，由采购人员直接决定。而对复杂的任务而言，采购人员要会同其他部门人员，如工程师、使用者等共同来决定所需项目的总特征，并按照产品的可靠性、耐用性、价格及其他属性的重要程度来加以排列。在此阶段，组织营销者可通过向购买者描述产品特征的方式向他们提供某种帮助，协助他们确定其所属公司的需求。

(3)详述产品规格

采购组织按照确定产品的技术规格，可能要专门组建一个产品价值分析技术组来完成这一工作。价值分析的目的在于降低成本，它主要是通过仔细研究一个部件，看是否需要重新设计，是否可以实行标准化，是否存在更廉价的生产方法。该小组将重点检查既定产品中成本较高的零部件——这通常是指数量占了20%而成本占了80%的零部件。该小组还要检查出那些零件寿命比产品本身寿命还长的超标准设计的零部件。最后，小组要确定最佳产品的特征，并把它写进商品说明书中。它就成为采购人员拒绝那些不合标准的商品的根据。同样，供应商通过尽早地参与产品价值分析，可以影响采购者所确定的产品规格，以获得中选的机会。

(4)寻找供应商

采购者现在要开始寻找最佳供应商。为此，他们会从多处着手：可以咨询商业指导机构；查询电脑信息；打电话给其他公司，要求推荐好的供应商；或者观看商业广告；参加展览会；等等。供应商此时应大做广告，并到各种商业指导宣传机构中登记自己的公司名字，争取在市场上树立起良好的信誉。组织购买者通常会拒绝那些生产能力不足、声誉不好的供应商；而对合格的供应商，则会登门拜访，查看他们的生产设备，了解其人员配置。最后，采购者会归纳出一份合格供应商的名单。

(5)征求供应信息

此时采购者会邀请合格的供应商提交申请书。有些供应商只寄送一份价目表或只派一名销售代表。但是，当所需产品复杂而昂贵时，采购者就会要求待选供应商提交内容详尽的申请书。他们会再进行一轮筛选比较，选中最佳者，要求其提交正式的协议书。

因此，组织营销人员必须善于调研、写作、精于申请书的展示内容。它不仅仅是技术文件，而且也是营销文件。在口头表示意见时，要能取信于人，他们必须始终强调公司的生产能力和资源优势，以便在竞争中立于不败之地。

(6)供应商选择

采购中心在做出最后选择之前，还可能与选中的供应商就价格或其他条款进行谈判。营销人员可以从好几个方面来抵制对方的压价。例如：当他们所能提供的服务优于竞争对手时，营销人员可以坚持目前的价格；当他们的价格高于竞争对手的价格时，则可以强调使用其产品的生命周期成本比竞争对手的产品生命周期成本低。

此外，采购中心还必须确定供应商的数目。许多采购者喜欢多种渠道进货，这样做一方面可以避免自己过分地依赖于一个供应商，另一方面也使自己可以对各供应商的价格和业绩进行比较。当然，在一般情况下，采购者会把大部分订单集中在一家供应商身上，而把少量订单安排给其他供应商。这样，主供应商会全力以赴保证自己的地位，而次要供应商会通过多种途径来争得立足之地，再筹划自身的发展。

(7)发出正式订单

采购者选定供应商之后，就会发出正式订货单，写明所需产品的规格、数目、预期交货时间、退货政策、保修条件等项目。通常情况下，如果双方都有着良好信誉的话，一份长期有效的合同将建立一种长期的关系，以避免重复签约的麻烦。在这种合同关系下，供应商答应在一特定的时间之内根据需要按协议的价格条件继续供应产品给买方，存货由卖方保存。因此，它也被称作“无存货采购计划”。这种长期有效合同是导致买方更多地向一个来源采购，并从该来源购买更多的项目。这就使得供应商和采购者的关系十分紧密，外界的供应商就很难介入其间。

(8)绩效评估

在此阶段，采购者对各供应商的绩效进行评估。他们可以通过三种途径：直接接触最终用户，征求他们的意见；应用不同的标准加权计算来评价供应商；把绩效不理想的开支加总，以修正包括价格在内的采购成本。通过绩效评价，采购者将决定延续、修正或停止向该供应商采购。供应商则应该密切关注采购者使用的相同变量，以便确信为买主提供了预期的满足。

【案例 4-4】

怎样成为跨国零售巨头的供应商

对于中国企业来说，如果能成为跨国零售商的供应商，就意味着自己的产品能够通过它们的供货渠道，走出国门，得到在世界各国的舞台上展示的机会。国内企业如何成为跨国零售企业的供应商呢？家乐福(中国)公司有关人士表示，它们主要是采取一种“政府搭台，企业唱戏”的方式，即通过政府推荐可选择的企业，在家乐福举办的大型订货会上达成交易意向。家乐福选择供应商又有哪些标准呢？家乐福的有关人士表示，家乐福选择供应商不只看规模，更注重产品质量。如果企业规模小，但是产品具有不可替代性，那么家乐福也会把它们考虑在内。要成为家乐福全球采购供应商，必须具备以下条件：有出口权的直接生产厂商或出口公司，有价格竞争优势，有良好的质量，有大批生产的能力，有迅速的市场反应能力，有不断学习的精神，能够准时交货。企业通过家乐福公司的审核，即能加入家乐福的全球采购系统，把产品出口到全球的30多个国家。

在以上条件中，家乐福尤其看中产品的质量。同时，随着人们对环保的要求越来越高，家乐福在产品品质方面也对供应商有着更详细的要求。一旦通过家乐福的审核，家乐福将对企业在改进产品外包装和设计等方面给予指导和帮助。

沃尔玛新成立的全球采购办事处列举了成为沃尔玛供应商的条件。例如，提供有竞争力的价格和高质量的产品、供货及时、理解沃尔玛的诚实政策、评估自己的生产和配额能力是否能接受沃尔玛的订单（因为通常沃尔玛订单的数量都比较大）等。此外，沃尔玛需要供货商提供其公司的概况，其中包含完整的公司背景和组织材料，以及供应商工厂的资料，包括每年的库存周转率、生产能力、拥有的配额、主要的客户有哪些等。

零售业的采购环节都有一个不可避免的问题，即有些供应商会想方设法通过一些“灰色手段”贿赂采购员。对此，家乐福（中国）公司的人士表示，即使产品通过灰色手段进入了家乐福全球采购系统，如果没有价格上的优势，也会被自然淘汰。家乐福会尽量与供应商建立健康的联系。而沃尔玛打算引进到中国来的技术中包括一套“零售商联系”系统，这个系统使沃尔玛能够和主要的供应商实现业务信息的共享。

中国的超市零售商在传统上就是通过向供应商收取进店费、陈列费、促销费和年度销售返利来挣钱的。换句话说，传统上，中国的零售商没有、而且也无法通过提供增值服务和在商品上加价来赚钱，但是，家乐福与康师傅，以及中国国内知名企业如中粮集团和九三粮油等供货商之间在近期爆发的高调冲突，也从另一个侧面反映出零售商一供应商之间关系微妙的变化。毋庸置疑，中国零售业市场激战正酣。中国连锁经营协会的报告显示，中国本土的百联集团在快速消费品零售行业中位居榜首。

购买阶段指的是一个组织在购买前所进行的、从组织产生需要到对即将购买的商品进行评估的一系列过程。但并非每次采购都要经过这个阶段，这要依据采购业务的不同类型而定。表4－2说明了各阶段对各类采购业务是否有必要。

表4－2　不同采购任务采购决策过程的比较

	新购	修订再采购	直接再采购
（1）提出需要	是	可能	否
（2）确定总体需要	是	可能	否
（3）详述产品规格	是	是	是

（续表）

	新购	修订再采购	直接再采购
(4)寻找供应商	是	可能	否
(5)征求供应信息	是	可能	否
(6)供应商选择	是	可能	否
(7)发出正式订单	是	可能	否
(8)绩效评估	是	是	是

从表4-2中可以看出，新购最为复杂，需要经过所有八个阶段；直接再采购最简单，只需经过两个阶段；而在修正再采购或直接再采购的情况下，其中有些阶段可能被简化、浓缩或省略。例如在直接再采购的情况下，采购者可能会有一个或一批固定的供应商而很少会考虑其他供应商，而在实际购买情况中，也有可能发现这八个阶段以外的其他情况。这要求组织营销者对每一情况分别建立模型，而每一情况都包含一个具体的工作流程，这样的购买流程能为营销人员提供很多线索。

总之，组织市场是一个富有挑战性的领域，其中最关键的问题就是要了解采购者的需要、购买参与者、购买标准以及购买步骤。了解以上各点，组织营销人员就能够因势而动，为不同的顾客设计不同的营销计划。

五、政府市场与政府采购

政府采购是组织购买者中比较特殊的一个市场，也是十分重要的一个市场，在西方已有200年左右的历史，其特点就是对政府的采购行为进行法制化的管理。英国政府在1782年设立了文具公用局，专门负责政府部门所需办公用品的采购工作，并同时开始对政府采购的管理进行立法。美国在1861年颁布了《联邦政府采购法》，并建立了专门的机构和制度。目前，世界各国中政府采购的金额一般要占GDP的10%以上，美国则高达25%。无疑这是一个十分庞大的组织购买市场，必然会引起相关企业的特别关注。

1. 政府采购的含义和特点

中国政府2002年6月份正式颁布的《中华人民共和国政府采购法》对政府采购进行了定义：政府采购是指各级国家机关、事业单位和团体组织，使用财政性资金采购依法制定的集中采购目录以内的或者采购标准以上的货物、工程和服务的行为。这一定义反映了政府采购的一些基本要素：

(1)政府采购的主体

政府采购的主体是国家机关、事业单位和团体组织，而不是一般的个人或企业。从这些主体本身的性质而言，可认定其采购的目的主要是满足开展日常的政务活动或为社会公众提供公共服务的需要。

(2)政府采购的范围

政府采购的范围并不包括所有的商品和服务，而是有所限定的，那就是“依法制定的集中采购目录以内"的商品和服务，以及"采购标准以上"的商品和服务。这说明政府采购实际上是一种纳入法制管理范围的组织购买行为。通过必要的法定程序是政府采购的重要特点。

(3)政府采购的资金来源

资金来源是财政性的资金，即全民的公有财产。这里所说的财政性资金，不仅包括预算内资金，也包括预算外资金。但并非所有财政性资金的使用都纳入政府采购的管理范畴，还应根据资金的使用方向，看其是否在政府采购的管理范围之内。

同私人或企业采购相比，政府采购具有行政性、社会性、法制性和广泛性等主要特点。

(1)行政性

政府采购决策是一种行政性的运行过程，要严格遵守行政决策的程序和过程，要代表政府的意志，遵循组织原则，并非将经济利益作为唯一的评价标准。

(2)社会性

政府要承担社会责任和公共责任，其包括采购行为在内的所有行为不能只对政府机构负责，而必须对全社会负责。所以，其采购行为必然要综合考虑对诸如环境、就业以及国家安全等各方面的影响。同时，政府采购行为的本身也要接受社会的监督，相比于私人采购要接受董事会和股东的监督而言，其接受监督的范围要大得多。

(3)法治性

在法治国家中，政府行为的基本特征是必须在法律的范围内运行，所有行为必须符合法律的规范和原则。所以，政府采购的对象、程序和操作都必须用法律的形式加以规定并严格执行。

(4)广泛性

政府是对国家和社会实行管理和服务的机构，其涉及的事务范围极其广泛，政治、经济、军事、教育、医疗卫生、资源开发、环境保护等，几乎无所不包。所以，其采购的领域必然也十分广泛，涉及的货物、工程和服务会和众多的产业有关，从而也给各行各业创造了市场机会。

2. 政府采购的重要意义

首先，政府采购可以理解为政府受纳税人的委托，代表纳税人采购公共产品。这种采购行为当然应当符合广大公民(即纳税人)的利益。对其实行法制化的管理，可以使其受到必要的监督与控制，使广大公民(纳税人)的利益能得到有效的保护。

其次，由于政府采购的数额巨大，其对国民经济的影响必然是很大的。政府有可能通过调节政府采购的总量和结构，来达到调整产业结构、调整国民经济的发展速度的目的。同时，政府还可以对各类产业的发展方向实施有效的调控，如为了加强环境保护，政府可以扩大对低污染的汽车等产品的采购，而对污染严重的汽车的采购进行控制。

再次，政府采购还能在一定程度上起到稳定市场物价的作用。如政府通过对粮食等重要物资的采购与储备，就能在必要的情况下通过储备物资在市场上的吸纳和投放来调节市场的供求，起到稳定市场物价的作用。

最后，政府采购还可在一定程度上起到保护国内企业和扶持民族产业发展的作用。许多国家通过立法的形式，强制要求政府购买本国产品以保护民族产业的发展。如美国1933年就颁布了《购买美国产品法》，以保证在政府采购中对美国自身的产业进行必要的保护。

3. 政府采购的方式和程序

根据《中华人民共和国政府采购法》的规定，政府采购基本上采用公开招标、邀请招标、竞争性谈判、单一来源采购、询价采购等方式，其中公开招标是政府采购的主要方式。

(1)公开招标

公开招标采购就是不限定投标企业，按照一般的招标程序所进行的采购方式。这种采购方式对所有的投标者是一视同仁的，主要看其是否能更加符合招标项目的规定要求。但由于整个招标、评标过程会耗费大量的费用，所以公开招标一般要求采购项目的价值比较大。

(2)邀请招标

邀请招标采购是指将投标企业限定在一定的范围内(一般必须三家以上)，主动邀请他们进行投标。邀请招标的原因一方面是由于所采购货物、工程或服务具有一定的特殊性，只能向有限范围内的供应商进行采购；另一方面是由于进行公开招标所需要的费用占采购项目总价值的比例过大，即招标成本过高。所以，规模较小的政府采购项目一般会采用邀请招标的方式。

(3)竞争性谈判

竞争性谈判是指采购单位采用同多家供应商同时进行谈判，并从中确定最优供应商的采购方式。它一般适用于在需求紧急的情况之下，采购单位不可能有充裕的时间进行常规性的招标采购，或招标后没有合适的投标者或项目技术复杂、性质特殊无法明确招标规格等情况。

(4)单一来源采购

单一来源采购即定向采购，虽然所采购的项目金额已达到必须进行政府采购的标准，但由于供应来源因资源专利、合同追加或后续维修扩充等原因只能是唯一的，只适用于采取单一来源的采购方式。

(5)询价采购

询价采购主要是指采购单位向国内外的供应商(通常不少于三家)发出询价单，让其报价，然后进行比较选择，确定供应商的采购方式。询价采购一般适应于货物规格标准统一，现货货源充足且价格变化幅度较小的政府采购项目。某些急需采购项目或招标谈判成本过高的项目，可采用询价采购的方式。

以上主要是指列入政府采购管理范围之内的采购项目的采购。列入政府采购管理范围主要是指两方面：一是属于法定的“集中采购目录”之内的采购项目，二是达到所规定的采购金额标准以上的采购项目。规定的采购金额标准(通常也称作“门槛价”)是由政府有关部门(一般必须由财政部门参与)根据实际情况所规定的。在采购金额标准以下的采购项目，一般不受政府采购有关程序的约束，但也要求采用比价择优的方式。

政府采购的程序因采购方式的不同而不同。

(1)公开招标的采购程序

第一步是首先进行招标前的准备，如上报采购计划、确定招标机构、制作招标文件等；第二步是发布招标通告，让所有投标人知道招标信息；第三步是进行资格预审，即对于供应商的资格和能力进行事先的了解和审定；第四步是发售招标文件，接受投标；第五步是在规定时间内接受了投标之后，进行公开统一开标、评标，确定供应商；第六步是同所有确定的供应商签订采购合同。

(2)邀请招标的基本程序

邀请招标的基本程序同公开招标差不多，只是对于投标的供应商有一定的限制，不是发布招标通告，而是采取发出招标邀请书的方式进行招标的。

(3)竞争性谈判的程序

竞争性谈判的程序与一般商务采购程序差不多，通常包括四个基本环节：第一步是询盘，即向供应方提出关于采购项目的价格及其他交易条件的询问；第二步是发盘，即由接到询盘的供应方发出价格或交易条件的信息，也称“报价”(但有时也可由采购方首先发盘，供应方若无条件接受，交易合同就可成立)；第三步是还盘，即采购方对供应方的发盘(报价)提出一些修改意见，供应方修改后再向采购方还盘(此过程可反复进行，直至达成交易或拒绝交易)；最后是接受，即采购方或供应方对于对方提出的价格和交易条件表示同意，从而双方的交易合同即可成立。竞争性谈判的这一程序是对各供应商同时开展的，由供应商进行公平竞争，采购方在同各供应商的发盘和还盘中去选择最合适的供应商。

(4)询价采购程序

询价采购程序一般也分为四步：第一步是选择供应商，一般应在三家以上；第二步是发出询价单，询价单除询问价格之外，还应包括其他交易条件；第三步是评价和比较，由采购方对供应商报出的条件进行比较，然后做出选择；第四步是签订合同、履行采购。

(5)单一来源采购

单一来源采购由于没有竞争，所以不需要进行广泛的招标和竞价，但一般也要经过提出采购要求、进行交易谈判和签订并履行交易合同的过程。

实际上各种政府采购方式的基本程序还是类似的，无非为五个基本步骤(如图4-11所示)，即确定采购项目、发出采购信息、接收供应信息、评价选择供应者和签订履行合同，只是在发出信息和接收信息的方式和对象上有所不同。

图 4-11　政府采购的一般程序

4. 政府采购的组织形式

国外政府采购一般有三种模式：一是集中采购模式，即由一个专门的政府采购机构负责本级政府的全部采购任务；二是分散采购模式，即由各采购单位自行采购；三是半集中半分散采购模式，即由专门的政府采购机构负责部分项目的采购，而其他的则由各单位自行采购。在中国政府采购中，集中采购占了很大的比重，列入集中采购目录和达到一定采购金额以上的项目必须进行集中采购。

政府采购主要涉及五个方面的机构和人员：

(1)采购人

采购人即货物、工程或服务的需要机构，由他们使用财政性资金进行采购并使用。

(2)采购代理机构

采购代理机构即专门设立的政府采购机构，在集中采购的情况下，由他们负责代理采购人履行采购业务。

(3)供应商

供应商即参与政府采购的投标、谈判并在中标后向采购方提供货物、工程或服务的企业。

(4)采购相关人员

采购相关人员即在政府采购过程中进行中介、参与评标或谈判的有关人员，也包括提供有关信息的机构和人员。

(5)政府采购监督管理部门

政府采购监督管理部门属于政府的职能部门，负责对政府采购活动依法实施监督和管理。

这五方面机构和人员的关系大体上如图 4－12 所示：由采购人提出采购申请，由专门的政府采购代理机构向有关供应商进行采购，采购相关人员参与采购的有关活动，政府采购监督管理部门对采购全过程实施监督。

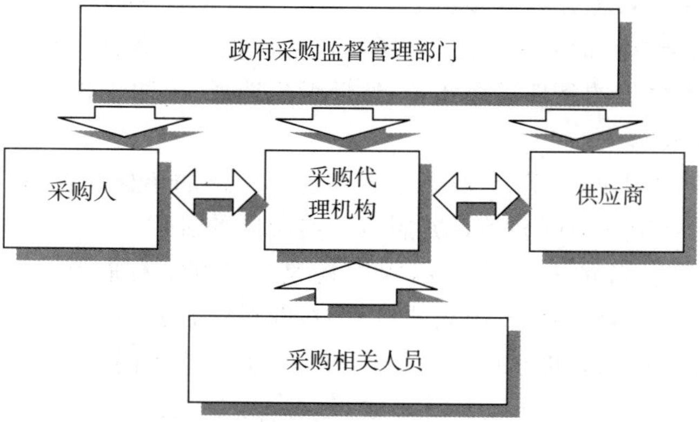

图 4－12　政府采购的参与者及其相互关系

本章小结

消费者市场又称“最终消费市场”“消费品市场”或“生活资料市场”，是指个人或家庭为满足生活需求而购买产品和服务的市场，它是市场体系的基础，是起决定作用的市场。消费者行为是指消费者为获取、使用、处置消费物品或服务所采取的各种行动，包括先于且决定这些行动的决策过程。消费者行为是与产品或服务的交换密切联系在一起的。影响消费者行为的因素有文化因素、社会因素、个人因素和心理因素。消费者购买决策过程为：认识问题、收集信息、产品评估、决定购买、购后行为。组织市场是指购买商品和服务以用于生产性消费，以及转卖、出租，或用于其他非生活性消费的企业或社会团体。组织市场一般由生产企业、中间商、非营利性组织和政府部门等所构成。组织市场的购买决策一般经过八个阶段,它们是:问题识别、确定总体需要、详述产品规格、寻找供应商、征求供应信息、供应商选择、发出正式订单、绩效评价。除了新购行为必须经过这全过程之外,直接再采购和修正再采购一般无须经过全部八个阶段。组织市场的营销人员应当准确把握时机,针对不同的对象,积极开展有效的营销活动。政府采购是一种特殊的组织采购行为,必须按照法定的范围和程序进行。

客观题

请扫二维码。

(http://www.ehuixue.cn/index/Orgclist/course? cid=11924)

复习思考题

1. 什么是消费者市场?它有哪些特征?
2. 影响消费者购买行为的因素有哪些?
3. 消费者购买决策的参与者及购买类型有哪些?
4. 简述消费者购买决策的一般过程。
5. 组织购买市场同消费者购买市场相比,有哪些主要特征?
6. 组织市场的购买决策一般会经过哪几个主要阶段?

应用与探讨

分别列举在你看来属于不同购买行为类型的购买经历并加以分析。

【结尾案例】

苹果手机

消费者行为学告诉我们,消费者的购买决策过程一般包括五个阶段,即引起注意、产生兴趣、评价选择、决策购买、购后评价。如果企业能够正确地了解消费者在购买决策过程中各环节的心理活动及行为,并有针对性地采取适当的措施,唤起并强化消费者对其产品的需要,消费者做出购买决策及付诸实际购买行动就会顺理成章。苹果公司正是充分地分析消费者购买智能手机的决策过程,并针对各个阶段巧妙地运用了"吸引眼球""打动心境""火热大脑""拉动出手"和"利用口碑"等措施,进而形成了消费者殷切期待 iPhone 6s 上市以及首发上市后的抢购狂潮的局面。

1. 引起注意阶段:吸引你的眼球——酝时尚之风

消费者的购买决策过程开始于其认识到自己有某种需要,这种需要可能是由内在的生理和心理活动所引起的，也可能是受到外界的某种刺激引起的。目前，消费已经步入个性化时代，“发烧消费”也已成为时下时尚人士另一个主流消费习惯之一，由于年轻无负担，他们宁愿节衣缩食，也愿意为自己的爱好和狂热埋单。因此，偏爱个性、情感消费，花钱“玩”文化，已逐渐成为一种新的消费潮流。

iPhone 将自己定位于凝聚高科技的时尚智能通信产品，在智能通信市场上，代表了科技的最前沿。纤薄、时尚、极具才能的 iPhone 手机，不仅让追求个性化、时尚性的消费者的心理需要得以满足，而且还赋予其时尚达人、都市白领、金领身份的社会地位。难以想象，一部如此纤薄的手机能以更大的显示屏、更快的芯片、更新的无线技术、800 万像素 iSight 摄像头等硬件设施满足消费者的通信、移动办公、摄影、运动、购物、出行、娱乐等需求的众多功能。这一切都凝聚于精美的铝合金机身之中，其设计之精致与做工之精湛，都达到了前所未有的高度。成就如此精美设计的唯一途径，在于对每一细节的不懈思考和精益求精，甚至对那些不为人知的地方也无一放过。拥有 iPhone 就拥有了时尚。iPhone 既是年轻人热爱时尚、个性潮流的象征，同时也是中年商业人士和职业人士成功的一种象征。这样兼有时尚性和成功象征的智能手机能不吸引你的眼球、受到消费者的热捧吗！

2. 产生兴趣阶段：打动你的心境——吹流行之风

苹果在进行广告宣传时所倡导的是一种生活理念，一种将尖端科技与艺术相结合的完美理想产物。相比于单纯的推销，推销生活理念更能让意向人群产生共鸣，引起其对产品体验的向往。苹果所带来的是一种文化，一种现代品质生活的文化，它引领了一个阶层，让人们在对产品的认知过程中潜意识地将自身进行归类，向往进入一个群体。这种理念是最能打动消费者的。第一是从外观到内心的完全征服。苹果的 iPhone 手机系列，从外观到它带来的各种感觉都是基于体验的精品，手机的造型设计、色彩搭配以及材质配置，都能使消费者产生一种强烈深刻的体验冲动和情感触动，甚至引发消费者对于创新科技的深层思考。苹果通过各种令人想象不到的新颖方式把客户体验做到了极致。第二是让人们形成一种对苹果产品的崇拜心理，让苹果用户对自己的“果粉”身份心生由衷的认同感和自豪感，从而牢牢抓住忠诚的用户群。消费者的心境已被打动，iPhone 手机的流行俨然成风，而 iPhone 6s 的发售必将再一次吹起流行之风。

3. 评价选择阶段：火热你的大脑——鼓感性之风

消费者在购买决策过程中，经常会分析和评估，最终做出选择。在评估选择过程中，多数消费者会将实际产品同自己理想中的产品相比较。比较的标准是什么？这就要看消费者的诉求点是什么。今天，许多人的生活方式之一就是在寻找一种感觉，特别是一种让自己快乐的感觉，从而使自己保持心理平衡。今天的消费是一种感性消费，“直感族”购买的不是东西，而是感觉；看中的不是质量，而是感觉和体验。整个购买过程其实是自我实现的过程，看中的是这个过程的愉悦感受。苹果将 iPhone 体验营销的核心确定在“情感的经济”方面，用“情感的经济”去替代“理性的经济”。苹果公司围绕产品，把“面对面”的交流与互动发挥到极致，让用户、产品与公司三者之间产生情感上的共鸣。iPhone 手机的营销实践表明，要想抓住消费者心理，就必须鼓感性之风，让消费者的大脑火热起来，任何理由也不能阻挡其拥有 iPhone 的决心。

4. 决策购买阶段：拉动出手抢购——掀抢购之狂“疯”

消费者对商品信息进行比较和评选后，已形成购买意愿，进而做出购买决策并采取购买行动。正常情况下，企业应该最大限度地向市场投放产品，满足消费者的需求。然而，苹果公司的做法恰恰相反。针对 iPhone 手机，苹果公司一贯做法却是通过各种宣传，与之前形成强烈反差，吊足消费者的胃口，使其热情高涨，蠢蠢欲动，产生购买冲动。但自产品上市以来，不管市场对这款产品的呼声多高，苹果公司始终坚持在下一款更新的产品上市之前，通过有限的投放，不时让消费者处于缺货的等待之中，进而促使那些购机心切的消费者对其进行抢购。消费者不“抢”，不能够拥有 iPhone 手机；出手太晚，还是不能拥有 iPhone 手机。因此，消费者在购买手机时就出现了通宵排队、疯狂抢购的这种局面。苹果为何要通过“未成曲调先有情”“犹抱琵琶半遮面”的手法掀起抢购的狂“疯”呢？目的只有一个，即保持其产品价格的稳定性和对产品升级的控制权。

5. 购后评价阶段：利用你的口碑——捕优越之“炫”风

消费者购后评价主要是指消费者的满意度评价，即消费者对产品的预期性能与产品使用中的实际性能之间的对比。购买后的满意程度决定了消费者的购后活动，决定了消费者是否重复购买该产品，决定了消费者对该品牌的态度，并且还会影响其他消费者，形成连锁效应。然而，对于苹果 iPhone 6s 来说，其性能显然已经不是消费者评价的主要内容了，消费者对其评价更多的是表现在“炫耀”方面。我们可以看到，很多包括明星在内的“果粉”都会通过微博、微信朋友圈等社交媒体晒出自己所购的新款 iPhone 6s。从消费者角度来讲，我们可以从两个角度去理解这种晒 iPhone 6s 的做法。其一，说明消费者对 iPhone 6s 的态度非常满意；其二，也是最重要的一个方面，消费者更多的是在表达“炫耀”时尚、面子等优越的心理。拥有 iPhone 就拥有了时尚，其在向公众告知“我已在第一时间拥有新款 iPhone 6s 了，我是时尚达人”。消费者这种“炫耀”，不正是口碑传播的具体表现吗？口碑传播不正是当今企业所需要的吗？正是由于苹果长期以来拥有着一帮忠实的“果粉”，因此才有了饥饿营销的基础；正是由于“果粉”们对苹果的无限期待和渴望，因此苹果只需要进行少量的投入，便可以引起大家疯狂的口碑传播，以每一个“果粉”为点向外迅速扩展，进而形成影响一大片的口碑营销模式。

（资料来源：北京卫视就 iPhone 6s 发行时的热度采访张云起教授节目）

根据上述材料，思考下列问题：

1. iPhone 6s 上市后掀起了消费者的热购狂潮。请结合案例说明，苹果公司是如何成功利用消费者购买行为的影响因素的？

2. 请结合本章所学知识与生活中的观察，谈谈你认为苹果公司后续上市的几款产品和 iPhone 6s 相比，市场表现是否有较大异同点？并简述造成这一现象的主要原因。

第五章　市场营销调研与预测

【学习目标】

通过本章的学习，学生应理解市场营销调研的特点、内容，市场营销信息系统，市场预测的内容；掌握市场营销调研的概念、程序及方法，市场预测的概念及预测方法。

【导入案例】

CMO Council：提高音量——重新思考客户声音

CMO Council 发布了“提高音量——重新思考客户声音”的新报告。

（1）营销人员正在倾听

报告认为63%的企业正在进行某种形式的客户倾听计划。即使目前没有这样计划的企业（37%）中，仍有13%表示已制定了新战略并等待启动。尽管企业重视倾听客户的声音，但是并没有获得关于行为、意图和情绪的实时洞察。

（2）倾听客户声音最常见的渠道

营销人员指出最容易访问的渠道是社交媒体（65%）、客户反馈表单（51%）、客户直邮（45%）、网站参与（43%）以及服务和通信支持（42%）。很多营销人员承认倾听的渠道有限，这是因为很多品牌仅从自己拥有的渠道倾听客户的声音，而不是覆盖全渠道。

报告还分析了企业在倾听客户声音方面面临的问题：

第一个问题是企业对社交媒体的基本观念。当被问及企业如何看待社交媒体时，营销人员认为这是一种推动公共关系的推送信息机制，被归为“免费”的客户沟通工具。这让企业很难从客户的有机交流中获得相关的背景，并为个性化提供相关性数据。企业只是面对着大量的非结构化的数据。

另一个需要解决的问题是企业对数据的态度。在倾听客户声音方面，企业面临的最大挑战都和数据有关，获得最多响应的是从客户那里直接收集情报（40%），将客户的语言转换成需求和意图方面的洞察（39%）。同时，真正理解什么是噪声，什么是真正的信号，对企业来说也是一个非常大的挑战（37%）。

第一节　市场营销调研过程

一、市场营销调研

1. 市场营销调研的含义

Marketing Research 可以翻译成市场营销调研、市场调查、营销调研、市场研究、销售研究等。市场营销调研是针对企业营销决策中所遇到的各种问题的调查研究，是为企业解决所面临的市场营销问题服务的。

所谓市场营销调研，是指按照一定的调研程序，采用科学的调研方法，对于与营销决策相关的资料进行系统设计、收集、分析和报告的过程。

2. 市场营销调研的特点

(1)针对性

市场营销调研的针对性是由企业经营活动的目的性所决定的。调研工作费时、费力，还需要费用支出，因此调研不能盲目进行，企业须根据所要生产或经营的产品(或服务)进行市场营销调研。这里应该避免的情况是，一些企业未对该企业的实际情况做充分和科学的估计，就借用别人的市场营销调研结果或市场上表现出来的某种信息来进行生产或经营，这种做法虽然省时省力，却冒着盲目经营的风险，在市场竞争激烈的情况下，最终将招致经营失败。

市场营销调研既要针对产品，也要针对竞争对手进行调研，因为对付竞争已经成为企业经营战略的重要组成部分，要想在竞争中取胜，就必须了解竞争者的实力和优势，从而确定企业的竞争策略是采取直接对抗还是退避迂回的方式。

(2)系统性

市场营销调研从对研究问题的确认到提出研究报告以及事后的追踪反馈，是一个完整的过程，在这一过程中，各种活动和活动的各个阶段互相联系、互相依存、互相影响，共同组成了市场营销调研系统。在市场营销调研过程中，如果不能从整个系统的要求出发开展工作，即使仅在某一环节稍有疏忽，也会影响最终调研结果的准确性。

(3)科学性

市场营销调研是一项非常复杂的工作，需要进行详细的规划、精心的组织和科学的实施。在市场营销调研的过程中，为了减少调研的盲目性和人、财、物的浪费，必须以科学的方法为指导，按照科学的程序进行。例如，采用何种调研方式、如何拟定问卷、如何确定调研对象等。为了获得能够最准确地反映市场情况的资料和信息，而又不增加费用开支，在调研内容的确定上就要考虑那些影响程度最大的因素，并将诸多的因素合理搭配，以最简洁明了而又易答的方式呈现给调研对象。

市场由各种复杂因素组成，有时很多问题还须运用统计学、数学、概率论及心理学等学科的知识去进行统计、分类和进一步的分析，也体现了市场营销调研的科学性。

(4)时效性

市场是开放的、动态的，时间的推移、经济的发展、国家政策的调整，都会使市场发生相应的变化。一个时期的流行产品会在另一时期无人问津，而滞销商品有可能在新的时期又成为畅销产品。市场营销调研是在一定时间范围内进行的，它所反映的只是某一特定时期的信息和情况，在一定时期内具备有效性，但一段时间后市场又会出现新情况和新问题，以前的调研结果就会滞后于形势的发展，此时仍沿用过去调研的结果，只会使企业延误大好时机、陷入困难的境地。因此，市场营销调研人员必须关注调研资料的时效性，保证资料能反映当前市场的特征。

二、市场营销调研过程

市场营销调研是一项科学性很强的工作，需要进行合理的筹划、安排、控制和管理，既要保证调研过程的科学，也要保证调研结果的准确。

市场营销调研的过程大致分为以下几个阶段：调研准备、制订调研方案、调研资料收集和整理、撰写调研报告（如图 5－1 所示）。

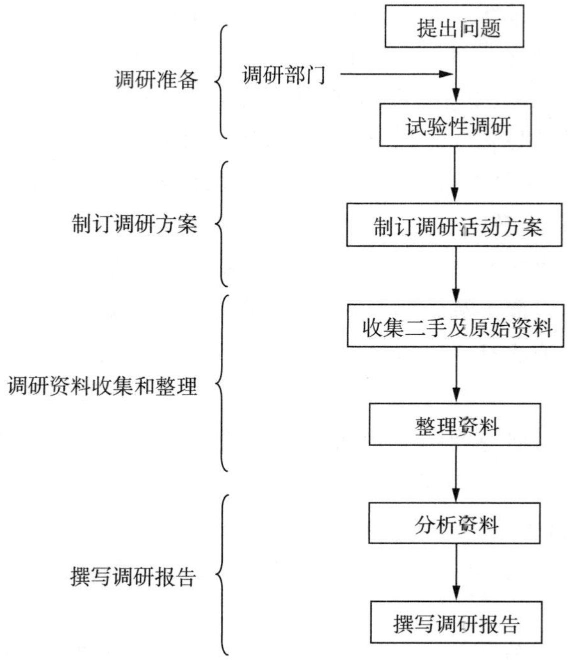

图 5－1　市场营销调研过程

1. 调研准备

准备阶段的工作对进入实质性的调研具有重要意义。首先，企业针对出现的或要解决的问题向市场营销调研部门提出一个大致的调研范围或意图。例如，企业提出销售不畅的问题，就有了调研范围。然后，由调研部门进行小范围的试验性调研，即根据提出的问题对有关人员进行访问，探寻一些建设性的意见，为进一步的调研奠定基础。例如，调研某产品的销售问题时，可就影响销售的各种因素征询相关人员的意见，最后确定出最主要的影响因素作为调研重点。

2. 制订调研方案

做好了调研准备，在正式收集资料前要制订调研方案，即将市场调研工作进行全面的安排。市场营销调研方案的内容一般包括明确调研目的，确定调研对象、调研活动项目，拟定调研提纲或问卷，确定调研活动的时间安排、调研地点、调研方法、调研组织、经费预算等。调研方案要具备科学性、可操作性，便于组织者根据方案实施调研活动。

3. 调研资料收集和整理

资料收集和整理是市场营销调研活动的重要环节。调研资料分为一手资料和二手资料，通常先收集二手资料，若二手资料不能满足要求则需要收集一手资料。有关人员对调研获取的大量二手资料、一手资料，还需要进行资料整理，即要使调研资料综合化、系列化、层次化，为进一步的分析研究准备数据。

4. 撰写调研报告

在调研资料整理工作完成后，就要根据调研的目的对资料进行分析，并撰写调研报告的初稿。在撰写出调研报告的初稿并进行过多次修改和完善后，即可以将正式的调研报告呈交给有关人员。

三、市场营销信息系统

市场营销信息系统是一个由人员、机器和程序所构成的相互作用的复合体，企业借以收集、挑选、分析、评估和分配适当的、及时的和准确的信息，为市场营销管理人员改进市场营销计划，执行和控制营销管理工作提供依据。市场营销信息系统联系着环境与市场营销管理人员，环境中的各种市场营销信息流向企业市场营销信息系统，由市场营销信息系统将信息加以转换，并通过市场营销信息流程传导给管理人员。管理人员依据这些信息制订各种计划、方案，由此形成的各种信息又通过市场营销沟通流程进入环境（如图 5－2 所示）。

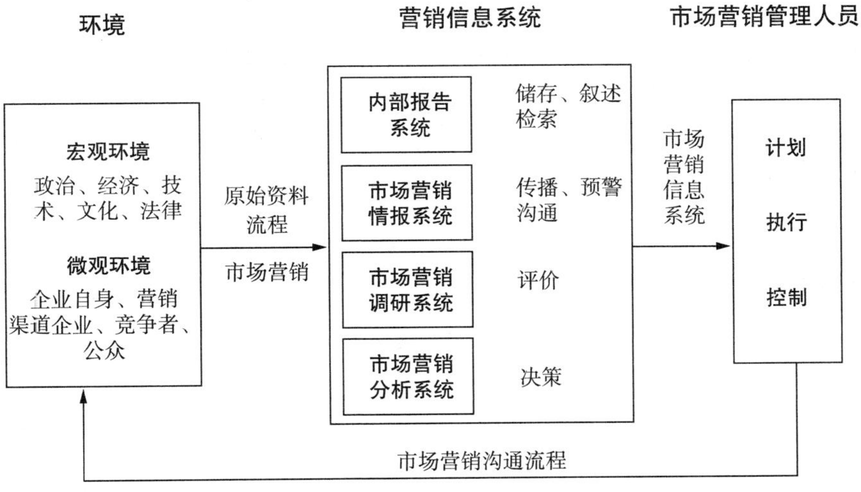

图 5－2　市场营销信息系统的构成

市场营销信息系统是从了解市场需求情况、接受顾客订货开始，直到产品交付顾客使用、为顾客提供各种服务为止的整个市场营销活动过程中有关的市场信息的处理过程。

市场营销信息系统接收来自营销环境的市场信息资料，经过市场营销信息系统的处理、分析，传递给市场营销管理者，市场营销管理者再依据市场营销信息系统提供的信息，制订、改进、执行和控制各种市场营销计划和方案。市场营销信息系统主要由四个子系统构成。

1. 内部报告系统

内部报告系统主要是向市场营销管理者提供有关销售、成本、价格、订货、库存、现金流量和应收(付)账款等各种反映企业经营状况的信息。通过对上述信息的处理和分析,企业营销管理者就可能发现重要的市场机会,找出营销管理中存在的问题。

2. 市场营销情报系统

市场营销情报系统是营销管理者用以获取市场营销环境发展变化的信息的来源,它为市场营销管理者提供正在发生和变化的信息。从营销决策的角度看,内部报告系统提供的是事后信息,难以完全满足营销战略及决策的需要,营销管理者和决策人员还需要得到每日所发生的反映营销环境变化的各种情报。

3. 市场营销调研系统

在市场营销的管理实践中,营销管理者还常常需要对某些特定的营销问题和机会进行专门的调查研究。例如,企业在决定投产新产品之前,需要对该产品的目标市场和销售潜力进行比较准确的试销和预测。为此,企业需要组织专门的市场营销调研工作。市场营销调研系统的任务是系统、客观地识别、搜集、分析和传递有关市场营销活动的市场信息,提出与企业特定的营销问题有关的市场营销调研报告,以帮助市场营销管理者制定有效的营销决策。

4. 市场营销分析系统

市场营销分析系统是指借助各种数理分析模型和信息处理技术,帮助营销管理人员分析复杂性营销问题的信息系统。它是市场营销信息系统最重要的服务功能,也是最高级的信息服务功能。市场营销分析系统通过对复杂现象的统计分析,帮助企业营销管理者分析市场营销问题,做出正确的市场营销决策。

【延展阅读】

天猫:2019 读书报告

2019 年 4 月 23 日,天猫发布《中国人比你想象中爱读书:2019 天猫读书报告》。报告显示,“95 后”及“00 后”以近 26%的人数占比成为天猫纸质图书主力购买者。

1.“一年 7 本”成买书及格线

报告显示,2018 年天猫商城售出超过 10 亿册图书,在天猫购书人均 7 本,其中,“95 后”及“00 后”以近 26%的人数占比成为天猫纸质图书主力拥护者。

职场危机,读成功学;关系难处,读心理学;房子太小,读《断舍离》;孩子难哄,读育儿书……事实上,买书、读书已经成为人们克服焦虑和解决问题的重要方式。

2. 这届“95后”很上进，成功学销量猛涨60%

报告显示，这届“95后”特别上进，带动成功学在天猫销量“噌、噌、噌”上涨。3年来，每年励志、成功学增速都超过60%。

除了成功学，能够帮助人生进阶的教材教辅，也受到大家的热烈欢迎，考试类图书在天猫销量占比高达35%，成为最吸金的品类。

从地域分布看，盛产学霸的省份也与购书人群高度重合：广东、江苏、浙江、山东、河南5省读书、买书人最多。

3. 红了100年，鲁迅销量超金庸

报告显示，红了100年的鲁迅仍然是严肃文学界的扛把子，以280万册销量名列前茅；紧随其后的还有武侠泰斗金庸、推理大师东野圭吾、先锋作家余华以及科幻作家刘慈欣。

除了向经典致敬外，读书、买书也成为“95后”给自己“爱豆”打“call”的新方式。王俊凯的《19岁的时差》《非虚构成长》等作品在天猫年销量达到56万册，使他成为“演艺”“出书”两不误的跨界复合型偶像。

4. 闲鱼图书交易大数据出炉：上海、北京、广州最爱从闲鱼淘书，教材类最受欢迎

尽管上线时间不长，闲鱼图书已经回收了约240万本书。

从用户的地域分布上看，北京、上海、广州、深圳、杭州位列闲鱼图书回收城市排行榜的前5位。《乌合之众：大众心理研究》《梦的解析》等社会心理学书籍，《小王子》《活着》《从你的全世界路过》等国内外小说，都在闲鱼回收的热门书单上。

从闲鱼成交的书籍类型中能够看到，考研书籍、大学教材、公务员考试、教师资格考试、中学教辅等最为热门。同时，儿童文学、绘本之类使用年龄段比较有局限性的图书也有很多人选择在闲鱼上进行交易。

第二节　市场营销调研

市场营销是以满足人类的各种需要和欲望为目的，通过市场变潜在交换为现实交换的营销活动。为促使这一交换活动的实现，导致营销成功，营销者必须遵守“恰当”原则，即在恰当的地点、恰当的时间、以恰当的价格、使用恰当的促销方式把恰当的商品或服务卖给恰当的人。为了做出恰当的决策，营销者必须及时、准确地获取制定决策所需要的信息，市场营销调研就是提供这种信息的一种主要渠道。可见，市场营销调研是营销决策的重要依据，是营销系统中必不可少的一个环节。

一、市场营销调研活动的分类

市场营销调研活动可根据不同的分类标准，划分为不同的类型。如按市场营销调

研的研究性质可分为探索性调研、描述性调研、因果性调研和预测性调研,按调研活动的范围大小可分为宏观市场营销调研和微观市场营销调研。以下就市场营销调研的研究性质分类加以详述。

1. 探索性调研

探索性调研是在正式调研开展之前进行的初步的、具有试探性的非正式调研。探索性调研的目的在于发现问题的端倪。如企业在情况不明时,为找出问题的症结,明确进一步调研的内容和重点,需进行非正式的初步调研,收集相关资料进行分析。一般而言,探索性调研的样本规模较小,且并不强调其代表性;获取的信息资料主要是反映事物本质的定性信息;调研结果可被视为进一步调研的基础。有些比较简单的问题,如果探索性调研已能弄清其来龙去脉,也可不再做进一步调研。探索性调研一般采用简便易行的调研方法,如二手资料调研、经验调研、焦点小组访谈等。

2. 描述性调研

描述性调研是通过详细的调研和分析,对市场营销活动的某个方面进行客观的描述。大多数的市场营销调研都属于描述性调研。例如,市场潜力和市场占有率的调研,产品消费群结构的调研、竞争企业状况的调研等。通常,描述性调研需要回答“谁”“是什么”“什么样”等问题,其结果说明所研究问题的表面特征,不涉及所研究问题的本质及内在影响因素。

描述性调研一般以有代表性的大样本为基础,通过完整的调研计划、科学的问卷设计以及对调研过程的有效控制来对所研究的问题做尽可能准确的描述。与探索性调研相比,描述性调研的目的更加明确,研究的问题更加具体,其研究结果可以用统计表或统计图来表示。

3. 因果性调研

因果性调研是指为了确定有关事物的因果联系而进行的调研,是在描述性调研的基础上进一步研究产生某种结果的内在原因,是对事物的更深入认识。市场上有各种各样纷繁复杂的经济变量,各种经济变量之间有直接或间接的关系。为了弄清各经济变量之间的因果关系,营销者必须收集有关变量的数据资料,运用科学的方法判明何者是自变量(原因)、何者是因变量(结果)以及它们变动的规律。

4. 预测性调研

预测性调研是利用已有的市场经验和科学的预测技术对市场未来的发展趋势进行估计和判断的调研方法。预测性调研要求必须对影响市场未来发展的各种因素进行调研,包括积极的影响因素和消极的影响因素,并且对未来可能出现的各种状况及其概率进行估计和测算。

二、市场营销调研的内容

市场营销调研的内容从识别市场机会、发现市场问题、制定营销决策到评估营销活动的效果,涉及企业市场营销活动的各个方面,企业可根据确定的市场营销调研目标进行取舍。一般来说,市场营销调研的内容主要涉及以下四个方面:社会环境调研、市场需求调研、产品调研和市场营销活动调研。

1. 社会环境调研

消费者的任何活动都脱离不开所处的社会环境，企业的生产、经营活动也一样。一个地区的社会环境是由政治、经济、技术、文化、法律、气候和地理等因素所组成的，而这些因素往往是企业自身难以驾驭和影响的。只有在了解的基础上去适应环境，并将其为我所用，才能取得经营的成功。对社会环境的调研包括政治环境的调研、经济与技术环境的调研、文化与法律环境的调研、气候与地理环境的调研等。

2. 市场需求调研

市场容量大小制约着企业生产、经营的规模。没有需求，也就谈不上有市场容量，当然就无法进行生产；需求变化，生产也会随之发生变化。所以，针对消费者所进行的调研是市场营销调研内容中最基本的部分。市场需求调研主要是对消费者在“何时”“何地”“需要什么”和“需要多少”进行调研，包括消费需求量的调研、消费结构的调研、消费者行为的调研。

消费需求量的调研需要通过调研某特定市场上消费者的货币收入和人口数量进行测算。需求量的调研可以帮助企业了解所在地区某种产品的需求总量、已满足的需求量和潜在的需求量，有助于企业合理安排生产和经营计划。

消费结构是指消费者将其货币收入用于不同商品的比例。它决定了消费者的消费投向，消费结构调研是对特定市场上的人口构成、家庭规模和构成、收入增长状况、商品供应状况以及价格变化等的调研。

消费者行为的调研是对消费者心理需要、购买行为类型和消费者的决策程序的调研。消费者行为是市场营销调研中较难把握而又带有不确定性的因素。它受多方面因素影响，如消费者心理、性格、宗教信仰、文化程度、消费习惯、个人偏好和周围环境等，这些因素都可以在一定程度上促成消费者的购买行为。消费者行为的调研就是要了解这些主客观因素及其发展变化对消费者购买行为的影响。

3. 产品调研

对任何一家企业来说，产品必须适合消费者的需求，才能促使消费者进行购买。然而这样还不够，还要使产品能够得到越来越多的消费者的认可并购买之，这才称得上是成功的产品。推出一种成功的产品，既可以在原产品的基础上进行某种改良，也可以另创一种崭新的产品，究竟应采用哪种方法，这就需要对有关产品的许多方面进行调研。产品调研涉及以下内容：

第一，产品生产能力的调研。它包括原材料来源、生产设施、技术水平、资金、人员素质等的调研。

第二，产品实体的调研。它包括产品的规格、颜色及图案、味道、式样、类型、原料和性能等的调研。

第三，产品包装的调研。它包括产品的销售包装、运输包装、商标、标签等的调研。

第四，产品生命周期的调研。产品生命周期是关乎企业能否进入某个领域并实施何种营销策略的决定性因素，因此企业应重视对产品生命周期的调研。

第五，产品价格的调研。价格是产品竞争的利器，企业要时刻关注市场上产品价格的变化，并根据产品价格走向及时调整营销策略。

4. 市场营销活动调研

市场营销活动调研是围绕企业的市场营销活动进行的调研，主要包括竞争对手的调研、分销渠道的调研、服务的调研和促销活动的调研。

(1)竞争对手的调研

任何产品在市场上都会遇到竞争对手，当产品进入销售旺季时，竞争对手会更多。竞争可以是直接竞争，如生产或经营同类产品的厂家；也可以是间接竞争，即产品不同，但用途相同的产品，如矿泉水制造厂商对生产果汁、汽水的厂商来说就构成了间接竞争。不论何种竞争，不论竞争对手的实力如何，要想使自己处于有利地位，首先要对竞争对手进行调研，以确定企业的竞争策略。需要调研的内容有：主要竞争者及其对市场的控制力、消费者对主要竞争者产品的认可程度、竞争者产品的优势、竞争者所占有的市场份额、竞争者的生产能力和市场计划、竞争者产品的缺陷等。

(2)分销渠道的调研

分销渠道是商品从生产领域进入消费领域所经过的通道。市场营销活动中，大体上有三种分销渠道可供选择：直接卖给用户、通过商品经销商(批发、零售)卖给用户、委托代理商负责销售。哪种方式能最有效地辐射商品，就需要做以下调研：本企业产品最常见的分销渠道，现行分销渠道中最成功的，市场上是否存在分销产品的权威性机构及其经销的商品在市场上所占的份额，主要经销商经销产品的要求和条件，经销商是否承担促销业务和需要企业提供什么帮助，经销商维持的库存量，产品在各环节的折扣，等等。

(3)服务的调研

目前，商品在售前、售中、售后的服务已日益成为广大消费者购买商品时考虑的重要因素。就服务本身来讲，它包括的内容有：对产品代办托运、免资运送、上门修理、技术咨询、培训有关人员、提供零配件、代办保险、索赔、担保产品性能和使用期限等。对不同的产品，顾客对服务的要求也有所不同，如技术性产品与家用电器，都要求维修方便，并担保使用性能，但前者更注重技术培训和咨询方面的服务，后者则更注重运输、维修是否方便等。因此，有必要进行服务方面的专门调研。

(4)促销活动的调研

促销活动包括广告宣传、人员推销、公共关系、营业推广。这里主要就应用营业推广活动的调研进行阐述。

营业推广手段包括降价、优惠销售、有奖销售、现场演示、馈赠礼品等方法，主要调研下列内容：促销活动以后销售额的增加幅度、消费者的反应、利润的变化、促销活动展开后市场占有率的变化、改用本公司产品的顾客的反应等。

值得注意的是，企业的促销活动应该有自己的特色。由于在不同地区，不同消费者的价值观、生活方式和习惯不同，因此不宜采用固定的促销形式。而对促销活动的调研，可以使企业掌握促销活动的适应性、实际效果和长远效果，企业应及时就出现的问题对促销方式进行调整和改进。

三、市场营销调研的方法

1. 确定调研对象的方法

调研对象的代表性直接影响调研资料的准确性。根据调研的目的及人力、物力、财力、时间情况，应确定适当的调研方式和样本数量。

(1)普查、典型调研及重点调研

普查是为了取得全面、准确的调研资料，对调研对象中的所有个体进行逐个调研，普查信息准确度高，但耗时长，人财物的数量大。典型调研是选择有代表性的样本进行调研。如果样本的代表性强，调研方法恰当，可以用典型调研的结果推断总体的基本情况。重点调研是从总体中挑选一部分重点样本进行调研，以便了解总体的大致情况。例如，调研中国钢铁行业的产品和产量现状，只要对宝钢、首钢、鞍钢和武钢等几家特大型钢铁企业进行调研，就足以大致掌握我国钢铁工业的年产量情况了，因为这几家钢铁企业钢产量占全国的大半，把握了它们的生产情况就可以把握总体的生产情况。

(2)抽样调研

当调研对象多、区域广而人力、财力、时间又不允许进行普查时，通常根据概率原则从调研对象总体中抽取一部分作为样本，调研人员根据调研结果来推断总体。常用的抽样方法有：

① 单纯随机抽样。它又叫"简单随机抽样"，是对总体不进行任何分组、排序，完全按照随机原则抽取样本的方法，每个个体被抽中的概率相等，如抽签法、乱数表法。这是最简单的随机抽样方法，其他随机抽样方法都是由单纯随机抽样衍生出来的。

② 分层抽样。它又称"分类抽样"或"类型抽样"，是指先对总体各个单位按被研究标志的有关标志来加以分组，然后再从各组中按随机原则抽取一定的单位构成样本。这种方法经过科学分组后，样本的代表性更大，可以得到比单纯随机抽样更精确的结果。

③ 等距抽样。按照随机的原则，首先要选择某个标志将调研对象的全部个体按一定顺序排队，其次要依简单随机抽样方式从总体中抽取第一个样本点，然后依据某种固定的顺序和规律依次抽取其余样本点。由于样本在总体中分布比较均匀，样本代表性也较好。

④ 整群抽样。它又称"分群抽样""群体抽样"，是指将总体各个单位按一定标准划分成若干群，然后以群为单位，从中随机抽取一些群，再对选中的群进行调研。

⑤ 判断抽样。它是根据专家的判断确定抽取样本的方法，是一种非随机抽样方法。

2. 收集资料的方法

调研收集资料的方法一般分为文案调研法和实地调研法。文案调研法也叫"案头调研"，指的是对已经存在的第二手资料的收集。

实地调研法需要调研人员亲自组织、完成资料的收集，收集的是第一手资料。实地调研法分为访问调研法、观察调研法和实验调研法。

(1)访问调研法

访问调研法是营销调研中使用最普遍的一种调研方法。它把研究人员事先拟订的调研项目或问题以某种方式向被调研者提出，要求给予答复，由此获取被调研者或消费者的动机、意向、态度等方面的信息。按照调研人员与被调研者接触方式的不同，访问法又分为面谈、电话访谈、焦点小组访谈、邮寄访谈和网络访谈。

(2)观察调研法

观察调研法是由调研人员直接或通过仪器观察调研对象的行为或行为的痕迹并加以记录而获取信息的一种方法。观察法分人工观察和非人工观察，在市场调研中用途很广。比如调研人员可以通过观察消费者的行为来测定品牌偏好和促销效果。随着现代科学技术的发展，人们设计了一些专门的仪器来观察调研对象的行为。观察法可以观察到消费者的真实行为特征，但是只能观察到外部现象，无法观察到调研对象的动机、意向及态度等内在因素。

(3)实验调研法

实验调研法是指通过对所研究的对象的一个或多个因素进行操纵，以测定这些因素之间的关系，通常被用来验证各种现象之间的因果关系。实验方法来源于自然科学的实验求证，现在广泛应用于营销调研，是市场营销学走向科学化的标志。现场实验法的优点是方法科学，能够获得较真实的资料。但是，大规模的现场实验往往很难控制市场变量，影响实验结果的内部有效性。实验室实验则正好相反，内部效度易于保持但难以维持外部有效性。此外，由于研究周期长、费用昂贵，实验方法难以广泛使用。

四、调研问卷设计

问卷调研是现代社会市场营销调研的一种十分重要的方法。在问卷调研中，问卷设计又是其中的关键，问卷设计的好坏直接决定着能否获得准确可靠的市场信息。

调研问卷，又称“调研表”，是调研者根据一定的调研目的精心设计的调研表格，是现代社会用于收集资料的一种最为普遍的工具。

1. 调研问卷的基本结构

问卷的结构一般包括问卷说明、指导语、作业记载和问卷主体等几个部分，其中问卷主体是问卷的核心部分，是每一份问卷必不可少的内容，而其他部分可以根据需要进行取舍。

(1)问卷说明

问卷说明是问卷的开场白，也叫作“说明信”。问卷说明在问卷调研过程中起着重要的作用。调研者能否让被调研者接受调研并认真如实地填写问卷，很大程度上取决于问卷说明的质量。问卷说明的内容主要包括该项调研组织者的身份、该项调研的目的和意义、回答问题的注意事项、受访者免责声明、信息保密承诺、回答问卷所需时间、对被调研者的合作表示感谢等。问卷说明篇幅不宜过长，二三百字即可。为了引起受访者的兴趣和重视，争取他们的合作和支持，问卷说明的语气要谦虚、诚恳，语言要简洁、准确，具有说服力。

(2)指导语

指导语也叫“填表说明”，是用来指导被调研者填写问卷的一组说明。

(3)作业记载

作业记载是指与调研作业有关的人员和事项的记载,包括访问员姓名或编号、访问时间与地点、被调研者信息、审核员姓名等。作业记载在较短的问卷中可以印在卷末,在较长的问卷中可以印在封面。

(4)问卷主体

问卷主体也叫"问卷正文",是问卷设计的主要内容,由调研所要了解的问题和问题对应的选项组成。

2. 问题的设计

(1)问题的结构

常见的问题的结构有封闭式问题、开放式问题。

封闭式问题是针对问题事先设计出各种可能的答案,由被调研者从中选择。封闭式问题的优点是:答案标准化、回答问题较方便、便于统计处理和分析、可以避免无关回答。正是由于存在以上优点,所以大多数市场营销调研的问卷中,提问项目的设计都以封闭式问题为主。

但是封闭式问题也存在缺点:①容易使一个不知道如何回答或没有想法的被调研者猜中答案或随便乱答。②不同回答者回答上的差异会由于备选回答的限制而无法反映真实的情况。这些缺点是调研实施中需要加以注意并努力克服的。例如在设计中要注意设计出的回答项目要互斥(要求各答案间不能相互重叠或包容);要有穷尽,但不能遗漏;如果不能将全部项目列出,要加上"其他"作为一个选项。

开放式问题是指对所设计的问题未提供任何具体的答案,由被调研者根据自己的想法自由做出回答,属于自由回答型。例如,"您认为我国目前的产品广告中,存在的主要问题是什么""您喜欢××产品的理由有哪些"等。

开放式问题的优点是比较灵活,可以使被调研者充分表达自己的意见和想法,有利于被调研者发挥自己的创造性。它适合于收集更深层次的信息,特别适合于那些尚未弄清各种可能答案或潜在答案类型很多的问题,可以得到一些意外的信息。

开放式问题的缺点是:①花费被调研者的时间和精力较多,因而容易遭到回答者的拒绝。②答案很多,而且很难对答案进行分类,给调研后的资料整理带来一定的困难。③收集到的资料可能包括大量无价值或不相干的信息。④要求被调研者有较强的书面或口头表达能力。

开放式问题比较适用于调研受消费者心理因素影响较大的问题,如消费习惯、购买动机、质量、服务态度等,因为这些问题一般很难预期或限定答案范围。这种问题在探测性调研中常常采用。

(2)问题的措辞

① 问题应简明扼要。问卷设计时应尽量使用简洁的语句,因为过长的语句会影响被调研者对问题的理解,也可能需要被调研者花费更长的时间仔细琢磨问题,甚至会使其产生厌烦心理。

② 语言应通俗易懂。在设计问卷时避免使用过于专业化或冷僻的词语,应使用简单、通俗易懂的词语。例如,"您上网的频率如何"转化成"您通常多长时间上一次网",

使得被调研者更容易理解和回答。在对普通消费者进行调研时，应尽量避免使用“品牌形象”“定位”“市场占有率”等技术性或专业性用语。

③ 避免使用含糊不清、不易理解的用语。提问时应避免使用含糊不清、不易理解的用语。例如，问题可能设计成：

请问您经常点外卖吗？

□不曾　　　　□偶尔　　　　□经常

“偶尔”“经常”等词语，如果不给出明确的参考标准，被调研者通常会自己选择一个参照系，导致从不同被调研者那里得到的资料无法进行比较。问卷设计者应该对词语的范围进行界定，如将“偶尔”改成“偶尔(3 次以下/月)”。

例如，“收入”一词，被调研者可能理解成月收入或年收入，也可能理解成税前收入或税后收入，还有可能理解成工资收入或全部收入。由于被调研者的认知不同，比较标准也不同，问卷设计时必须将容易模糊的词语的含义及范围界定清楚。

④ 避免做出假设。有些问题会暗含假设。例如，“您抽什么牌子的香烟”(假设被调研者抽烟)，“您的孩子多大了”(假设被调研者有孩子)，“上次选举时您投了谁的票”(假设被调研者投了票)。如果问题这样设计，不具备资格的被调研者可能会勉强回答或随意选择，应先设置过滤性问题，只对符合要求的被调研者继续提问。

⑤ 避免诱导性提问。应避免对被调研者的思路进行引导。例如，“很多人认为××汽车质量不错，您觉得怎么样”，对被调研者进行了引导、诱导，被调研者很容易顺着引导回答“××汽车的质量不错”，导致回答不客观、不准确。

⑥ 避免提出对被调研者的记忆力要求过高的问题。遗忘是人类自然的生理现象。问卷设计者在提问关于过去事件的问题时，应该认识到某些提问可能会对被调研者记忆力要求过高。例如，“您能记起 20 天以前《新闻联播》节目前的电视广告吗”“您能记起您第一次喝的啤酒的品牌吗”，过于琐碎的细节问题或很长时间以前发生的事件对被调研者记忆力要求太高，大多数被调研者难以回答。

3. 选项的设计

(1)封闭式问题选项的设计

① 两项选择法(也叫真伪法/二分法)。

例如：“您家有学龄前的孩子吗？”

A. 有(　　)　　　　B. 没有(　　)

这种回答项目的优点是回答比较容易，答案明确，调研后的数据处理也很方便。缺点是得到的信息量较少，被调研者对两项答案均不满意，则很难做出回答，并且看不出被调研者在态度上的差异。此方法适合于互相排斥的两项选一的问题。

② 多项选择法。多项选择法是指在设计问卷时，对一个问题给出两个以上的答案，让被调研者从中选择。这种方法的优点是比两项选择法的强制选择有所缓和，答案有一定的范围，可区分被调研者在态度上的差异程度，易于了解消费者的购买动机及其对商品的评价，也便于统计处理。多项选择法是常用的调研方式之一。根据要求选择的

答案多少不同，又有三种选择类型：

a. 单项选择型，要求被调研者对所给出的多项问题答案只选择其中的一项。

例如，“您觉得××产品采用哪种类型的广告宣传效果最好？”(单项选择)

微博；微信；电视；广播；杂志；报纸；路牌；其他(请注明)

b. 多项选择型，是指让被调研者选择自己认为合适的答案，数量不限。

例如，“请问您在购买家用轿车时，主要考虑哪些因素？”

价格；款式；品牌；耗油量；售后服务；维修费用；乘坐舒适；行驶平稳；其他(请注明)

c. 限制选择型，是指要求被调研者在所给出的问题答案中，选择自己认为合适的答案，但数量要受到一定限制。比如在上面提到的问题中，可要求被调研者选三项。

在多项选择法中要注意以下三种情况：首先，要求考虑全部可能出现的结果，其答案不能出现重复或遗漏，鉴于在回答项目中可能设计者不能表达被调研者所有的看法，在问题的最后可设“其他”项目，以便被调研者表达自己的看法。其次，要注意选择答案的排列顺序应没有规律性。因为有些被调研者习惯选择第一个答案，如果排列顺序有规律性，这样就会产生偏差。最后，答案选项不能太多，当样本数量有限时，答案太多，容易使结果分散，缺乏说服力。

③ 顺序选择法。顺序选择法又称“优先顺位法”，是指由被调研者根据自己的经验和认识程度、专业知识以及兴趣需要等，对所列答案给出先后顺序的方法。其中，对所选答案数量可以进行一定的限制，也可以不进行限制。有两种排序方式：

a. 对全部答案排序，要求被调研者按重要程度从大到小或从小到大的顺序进行排序。

例如，“您在选购空调时考虑的主要因素是什么？”(请按重要程度全部进行排序)

价格；外形；维修；品牌；耐用；噪声；制冷；其他

b. 对部分答案排序，要求被调研者按重要程度从大到小或从小到大的顺序进行前几位的排序。

例如，“您认为××轿车应按什么顺序进行改进？”(请您按重要程度由大到小进行前三位的排序，并填在括号内)

发动机；内饰；外观；座椅；耗油量；噪声；尾气；其他(请注明)

顺序选择法的优点是能区别被调研者对调研问题在态度上的差异，便于了解什么是消费者最关心的问题，便于被调研者把其意见和感觉做一种衡量和比较性的表达。由此可根据优先顺序，排列出改善经营活动的顺序，也便于对调研结果加以统计。但注意调研项目不能太多，多了太分散，难以顺位。此方法适合于要求答案有先后顺序时使用。

(2)开放式问题选项的设计

① 自由回答法/无限制回答法，是指研究人员提出了问题但不准备答案，由被调研者根据问题自由表达自己的观点，无任何限制，调研表上也无任何提示或拟定好的答案。

② 投射法。投射法是指让被调研者完成一定的作业,然后透过对作业的分析,了解作业中所反映出来的被调研者的动机和态度,主要包括字词联想法、句子完成法、故事构建法等。字词联想法由被调研者根据给定的词说出所能联想到的词。字词联想法可用于产品的消费动机和偏好调研。例如:看到"饮料"一词,你能联想到的词有________。如果被调研者迅速联想到"果汁",说明被调研者偏好果汁饮料;如果迅速联想到某品牌,说明被调研者比较偏好该品牌。句子完成法是将未完成的句子呈现给被调研者,由他们将未完成的句子完成。例如:刷抖音的人是________。在口渴时最想喝的饮料是________。运用句子完成法时,在未完成的句子中一般不要有第一或第二人称,以免被调研者有防备心理。故事构建法是指向被调研者提供有头无尾的文章,由被调研者按自己的意愿完成,使之成篇,借以分析被调研者的隐秘动机。例如,"走进商店,我发现××电脑又多了两种规格。于是,我……"让被调研者完成后面的文章。

五、市场营销调研报告

市场营销调研报告是反映调研过程和调研结果的一种分析报告,它是通过文字、图表等形式将调研成果表现出来,以便委托者和决策者对所调研的市场现象和所关心的问题有全面、系统的认识。

一份完整的调研报告由标题、目录、摘要、正文和附录构成。

1. 标题

标题是市场营销调研报告的题目,通常形式为"××××调研报告"。在比较正式的调研活动中,标题及相关内容应单独成页,即设置成标题页,标题页除了调研报告的题目外,还应包括报告提供的对象、报告的撰写者、报告的发布日期等。

2. 目录

一般的调研报告都应该编写目录,以便于读者查阅报告内容。目录包含报告所分章节及相应的起止页码,通常只编写两个层次的目录。另外,报告中的表格和统计图应在目录中列明。

3. 摘要

摘要是调研报告核心内容的反映,应简明、突出重点。摘要通常包括报告的目的、市场营销调研得出的结论、市场营销调研使用的基本方法、解决问题的建议。报告的审阅者可能没有时间阅读报告的全部内容而只阅读摘要,所以,摘要很可能对决策产生重大影响。

4. 正文

正文是整个调研报告的核心部分。正文部分包括引言、调研方法、调研结果、局限性、结论和建议。

5. 附录

附录是论证、说明或分析报告正文所必须参考的资料,目的是尽可能地将有关资料集中起来。每一份附件均应标明对应的编号。附录部分的资料通常有各种统计图表、提供资料的单位或人员名单、问卷副本、访谈记录等。

【延展阅读】

大数据带给营销的十大价值

对于多数企业而言，大数据营销的主要价值源于以下十个方面：

第一，用户行为与特征分析。只要积累足够的用户数据，就能分析出用户的喜好与购买习惯，甚至做到“比用户更了解用户自己”。这一点是大数据营销的前提与出发点。

第二，精准营销信息推送支撑。现在的RTB广告（Real Time Bidding的缩写，即实时竞价）等应用则向我们展示了比以前更好的精准性，而其背后靠的即是大数据支撑。

第三，引导产品及营销活动投用户所好。如果能在产品生产之前了解潜在用户的主要特征及其对产品的期待，那么产品即可投其所好。

第四，竞争对手监测与品牌传播。企业可以通过大数据监测分析得知竞争对手在干什么，品牌传播的有效性亦可通过大数据分析找准方向。

第五，品牌危机监测及管理支持。大数据可以采集负面定义内容，及时启动危机跟踪和报警，按照人群社会属性分析，聚类事件过程中的观点，识别关键人物及传播路径，进而可以保护企业、产品的声誉，抓住源头和关键节点，快速有效地处理危机。

第六，企业重点客户筛选。大数据可以帮助企业找到最有价值的用户。从用户访问的各种网站可判断其最近关心的东西是否与企业相关；从用户在社会化媒体上所发布的各类内容以及与他人互动的内容中，可以找出千丝万缕的信息，利用某种规则关联及综合起来，就可以帮助企业筛选重点的目标用户。

第七，大数据用于改善用户体验。要改善用户体验，关键在于真正了解用户及他们使用产品的状况，做最适时的提醒。例如，只要通过遍布全车的传感器收集车辆运行信息，在你的汽车关键部件发生问题之前，就会提前向你或4S店预警，这不仅仅是节省金钱，而是对保护生命大有裨益。

第八，SCRM（Social Customer Relationship Management的缩写，即社会关系管理）中的客户分级管理支持。新媒体时代，大数据可以帮助企业分析活跃粉丝的互动内容，设定消费者画像的各种规则，关联潜在用户与会员及客服数据，筛选目标群体，做精准营销，进而可以使传统客户关系管理结合社会化数据，丰富用户不同维度的标签，并可动态更新消费者生命周期数据，保持信息新鲜有效。

第九，发现新市场与新趋势。基于大数据的分析与预测，可以在洞察新市场与把握经济走向方面给企业家提供支持。例如，阿里巴巴从大量交易数据中预测了国际金融危机的到来。

第十，市场预测与决策分析支持。如今，更全面、更高速的大数据，必然对市场预测及决策分析进一步上台阶提供更好的支撑。

第三节　市场营销预测

企业从事市场营销活动的根本宗旨在于最大限度地满足消费者的需求和欲望，以便获得最大的效益，这就要对市场进行广泛、深刻的研究和分析。在以市场导向为特征的商品经济中，企业对市场需求状况或各类现象的研究，不仅要着眼于现实，更重要的是把握和预测未来，也就是说，应具有超前性。企业要根据市场过去和现实的供求变化，分析和研究它们变化的规律和原因，并以此对一定时期的潜在和未来的市场变化趋势进行科学的推断。市场预测就是完成这种研究和分析的方法和过程，因此它的结果成为企业现代化经营管理的重要依据。

一、市场营销预测的含义

市场营销预测是指在市场营销调研的基础上，运用预测的理论与方法，对预测对象的变化趋势和未来可能的水平做出估计与测算，为决策提供依据的过程。市场营销预测是为营销管理决策提供信息服务的重要手段，是正确决策的基础。

近几十年，由于受到电子计算机和信息技术等科学技术方面的重大突破的影响，商品经济迅速发展，市场规模空前广阔，市场竞争日趋激烈，商品交换已打破地区、国家界限。因此，无论从宏观还是微观上，控制和影响市场的因素都增多了，市场结构及其运作规律变得更复杂；相应地，对市场预测的方法和预测结果的要求就更加严格、更加迫切。

市场营销预测对宏观社会经济和微观企业经营都有着重要的意义。

第一，市场营销预测是发展生产、满足需求的重要手段。利用市场预测，国家或企业可以根据市场已有的信息资料和其他影响需求变动的因素，对未来一定时期的市场需求作出预测，以需定产，最大限度地满足市场需求。

第二，市场营销预测是制订经济计划的重要依据。宏观上，国民经济计划只有建立在科学的市场预测的基础上，才能有效解决供需间的总量矛盾、结构矛盾、时间矛盾和空间矛盾，保证国民经济按计划、按比例、高效率地发展。微观上，企业只有通过准确的预测，才能根据消费者对其产品的具体要求，制订合理的生产经营计划，保证产销协调平衡地发展和企业再生产的良性循环。

第三，市场营销预测是充分发挥市场调节作用的重要保证。在市场经济中，供需之间的严重不平衡和不同形式的竞争格局，必然引起商品价格与价值的背离，通过科学的市场营销预测，判断市场供需和竞争格局的变动趋势，国家就可以运用经济手段调节市场供求矛盾，充分发挥市场调节的积极作用。

第四，市场营销预测是企业改善经营管理的重要措施，是提高企业素质、增强企业应变能力和竞争能力的重要途径。企业管理者通过科学的预测，可以减少经营决策中的主观性、盲目性和随意性以及由此产生的决策失误，掌握市场竞争的主动权，从而提高企业的经营效益。

【延展阅读】

AI助力零售业务增长，需求预测很关键

在AI与零售高级分析的结合中，最显著的应用是需求预测。

借助需求预测，企业可以从数据中获得可行的商业洞察，比如：预测新产品的需求水平、营销活动的效果以及新消费趋势的萌芽。而它带给顾客最直观的感受，也许就是能否买到想要的商品。

假如没有恰当的需求预测流程，几乎不可能保证门店在任意时刻都有恰当的库存可供销售。库存太多，意味着大量的库存金额浪费，资金成本显著提升。而对于一些售卖期限有严格要求的商品，比如：鲜食、应季服装，高库存更是意味着直接的经济损失。库存不够，则会导致产品脱销，一方面没法做到销售额最大化；另一方面还会因为消费者需求无法满足，转而去选择竞争对手的商品，导致客户流失。

需求预测就是使用数据和洞察，来预测客户在特定时间段内想要购买多少特定商品或服务的行为。一个好的需求预测算法和执行流程，将会帮助企业零售业务得到稳定、快速的可持续发展。而"好"的需求预测，则是综合利用内部数据、外部数据和行业经验，结合先进的预测算法，给出满足高准确度要求的需求预测结果；此外，还要求算法能够根据实际的业务反馈，不断迭代演进，不断提升准确度。而若能使预测准确度提高几个百分点，进而推动上下游各个环节的更高效运作，就能帮助企业在商业实践中取得更大的成功。

二、市场营销预测的类型及内容

1. 市场营销预测的类型

按照不同的分类标准，市场营销预测可以分成多种类型，常用的划分标准有按预测时间的长短划分、按预测的范围划分和按预测的方法划分等。

(1)按预测时间的长短划分

按照预测活动的时间长短不同，市场营销预测可分为近期的预测、短期的预测、中期的预测和长期的预测。近期的预测一般是指以周、旬或月为时间单位的市场营销预测，其结果可以用来编制月份或季度的各种生产或销售计划，而且要求其预测结果必须做到及时、准确。短期的预测一般是指一年以内的预测，适用于制订季度和年度工作计划，是企业编制各种季度和年度计划的重要依据。中期的预测一般是指一年以上、五年以下的预测，是制订跨年度计划和修订中期计划的依据。长期的预测一般是指五年或五年以上的预测，适合于对市场长期趋势的分析和规划工作。长期的预测主要是对市场未来的发展变化趋势和运行规律做出综合性的分析和判断，以此为依据来明确宏观经济或企业发展的方向和具体目标。目前长期预测的周期都在加长，不少国家、地区或企业都在进行十几年甚至几十年的预测。如清华大学中国经济研究中心的学者曾对21世纪前20年中国经济增长的前景进行了GDP、资本存量、消费、劳动力等方面的预测。

(2)按预测的范围划分

按预测范围可以将市场营销预测分为宏观的市场营销预测和微观的市场营销预测。宏观的市场营销预测以整体市场或整个行业的变化趋势为研究对象,研究企业生产经营过程中的宏观因素。宏观预测的任务是安排好市场总供给与总需求的平衡,指挥生产的发展方向,引导消费合理化,为各地区市场正常运转提供保证,并为微观预测提供信息资料。微观的市场营销预测是指某一部门、某一企业对某一地区的市场商品供需情况或对某一种商品供需变化情况进行的预测,主要任务是为某地区或企业确定经营方向,以便合理安排生产和确保市场商品供需平衡。

(3)按预测的方法划分

按照预测的方法不同,市场营销预测可分为定性的市场预测和定量的市场预测。定性的市场预测主要是对营销预测性质的分析,是依据个人主观经验和判断进行分析,对事物的性质、市场发展前景进行估计和预测。定量的市场预测主要是依据前期收集的数据资料,通过建立适当的数学模型分析过去和现在市场变化的规律,并预测未来市场变化的方向和趋势。

2. 市场营销预测的内容

市场营销预测的内容十分广泛。从企业角度进行市场营销预测,主要是根据已有资料预测企业目标市场的未来发展趋势,预测企业的市场占有率变化,以便及时调整企业的经营发展方向,做出正确的经营决策,使企业在激烈的市场竞争中立于不败之地。

(1)市场需求预测

市场需求预测是预测在一定时期、一定的市场范围内,消费者和社会集团对某种商品或生产资料的有支付能力的需求。市场需求可以分成消费品市场需求和生产资料市场需求,相应地,市场需求预测也分成消费品市场需求预测和生产资料市场需求预测。

消费品市场需求预测主要包括对消费品的结构和具体消费品的数量、品种、规格、花色、型号、款式、质量、包装、品牌及需求时间等方面的预测。由于消费者的消费水平受到收入水平、人口数量、价格水平、教育程度、心理活动等多种因素的影响,所以消费品市场需求预测还包括消费者消费水平、消费心理和消费倾向变化等方面的预测。

生产资料市场需求预测主要研究物质资料生产部门对生产资料未来的需求,分析影响需求变化的原因及其变动趋势。

(2)市场供给预测

市场供给预测是对在一定时期内可以投放市场以供出售的商品的品种、数量、质量和时间的预测。这些商品资源主要来自生产部门,其次是进口,此外还有国家储备、商业部门的储存商品以及社会潜在物资(如废旧物资)。市场供给预测包括对可供市场销售的商品资源的预测,对商品生产能力的预测,对企业预期的利润的预测,对同行业、同类产品生产能力及竞争能力的预测,对企业产品销售量及市场占有率的预测,对国家进出口商品的变动趋势的预测。

(3)科学技术发展预测

科学技术发展预测是关于现代科学技术的未来发展和重大突破所引起的对社会、经济、市场等生产、生活各方面造成的影响所做的分析和预测。

当前,科学技术迅猛发展,最新科技成果向商业应用方面的转移周期越来越短,也使得大部分产品的市场生命周期明显缩短。科学技术发展预测可以帮助企业把握科学技术发展的方向,特别是掌握与本企业产品有关或与其原材料、工艺、设备等有关学科的科技发展水平、发展方向、发展速度和发展趋势等方面的情况,为企业制订科学技术决策及产品长远发展规划提供依据。

(4)企业生产经营能力预测

在竞争日益激烈的市场环境下,企业必须对自己的生产经营能力进行科学的预测,并据此对企业的生产经营进行科学的规划。企业生产经营能力的预测包括企业对自己的研究发展能力、营运能力和销售能力的预测。同时,企业还必须进行环境意外事件的预测,避免由于环境等意外事件影响企业的生产经营。

三、市场营销预测的步骤

预测应该遵循一定的程序和步骤以使工作科学、有序地开展。市场营销预测的过程大致包含以下步骤:

(1)确定预测目标

明确目标是开展市场预测工作的第一步。预测的目标不同,预测的内容和项目、所需要的资料和所运用的方法都会有所不同。明确预测目标后,就可以根据目标确定经营活动存在的问题,拟定预测的项目,制订预测工作计划,编制预算,调配力量,组织实施,以保证市场预测工作有计划、有节奏地进行。

(2)搜集资料

进行市场预测必须占有充分的资料。有了充分的资料,才能为市场预测提供进行分析、判断的可靠依据。在市场预测计划的指导下,调研和搜集预测的有关资料是进行市场预测的重要一环,也是预测的基础性工作。

(3)选择预测方法

根据预测的目标以及各种预测方法的适用条件和性能,选择出合适的预测方法。有时可以运用多种预测方法来预测同一目标。预测方法的选用是否恰当,将直接影响预测的准确性和可靠性。运用预测方法的核心是建立描述、概括研究对象特征和变化规律的模型,然后根据模型进行计算或者处理,即可得到预测结果。

(4)预测分析和修正

分析判断是对调研搜集的资料进行综合分析,并通过判断、推理,使感性认识上升为理性认识,从事物的现象深入到事物的本质,从而估计市场未来的发展变化趋势。在分析评判的基础上,通常还要根据最新信息对原预测结果进行评估和修正。

(5)编写预测报告

预测报告应该概括预测研究的主要活动过程,包括预测目标、预测对象及有关因素的分析结论、主要资料和数据,预测方法的选择和模型的建立,以及对预测结论的评估、分析和修正，等等。

四、市场营销预测常用的方法

市场营销预测的方法很多，一些复杂的方法涉及许多专门的技术。对于企业营销管理人员来说，应该了解和掌握的预测方法主要有以下几种：

1. 定性的预测方法

经营管理者在很多情况下不可能清楚地掌握预测对象的历史或现实资料，且影响预测的因素复杂多变，以致企业有时难以对主要影响因素进行定量分析。在此情况下，经营管理者往往借助定性预测进行分析。

定性预测是指预测者根据已经掌握的部分历史资料，运用个人的经验和主观判断能力对事物的未来发展做出性质和程度上的预测。在实际运用中，比较常用的定性预测的方法有专家意见法、市场营销调研法、主观概率法等。

(1)专家意见法

专家意见法是企业根据市场预测的目标和要求，向企业的内部和外部的专家咨询有关市场未来发展变化趋势的意见和建议，并做出预测的一种预测方法。专家预测法的形式多种多样，这里主要介绍世界广泛采用的德尔菲法。

德尔菲法最早由美国兰德公司于 1946 年提出并用于预测领域。这种方法是由预测组织者挑选专家，通过匿名通信的方式，以问卷反复征求专家意见，然后对专家意见进行适当的统计处理，得出最终预测结果。具体步骤是：

a. 确定预测目标。通过一系列仔细设计的问卷，要求各专家提供可能的预测方案。

b. 每一位专家根据自己的知识和经验，匿名、独立地完成每一组预测问卷。

c. 把每一组问卷的结果集中在一起，进行整理、归纳；然后将归纳后的意见反馈给专家，要求他们对自己原有的看法和意见进行修改或提出新的见解。

d. 将专家第二次的意见和看法重新收集在一起，仍然进行整理、归纳，再将归纳的见解和看法反馈给专家进行修订。这样反复征询、归纳、修改，直到专家们的预测意见基本一致或者专家们的预测意见不再改变为止。

e. 对最后征询的专家意见进行统计处理，以专家们基本一致的预测意见或者经过统计处理得出的结论作为最终的预测结果。

德尔菲法的优点在于这种方法能够集思广益，既发挥专家的集体智慧，又避免人为或心理因素的干扰，从而能较好地克服市场预测的主观性和片面性，提高预测质量，为企业实施营销战略提供较可靠的信息。这种方法简单易行，预测比较快速，可以使企业快速迎合市场需求，提高决策效率。

(2)市场营销调研法

市场营销调研法是通过实际调研，在掌握第一手资料的情况下，对未来需求做出分析和判断的一种预测方法。它包括对现有市场需求的调研预测和对潜在市场需求的调研预测。

现有市场需求可根据需求者的订单和预购合同来预测，但在实际操作中，顾客和用户提出的量可能会随着某些因素的变化而发生变化，如顾客取消订单和不能履行合同等。因此，在实际预测中，对现有市场需求的调研预测法不宜运用于长期的预测，而只适宜做微观和短期的预测。

对潜在市场需求的预测主要通过直接访谈、邮寄调研、网络调研等方式了解潜在客户的购买意向，进而对未来市场需求做出预测。该预测方法一般适用于对生产资料、耐用消费品等商品的需求预测，而对非耐用品和日常用品，由于消费者的购买动机和购买计划波动大，则不宜采用。

(3)主观概率法

主观概率法也是企业常用的一种定性预测法，它是在缺乏必要的数据资料的前提下，要求多位专家对某事件发生的概率进行主观预测，通常给出最大、最可能和最小三个预测值，然后综合多位专家的预测值得出最终的预测结果。主观概率不同于客观概率，客观概率是根据某事件发生的客观资料统计出来的概率，具有客观存在性。由于影响市场的因素众多且瞬息万变，在实践中，预测者很难确定事件发生的客观概率。在这种情况下，企业预测者只能凭借主观经验来判断事件发生的可能性。主观概率预测并不是主观臆断，而是预测专家根据经验、学识及市场背景对预测问题的判断。虽然掌握的相关资料有限，但也有一定的参考价值，所以主观概率预测法是带有定量性质的定性预测。

在实际预测中，主观概率预测法常与其他定性预测法结合。该预测方法是建立在缺乏必要的客观资料和历史数据的基础上的。在实际预测过程中，这种预测法难免会受专家的个人能力、经验水平和市场的不确定性因素的影响而出现误差。所以，在预测过程中应集思广益，广泛地收集资料，尽可能地减少预测误差。

2. 定量预测法

定量预测法是与定性预测法相对应的一种预测方法。它根据一定的历史和当前的数据资料，建立科学的数学模型和采用合适的统计分析方法，对预测目标进行定量的分析和研究。定量预测重视数据的作用和定量分析，研究手段主要是数学模型和统计分析方法，不存在主观定性判断。定量预测法预测结果客观，且可靠性较高，在统计资料充分的条件下，常用此法进行预测。但此种预测法不能灵活地适应复杂变化的市场环境，因此，在实际预测中常将定量预测和定性预测相结合。定量预测法主要包括时间序列预测法和因果关系预测法。

本章小结

市场营销调研是指按照一定的程序，采用科学的方法，对于与决策相关的资料进行系统设计、收集、分析和报告的过程。市场营销调研的内容十分广泛，主要涉及社会环境调研、市场需求调研、产品调研、市场营销活动调研。市场营销调研应根据具体的要求抽取一定的样本量，然后运用恰当的调研方法收集资料。市场预测是在市场营销调研的基础上，运用预测理论与方法，对预测对象的变化趋势和未来可能的水平做出估计与测算，为决策提供依据的过程。市场预测是为决策提供信息服务的重要手段，是正确决策的基础。市场预测应该遵循科学的程序以使工作科学、有序地开展。市场预测的程序大致包含五个步骤:确定预测目标、搜集资料、选择预测方法、预测分析和修正、编写预测报告。

客观题

请扫二维码。

(http://www.ehuixue.cn/index/Orgclist/course? cid=11924)

复习思考题

1. 市场营销调研的重要性。
2. 简述市场营销信息系统及其子系统。
3. 企业的市场预测涉及哪些内容?

应用与探讨

请同学们分组选择感兴趣的问题,设计调研问卷并实施调研与预测。

【结尾案例】

"双11"市民网购意向调查——从"买买买"中看消费结构升级

近年来,消费者有了更多的消费渠道、更便捷的购物方式、更人性化的操作界面……网购平台快速发展,市民的消费体验和消费意向又发生了怎样的改变?相关研究部门开展了问卷调查活动,共收到有效问卷386份。同时,研究者随机抽取了156份问卷进行交叉对比,以便详尽了解受访者的消费习惯。

1. 更多选择

有一种社交网络风潮正在影响郑小姐的生活,那就是随时随地可能从微信界面冒出来的"拼团"网购邀请。郑小姐说现在自己所在的妈妈群,几乎已经变成了拼团群,每天刷屏的都是各种各样的拼团凑单信息。

面对今年的"双11"网购促销,她感觉有点疲惫,因为每天早晨都要打开好几个App,忙着刷红包、抢代金券、签到抽奖……想买的东西只有那么多,但可以选择的渠道实在太多了。

2. 代购业务或面临转型

本次调查的受访者中,男性占29.87%,女性占70.13%,符合网络消费受众构成规律;受访者年龄分布较为集中,31岁至40岁占48.70%,18岁至30岁占28.57%,两者合计占比近8成。

受访人群对网络购物较为熟悉、购物意向较为明确，能够有效反映本地消费者的实际诉求。在受访者常用的购物渠道中，网购占比超7成(74.35%)，网购以其便利性赢得人们的欢心，商品齐全的超市(62.66%)、位置优越的便利店(46.10%)、空间开阔的购物中心(43.83%)、富有生活气息的农贸市场(34.42%)紧随其后。

3.“拼购”平台冲刺“双11”

调查数据显示，超半数消费者以周为单位进行网络购物，网上购物消费频率为每周一次或几次的受访者占比达53.90%。

近年来，新的网购平台、网络消费方式不断崛起，即便是习惯了互联网生活的人们也不可能样样精通。50%的受访者表示没有尝试过草莓、shopbop等海外购物网站，42.53%的受访者没有使用过闲鱼、58同城等二手商品交易类网络平台，30.19%的受访者尚未尝试过拼多多、每日优鲜等通过微信群传播的“拼购”“免费购”等网络购物形式。

4. 折扣复杂

小金这几天忙着搬家，新房的网络已经连接，但路由器还要等到“双11”再买。她在手机里列了一张购物清单，林林总总竟有30多项。网购便捷，送货上门，但也不是完全没有遗憾。小金习惯有计划地购物，去年她提前挑选商品加入购物车，计算好了店内优惠和平台满减，没想到结账的时候才发现，有些小规则自己漏看了，有些满减政策调整了，她所有的计划不得不推倒重来，浪费了大量的时间和精力。今年，她注意到叠加优惠的政策更复杂了，连店内的说明都难以看懂，除了抢红包，还要群分享、游戏夺金、组团购物分红包……

5.“双11”预算趋理性

折扣众多，势必将带来非理性消费。但消费者历经多年的“战火”洗礼，消费观念日趋成熟，“买买买”的过程中也多了几分审慎态度。

受访者回顾上年“双11”期间的消费金额，5000元以内占比超60%，5001元至10 000元占8.77%，10 001元至50 000元占6.82%，50 000元以上占1.62%，几乎没有购物消费占17.53%。

6. 折扣复杂化引不满

虽然总体评价积极，但在“双11”网购经历中还是有一些让受访者烦恼的问题，比较突出地体现在：“心仪的商品不打折，打折的商品不喜欢”占48.70%；“促销期前后，商品大幅度提价”占39.29%；“折扣券用法复杂，算错账还不如原价购买”占38.96%；“折扣网站分散，占用大量时间精力”占37.66%；“不熬夜就赶不上最超值的一波”占37.01%；“受折扣促销诱惑，导致盲目消费”占34.42%。

7. 两性消费差异显著

通过对本次问卷的部分数据进行交叉对比，调查者发现，两性在网购意向方面存在一些比较显著的差异。

在156份随机抽样样本中，男性受访者的网购意向集中在数码产品、家用电器和户外用品领域，而女性受访者的网购意向集中体现在儿童商品、鞋帽服包、各类食品领域。从历年"双11"相关数据报告来看，女性始终是网络购物的中坚力量。在男性消费者根据个人需求选择商品的时候，女性作为家庭消费的支配主体，会更多地考量母婴用品、儿童用品等家庭生活需求。

8. 精神消费诉求爆发

在调查中，消费者除了关注"双11"期间的网购优惠，也更重视网购商品的品质与创意。51.30%的受访者只买官方直供的商品，47.40%的受访者希望自己购买的商品拥有品质保障，30.84%的受访者认为商品须具备实用性，29.55%的受访者要参考商品评论后再做出决定，23.05%的受访者希望见过实物再下单，而20.45%的受访者想要购买"原创设计"类创意商品。

根据上述材料，思考下列问题：

1. 比较各购物平台促销方法的异同。
2. 预测手机购物平台拼多多的发展。

第六章　目标市场营销战略

【学习目标】

通过本章学习，学生能够理解市场细分、目标市场及市场定位的概念，掌握市场细分的变量和目标市场选择的战略，掌握市场定位的方法和策略。

【导入案例】

西贝如何利用定位技巧大赚良心钱

西贝莜面村从1988年诞生至今已经有30多个年头，它从起初的一个"黄土坡小吃店"发展起家，截至2018年12月已拥有330多家门店，员工近20 000人，成为中国餐饮企业的一面旗帜。门店分布于北京、上海、广州、深圳等全国40多个大中城市。它们崇尚返璞归真和健康饮食理念：宣称"原料来自西北的草原、山野、乡村，绿色、营养、健康！菜品烹制简单，调味单纯，不添加味精，保证了食材的本色、本味"。在西贝，消费者随随便便点上几样东西，分量都不多，人均消费却要过百元。以凉皮为例，北京街头的凉皮一般卖10元一份就已经不便宜了，而西贝的凉皮(面筋)却卖33元一份。可以说西贝就是餐饮业的"苹果手机"，价格真不便宜，但生意却很好。你去仔细观察就会发现，这里的顾客或者是有消费能力的中年人(及其家人)，或者是不差钱的年轻人，他们都是典型的"中产阶层"。"中产阶层"一般有这样的特点：他们有较强的消费能力，对品质也相当看重，并且愿意为高品质而多花钱。西贝显然是在迎合这些中产阶层的需求。

随着经济的发展，社会生活越来越丰富，企业要想从激烈的竞争中脱颖而出，就要确定能够提供有效服务并获取最大利润的市场，而不是试图在整个市场上进行竞争。因此，从19世纪五六十年代开始，西方企业纷纷开始实行目标市场营销(Target marketing)。目标市场营销就是选择与本企业营销宗旨最吻合、销售潜力最大、获利最丰厚的那部分市场作为目标，然后采取相应的市场营销手段，打入或获得这个市场。目标市场营销是市场营销理论和实践的极有意义的进步，是现代营销的核心战略。目标市场营销主要包含三个步骤：市场细分(Segmenting)—目标市场选择(Targeting)—市场定位(Positioning)，所以又被称为"STP战略"。

第一节　市场细分

市场细分是目标市场营销的基础。20世纪50年代，美国市场营销学家温德尔·史密斯在《市场营销策略中的产品差异化与市场细分》一文中提出了市场细分概念，奠定了目标市场营销的理论基础，从而使市场营销进入一个新的阶段，即目标市场营销。从现代市场营销发展演变来考察，市场细分理论和实践的发展大致可以概括为三个阶段：

(1)广泛市场营销

回顾市场营销历史，我们会发现，企业并非一开始就热衷于目标市场营销。实际上，在20世纪50年代以前的很长一段时间，大多数的消费品厂商都奉行广泛市场营销(Mass marketing)。广泛市场营销又称“大量市场营销”，是指营销者以相同的方式向市场上所有的消费者提供相同的产品和进行信息沟通，即大量生产、大量分销和大量促销。例如，亨利·福特向市场上推出著名的T型车时，就采用统一的设计和唯一的黑色款式。同样，可口可乐一度只向整个市场供应一种可乐，以求吸引所有的消费者。

广泛市场营销以市场的共性为基础，忽略市场需求的差异，力图以标准化的产品和分销影响最广泛的市场范围，从而获得最低的生产和营销成本，得到较低的价格，或者较高的利润。在商品不充足、消费个性不突出或产品需求同质性高的情况下，广泛市场营销能够有效地实现规模经济，为企业所推崇。

(2)产品差异化市场营销

产品差异化市场营销也可称“多产品市场营销”。随着科学技术的进步、科学管理和大规模生产系统的开发和推广，产品的产量迅速增加，市场上逐渐出现供过于求；卖方之间的竞争日趋激烈，企业的产品销量和利润开始下降。这时，企业认识到产品差异化的潜在价值，认为顾客有不同爱好，而且爱好随时间的推移也有所变化，顾客也在寻求差异化。于是，企业开始生产两种或两种以上不同特点、式样、规格、质量的产品。其目的是向顾客提供多种产品，以供不同顾客选购。

(3)目标市场营销

20世纪50年代以后，企业面对买方市场的严峻形势，纷纷认识和接受市场营销观念，开始关注消费者的差异，也意识到自己的营销行为对于不同的消费者有不同的吸引力和影响力。与以前力图满足所有人的“散弹式”的广泛市场营销相比所不同的是，越来越多的企业开始了目标市场营销实践，他们仔细区分不同的消费需求，尽力寻找最适合自己的消费者群体，集中优势资源为之提供有针对性的服务和建立稳固的关系。于是，大多数企业对自己力图满足的消费者有了更清楚的选择，从分散地使用营销资源，到将资源集中于最有潜力的消费者群体(目标市场)，即从对市场不加区分的广泛市场营销转变为“有所为、有所不为”的目标市场营销(Target marketing)，即企业识别各个不同的购买者群体的差别，有选择性地确认一个或几个消费者群体作为自己的目标市场，发挥自己的资源优势，满足其全部或部分的需求。

【延展阅读】

“不要试图向所有的顾客提供服务”是营销的重要准则之一，这也应验了中国的一句老话，“有所不为才能有所为”。面对科学技术的飞速发展和激烈的竞争，世界变得越来越丰富多彩，还有谁能在一个领域全面称雄呢？更不要说在所有领域了。缺乏稳定、清晰和长期的营销战略是许多企业市场营销的通病，这导致企业不停地按照竞争做出大规模的、出人意料的调整。对竞争对手的出其不意，变成了顾客的看不懂，在顾客心中引起了品牌的混乱，使消费者变得小心谨慎。企业应当根据自己特定的资源和能力，在市场营销活动中建立长期稳定的战略，使顾客对本企业的特征形成清晰的、可辨的、排他的概念。其实，面对快速变化的世界，顾客越来越不知道自己的实际需求是什么，营销者必须帮助顾客学会知道“我要什么”。营销战略就是选择目标市场，为目标顾客创造独特的价值主张，用品牌阐释需求，告诉顾客“我要什么”。

一、市场细分的概念和作用

市场细分是企业确定目标市场和制定市场营销策略的必要前提，它是美国市场学家温德尔·史密斯于20世纪50年代中期首先提出的。它一问世，立即被企业家所认可，并被誉为创造性的新概念。

1. 市场细分的概念及其理论依据

所谓市场细分，是指企业按照消费者的一定特性，把原有市场分割为两个或两个以上的子市场，以此确定目标市场的过程。分属不同细分市场的顾客对同一产品的需求与欲望存在着明显的差异，而属于同一细分市场的顾客，他们的需求与欲望极为相似。以服装市场为例，消费者对服装的款式、质地、颜色、价格等需求各不相同，服装厂或经营服装的公司就可以把注重款式的消费者划归为同一个细分市场，把注重价格的消费者划归同一个细分市场，提供不同的服装，采取相应的市场营销策略，从而在各细分市场上提高竞争力，增加销售，以占有较大的市场比重。它的理论依据是消费需求的绝对差异性和相对同质性。

(1)消费需求客观存在绝对差异性

由于人们所处的地理条件、社会环境以及自身的个性心理不同，市场上的顾客千差万别，他们追求不同的利益，拥有不同的需求特点和购买习惯，以至于对商品的品种、数量、价格、式样、规格、色彩乃至购买时间和地点的要求都会有所不同。而且，这些差异是绝对的，就像世界上没有完全相同的两片树叶一样，市场上也绝没有完全相同的顾客。如果说卖方市场限制了消费者表现和实现其差异需求的条件，买方市场则使消费者步入了个性消费的时代，客观存在的需求差异得到真正尊重和鼓励。以消费需求为中心的营销活动自然地建立在对这些客观差异的辨识和区分即市场细分上。

(2)消费需求客观存在相对同质性

只承认需求的绝对差异，而否认其相对同质，是片面的，必然陷入不可知论的窘境。应该看到，在同一地理条件、社会环境和文化背景下的人们会形成有相对同质的人生观、价值观的亚文化群，他们的需求特点和消费习惯大致相同。正是因为消费需求在某些方面的相对同质，市场上绝对差异的消费者才能按一定标准聚合成不同的群体。每一个群体都是一个有相似欲望和需求的市场部分或子市场。

所以，消费需求绝对差异造成了市场细分的必要性，消费需求的相对同质性则使市场细分有了实现的可能性。

市场细分理论的提出被看作是营销学的"第二次革命"，是继以消费者为中心的观念提出后对营销理论的又一质的发展，它的出现使营销学理论更趋于完整和成熟。

2. 市场细分的作用

(1)市场细分有利于企业分析机会，选择市场

通过市场细分，企业可以对纷繁复杂的各类消费者的需求，同市场上现有的商品进行比较分类，发现哪些需求已经满足，哪些尚未完全满足，哪些根本没有满足。那些未得到满足或尚未完全满足的市场需求便是客观存在的市场机会，可能形成新的目标市场，这往往是企业成功的机会。例如，娃哈哈果奶就是通过市场细分，选择了儿童饮料市场取得了成功。

在买方市场条件下，企业营销决策的起点在于发现有吸引力的市场环境机会。这种环境机会能否成为市场机会取决于两点：①与企业战略目标是否一致；②利用这种环境机会能否比竞争者具有优势并获取显著收益。显然，分析机会必须靠市场细分，市场细分可以发现哪些需求已得到满足，哪些只满足了一部分，哪些仍是潜在需求。

市场细分对中小企业尤其重要，中小企业资源能力有限，技术水平相对较低，缺乏竞争能力。通过市场细分，企业可以根据自身的经营优势，选择一些大企业不顾及的、市场相对需求量较小的局部市场发展自己的业务，在夹缝中求生存。

(2)能使企业集中有限的资源，以小胜大，取得较好的经济效益

通过市场细分，企业可以深入了解每一细分市场的需求情况和购买潜力，以及同行竞争者的情况。这样，企业就能把各个细分市场的外部环境与自身的生产技术条件结合起来，选择对自己有利的市场作为目标市场；将企业的资源合理配置，从而以最少的代价取得最好的经济效益。

(3)有利于集中人力、物力投入目标市场

任何一个企业的资源、人力、物力、资金都是有限的。通过细分市场，选择了适合自己的目标市场，企业可以集中人、财、物及资源，去争取局部市场上的优势，然后再占领自己的目标市场。

(4)有利于增强企业的竞争能力

企业的竞争能力受客观因素的影响而存在差别，但通过有效的市场细分战略可以改变这种差别。市场细分之后，每一细分市场上竞争者的优势和劣势就明显地暴露出来，企业只要看准市场机会，利用竞争者的弱点，同时有效地开发本企业的资源优势，就能用较少的资源把竞争者的顾客和潜在顾客变为本企业的顾客，提高市场占有率，增强竞争能力。

二、市场细分的标准或依据

从理论上说，市场细分的基础是顾客需求的差异性，所以凡是使顾客需求产生差异的因素都可以作为市场细分的标准或依据，即细分变量。从实际操作来看，企业是根据影响或反映消费者需求的因素对市场进行细分的，这些因素又可以分为两大类：一类是

反映消费者特征的因素，如地理因素、人文因素和心理因素；另一类是直接与产品相关联的因素，如消费者购买商品所追求的利益、消费者使用商品的时机、消费者对品牌的忠诚程度等。由于各类市场的特点不同，因此市场细分的标准也有所不同。

1. 消费品市场的细分标准

对消费者市场来说，一般认为主要细分依据是地理因素、人口因素、心理因素和行为因素等四个方面，每个方面又包括一系列的细分变量，见表 6-1 所列。

表 6-1　消费品市场细分标准及变量一览表

细分标准	细分变量
地理因素	地理位置、城镇大小、地形、地貌、气候、交通状况、人口密度等
人口因素	年龄、性别、职业、收入、民族、宗教、教育、家庭人口、家庭生命周期等
心理因素	生活方式、性格、态度等
行为因素	购买时机、追求的利益、购买频率、使用状况、使用率、购买习惯(品牌忠诚度)等

(1)地理因素

地理因素是指消费者所处的地理位置和地理环境，包括地理区域(国家、地区、南方、北方、城市、乡村等)、地形、气候、人口密度、生产力布局、交通运输和通信条件等。处于不同地理位置的消费者，对同一类产品往往呈现出差别较大的需求特征，他们对企业所采取的市场营销战略，对企业的产品、价格、分销渠道、广告宣传等市场营销组合各有不同的反应。如北方的气温较低，对御寒保暖之类的消费品需求量较大；而南方气温较高，则对防暑降温的消费品需求量大。另外，在饮食口味上也有较大差异，如我国有“南甜、北咸、东辣、西酸”之说。同时，地理位置不同，市场潜力和营销费用也会因市场位置不同而有所不同，企业应选择那些本企业能最好地为之服务的、效益较高的地理市场为目标市场。例如，北京燕京啤酒集团公司的工厂和物资供应都集中在北京、河北地区。这家公司以这些地区为目标市场，其成本、费用较低，效益较高。

【案例 6-1】

饺子市场细分

中国文化博大精深，中国饮食文化同样如此。速冻食品在迎合大众口味的基础上，还要进行区域市场细分。比如水饺可以细分出川菜风味、粤菜风味、江南风味、东北风味等，强调企业做的是水饺，也是美食。各种风味融合各区域的饮食习惯和美食特产，或甜或辣或酸，任消费者挑选。在长久面对猪肉大葱、猪肉芹菜、猪肉大白菜这样的选择之后，相信细分了区域口味的水饺将成为消费者的新宠。

(2)人口因素

① 年龄。消费者的年龄不同,对商品的需求也不同。例如,儿童对玩具、少儿读物的需求多;青年对时装、文化体育用品的需求较多;老年人则对营养保健品、医疗用品的需求多。再如由泰康人寿保险股份有限公司下属泰康之家(北京)投资有限公司投资打造的世界级标准医养活力社区,主要为老年人提供不同的居住单元以及居住生活、美食餐饮、医疗护理、文化娱乐、健身运动等服务。

② 性别。性别是市场细分的常见因素之一,也是影响消费者购买行为的重要因素。在服装、化妆品、自行车等市场上因性别不同而产生的差异更为明显,性别在这些行业中更是一个常用的细分因素,早已为企业广为应用。

③ 职业与教育程度。消费者的职业与教育程度不同,对商品的消费需求偏好和购买行为区别就很大。小学及以下学历者与具有研究生以上学历者,其需求取向存在很大差异。

④ 收入水平。收入水平是影响消费者购买力的直接因素,对消费者需求的数量和结构具有决定性影响,特别是那些耐用消费品、饮食服务等行业更适用收入这个因素来细分,如宾馆有五星级、四星级、三星级等。

⑤ 民族与国籍。我国是一个拥有56个民族的大家庭,各民族都有自己的生活习惯与风俗,特别是一些少数民族,每一个都具有自己的特色,表现在对商品的需求上具有明显差异,如饮食上、着装上。另外,不同国籍的消费者,其生活习惯及购买力更是有很大区别,同时具有多样化的需求特征。

⑥ 家庭人口与家庭生命周期。家庭人口反映家庭规模的大小。进入21世纪,我国家庭规模越来越向小型化发展,主要以三口之家为多,这直接影响家庭用品的消费形态。家庭生命周期,是指一个以家长为代表的家庭生活的全过程,包括从年轻单身,到结婚生子,到子女独立生活,最后到老年夫妇及老年单身。不同的家庭生命周期阶段,其购买力及家庭成员对购买决策的影响力也有显著区别。

(3)心理因素

消费心理因素即根据购买者所处的社会阶层、生活方式、个性特点等因素将购买者分为不同的消费群体。在同一人口细分群体的人可能会有不同的心理模式。

① 社会阶层。社会阶层是指在某一社会中具有相对同质性和持久性的群体。处于同一阶层的成员具有类似的价值观、兴趣爱好和行为方式,不同阶层的成员对所需的产品也各不相同。识别不同社会阶层消费者所具有的不同特点,对于很多产品的市场细分将提供重要依据。

② 生活方式。生活方式是根据人们的生活价值观所形成的生活行为体系或生活模式和生活方法。不同生活方式的消费者对产品有着不同的需求和兴趣爱好,如"传统型""新潮型""节俭型""奢侈型"等,消费者生活方式的改变也就会产生新的需求。这种细分方法能显示出不同群体对同种商品在心理需求方面的差异性,如美国有的服装公司就把妇女划分为"朴素型妇女""时髦型妇女""男子气质型妇女"三种类型,分别为她们设计不同款式、颜色和质料的服装。

③ 个性特点。消费者的性格对产品的偏爱有很大的关系。性格可以用外向与内

向、乐观与悲观、自信、顺从、保守、急进、热情、老成等词句来描述。性格外向、容易感情冲动的消费者往往好表现自己,因而他们喜欢购买能表现自己个性的产品;性格内向的消费者则喜欢大众化,往往购买比较平常的产品;富于创造性和冒险心理的消费者,则对新奇、刺激性强的商品特别感兴趣。

(4)行为因素

很多人认为,行为因素能更直接地反映消费者的需求差异,因而成为市场细分的最佳起点。

① 购买时机。许多产品的消费具有时间性,烟花爆竹的消费主要在春节期间,月饼的消费主要在中秋节以前,旅游景点在旅游旺季生意最兴隆。因此,企业可以根据消费者产生需求、购买或使用产品的时间进行市场细分。例如:航空公司、旅行社在寒暑假期间实行优惠票价,以吸引师生乘坐飞机外出旅游;商家在酷热的夏季大做空调广告,以有效增加销量等。因此,企业可根据购买时机进行细分,在适当的时候加大促销力度,采取优惠价格,以促进产品的销售。

② 追求的利益。消费者购买某种商品都是为了追求某种利益,满足某种需求。利益点的不同就导致需求实质上的不同。例如消费者购买任何产品,都存在不同的利益追求,有的追求价格便宜,有的追求性能优越,有的追求服务完善。

美国曾有人运用利益细分法研究钟表市场,发现手表购买者分为三类:大约23%侧重价格低廉,46%侧重耐用性及一般质量,31%侧重品牌声望。

运用利益细分法,首先必须了解消费者购买某种产品所寻求的主要利益是什么;其次要了解寻求某种利益的消费者是哪些人;再次要调查市场上的竞争品牌各自适合哪些利益,以及哪些利益还没有得到满足。

③ 购买频率。根据购买频率,可将消费者分为经常购买、一般购买、不常购买(潜在购买者)。如铅笔,小学生经常购买,高年级学生按正常方式购买,而工人、农民则不常买。

④ 使用者情况。许多产品可按使用状况将消费者分为"从未用过""曾经用过""准备使用""初次使用""经常使用"等五种类型,即五个细分市场。资金雄厚、市场占有率高的大公司,一般对潜在使用者的消费者群体发生兴趣,它们着重吸引潜在使用者,以扩大市场阵地;小企业资金薄弱,往往看重并吸引经常使用者。当然,企业对潜在使用者和经常使用者要酌情运用不同的市场营销方法及其相关组合。

⑤ 使用率。市场也可以按产品被使用的程度,细分成少量使用者、中度使用者和大量使用者群体。大量使用者的人数通常只占总市场人数的一小部分,但是他们在总消费中所占的比重却很大。市场营销者通常偏好吸引对其产品或服务的大量使用者群体,而不是少量用户。以啤酒为例,调查资料显示,41%的人喝啤酒,但大量饮用者消耗了啤酒总量的87%,是少量使用者消耗量的7倍以上。显然,大多数啤酒公司都会把目标定在大量啤酒饮用者身上,并有针对性地开展各种广告宣传。

⑥ 购买习惯(对品牌忠诚度)。所谓品牌忠诚,是指价格、质量等诸多因素的吸引力,使消费者对某一品牌的产品情有独钟,形成偏爱并长期地购买这一品牌产品的行为。提高品牌的忠诚度,对于一个企业的生存和发展、扩大市场占有率极其重要。据此

可将消费者划分为坚定品牌忠诚者、多品牌忠诚者、转移的忠诚者、无品牌忠诚者等。例如，有的消费者忠诚于某些产品，如柯达胶卷、海尔电器、中华牙膏等；有的消费者忠诚于某些服务，如东方航空公司、某某酒店或饭店等，或忠诚于某一个机构、某一项事业等。为此，企业必须辨别其忠诚顾客及特征，以便更好地满足他们的需求，必要时给忠诚顾客以某种形式的回报或鼓励，如给予一定的折扣。

【案例 6－2】

联想电脑市场细分

1. 地理因素

针对新兴市场，联想将市场细分为农村和城市、东部和西部，打造贴近市场的专业高效、强大的渠道体系，响应国家“家电下乡”的号召，向农村推出了经济型的电脑，把产品第一时间推向市场，以满足客户的需求。

2. 人口因素

现在的市场对于产品的细分要求越来越高，联想考察市场后，将市场消费者细分为学生、商务人士、想要购买第二台电脑的家庭、一般家庭等群体。

3. 心理因素

对于学生爱玩游戏也爱追求时尚的特点，联想推出 Y 系列电脑，性能出色，外观时尚；对于商务人士的实际特点，联想推出 V 系列商务本、U 系列便携本，以满足商务人士对办公要求高、经常出差的特点；根据想要购买第二台电脑的家庭一般是用来上网的用途，联想推出 S 系列的上网本；对于一般家庭想要购置电脑但是经费不足的特点，联想推出 G 系列电脑。

4. 行为因素

为了维护联想品牌的忠诚度，联想推出一系列的售后服务以及实用的应用软件。

2. 生产者市场细分的标准

上述消费品市场的细分标准有很多都适用于生产资料市场的细分，如地理环境、气候条件、交通运输、追求利益、使用率、对品牌的忠诚度等。但由于生产资料市场有它自身的特点，企业还应采用其他一些标准和变数来进行细分，最常用的有：最终用户要求、用户规模、用户地理位置等变数。

(1)按用户的要求细分

产品用户的要求是生产资料市场细分量常用的标准。不同的用户对同一产品有不同的需求，如晶体管厂可根据晶体管的用户不同将市场细分为军工市场、工业市场和商业市场：军工市场特别注重产品质量；工业用户要求有高质量的产品和服务；商业市场主要用于转卖，除要求保证质量外，还要求价格合理和交货及时。飞机制造公司对所需轮胎要求的安全性比一般汽车生产厂商要高许多。同是钢材，有的用作生产机器，有的用于造船，有的用于建筑等。因此，企业应针对不同用户的需求，提供不同的产品，设计不同的市场营销组合策略，以满足用户的不同要求。

(2)按用户经营规模细分

用户经营规模也是细分生产资料市场的重要标准。用户经营规模决定其购买能力的强弱。按用户经营规模划分，可分为大客户、中客户、小客户。大客户户数虽少，但其生产规模、购买数量大，注重质量、交货时间等；小客户数量多，分散面广，购买数量有限，注重信贷条件等。许多时候，企业和一个大客户的交易量相当于与许多小客户的交易量之和，失去一个大客户，往往会给企业造成严重的后果。因此，企业应按照用户经营规模建立相应的联系机制和确定恰当的接待制度。

(3)按用户的地理位置细分

每个国家或地区大都在一定程度上受自然资源、气候条件和历史传统等因素影响，形成若干工业区，例如江浙两省的丝绸工业区，以山西为中心的煤炭工业区，东南沿海的加工工业区等。这就决定了生产资料市场往往比消费品市场在区域上更为集中，地理位置成为细分生产资料市场的重要标准。企业按用户的地理位置细分市场，选择客户较为集中的地区作为目标市场，有利于节省推销人员往返于不同客户之间的时间，而且可以合理规划运输路线，节约运输费用，也能更加充分地利用销售力量，降低推销成本。

三、市场细分的原则及方法

1. 市场细分的原则

市场细分的依据有许多种，但并非所有的市场细分都是有效的，对某种产品有意义的细分变量可能对另一些产品毫无意义。例如，以性别来细分服装市场是非常普遍的，但对电视消费者的分析发现，性别因素不起作用。一般来说，有效细分应遵循以下五项原则：

(1)可衡量性

可衡量性是指用来细分市场的标准和变数以及细分后的市场是可以识别和衡量的，即有明显的区别和合理的范围。如果某些细分变数或购买者的需求和特点很难衡量，细分市场后无法界定，难以描述，那么市场细分就失去了意义。一般来说，一些带有客观性的变数，如年龄、性别、收入、地理位置、民族等，都易于确定，并且有关的信息和统计数据也比较容易获得；而一些带有主观性的变数，如心理和性格方面的变数，就比较难以确定。

(2)可进入性

可进入性是指细分后的市场，应是企业的市场营销活动能够通达的市场。主要表现在三个方面：一是企业具有进入这些细分市场的资源条件和竞争能力；二是企业能够把产品信息传递给该市场的众多消费者；三是产品能够经过一定的销售渠道抵达该市场。

(3)可盈利性(规模性)

可盈利性是指细分市场的规模要大到能够使企业足够获利的程度，使企业值得为它设计一套营销规划方案，以便顺利地实现其营销目标，并且有可拓展的潜力，以保证按计划能获得理想的经济效益和社会服务效益。例如：一个普通大学的餐馆，如果专门开设一个西餐馆以满足少数喜爱西餐的师生要求，可能由于这个细分市场太小而得不偿失；但如果开设一个回族饭菜供应部，虽然其市场仍然很窄，但从细微处体现了民族政策，有较大的社会效益，就值得去做。

（4）相对稳定性

相对稳定性是指细分后的市场在一定的时间内保持相对稳定。细分后的市场保持相对稳定，直接关系到企业生产营销的稳定性，特别是大中型企业以及投资周期长、转产慢的企业，不稳定更容易造成经营困难，严重影响企业的经营效益。

（5）具有发展潜力

市场细分应具有相对的稳定性，因此企业所选中的目标市场，不仅要能为企业带来目前利益，还必须有相当的发展潜力，能够给企业带来较长远的利益。

【延展阅读】

市场细分的几个误区

似乎一夜之间，中国汽车市场就从竞争最不充分的市场，变成了竞争最激烈的市场。每一款新车上市，厂家都会宣称它为某一个“细分市场”树立了新的标杆，但在实际操作中，仍然存在许多误区。

误区之一：以价格细分市场。

以价格细分市场，最大的好处是给消费者一个很明确的定位。如赛欧“10万元小别克”，成功切入原来“老三样”把持的10万元级家庭轿车市场。但现在的市场情形是：没有一个价格区间是空白的，每一个以万元为单位的价格区间都挤满了多款车型，价格战所能发挥的作用越来越小。

误区之二：市场是可以无限细分的。

从理论上讲，市场是可以无限细分的，有什么样的需求就有什么样的细分市场。听起来这种说法的确是贯彻了“以消费者为中心”的理念，但在实际操作中就可能碰壁，因为汽车制造是一种规模化产业，只有达到一定的产量，制造成本才能有效降低。没有一定的销量做基础，细分是没有意义的。

误区之三：细分市场是可以创造的。

既然汽车市场已被各种车型挤得密不透风，再也无法细分，有的厂家另辟蹊径，创造一个新的细分市场“寻找蓝海”。思路正确，但这种细分市场思路实践之后却往往没有需求支撑，如华普汽车推出一款号称“中国第一款女性车”的“海炫”，从概念上看这个细分市场够大，因为几乎一半消费者是女性。但女性消费者的需求其实和男性一样复杂，不同收入、年龄、文化程度的女性对汽车的理解是不同的。华普汽车试图以一款“海炫”满足所有女性的需求，只能说是一种天真的幻想，销量不佳也就是必然的了。

2. 市场细分的方法和程序

(1)市场细分的方法

市场由购买者组成,购买者有许多特点,这些特点各不相同。企业可根据实际情况,选择以上细分变量进行市场细分。细分的方法很多,有用单一细分变量的单个市场细分,也有同时用几个细分变量的联合市场细分。

① 单一因素法。市场上每一个消费者都有自己独特的需求和欲望,因此,每一个消费者都有可能成为一个潜在的独立市场。理论上说,任何一个市场,只要存在两个以上的消费者,就可以细分。将市场上所有消费者分别作为独立的市场,为每个消费者设计一项独立的营销计划的市场细分称为“完全细分”。实践证明,只有当该市场消费者数量不多,且需求特色分明时,完全细分才是可行的。例如,波音公司等飞机制造商,只有少量买主,他们往往对每一个买主的特殊需求了如指掌,分别应对。这种方法简便易行,但难以反映复杂多变的顾客需求。

② 综合因素细分法。这种细分法即用影响消费需求的两种或两种以上的因素进行综合细分,例如某公司对家具市场的细分采用了三个标准(见表 6-2 所列)。

表 6-2 某公司对家具市场的细分

户主年龄	65 岁以上	50～64 岁	35～49 岁	18～34 岁
家庭人口	1～2 人	3～4 人	5 人以上	
月收入水平(元)	1000 以下	1000～3000	3000 以上	

③ 系列因素细分法。细分市场所涉及的因素是多项的,并且各因素是按一定的顺序,可由粗到细、由浅入深,逐步进行细分,这种方法称为“系列因素细分法”。采用这种细分法之后,目标市场将会变得越来越具体,例如某服装公司选择多标准对服装市场用系列因素细分法做如下细分(如图 6-1 所示)。

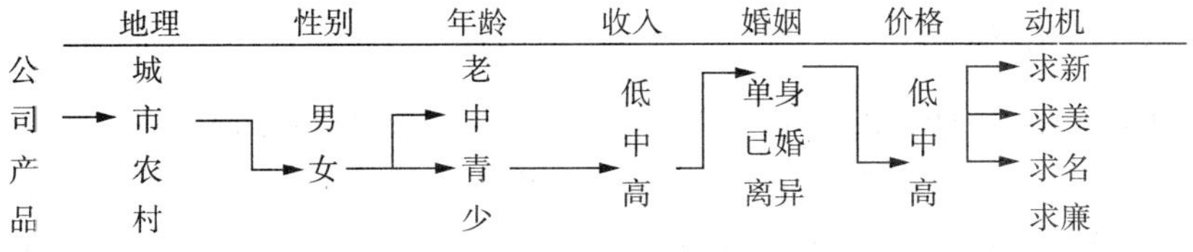

图 6-1 某服装公司对服装的市场细分

一般来说,企业细分市场运用的细分变量越多,所获得的精确度就越高,每个细分市场的人数也越少。同时,企业的细分成本随着细分市场的增多而递增。所以,恰当的市场细分应该既能保证市场细分的有效性和精确性,又能使成本最低。

(2)市场细分的程序

美国市场学家麦肯锡提出细分市场的一整套程序,这一程序包括以下七个步骤:

① 正确选择市场范围。产品的市场范围应以顾客的需求而不是以产品本身的特性来确定。企业应根据自身的经营条件和经营能力确定进入市场的范围,如进入什么行业,生产什么产品,提供什么服务。

② 列出市场范围内所有潜在顾客的基本需求。根据细分标准，比较全面地列出潜在顾客的基本需求，作为以后深入研究的基本资料和依据。比如，公司可以通过调查，了解潜在消费者对住宅的基本需求，这些需求可能包括遮风避雨、安全、方便、宁静、设计合理、室内陈设完备、工程质量好等。

③ 分析潜在顾客的不同需求，初步划分市场。企业将所列出的各种需求通过抽样调查进一步搜集有关市场信息与顾客背景资料，然后初步划分出一些差异最大的细分市场，至少从中选出三个分市场。

④ 筛选。根据有效市场细分的条件，对所有细分市场进行分析研究，剔除不合要求、无用的细分市场。

⑤ 为细分市场定名。为便于操作，可结合各细分市场上顾客的特点，用形象化、直观化的方法为细分市场定名，如某旅游市场分为商人型、舒适型、好奇型、冒险型、享受型、经常外出型等。

⑥ 复核。进一步对细分后选择的子市场进行调查研究，充分认识各细分市场的特点，本企业所开发的细分市场的规模、潜在需求，还需要对哪些特点进一步分析研究等。

⑦ 决定细分市场规模，选定目标市场。企业在各子市场中选择与本企业经营优势和特色相一致的子市场，作为目标市场。

经过以上七个步骤，企业便完成了市场细分的工作，就可以根据自身的实际情况确定目标市场，并采取相应的目标市场策略。

第二节　目标市场选择

市场细分化的目的在于正确地选择目标市场，如果说市场细分显示了企业所面临的市场机会，目标市场选择则是企业通过评价各种市场机会、决定为多少个细分市场服务的重要营销策略。

一、确定目标市场

所谓目标市场，就是在市场细分的基础上，企业决定要进入的最佳市场部分或子市场，即企业的产品或劳务所要满足的特定消费者群。企业的一切营销活动都是围绕目标市场来进行的。选择和确定目标市场、明确企业的具体服务对象，关系到企业目标的落实，是企业制定营销策略的出发点。

1. 目标市场应具备的条件

为了选择适当的目标市场，必须对各个细分市场进行评估。一般地讲，企业的目标市场必须具备以下条件：

(1)有一定的规模

有一定的规模是企业选择目标市场的首要条件之一。如果所选择的细分市场过于狭窄，没有一定的需求规模，企业就可能达不到它所期望的销售额和利润；而如果所选择的细分市场过于广阔，企业就会由于面铺得过宽而使营销力量显得单薄。至于什么是适当的规模，不同企业之间的选择相差很大，大企业一般会选择销售量大的细分市场，小企业通常会选择一些小的细分市场。

(2)有一定的发展潜力

评估一个细分市场值不值得去经营开发，不仅要看它现有规模这一静态方面，而且还要看到它可能发展变化的动态方面。有的市场目前的规模虽然不大，但从长远来看，可能会迅速增长，有一定发展潜力，这样的细分市场值得去经营。例如，柳州五菱汽车制造厂在 20 世纪 80 年代初刚转产微型汽车时，当时微型汽车市场很小，但他们根据国际上的普遍情况预计到微型汽车具有广阔的发展前景，于是投巨资进行技术改造，进入 20 世纪 90 年代以后，销量迅速增长，获得快速发展。

(3)有足够的吸引力

一个市场可能具有适当的规模和发展潜力，但它不一定就可以作为企业的目标市场，因为很可能缺乏吸引力。所谓吸引力，主要是指长期获利能力的大小。决定某一市场是否具有长期吸引力，主要有五个因素：一是同行业竞争者和细分市场内竞争的威胁；二是潜在进入者和转行的威胁；三是替代品的威胁；四是购买者(顾客)讨价还价的能力；五是供应商讨价还价的能力和合作前景。企业必须充分估计这些因素对长期获利所造成的机会和威胁，以便做出明智的选择。

(4)符合企业的目标和资源

企业进行市场细分的根本目的就是要发现与自己的资源优势能够达到最佳结合的市场需求。企业的资源优势体现在其资金实力、技术开发能力、生产规模、经营管理能力、交通地理位置等方面。既然是优势，必须是胜过竞争者的。消费需求的特点如果能促进企业资源优势的发挥将是企业的良机；否则，会出现事倍功半的情况，对企业而言是资源的浪费，严重时，甚至造成很大的损失。

2. 目标市场的选择模式

通过对有关细分市场的评估，企业会发现一个或几个值得进入的细分市场。这时，企业需要进行选择，即决定进入哪个或多少个细分市场。企业选择目标市场范围的模式或目标市场覆盖模式，主要有以下五种，如图 6－2 所示。图中 P1、P2、P3 代表不同档次和规格的产品，M1、M2、M3 代表不同的细分市场。

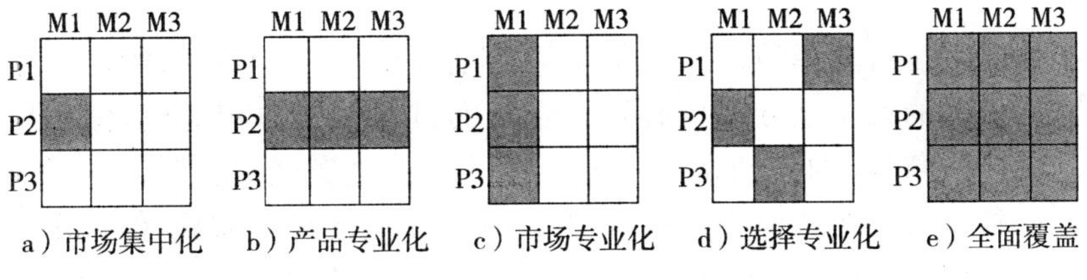

图 6－2　市场选择的五种模式

(1)市场集中化

这是指企业的目标市场，无论是从市场的角度还是产品的角度考察，都集中于一个市场层面上。企业只生产经营一种产品，供应某单一的细分市场。这种策略的优点主要是能集中企业的有限资源，通过生产、销售和促销等专业化分工提高经济效益。一般适应实力较弱的小企业，它们与其在大(多)市场里平庸无奇，倒不如在小(少)市场里有一席之地；但这也存在着较大的潜在风险，如消费者的爱好突然发生变化，或有强大的竞争对手进入这个细分市场，企业很容易受到损害，如图 6-2(a)所示。

(2)产品专业化

这是指企业集中生产经营某一种产品，用这一种产品满足各细分市场的需求。如某光学仪器厂生产不同档次的 135 型相机，然后把它提供给不同收入的消费者使用，而不生产 130 型相机或专业用相机。该模式可使企业在某个产品方面树立起很高的声誉，扩大销售，但如果这种产品被全新技术产品所取代，其销量就会大幅下降，如图 6-2(b)所示。

【案例 6-3】

从一点开始

娃哈哈由儿童饮料起步，海尔专注冰箱，苏宁从空调销售开始其成长之路，宝洁起初只是一家生产肥皂的小公司。几乎所有的大公司都是由专注于某一点而发展起来的。

如今，娃哈哈不仅是一个饮料王国，还生产罐头食品、方便休闲食品、酒类、医药保健品等，并踏入童装、婴幼儿奶粉等行业；海尔已是闻名于世的家电生产商；苏宁也早已不再只是位于南京江苏路与宁海路的交叉口专门销售空调的小店了，而是生活中的电器专家，是中国 3C(家电、电脑、通信)家电连锁零售企业的领先者，并且涉足百货、酒店等行业；宝洁已是全球最大的日用品生产商之一，产品包括织物及美容美发、家庭护理产品、健康护理产品、食品、饮料等。可见，找到一个支撑点，是企业成长的关键。

(3)市场专业化

这是指企业向某一个细分市场提供不同种类的产品，如某教学仪器厂以中学实验室为目标市场，向他们提供各种物理、化学、生物实验的仪器设备。这种模式主要为某一个顾客群服务，可降低交易成本，获得良好的声誉，但如果这个消费群体的购买力下降，就会减少购买产品的数量，企业就会产生滑坡的危险，如图 6-2(c)所示。

(4)选择性专业

这是指企业决定有选择地进入几个不同的细分市场，为不同的顾客提供适应其需求的产品。所选择的几个细分市场必须与企业的目标和资源相适应，但各细分市场之间不一定有必然的联系。如一个制鞋厂可选择生产或经营老年布鞋、中年皮鞋、青年旅游鞋。这是一种多元化经营模式，可以较好地分散企业的经营风险，但采用这种模式应十分慎重，必须以几个细分市场均有相当的吸引力为前提，如图 6-2(d)所示。

(5)全面覆盖

这是指企业决定全方位地进入各细分市场，为所有顾客群提供他们所需要的不同种类的系列产品。实力雄厚的大企业通常采用这种模式，如图 6-2(e)所示。

二、目标市场策略

在目标市场选择好之后，企业必须决定如何为已确定的目标市场设计营销组合，即采取怎样的方式，使自己的营销力量到达并影响目标市场。这时，可以有以下不同的考虑：通过无差异化市场营销和差异化市场营销策略，覆盖整个市场；或借助集中化市场营销策略，占领部分细分市场。

1. 无差异化市场营销策略

所谓无差异化市场营销策略，就是将整个市场视作一个整体，不考虑消费者对某种产品需求的差别，它致力于顾客需求的相同之处而忽略不同之处（如图 6－3 所示）。为此，企业设计一种产品，实行一种营销组合计划来迎合最大多数的购买者。它凭借单一的产品、统一的包装、价格、品牌，广泛的销售渠道和大规模的广告宣传，树立该产品长期稳定的市场形象。

图 6－3　无差异化市场营销策略

采用此策略的企业基于两种不同的指导思想。一种是从传统的产品观念出发，强调需求的共性，漠视需求的差异。因此，企业为整体市场生产标准化产品，并实行无差异的市场营销策略。在 20 世纪 60 年代前，美国可口可乐公司一直奉行典型的无差异策略，以单一的品种、标准的瓶装和统一的广告宣传，长期占领世界非酒类饮料市场。在大量生产、大量销售的产品导向时代，多数企业采用无差异营销策略经营。实行无差异策略的另一种思想是：企业经过市场调查之后，认为某些特定产品的消费者需求大致相同或较少有差异，比如食盐，因此可以采用大致相同的市场营销策略。从这个意义上讲，它更加符合现代市场营销理念。

采用无差异营销策略的最大优点是成本的经济性。大批量的生产销售，必然降低单位产品成本；无差异的广告宣传可以减少促销费用；不进行市场细分，也相应减少了市场调研、产品研制与开发，以及制订多种市场营销战略、战术方案等带来的成本开支。但是，无差异营销策略也有以下不足：①不能满足不同消费者的需求和爱好。用一种产品、一种市场营销策略去吸引和满足所有顾客几乎是不可能的，即使一时被承认，也不会被长期接受。②容易受到竞争对手的冲击。当企业采取无差异营销策略时，竞争对手会从这一整体市场的细微差别入手，参与竞争，争夺市场份额。例如，20 世纪 70 年代以前，美国三大汽车公司都坚信美国人喜欢大型豪华的汽车，共同追求这一大的目标市场，采用无差异市场营销策略。但是 20 世纪 70 年代能源危机发生之后，消费需求发生了变化，消费者越来越喜欢小型、轻便、省油的轿车，而美国三大汽车公司都没有意识到这种变化，更没有适当地调整其无差异营销策略，致使大轿车市场竞争“白热化”，而小型轿车市场却被忽略。日本汽车公司正是在这种情况下乘虚而入的。

2. 差异化市场营销策略

它是指企业选择两个或两个以上的细分市场为目标，推出多种产品，采用不同的市场营销组合手段，凭借产品与市场营销的差异性去分别满足不同顾客群需要的市场策略（如图 6－4 所示）。

差异化市场营销策略的特征是小批量、多品种生产，全方位营销。采用这种策略的

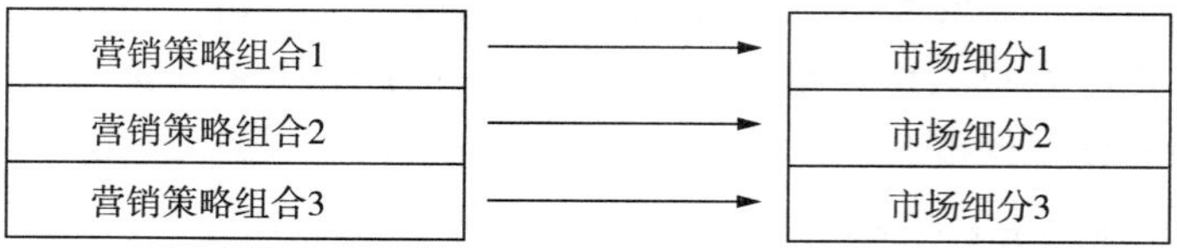

图 6－4　差异化市场营销策略

优点是：可生产多种产品，能够更好地满足各个细分市场的需要，因而通常都能使总销售量增加，提高市场占有率；同时可以使企业在细小的市场上占有优势，提高企业声誉，树立良好的企业形象。从今后的趋势看，随着生产的发展、人民生活水平的提高，消费者的需求将愈加多样化，将会有越来越多的工商企业实施这种目标市场策略。如美国的可口可乐饮料公司，由于软饮料市场竞争激烈，特别是“百事可乐”的异军突起，打破了它独霸市场的局面，在专有配方使用 99 年之后，现已开发出不同口味、各种大小不同的瓶装或罐装饮料，推销网也遍及世界各国。该策略的缺点是：销售费用、成本增加，营销活动复杂化。所以，必须限制在这样一个范围内，即销售额的扩大所带来的利益必须超过营销总成本和费用的增加，这就要求企业不仅不能选错目标市场，同时也不宜卷入过多的目标市场。另外，采用这种策略受企业资源和能力的制约较大，较为雄厚的财力、较强的技术力量、素质较高的营销人员，是实施差异化市场策略的必要条件，这就使得相当部分的企业尤其是小企业无力采取这种策略。因此，一些企业家现正在开辟一种新的思路，即希望只开发少量的产品，并千方百计地使每一种产品能够满足消费者多种多样的需求，兼收两种策略的长处。如某洗涤剂生产企业开发了一种婴儿洗发液，在向市场推广这种新产品时，力图使一部分老年人也接受这种产品，从而满足两个细分市场的需要。

3. 集中化市场营销策略

采取集中化市场营销策略的企业不是面向整体市场。它是指企业只选择一个或少数几个细分市场为目标，以某种营销组合手段，集中全力服务于该市场，以便争取优势地位的市场策略（如图 6－5 所示）。

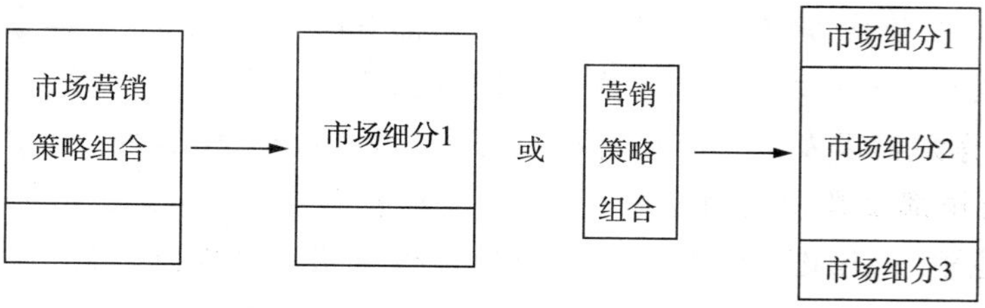

图 6－5　集中化市场营销策略

采取这种策略的立足点是：与其在整个市场的占有率低，倒不如集中力量在部分市场拥有较高的占有率。它的特点是集中生产经营某些有特色的产品、“拳头”产品、新产品等，在营销活动中集中精力，全力以赴地占领选定的目标市场。

该策略的优点是：不仅可节省市场营销费用，增加盈利，而且还可提高产品与企业的知名度，必要时还可迅速扩大市场，从而巩固企业的市场地位，提高竞争能力。这种策略对一些小企业尤为适用。如有的汽车厂只生产吉普车或工具车，某服装厂只生产女上装或男衬衫，某拖拉机厂只生产适宜于山区使用的手扶拖拉机等。这种策略的缺点是风险大，缺乏多样性，易受竞争的冲击。因为企业所选定的目标市场范围较小，一旦目标市场情况恶化，如出现强大的竞争者，或需求突然发生变化，企业就会陷入困境，就会产生类似"把所有的鸡蛋放在一个篮子里"的风险。因此，采用这一策略的企业必须密切关注目标市场的需求动向，制定应急措施，增强风险防范意识，并在具有一定实力时扩大市场范围，以分散经营风险。

三、选择目标市场营销策略时应考虑的因素

上述三种目标市场营销策略各有利弊。一个企业到底实行哪种目标市场策略，应根据企业的具体情况，权衡利弊，做出选择。一般情况下，应考虑以下因素：

1. 企业实力

企业实力主要是指企业的人力、物力、财力、营销能力、管理能力等。如果是实力雄厚、资源充足的大企业，有可能占领较大的市场，可采用差异化市场营销策略或无差异化市场营销策略；如果是实力不足、资源有限的中小企业，无力顾及整个市场，则可采用集中化市场营销策略。

2. 产品特性

产品特性包括两个方面的问题：一是产品的同质与异质，产品性质相似、消费者使用时挑选性不大、使用面较广的产品，可采用无差异化市场营销策略。对于商品性质差异较大、挑选性较强的商品，如服装、儿童玩具等宜采用差异化营销策略策略或集中化营销策略。二是产品在市场上的生命周期不同，采用的营销策略也不一样。一般说来，企业的新产品在投入期或成长期时，宜采取无差异化市场营销策略，以探测市场需求和潜在顾客情况，也有利于节约市场开发费用；当产品进入成熟期时，宜采取差异化市场营销策略，以开拓新的市场；当产品进入衰退期时，宜考虑采取集中化市场营销策略，集中力量于少数有利可图的目标市场。

3. 市场特点

市场特点也应考虑两点：一是市场同质与否，如果市场上所有顾客在同一时期偏好相同，购买的数量相同，并且对市场营销刺激的反应相同，则可视为同质市场，宜实行无差异化市场营销策略；反之，如果市场需求的差异较大，则为异质市场，宜采用差异化市场营销策略或集中化市场营销策略。二是市场供求趋势，如果一种产品在未来一个时期内供不应求，消费者的选择性较弱，企业就可以实行无差异化市场营销策略；相反，则实行差异化市场营销策略或集中化市场营销策略。如洗衣机市场，城市消费者与农村消费者的需求不同，南方消费者与北方消费者的需求不同，高收入阶层与低收入阶层的需求也会不同，因此，洗衣机应采用无差异化市场营销策略。

4. 竞争者的策略

企业采用何种目标市场策略，往往还要视竞争对手的情况而定。当竞争者较少或

竞争对手较弱时，可采用无差异化市场营销策略；反之，则应选择差异化市场营销策略或集中化市场营销策略。一般不宜采用相同的策略，因为这将导致激烈的竞争。当强大的竞争对手实施无差异化市场营销策略时，企业可以实行差异化市场营销策略或集中化市场营销策略；而当对手实施差异化市场营销策略时，企业可以实行集中化市场营销策略。当然，如果竞争对手实力较弱时，也可采用与之相同的营销策略。

以上所述只是一般原则。由于市场上竞争双方的情况经常变化，企业应在实战中根据竞争格局和市场具体情况，灵活采用适当的策略，确立企业相对的竞争优势。

第三节　市场定位

企业进行市场细分，确定目标市场之后，紧接着应考虑目标市场各个方位的竞争情况。因为在企业准备进入的目标市场中往往存在一些捷足先登的竞争者，有些竞争者在市场中已占有一席之地，并树立了独特的形象。新进入的企业如何使自己的产品与现存的竞争者产品在市场形象上相区别，这就是市场定位的问题。定位能否成功，关键在于能否比竞争者更好地了解顾客，对市场需求与企业提供更好的服务——包括产品、价格、渠道与促销各个方面的关系，有更深刻和独到的认识。

一、市场定位的概念和作用

1. 市场定位的概念

市场定位又称“产品定位”或“竞争性定位”，是指对企业的产品（服务）和形象进行设计，使其在目标顾客心目中占有一个独特的位置的行动。简而言之：就是在消费者心目中树立区别于竞争对手的独特的形象。市场定位的实质是取得目标市场的竞争优势，确定产品在顾客心目中的适当位置并留下深刻印象，以便吸引更多的顾客。因此，市场定位是市场营销战略体系中的重要组成部分，它对于树立企业及产品的鲜明特色，满足顾客的需求偏好，从而提高企业竞争实力具有重要意义。

“定位”这个词是由艾尔・里斯和杰克・特劳特于 1972 年提出来的，他们指出，“定位并非对产品本身采取什么行动，而是针对潜在顾客的心理进行的创造性活动”。也就是说，定位就是将产品在潜在顾客的心目中确定一个适当的位置。通常，消费者对市场上的产品有着自己的认识和价值判断，提到一类产品，他们会在内心按自己认为重要的产品属性将市场上他们所知的产品进行描述和排序。例如，提到洗发产品，顾客脑海里就会出现“去屑”的洗发水是海飞丝，“专业护理发廊”的是沙宣等。随着市场上商品越来越丰富，与竞争者雷同、毫无个性的产品，很可能无法吸引消费者的注意。为使自己的产品获得竞争优势，企业必须在消费者心目中确立自己的产品相对于竞争者产品而言的独特的品牌利益和鲜明的差异性。简单地说，就是要使消费者感到企业的产品与众不同，即与竞争者有差异，并且消费者偏爱这种差异。从这个意义上来说，目标市场定位又是一种竞争性定位。

【延展阅读】

定位理论解读

“定位(Positioning)”是一种观念,它改变了广告的本质。

定位从产品开始,可以是一种物品、一项服务、一家公司、一个机构,甚至于个人,也许可能是你自己。定位并不是要你对产品做什么事。定位是你对未来的潜在顾客的心智所下的功夫,也就是把产品定位在你未来潜在顾客的心中。所以,你若把这个观念叫“产品定位”是不对的,因为你对产品本身实际上并没有做什么重要的事情。

——艾尔·里斯与杰克·特劳特论定位

里斯与特劳特市场定位理论的核心概念就是“一个中心两个基本点”,即以打造品牌为中心,以坚持竞争导向和坚持占据心智为基本点。这一概念也是目前被广泛接受与承认的。之所以说打造品牌、打造强势品牌是定位理论的核心,就是因为定位理论的出发点和归宿都是打造品牌,定位理论回答了什么是品牌、品牌的作用与定位,其核心思路就是使品牌成为某个类别或者某种特性的代表。这种思路要取得效果,就必须在目标客户群的心智中占据有别于其他品牌的特殊地位。

2. 市场定位的作用

(1)定位能创造差异,有利于塑造企业特有的形象

通过定位,企业向消费者传达定位的信息,使差异性清楚凸现于消费者面前,使得消费者注意你的品牌,并使其产生联想。若定位与消费者的需求吻合,你的品牌就可以驻留在消费者心中。如海飞丝洗发水的定位是去头屑的洗发水,这在当时是独树一帜的,因此立即引起消费者的注意,并认定它不是普通的洗发水,而是具有去头屑功能的洗发水,消费者在需要解决头屑烦恼时,便自然第一个想到它。

(2)定位能更好地满足消费者的需求

每一产品不可能满足所有消费者的需求,每一个企业只有以市场上的部分特定顾客为其服务对象,才能发挥其优势,提供更有效的服务。明智的企业会根据消费者需求的差别将市场细分,并从中选出有一定规模和发展前景并符合企业的目标和能力的细分市场作为目标市场。但只是确定了目标消费者是远远不够的,因为这时企业还是处于“一厢情愿”的阶段,令目标消费者也同样以你的产品作为他们的购买目标才更为关键。为此,企业需要将产品定位在目标市场消费者所偏爱的位置上,并通过一系列的营销活动向目标消费者传达这一定位信息,让消费者注意到这一品牌并感觉到它就是他们所需的,这才能真正占据消费者的心,使你所选定的目标市场真正成为你的市场。如果说市场细分和目标市场抉择是寻找“靶子”,那么市场定位就是

将“箭”射向靶子。

(3)定位能形成竞争优势

在当今信息爆炸的社会中，消费者大都被过量的产品或服务的信息所迷惑，他们不可能在做每项购买决策时都对产品做重新评价，为了简化购买决策，消费者往往会对产品进行归类，即将某个企业和产品与竞争对手和竞争产品相比较后得出的感觉、印象和感想，并使企业和产品在他们心目中“定个位置”。定位一旦得到消费者的认可，就能使企业形成巨大的竞争优势，且这一优势往往非产品质量和价格所带来的优势可比。如“可口可乐才是真正的可乐”，这一广告在消费者心目中确立了“可口可乐是唯一真正的可乐”这一独特的地位，于是其他可乐在消费者心目中只是可口可乐的模仿品而已，尽管在品质或价格等方面几乎不存在差异。

【案例 6－4】

海天草菇老抽和欣和六月鲜

酱油需求的细分有两个维度：一是口味，二是颜色。不同的维度对应着不同的烹饪方式。酱油企业就不断切割这个细分市场需求，通过满足消费者在不同烹饪方式下对酱油的用途进行定位。海天草菇老抽的核心价值定位是上色，能够让消费者在做红烧肉时滴几滴就上色，而且久煮不黑，所以这个大单品直接推动了海天的快速成长。而欣和六月鲜能够在华东市场占有一席之地，就是因为它定位于调鲜，从而在激烈的酱油竞争中脱颖而出。

再看李锦记蒸鱼豉油和加加面条鲜。它们的价值定位都是基于菜式，也就是烹饪方式。李锦记蒸鱼豉油，是针对消费者蒸鱼的一种菜式，而加加面条鲜就是针对吃面条，这是针对用途和场景来进行产品的定位。

二、市场定位的步骤

市场定位的主要任务，就是通过集中企业的若干竞争优势，将自己与其他竞争者区别开来。市场定位是企业明确其潜在的竞争优势、选择相对的竞争优势以及准确传播企业市场定位的过程。

1. 明确企业潜在的竞争优势

明确潜在竞争优势的中心任务是要回答以下三个问题：一是竞争对手的产品定位如何；二是目标市场上足够数量的顾客欲望满足程度如何以及还需要什么；三是针对竞争对手的市场定位和潜在顾客的真正需求，企业应该做什么和能够做什么。要回答这三个问题，企业的市场营销人员必须通过一切调研手段，系统地设计、搜索、分析并报告有关上述问题的资料和研究成果，通过回答上述三个问题，企业就可以把握和确定自己的潜在竞争优势。

2. 准确选择相对竞争优势

相对的竞争优势也就是一个企业能够胜过竞争者的能力。这种能力可以是企业本身具备的或是具备发展潜力的，也可以是通过努力创造的。总之，相对的竞争优势是本企业能够比竞争者做得更好的工作。以客运市场为例，专家经过对多种交通工具技术经济比较和测算得知，列车的“优势里程”在100千米～1500千米之间，中短途运输是铁路运输的“优势产品”，而“夜间运行”也是铁路客运的优势，所以，以北京和全国较大城市为中心的“夕发朝至”列车被给予最优的开行时刻，以具有竞争力的旅行时间和优质服务吸引客流。企业还可以根据自己的资源配置（资金、技术、设备、土地资源、铁路专用线、优越的地理位置等）通过营销方案差异化突出自己的经营特色，如产品差异（突出产品的某种属性、特色、性能等）、服务差异（送货及时、准确、储运、装卸、配送等）、形象差异（品牌、标志等），使客户感觉自己从中得到了价值最大的产品及服务。

3. 明确地传播独特的竞争优势

这一步骤的主要任务是企业要通过一系列的宣传促销活动，使其独特的市场竞争优势准确传播给消费者，并在消费者心目中留下深刻印象。为此，企业首先应使目标消费者了解、知道、熟悉、认同、喜欢和偏爱企业的市场定位，要在消费者心目中建立与该定位相一致的形象。其次，企业要通过一切努力，保持对目标消费者的了解，稳定目标消费者的态度和加深目标消费者的感情，来巩固企业市场形象。最后，企业应注意目标消费者对其市场定位理解出现的偏差或由于企业市场定位宣传上的失误而造成目标消费者的模糊、混乱和误会，及时纠正与市场定位不一致的市场形象。

三、市场定位策略

市场营销中的产品是包含多个层次的整体产品，产品定位的目的是让有形、无形的产品在顾客心目中留下深刻的印象，因此产品定位必须从产品多个层次的各种特征，如功能、价格、技术、质量、安装、应用、维护、包装、销售渠道、售后服务等方面入手，使其中的一个或几个能与其他同类产品区分开来，且区别越大越好，特色越明显越好，看上去就好像是市场上“唯一”的。归纳起来，市场定位策略有下面几种：

1. 属性定位

产品本身的属性能使消费者体会到它的定位。产品属性既包括制造技术、设备、生产流程、产品功能，也包括产品的原料、产地、历史等因素。湖南养生堂的定位体现了使用的原料和悠久的历史，王守义十三香强调其专门的调料配方，宜宾五粮液、北京烤鸭等产品则强调其产地定位。如果企业的一种或几种属性是竞争者所没有或有所欠缺的，同时又是顾客认可和接受的，这时采用按产品属性定位的策略，往往容易收到良好效果。

2. 利益定位

利益包括顾客购买产品时追求的利益和购买产品所获得的附加利益。利益定位就是根据产品所能满足的需求或所提供的利益、解决问题的程序来定位。如在汽车市场上，“奔驰”追求变化舒适，“宝马”让顾客感受驾驶本身的乐趣，劳斯莱斯推崇至尊至贵的贵族品位。这些都是按产品提供的利益定位的，都能吸引一大批顾客。

3. 质量—价格定位

这是指结合对照质量和价格定位。一是强调质价相符,在企业产品价格与同类产品价格相比更高的情况下,强调产品具有高质量,一分钱一分货;二是强调质高价低,物有所值,以加速市场渗透,提高市场占有率。华龙集团提出的"同等质量比价格,同等价格比质量"的口号,就是这种定位方式。这时除了要向顾客传递产品的低价实惠外,还要重视产品质量信息的传递,否则会造成产品定位档次降低,使定位策略失败。所以,华龙集团在营销中同时还宣传"加质加量不加价"。

4. 使用者定位

企业以市场细分为前提,针对某个子市场、某些特定消费者进行促销,使这些消费者认为企业的产品是特地为他们生产而且适合他们使用,从而满足他们的心理需要,促使他们对企业产生信任感。如广东客家酒总公司生产的"客家娘酒",定位为"女人自己的酒",突出这一特性,对女性消费者就很具吸引力,塑造了一个相当于"XO是男士之酒"的强烈形象,不仅可在女士的心目中留下深刻的印象,而且还会成为不能饮高度酒的男士指名选用的品牌。

5. 竞争定位

竞争定位即根据与竞争有关的属性或利益来进行定位,即以竞争产品定位为参照,突出强调"人无我有,人有我优"。如海尔产品在服务竞争中强调的是"真诚服务到永远";美国的七喜汽水定位是"非可乐",强调它与可乐类饮料的不同,不含咖啡因,是代替"可口可乐"和"百事可乐"的清凉解渴饮料,因而吸引了部分"两乐"饮料饮用者,成为美国的第三大软性饮料。

【案例6-5】

脑白金:吆喝起中国礼品市场

"今年过节不收礼",随便一个人都能跟你接着说"收礼只收脑白金",脑白金已经成为中国礼品。

睡眠问题一直是困扰老年人的难题,有资料统计称90%的老年人经常睡眠不好。"睡眠"市场如此之大,脑白金功能定位准确。在红K"补血",三株口服液携"调理肠道"概念创造中国保健品市场高峰之后,在保健品行业信誉跌入谷底之时,脑白金单靠一个"睡眠"概念迅速崛起。作为单一品种的保健品,脑白金以极短的时间迅速启动国内市场,并且登上中国保健品行业"盟主"的宝座,其成功的最主要因素在于用到了"送礼"的轴心概念。

中国是礼仪之邦,有年节送礼、看望亲友和病人送礼、公关送礼、结婚送礼、下级对上级送礼、年轻人对长辈送礼等几十种送礼行为,礼品市场非常巨大。

6. 比附定位

比附定位就是比拟名牌、攀附名牌来给自己的产品定位,以借名牌之光而使自己的品牌生辉。主要做法：一是甘居“第二”，就是明确承认自己在同类产品中，与最负盛名的相比，只不过是第二而已，这会使消费者对企业产生一种谦虚诚恳的印象，提高可信度；二是“攀龙附风”，如内蒙古的宁城老窖，以“宁城老窖，塞外茅台”的广告诉求定位，就是一个较好的例子；三是奉行“高级俱乐部策略”，借助群体的威望和模糊数学的方法，提升自己的地位和形象，如宣称自己是某某行业三大企业之一，五十家大企业之一，十大驰名品牌之一。

以上定位策略往往可以同时交替使用。企业在市场定位过程中，还应避免四种主要的定位失误：第一是定位过度，即有些产品言过其实，让人很难相信这些特点，对其产生怀疑；第二是定位混乱，即企业对其产品推出的差异过多或定位变化频繁，致使消费者对其只有一个混乱的印象；第三是定位过宽，不能突出产品的差异性，很难在顾客心目中树立独特、明显的形象；第四是定位过窄，只着重针对某一部分人的需要而忽视其他对此钟爱的顾客，痛失良机。

四、市场定位方式

市场定位作为一种竞争战略，显示了一种产品或一家企业同类似的产品或企业之间的竞争关系。定位方式不同，竞争态势也不同，下面分析几种主要定位方式。

1. 初次定位

初次定位是指新成立的企业初入市场、企业新产品投入市场或产品进入新市场时，企业必须从零开始，运用所有的市场营销组合，使产品特色符合所选择的目标市场。但企业进入目标市场时，往往是竞争者的产品已在市场上形成了一定的格局，这时企业就应该认真研究同一产品竞争对手在目标市场上的位置，从而确定企业产品有利的位置。

2. 迎头定位

迎头定位又称“针锋相对式定位”。它把产品定位在与竞争者相似的位置上，同竞争者争夺同一细分市场，是一种“对着干”的定位方式。显然，这种定位有时会产生危险，但不少企业认为能够激励自己奋发上进，一旦成功就会取得巨大的市场优势。例如，“可口可乐”与“百事可乐”之间持续不断的争斗，“汉堡王”与“麦当劳”对着干，等等。企业实行对抗性定位，必须知己知彼，尤其应清醒地估计自己的实力，不一定试图压垮对方，只要能够平分秋色就已经是巨大的成功。

实行这种定位战略的企业，必须具备以下条件：①能比竞争者生产出更好的产品；②该市场容量足够吸纳这两个竞争者的产品；③比竞争者有更多的资源和实力。

3. 避强定位

避强定位是指企业回避与目标市场上的竞争者直接对抗，将其位置定在市场“空白点”，开发并销售目前市场上还没有的产品，开拓新的市场领域。

避强定位策略的优点是：能够迅速地在市场上站稳脚跟，并在消费者心中尽快树立起一定的企业形象。由于这种定位策略市场风险较小，成功率较高，常常为多数企业所采用。

4. 重新定位

重新定位策略是指企业改变产品特色，改变目标消费者对其原有的印象，使目标消费者对其产品的新形象有一个重新认识的过程。市场重新定位对于企业适应市场营销环境、调整市场营销战略是必不可少的。

(1)因产品变化而重新定位

这是因产品进行了改良或产品发现了新用途，为改变顾客心目中原有的产品形象而采取的再次定位。

因产品变化而重新定位。有的产品因市场竞争等原因，不断地否定自己，又不断地对产品进行改良。当改良产品出现后，其形象、特色等定位也随之改变。

因产品发现新功能而重新定位。许多产品在投入使用过程中会超出研制者当初的设想而发现一些新用途，为了完善产品的形象，扩大市场，产品需要重新定位。

【案例 6－6】

狗不理开咖啡店

天津狗不理集团于 2015 年 1 月 22 日宣布，成功获得澳大利亚最大的咖啡连锁品牌——高乐雅在中国的永久使用权，将采取商业合作和连锁经营的方式拓展市场，预计今后 5 年将新开 200 家咖啡店。

据了解，高乐雅咖啡 1979 年起源于美国芝加哥，发展于澳大利亚，目前是澳大利亚最大的咖啡连锁品牌，在 42 个国家和地区有 1000 多家门店，旗下产品包括 60 多款咖啡豆、咖啡胶囊、各式手工制作的冷热咖啡和糕点。而狗不理早在 2012 年年底就开始与总部位于澳大利亚的高乐雅咖啡国际有限公司进行初步接触，经过将近 2 年的艰苦谈判，终于签署了知识产权许可协议。狗不理公司证实，它们付出了大约 3063 万元人民币的初始特许经营费，成为澳大利亚第一咖啡品牌高乐雅在中国唯一永久的品牌使用者。

作为老字号的中餐企业，狗不理为什么对咖啡行业情有独钟呢？据了解，狗不理之所以联手该公司，除了看中高乐雅的品牌价值，还看中了咖啡市场的良好前景。

(2)因市场需求变化而重新定位

由于时代及社会条件的变化以及顾客需求的变化，产品定位也需要重新考虑。如人们生活富裕了，要养生，要保健减肥，因而希望食品中糖分尽量少些。某一品牌奶粉在 20 世纪五六十年代针对消费者喜爱强调含糖分，进入 20 世纪 80 年代则强调不含糖分，正好迎合人们“只要健康不要胖”的心理。

(3)因扩展市场而重新定位

市场定位常因竞争双方状态变化、市场扩展等而变化。例如，美国的约翰逊公司生产的一种洗发剂，由于不含碱性，不会刺激皮肤和眼睛，市场定位于“婴幼儿的洗发剂”。后来，随着美国人口出生率的降低，婴幼儿市场日趋缩小，该公司改变定位，强调这种洗发剂能使头发柔软，富有色泽，没有刺激性。

重新定位有时需要承担很大的风险，企业在做出重新定位决策时，一定要慎重。企业必须仔细分析原有定位需要改变的原因，重新认识市场，明确企业的优势，选择最具优势的定位，并通过传播，不断强化新的定位。

定位时，企业可以只推出一种差异，即单一差异定位；可以推出两种差异，称双重差异定位；还可以推出几种差异，实行多重差异定位。但值得引起重视的是：企业推出的差异不宜过多，否则会降低可信度，也影响了定位的明确性。

五、市场定位时应注意的问题

1. 定位混乱

企业推出的差异过多、推出的主题太多、定位变化太频繁，使消费者对其产品或品牌只有一个混乱的印象，令人难以弄清楚其主要的功能及好处是什么。

2. 定位过度

企业过度鼓吹产品的功效或提供的利益，使消费者难于相信企业在产品特色、价格、功效和利益等方面的宣传，对定位的真实性产生怀疑。

3. 定位过宽

有些产品定位过宽，不能突出产品的差异性，使消费者难于真正了解产品，难使该产品在消费者心目中树立鲜明的、独特的市场形象。

4. 定位过窄

有些产品或品牌本来可以适应更多的消费者的需要，但由于定位过窄，使消费者对其形象的认识也过于狭窄，因而不能成为企业产品的购买者。如中国的丝绸，在西方顾客心目中是一种上流社会消费的高价商品，但由于国内企业争相出口，不断压价，使其在国外市场上成为一种便宜货，许多人反而不买了。

本章小结

从广泛市场营销到目标市场营销是现代生产发展、消费水平提高和竞争激烈的结果。目标市场营销将企业的营销资源集中于最有潜力的市场部分，其关键步骤包括市场细分化、选定目标市场和目标市场定位(STP 战略)。消费者市场细分的依据主要有：地理、人口、心理和消费行为等；生产者市场可按最终用户、顾客规模和地理分布等进行细分。企业将最佳的细分市场挑选为其目标市场，为此要对细分市场从潜量、盈利能力到竞争状况等方面进行评价。然后，企业可不理会细分市场的差异性，采用无差异市场营销；也可以为几个细分市场开发不同的产品，采用差异市场营销；或者可以只追求某部分细分市场，采用集中市场营销。究竟用何种目标市场营销策略，企业的决策受到诸如企业资源、产品和市场的同质性、产品的生命周期阶段和竞争者的营销策略等因素的影响。对于已确定的目标市场，企业要为自己的产品进行市场定位，其实质即是在消费者心目中标明本企业产品的特色和形象。

客观题

请扫二维码。

（http://www.ehuixue.cn/index/Orgclist/course? cid＝11924）

复习思考题

1. 什么是市场细分？市场细分有什么作用？
2. 消费者和生产者市场细分的标准或依据是什么？
3. 简述目标市场的概念，它与市场细分有何关系？
4. 如何评价细分市场？
5. 三种目标市场营销策略各有什么优缺点？
6. 什么是市场定位？它的作用是什么？
7. 企业如何进行市场定位？

应用与探讨

1. 以“茶叶”为例，尝试提出一些新的细分变量，针对该产品，你对身边的消费群体进行市场细分，描述其主要细分市场的需求和行为特征，评估它们的一般有效性，判断哪个细分市场最适合自己创业。

2. 寻找一些企业在不同细分市场上进行产品销售的例子，并比较分析他们在产品提供、营销活动等方面的相似点和差异点。

【结尾案例】

“互联网＋”酒店，特色细分市场

在传统酒店普遍挣扎求生之时，帐篷客、零碳星球、裸心谷、希岸等特色酒店却是市场火爆，一夜难求。

近年风靡一时的经济型酒店扩张收缩，利润开始走下坡路。由于对目标市场细分不够细致，产品设计缺乏层次，难以满足细分人群对酒店服务的需求，经济型酒店进入洗牌期。同时，我国在线旅游市场增长迅猛，OTA 平台为酒店带来客流，也导致价格战不断扩大。当下，万达抛售 77 个酒店项目业务，更是把酒店行业推到了风口浪尖。

酒店行业真的不行了吗？

在传统连锁酒店陷入困局的大背景下，旅游酒店消费需求却日趋多样，木屋、帐篷、集装箱等非标准住宿的表现抢眼。

传统酒店如何"＋互联网"成突破口。在酒店细分市场机会凸显的背景下，酒店行业究竟如何抓住机遇突围？

"互联网＋"酒店的四大趋势：

1."互联网＋"酒店移动化

如今，自助选房、微信支付、开锁退房、呼叫客服等功能均可在手机上实现。以华住的"万店联盟"、如家的"家盟"为代表的自建OTA平台，用移动互联网降低获客成本，满足用户便捷化使用，顺带提升酒店效率。同时，酒店推出O2O体验购物，发布印有二维码的酒店产品，可实现微信一键支付。酒店大堂设礼品选购区，包含创意礼品、当地特产，为亲友购置礼物还可快递到家，实现用户购买便捷化。

2."互联网＋"酒店智慧化

消费升级大环境下，年轻人的消费需求被重视，符合年轻人消费口味的产品在未来将有更大市场。华住在汉庭1300多家门店推出门店自助Check-in服务，顾客可以通过终端机完成预订、选房、支付整个流程，最后到前台取房卡和发票，实现酒店智慧化。

同时，VR和AR等新技术被运用到新兴酒店，为提升客户体验服务。例如，如家全国首推VR虚拟实景旅行创意体验房，华侨城酒店集团深圳蓝汐精品酒店客房推出虚拟体验装备，带来4D体验感受，为体验虚拟现实旅行服务。

3."互联网＋"酒店个性化

互联网将促进传统酒店行业再次变革，凸显个性化，实现体验为王。格局、摆设、用具千篇一律，容易让用户产生疲倦。在体验为王的时代背景下，设计师为丰富房型而激发创意，打造主题迥异的客房，带来差异化的客房观感和优质体验。

亚朵酒店是以阅读和人文摄影为主题的中高端精品酒店。凭借着"24小时图书馆""属地摄影"两大主题，亚朵成为行业内发展最快、第三方顾客点评最好的连锁人文酒店。亚朵将酒店大堂开辟成藏书千册的24小时免费阅读空间，提供免费茶水，还可借书并在异地酒店归还。摄影也是增强用户黏性的途径，突出打造摄影主题聚拢爱好者，收集有城市特色的风土古迹、人文风貌摄影作品，创造摄影师归属感，带顾客了解城市。

4."互联网＋"酒店融合化

体验式旅游兴起，游客希望更融入目的地的生活。酒店经营思维方式，不再是把酒店与所在社区隔离，更要创造一个共融的社交场所。酒店宴会厅可举办社区艺术展览，邀请客户与社区居民举办骑行活动，让酒店形成社区文化交流场所。

亚朵酒店作为酒店行业的星巴克，大堂书店凸显社区书店功能，服务于附近居民，看书无须押金，定期邀请作者来书店分享。同样，纽约的Ace酒店欢迎当地人来闲逛，带笔记本电脑来大堂工作。Crosby酒店每周日放映电影，酒店拓展社交功能并服务于周边居民，成为融合化的典型。

酒店的融合除了表现在功能性上将社区与酒店相融合，在生活方式上将游客与本地居民相融合，打通社交链条，实现沉浸式体验，还包括酒店与其相关业态的融合。在旅游这条大产业链条下，酒店已成为客流入口，更好地与后续服务链接互动，盘活整个链条。

“互联网+”酒店移动化、智慧化、个性化、融合化日趋凸显，想获得互联网原住民的青睐，需要开阔思路，满足年轻人的消费需求，这样，传统酒店才能有更大的市场。不断地拥抱新变化，企业才能在市场中愈战愈勇，获得自己的生存空间。

根据上述材料，思考下列问题：

1. 通过本案例的学习，你认为当前酒店应如何进行市场细分？

2. 面对着“互联网+”时代的到来，你认为酒店要想在市场上长久立足，应该怎样正确定位？谈谈理由。

第七章　产品策略

【学习目标】

通过本章学习，学生能够了解产品的整体概念及其营销意义，掌握产品组合策略和产品生命周期各阶段的特征及其营销策略，掌握品牌的概念、品牌基本策略及包装的类型和作用，了解新产品开发、采用与扩散过程，学会运用品牌和包装策略，区分品牌和相关概念的关系。

【导入案例】

"海尔"+"卡萨帝"+"统帅"：海尔系的诞生

家电江湖，从未平静。2011 年 3 月初，湖南、安徽等地的家电经销商在经销商大会上纷纷见证了海尔的第二个子品牌——"统帅"上市。该品牌涵盖冰箱、空调、洗衣机等六大类家电产品，主打实用主义设计。这也是继推出高端子品牌——"卡萨帝"之后，海尔再次推出的一个子品牌。多年来，海尔雄踞家电业龙头地位，此番海尔子品牌的再次推出，也让行业内极为关注，海尔究竟打算做什么？家电江湖将因此带来哪些变化？

1. 海尔系架构成型

主打简约的"统帅"与"海尔""卡萨帝"形成了海尔系品牌军。

2011 年 3 月初，海尔推出了子品牌"统帅"，该品牌定位大众，是一个从用户实用主义出发的设计者和倡导者研发的家电品牌，目前产品已涵盖六大品类（冰箱、洗衣机、彩电、空调、冷柜、生活家电）。

此前，海尔还推出过"卡萨帝"高端子品牌，全力出击高端家电市场。自此，海尔旗下具备了"海尔""卡萨帝""统帅"三大品牌，产品覆盖了低中高端，海尔系品牌军浮出水面。

虽然"统帅"定位为大众品牌，不过，从多方面分析，"统帅"的破局将从三、四级市场着手。"统帅"在行业内首次全面采用简约实用的功能设计，简约设计除了带来操作简便外，还意味着消费者不需要为了一些不常用的功能"埋单"。在对价格更为敏感的三、四级市场，这一设计更容易引起消费者的关注。

海尔一直就是家电下乡中销售量的"老大"，不过，试图在三、四级市场上分一杯羹的还有很多企业。近日，连一直以"高端"形象立足市场的外资品牌，如松下空调等企业也放下身段，转战三、四级市场。

"统帅品牌"背后，有日日顺渠道的强力支持，又有简约主义设计的明显优势。未来三、四级市场的竞争中，海尔已经抢先领跑。而整合三品牌之力，海尔系品牌将强势参与市场竞争。

2. 意欲通吃高低端

产品布局已覆盖低中高全产品段，海尔打算通吃市场。

虽然"统帅"将从三、四级市场破局，但是，海尔对"统帅"的定位并非仅是一个针对三、四级市场的品牌。"统帅"相关负责人表示，"统帅"是一个面向大众的、采用简约设计的品牌，未来其将进入全国各级市场。

"统帅"最大的特点在于简约的设计。事实上，不少用户对家电的繁杂按键，一般应用很少。如冰箱上可调的电脑显示器，除了调节冷冻、冷藏温度，其他的功能很少使用；空调遥控器模式键有制冷、制热、除湿、送风等，使用时却极为不便。

"统帅"基于用户需求的简约设计达到了以简胜繁的效果。例如，"统帅"在冷柜产品中加入"圆弧大把手"和"平衡铰链"，解决了冷柜门厚重、不易平衡的难题；在空调遥控器上特别设计的"智能一键通"，只要按一下，空调就能完全自动调节；"统帅"彩电独有的一键直通功能使消费者可以根据自己的喜好和收看习惯设置自己喜欢的频道，收看时只需轻按"喜爱节目"键即可一键直达，操作更便利、更人性化。

3. 海尔在担心什么

海尔系、美的系、海信系竞争格局初现。

美的系旗下有"小天鹅""荣事达"，海信系旗下有"海信""科龙""容声"。海尔旗下如今也拥有三个品牌，这也不禁让人猜想，海尔是否也是为了应对不同市场竞争，形成低中高多层次品牌。

事实上，在谈及多品牌运作时，海信总裁曾经坦言，多品牌运作存在品牌之间同业竞争问题，需要企业在管理中找寻更多的解决办法。

美的系和海信系多品牌竞争的形成原因在于企业为了弥补产品线短板而收购其他品牌。而海尔并不存在这些问题。"海尔""卡萨帝""统帅"三个品牌在市场平行运行，海尔目前是低中高端全覆盖，"卡萨帝"明确定位高端，而此时"统帅"再定位中高端，涉足高端产品，多少让人感觉品牌之间交叉较多。此外，"卡萨帝"问世后，在高端市场发展迅速，有望在国内和国际市场与外资高端品牌一争高下，而"统帅"的高端产品对"卡萨帝"的品牌形象将起到何种作用，尚不明确。

"统帅"品牌还需要在市场的考验下找准定位，在刮起家电业简约设计风潮的同时，力推海尔这艘家电航母加速前行。

第一节　产品整体概念与产品组合

一、产品整体概念

现代社会中，人人都要和产品打交道。产品通常是指为出售而生产的、具有特定的物质形态和用途的物体，如剪刀、图书、手表、饼干等。但这是一种传统的、狭义的理解。在现代市场营销学中，产品概念具有极其宽广的外延和深刻而丰富的内涵，它是指通过交换而满足消费者或用户某一需求和欲望的任何有形物品和无形服务。有形物品包括产品实体及其颜色、规格、包装、商标、款式、质量和特色等；无形服务包括各种售前和售后服务与支持，比如售前咨询、售后培训等。

关于产品整体概念，学术界曾用三个层次来描述，即核心产品、形式产品和附加产品（也叫延伸产品）。20 世纪 90 年代以来，菲利普·科特勒等学者倾向于使用五个层次来表述产品整体概念，认为五个层次的表述方式能够更深刻、更准确地表述产品整体概念的含义。它要求营销人员在规划市场供应物时，要考虑到能提供顾客价值的五个层次（如图 7－1 所示）。

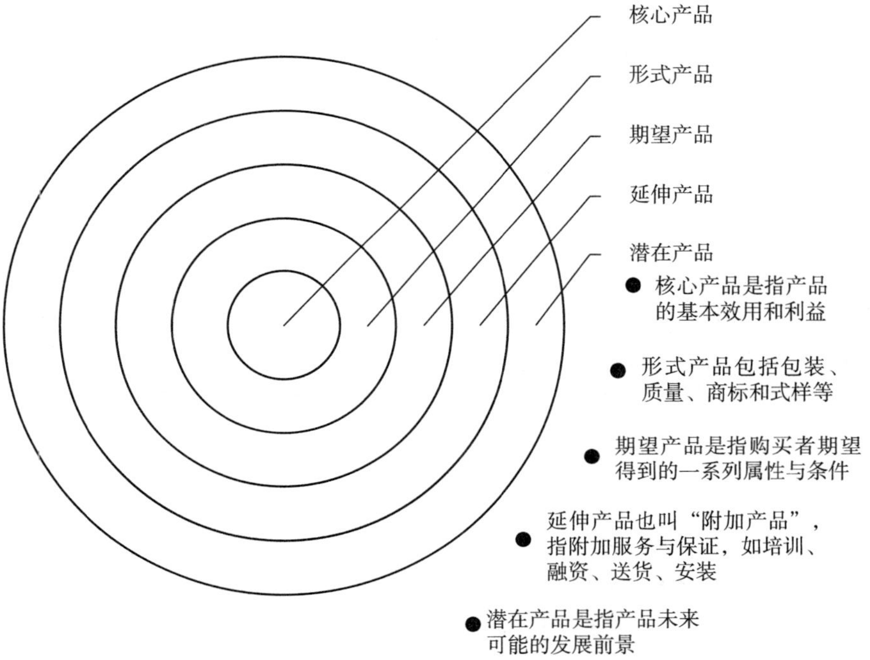

图 7－1　产品整体概念五层次示意图

1. 核心产品

核心产品也叫“实质产品”，是指向顾客提供的产品的基本效用或利益。从根本上说，每一种产品实质上都是为解决问题而提供的服务。换句话说，消费者购买某种产品，并不是为获得产品本身，而是为了获得能满足自己某种需要的产品功能和效用。例如，对旅馆来说，晚间宾客购买的就是“休息和睡眠”这一核心产品。人们过去购买算盘，今天购买计算器，实际上都是在购买一种计算能力，所以，我们要透过产品的表象，去认识产品的本质。因此，营销人员向顾客销售的任何产品，都必须反映顾客核心需求的基本效用或利益。

市场营销学中有一句非常著名的话：你卖的不是一个钻头，而是一个洞。意思是说，产品本身只是一种满足消费者需求的工具，其本质是使顾客的某种需求得到满足，核心产品就是这种对顾客需求的满足。

很显然，在产品整体概念的五个层次中，核心产品是最根本的、最实质性的，是顾客需求的核心。研究核心产品的实用价值在于：企业在开发新产品时，首先必须确认产品满足消费者需要的核心利益是什么，然后才能设计形式产品，满足顾客的需求。其次，企业应该从改良或增加的核心功能和效用入手，以此吸引消费者，增强产品的市场竞争力。例如，手机由原来的单一通话功能，逐渐增加到今天的传真、上网、发短信、玩游戏、看电视、了解股市行情、发布广告等，做到一品多用，这是提高产品竞争力的重要途径。

2. 形式产品

形式产品也叫“实体产品”，是指核心产品借以实现的形式或目标市场对某一需求的特定满足形式。形式产品是能看得见、摸得着的产品实体，它是核心产品附着的载体，产品的功能效用必须通过有形产品才能释放出来。

构成形式产品的因素主要有：产品的质量、规格、品牌、式样、商标及包装等。

研究形式产品的实用价值在于：企业不但要满足消费者对核心产品的需求，还必须在有形产品上下功夫，使产品在外观造型、质量水平、花色款式、包装、品牌等方面优于竞争者，才能获得更大的市场。

3. 期望产品

期望产品是指购买者在购买该产品时，期望得到的与产品密切相关的一整套属性和条件。譬如，住旅馆的客人期望得到收拾整齐的屋子、清洁的床位、干净的拖鞋、崭新的梳子、洗浴香波、浴巾、衣帽间等。因为大多数旅馆均能满足旅客这些一般的期望，所以旅客在选择档次大致相同的旅馆时，一般不是选择哪家旅馆能提供期望产品，而是根据哪家旅馆就近和方便而定。

4. 延伸产品

延伸产品也叫“附加产品”，是指顾客购买产品或服务时，附带获得的各种利益的总和，包括产品说明书、保证、融资、安装、维修、仓储、送货、技术培训等。对于旅馆来说，可以用提供电视、免费接送顾客、鲜花、免费上网、快速结账、美味餐饮、优质房间服务来增加其产品的内涵。国内外许多企业的成功，在一定程度应归功于他们更好地认识了服务在产品整体概念中的重要地位和作用。

许多情况表明，新的竞争并非各公司在其工厂中所生产的产品，而是附加在产品上的包装、服务、广告、顾客咨询、安装、调试、融资、运送、仓储及其他具有价值的形式。能够基于消费者需求升级的服务模式，正确发展延伸产品的公司必将在竞争中赢得主动权。

5. 潜在产品

潜在产品是指现有产品包括所有附加产品在内的，在现在基础上进一步改进的余地，可能发展成为未来最终产品的潜在状态的产品。潜在产品指出了产品可能的演变趋势和前景，它和现有产品是互相转化的。

产品整体概念的提出，对企业的营销管理具有重要意义。它使企业的营销管理者认识到，产品已不再是传统意义上的实体产品，而是在为消费者提供五个层次的整体性的满足。因此，企业必须生产、销售出顾客在各个方面都满意的产品，全面满足顾客的需求，才能获得较好的经济效益和社会效益。

二、产品分类

产品可从不同的角度进行分类。企业以产品的各种特征为基础将产品分成不同的类型。

1. 按产品的耐用性分类

(1)非耐用品

非耐用品是指消费周期很短、使用频率高、容易消耗的有形物品，如巧克力、糖果、火柴、化妆品等。由于这类产品消耗快，购买频率高，消费者一般是在便利售点购买，品牌忠诚度低。产品一般同质化程度较高，竞争比较激烈。非耐用品一般与人们的日常生活息息相关，在销售中售价加成较低。此外，企业应大量设置方便的零售点并辅以广告宣传以吸引消费者。

(2)耐用品

耐用品是指使用寿命较长、单价较高的产品，如冰箱、彩电、洗衣机、电视机、机械设备等。消费者愿意花较多的时间收集信息，评价比较，慎重决策，其购买行为属于复杂型购买行为。顾客一般会要求营销人员或厂家提供较多的售前和售后服务等。

2. 按消费者购买习惯的不同分类

(1)便利品

便利品通常是指消费者经常和随时需要的，只肯花费最少时间和精力去购买的物品。其中有些是经常需要的，如牙膏、香皂；有些是见到才买的，如报纸杂志、旅游纪念品等。便利品的营销，最重要的是要在时间、地点和销售方式上给顾客最大限度的便利，一般以小型经营为宜。

(2)选购品

选购品是指品种、规格复杂，挑选性强，在质量、价格、款式等方面需要反复比较后才能确定的产品，如服装、房子、家具、汽车等。在购买选购品时，消费者花大量的时间和精力收集信息进行比较。经营这类产品应在价格、质量和服务上特别注意，同时还应配备高素质的营销人员。

(3)特殊品

特殊品是指特定品牌或具有特色的、为特定顾客群专门购买的物品。比如特定品牌的汽车、高价的摄影器材、设计师量身定做的服装，以及医疗或法律专家的咨询服务等。特殊品购买者一般不去比较，只把时间用于找到经营所需商品的经销商。使用特殊品的人对产品知识有相当的了解，有习惯性的购买倾向，所以购买者往往不需要花过多的时间进行选择。

(4)非渴求商品

非渴求商品是指消费者不知道的物品或虽然知道但没有兴趣购买的物品，绝大多数新产品都是非渴求品，直到消费者通过广告认识了它们。知道但不需要的消费品的典型例子是人寿保险、墓地、墓碑等。这类产品的特点，决定了企业必须加强广告宣传、直销和其他营销努力。

三、产品组合及其相关概念

1. 产品组合、产品线及产品项目

产品组合是指一个企业提供给市场的全部产品线和产品项目的组合，即企业的业务经营范围。一个企业的产品组合，通常包括若干产品线，每个产品线又包括数目众多的产品项目。这里所说的产品线，又称为“产品类别”或“产品系列”。

产品线是由具有同类功能或能满足同类需求而规格、档次、款式不同的一组产品构成的。产品项目是指产品线中不同品种、规格、质量和价格的特定产品，也就是指产品线中的不同的个别产品。

2. 产品组合的宽度、长度、深度和相关性

产品组合的宽度，也叫“产品组合的广度”，是指产品组合中所拥有的产品线的数目。企业的产品线多，就叫作“产品组合宽”，反之就叫作“产品组合窄”。

选择产品组合的宽窄，是各有利弊的。若选择比较宽的产品线，扩大企业的经营范围，实行多样化经营，可以使企业充分挖掘技术、资源潜力，降低各类产品的总成本，扩大市场面，提高经济效益，分散企业的投资风险，增强企业的应变能力和竞争能力。但若企业的经营管理水平跟不上企业发展的速度，则容易造成经营上的混乱和顾客的不满，影响企业的信誉。

若选择比较窄的产品组合，可以使企业集中力量专注于现有产品的生产，提高品质，扩大生产批量，降低成本，加快资金周转，增加企业盈利，并有利于提高专业化水平和服务质量；但不利于企业综合利用资源，不利于分散风险，应变能力较弱。

产品组合的长度是指产品组合中产品项目的总数。以产品项目总数除以产品线数目即可得到产品线的平均长度。

产品组合的深度是指产品项目中每一品牌所含不同花色、规格、质量的产品数目的多少，如“洽洽怪味豆有两种规格和三种配方，其深度就是 6”。通过统计每一品牌的不同花色、规格、质量产品的总数目，除以品牌总数，即为企业产品组合的平均深度。表 7－1所列的产品组合的宽度(广度)为 5，产品组合总长度为 15，每条产品的平均长度为 15÷5＝3。电视机、洗衣机、收录机、电冰箱、空调机产品组合的深度分别为 4、3、2、4、2。

选择产品组合的深浅，也是各有利弊的。如果选择比较深的产品组合，产品品种多，可以适应消费者不同爱好和多样化的需求，占领同类产品的更多的细分市场，有利于提高服务质量和竞争能力。由于市场需求的动态发展，每个产品项目都有可能失败，即使成功的产品项目也有一个由盛到衰的运动过程。增加新的产品项目，可能分散风险，降低损失，但是，成本可能有所提高。

若选择比较浅的产品组合，产品品种少，既可以适应少数顾客大批量订货的需要，又有利于降低成本和发挥企业专长；但是，企业的应变能力则会相对减弱。因此，大部分企业通常都不只是生产经营一个产品项目。

表 7－1　HL 公司的产品组合

产品品种	产品深度	产品组合解释
电视机	A 型、B 型、C 型、D 型	产品线数(广度)＝5； 产品项目数(长度)＝15； 每种产品的平均长度＝15/5＝3； 洗衣机产品组合的深度＝3； 该公司 5 种产品系列均属于家电产品，产品组合关联性较大
洗衣机	A 型、B 型、C 型	
收录机	A 型、B 型	
电冰箱	A 型、B 型、C 型、D 型	
空调机	A 型、B 型	

产品组合的相关性是指各条产品线在最终用途、生产条件、分配渠道或其他方面相互关联的程度。不同的企业对产品组合的相关性有不同的选择。例如，某家用电器公司拥有电视机、电冰箱、洗衣机等多条产品线，但所有产品线都属于家用电器，产品组合具有较强的一致性。相反，实行多元化经营的企业，其产品组合的相关性则小。一般来说，中小企业增强产品组合的相关性，可以使企业在某一特定的市场领域赢得良好的声誉。

根据产品组合的四种尺度，企业可以采取四种方法发展业务组合：加大产品组合的宽度，扩展企业的经营领域，实行多样化经营，分散企业投资风险；增加产品组合的长度，使产品线丰富，成为更全面的产品线公司；加大产品组合的深度，占领同类产品的更多细分市场，满足更广泛的市场需求，增强行业竞争力；增强产品组合的一致性，使企业在某一特定的市场领域内加强竞争和赢得良好的声誉。因此，产品组合决策就是企业根据市场需求、竞争形势和企业自身能力对产品组合的宽度、长度、深度和相关性方面做出的决策。

四、优化产品组合

产品组合状况直接关系到企业销售额和利润水平，企业必须对现行产品组合作系统的分析和评价，并决定是否增加或剔除某些产品线或产品项目。优化产品组合的过程，通常是分析、评价和调整现行产品组合的过程。优化产品组合包括以下两个重要步骤：

1. *产品线销售额和利润分析*

产品线销售额和利润分析就是指分析、评价现行产品线上不同产品项目所提供的销售额和利润水平。在一条产品线上，如果销售额和盈利额高度集中在少数产品项目上，若产品项目受到竞争者的打击，这条产品线的销售额和利润就会迅速下降，则意味着产品线比较脆弱。为此，公司必须细心地加以保护，并努力发展具有良好前景的产品项目。如果一个产品项目只占整个产品线销售额与利润的 5％以下，无发展前景，就可以剔除。见表7－2所列，A 和 B 累计销售额比重占企业整体的 80％，利润占到 75％，显然 A 和 B 为企业的重点产品项目。如果 A 和 B 遇到激烈竞争或销售下降，利润减少，企业将会面临严峻形势。所以，企业必须采取措施，确保 A 和 B 的市场地位，同时加强 C 和 D 的销售。而 E 的销售仅占总体的 5％，利润仅占 3％，若进一步分析确认 E 没有市场前景则应删减。

表 7－2　销售额和利润比重

比重类型	产品品种				
	A 品种	B 品种	C 品种	D 品种	E 品种
销售额比重(%)	60	20	10	5	5
利润比重(%)	52	23	12	10	3

2. 产品项目市场地位分析

产品项目市场地位分析，即将产品线中各产品项目与竞争者的同类产品作对比分析，全面衡量各产品项目的市场地位。

【案例 7－1】

X 家具公司沙发产品线项目决策

X 家具公司的一条产品线是沙发，顾客对沙发最重视的两个属性是价格和功能。价格分为高、中、低三个档次；功能分为单功能(只能坐)、双功能(能坐也能睡)、多功能(坐、睡和带箱子)。X 公司有 Y、Z 两个竞争者，Y 公司生产高、中档的单功能沙发，Z 公司生产低档双功能沙发和三功能沙发。X 公司根据市场总体竞争情况及自身的实力，决定生产高档的双功能沙发、中档的双功能沙发和中档的三功能沙发，因为这三个市场位置没有竞争者。从图 7－2 可以看出，仍有两个市场空白点，各公司中没有生产的原因，可能是目前生产这种沙发要求的技术较高或生产成本较高或目标市场需求不足等。

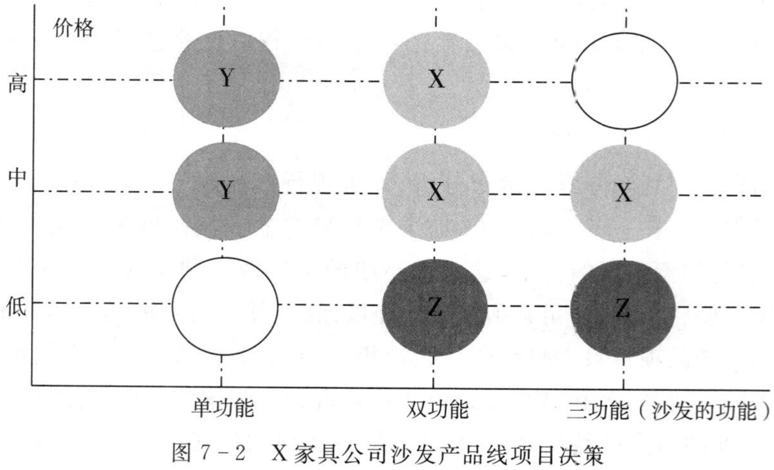

图 7－2　X 家具公司沙发产品线项目决策

五、产品组合决策

企业在产品组合决策过程中，可供选择的产品组合决策主要有以下几种：

1. 扩大产品组合

它包括扩大产品组合的宽度和加大产品组合的深度。扩大产品组合的宽度是指在原产品组合中增加一个或几个产品线，扩大产品经营范围，实现产品多样化。当企业预测现有产品线的销售额和盈利率在未来可能下降时，企业就须考虑在现有产品组合中增加新的产品线，或增强其中有发展潜力的产品线，弥补原有产品线的不足。新增的产品线，既可以与原有的产品线有关，也可以是不相关的，目标是提高企业的市场占有率。加大产品组合的深度是指在原有产品线内增加新的产品项目，增加企业的经营品种。

一般而言，企业增加产品线的风险性较大，特别是在没有技术优势和市场条件的情况下更是如此，而增加产品项目的风险很小。

2. 缩减产品组合

缩减产品组合即缩减产品线，缩小经营范围，实现产品专业化。比如，德国西门子公司曾忍痛卖掉了彩电生产线，日本东芝公司关闭了生产台式电脑的工厂。

市场繁荣时期，较长较宽的产品组合会为企业带来更多的盈利机会；但是在市场不景气或原料、能源供应紧张时期，缩减产品线反而能使总利润上升，因为剔除那些获利小甚至亏损的产品线或产品项目，企业可集中力量发展获利多的产品线和产品项目。

3. 产品线延伸

每个企业的产品都有特定的市场定位。比如生产西服，有的企业定位于高端客户，有的企业定位于中端客户，而有的企业则定位于低端客户。产品线延伸是指全部或部分地改变原有产品的市场定位，具有向下延伸、向上延伸和双向延伸三种实现方式。

(1)向下延伸

有些生产经营高档产品的企业，在现有产品线中增加中档或低档产品，或者经营中档产品的企业增加低档产品线，称为“向下延伸”。

企业实行这一策略主要是为了扩大销售，吸引中低收入水平的消费者，提高市场占有率。例如，宝洁公司过去一直生产中高档牙膏，后来推出了零售价为 3.9 元一支的佳洁士牙膏，就是典型的一例。丰田公司也曾向低收入阶层推出一款小型运动车 RAV4，这种车的售价仅要 1 万美元。

实行这一策略需要具备以下市场条件：利用高档名牌产品的声誉，吸引购买力水平较低的顾客慕名购买此产品线中的廉价产品；高档产品销售增长缓慢，企业的资源设备没有得到充分利用，为赢得更多的顾客，将产品线向下延伸；企业最初进入高档产品市场的目的是建立品牌信誉，然后再进入中低档市场，以提高市场占有率和销售增长率；补充企业的产品线空白。实行这种策略也有一定的风险，企业如果处理不慎，会影响原有产品特别是名牌产品的市场形象。

美国的派克公司一直生产高档钢笔,后来转轨经营每支售价 3 美元的廉价钢笔。结果,派克作为“钢笔之王”的形象和声誉受到损害,不但没有成功地打入低档笔市场,反而使高档笔市场的占有率大幅度下降。

(2)向上延伸

企业原来生产中档或低档产品,现在在原有产品线中增加生产更高一档的产品。实行这一策略的主要目的是:高档产品市场具有较大的潜在成长率和较高利润率的吸引,企业的技术设备和营销能力已具备加入高档产品市场的条件,企业要重新进行产品线定位。企业采用这一策略也要承担一定的风险,要改变产品在顾客心目中的地位是相当困难的,处理不慎,还会影响原有产品的市场声誉。例如,德国大众汽车在中国最早推出了低档的桑塔纳轿车和捷达轿车,接着又生产中档的“帕萨特”“宝莱”和高档的“奥迪”轿车。

(3)双向延伸

有些生产经营中档产品的企业,在树立了自己的品牌、掌握了市场优势之后,逐渐向高档和低档两个方向延伸,称为“双向延伸”。这种策略在一定条件下有助于提高市场占有率和企业的市场地位。例如海尔电器在中高端品牌“海尔”的基础上,向上延伸出了“卡萨帝”品牌,向下延伸出了注重实用主义的“统帅”电器。

无论是产品线的向上延伸、向下延伸还是双向延伸,产品线中的产品项目都不可过多,否则会造成产品项目之间的互相冲突,增加制造和营销成本,让消费者分不清项目之间的区别,引起反感和厌烦。

4. 产品线填补

有些企业在现有的产品线内增加一些产品项目,使原有的产品线拉长。这主要是为充分利用企业剩余生产能力,填补市场空缺或防止竞争者的进入,使自己成为一个领先的产品线饱满的企业。例如,日本松下电器产业于 1982 年春天推出袖珍型黑白电视机,在看似饱和的黑白电视机市场上再创销售高潮,备受当时有车阶层的青睐,纷纷将袖珍型黑白电视机作为车内的第二种装备品,与车内音响一起,成为有车阶层户外生活必备的用品。

这种策略实际上是要在企业原有的产品线内发现尚未满足的市场需求,为某个细分市场增加有特色的产品或服务。值得注意的是,企业要防止这种填补导致新旧产品项目之间出现“自相残杀”。

5. 产品线现代化

这一策略主要强调把现代化科学技术应用到生产过程中去。有时,产品组合的宽度、长度虽然合适,但产品线的生产形式还停留在过去的水平上,就必须对产品线进行现代化改造,跟上市场的步伐。产品线现代化有两种方式:一种是渐进式现代化,一种是迅速现代化。渐进式现代化可节省投资,但缺点是竞争者很快就会察觉,从而采取对策与之抗衡。迅速现代化则可以避免上述缺点,出奇制胜,但所需投资较大。我国众多厂商从国外引进生产线,如双汇冷链生产、冷链储藏、冷藏配送和连锁经营即为典型案例。

【案例 7－2】

上汽通用三大品牌深度调整应对中国车市未来“微增长”

通月汽车公司作为中国汽车市场的后来者，1999 年的市场份额只有 3%，仅居第 7 位，这与全球市场老大的位置是极不相称的。2015 年在中高级车市场，由别克君越、君威和雪佛兰迈锐宝组成的“双君一宝”全年共销售 275 814 辆，市场占有率达到 19%。

当年中国轿车市场上，桑塔纳、捷达和富康牢牢占据着中档车的市场，进而中高档轿车市场还是以进口为主，有较大的空间。于是，通用公司选择了从高端市场进入的战略，将旗下成熟的别克车型投放市场。第一年就推出了三款车型：别克新世纪、GLX 和 GL，成为在中国生产的最高档的车型，比奥迪 A6 领先半年，取得了市场主动权。随后，别克 CS、别克多功能公务车 GL8、小排量的别克 G 纷纷进入市场，形成一个完整的中高档轿车的产品组合。

上汽通用公司是国内唯一一家同时运营三个品牌的车企，在过去市场高速发展的阶段，集三个品牌于一家的优势就在于在体量上更容易做出规模优势，但如何协同好三个品牌的资源，让每个品牌在细分市场上都保持优势，这是一大考验。

上汽通用公司总经理王永清谈到，随着消费升级，豪华车市场到 2025 年之前仍将以 9%～10%的年复合增长率继续高速增长。目前在这一市场，凯迪拉克尚未实现全线覆盖，因此，下一步的重点是在豪华车市场实现全面布局。别克品牌在 2017 年的年销量已经突破了 120 万辆，作为为数不多的年销量超过百万辆的单一品牌，别克的任务是在稳中求进的同时，加大中高级车型的占比。

从市场的整体趋势来看，智能互联是所有企业都在努力的方向。因此，上汽通用公司也在此前早些时候宣布，将智能互联作为拉动企业增长的“第二引擎”，在车企产品同质化越来越严重的背景之下，试图利用智能化来保持优势。

第二节 产品生命周期

一、产品生命周期的概念及其阶段划分

任何产品在市场营销的过程中，都有一个发生、发展到被淘汰的过程，就像任何生物都有其出生、成长到衰亡的生命过程一样。在市场上，同一种用途的新产品问世并取代了旧产品以后，旧产品的市场生命也就结束了。一般说来，新产品一旦投入市场，就开始了它的市场生命。

1. 产品生命周期理论的提出

美国学者乔尔·迪安在他的有效定价政策的讨论中采用了"产品生命周期"的概念。他阐述了市场开拓期、市场扩展期和成熟期等阶段，是对产品从进入市场到被淘汰退出市场的全部运动过程的理论分析。1965年，西奥多·莱维特在发表于《哈佛管理评论》上的《利用产品生命周期》一文中对这一概念给予了高度评价。1966年，美国哈佛大学教授雷蒙德·弗农在其《产品周期中的国际投资与国际贸易》一文中完整阐述了产品生命周期理论。费农认为产品生命是指产品在市场上的营销生命，产品和人的生命一样，要经历形成、成长、成熟、衰退这样的周期。就产品而言，也要经历一个开发、引进、成长、成熟、衰退的阶段。典型的产品生命周期一般可以分成四个阶段，即介绍期（或引入期）、成长期、成熟期和衰退期。

2. 产品生命周期的概念

产品生命周期简称为"PLC"，亦称为"产品的市场寿命周期"或"经济寿命周期"，它是指一种新产品从开始进入市场到被市场淘汰所经历的整个运动过程，它包括投入期（介绍期或导入期）、成长期、成熟期和衰退期四个阶段。产品生命周期是相对于产品的使用寿命和产品的物质寿命而言的。使用寿命和物质寿命反映了商品物质形态的消耗过程，市场寿命则反映了商品的经济价值在市场上的变化过程。需要指出的是，对一个特定的企业，其产品的生命周期是企业选择相应营销战略的结果，而不是其选择营销战略的起因。某种产品生命周期的长短是企业外部环境和企业内部战略综合作用所决定的，而企业的自身营销战略所占的比重又要高于其他因素。管理者要想使企业的产品有一个较长的销售周期，以便赚取足够的利润来补偿在推出该产品时所做出的一切努力和经受的一切风险，就必须认真研究和运用产品的生命周期理论。

【延展阅读】

乔尔·迪安，美国管理经济学家，于20世纪50年代在他的有效定价政策的讨论中采用了"产品生命周期"的概念。他阐述了市场导入期、市场扩展期和成熟期等阶段，是对产品从进入市场到被淘汰退出市场的全部运动过程的理论分析。

西奥多·莱维特，1951年取得经济学博士学位，1959年加盟哈佛大学商学院。他是唯一一位四次捧得《哈佛商业评论》最佳论文年度奖的作者。他于1960年在《哈佛商学评论》上发表的《营销近视症》如今被公认为管理领域的经典之作。

雷蒙德·弗农，1931出生，早期曾致力于区位经济学的研究，后转入对信息和专业化服务的研究，于1966年发表《产品周期中的国际投资和国际贸易》一文，提出了著名的产品生命周期理论。费农认为产品生命是指市场上的营销生命，就产品而言，也就是要经历一个开发、引进、成长、成熟、衰退的阶段。而这个周期在具有不同技术水平的国家里，发生的时间和过程是不一样的，其间存在一个较大的差距和时差，从而决定了国际贸易和国际投资的变化。

3. 产品生命周期的内涵

第一，产品生命周期是指产品的市场寿命，而不是产品的使用寿命。产品的使用寿命是指产品的自然使用时间，也就是一种产品从进入消费者领域被使用到失去其使用价值或损坏报废所经历的时间，它取决于产品本身的因素；而产品的市场寿命是指一种产品进入市场时兴起来到被淘汰退出市场的时间间隔。因此，有些产品品种的使用寿命较短，而市场寿命却很长。

第二，产品生命周期是指产品品种的市场生命过程，而不是指产品种类的市场寿命。相对而言，只有产品中的某一个特定品种才会有市场生命周期问题，如车辆、电脑、汽车、服装等产品种类的市场生命将长期延续下去，而其中的各个品种，如某种汽车、某种电脑、某种服装等，才有不同的市场生命周期。

第三，产品生命周期不能等同于产品在流通领域内停留的时间。许多产品在市场销售中已经被淘汰，但这些产品由于没有最终进入消费领域，仍然停留在流通领域中。因此，观察某种产品生命周期的最后阶段，不能以流通领域中是否存在此产品为标准，而应观察其销售情况和其他因素。

第四，产品生命周期的曲线图与正态分布曲线相类似，但这只是理论上的概括，实际上许多产品生命周期的曲线变异较大，这是由多种因素影响导致的。

4. 产品生命周期理论对企业营销的意义

产品生命周期是一个很重要的概念，它和企业制定产品策略及营销策略有着直接的联系。

第一，产品生命周期理论揭示了任何产品都和生物有机体一样，有一个“诞生—成长—成熟—衰亡”的过程，企业必须不断推陈出新，做到“人无我有”“人有我优”“人优我创”“人创我快”“人快我转”。

第二，企业可借助产品生命周期理论及各阶段的运行规律特点，采取灵活的市场营销组合策略，增强企业竞争力，提高企业的经济效益。

第三，产品生命周期是可以延长的，企业可借助市场营销组合策略延长产品的生命周期。

5. 产品生命周期四阶段

产品生命周期一般分为导入期、成长期、成熟期和衰退期四个阶段。这一过程可用曲线来表示（如图 7－3 所示），即为产品生命周期曲线。

导入期也称为“介绍期”，是指从新产品的小批量试产到投入市场的试销阶段。在此阶段，消费者对新产品的认知度很低，产品销售呈缓慢增长状态，销售量有限，而企业却投入大量的新产品研制、开发费用和产品营销费用，企业几乎无利可赚甚至亏损。

成长期是指新开发产品在经过稳定的小批量试产后，市场的试销表现良好，产品在市场上已经逐渐被消费者所接受，获得消费者与经销商的认同，销售额迅速上升，成本大幅下降，企业利润得到明显的提高，开始进入大批量生产。此阶段营销的主要目标是提高市场占有率及销售额。

成熟期是指某种产品的销售增长率在达到一点后，产品销售增幅放缓，甚至略微下

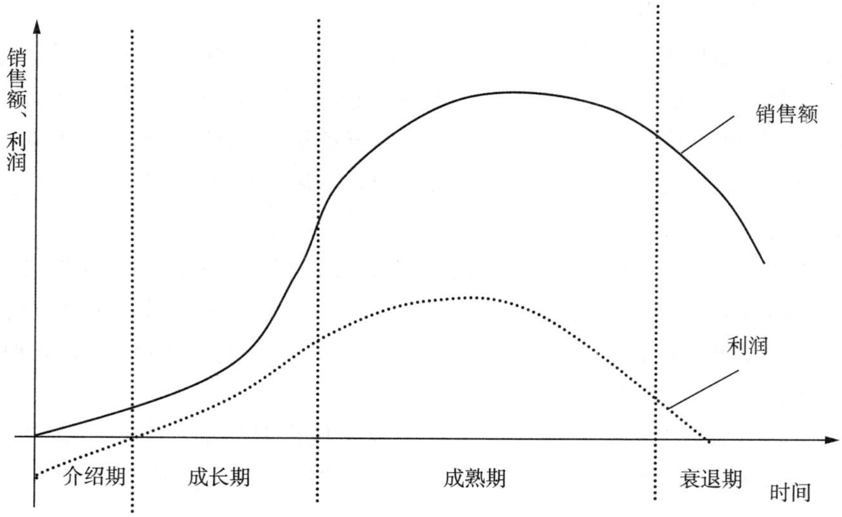

图 7－3　产品生命周期示意图

降，进入市场相对饱和的销售阶段，竞争进一步加剧。这个阶段是考验营销团队能力的关键时刻。很多公司往往忽视处于成熟期的产品销售潜力，常常使用降低售价保销量的消极防御策略。在此阶段，大多数购买者已经拥有这种产品，市场销售额从显著上升逐步趋于缓慢下降的阶段。

衰退期是指某种产品在市场上已经滞销而逐渐被迫退出市场的衰亡阶段。在此阶段，随着市场的成熟，升级产品或替代品的出现使消费者拥有更多选择，市场占有率、销售额和利润持续萎缩，企业利润逐渐趋于零或呈负数。

企业产品生命周期各阶段的特征见表 7－3 所列。

表 7－3　产品生命周期各阶段的主要特征

阶　段	特　征
导入期	成本高，售价高；促销费高；竞争不激烈；市场难预测；无利润
成长期	销售上升；成本降低；促销费下降；竞争对手开始参与
成熟期	销量上升，但速度放慢；成本降至最低；竞争异常激烈；为应付竞争，促销费上升
衰退期	销量下降；利润减少，甚至达最低；市场压力大；以降价为主要促销手段

企业产品生命周期主要是从产品的销售额和盈利能力这两个因素与产品在市场上销售延续时间的关系来衡量的。如果以横坐标表示时间，以纵坐标表示销售额，则产品生命周期曲线图与正态分布曲线相类似。从导入期开始，销售额缓慢上升；进入成长期后迅速上升；在成熟期则平缓变化；在衰退期迅速下降。图 7－3 显示，销售额曲线与利润额曲线的变化大致相同，但变化的时间略有区别。当销售额曲线还在上升时，利润额曲线也许就开始下降了，其原因是很复杂的。严格确定产品生命周期的各个划分点是不现实的，一般只是大致划分出四个区分的阶段。

6. 产品生命周期的特殊形态

在市场营销实践中，并不是每种产品的生命周期都完全符合理论形态，呈正规的正态分布曲线。由于产品的类型不同，特别是企业采取的营销策略不同，产品生命周期可能呈现以下变化，如图 7-4 所示。

第一种为风格型曲线(如图 7-4a 所示)，显示在人们努力的一个领域里所出现的一种基本的和独特的方式。风格一旦产生，可能会延续数代，根据人们对它的兴趣而呈现出一种循环再循环的模式，时而流行，时而又可能并不流行，风格会维持相当长的时间。

第二种为稳定成熟型曲线(如图 7-4b 所示)，该种产品进入成熟期后，长期保持一种平稳状态，并呈现缓慢增长趋势。有些产品的成熟期很长，如汽车、电视机、电话等。像家里的固定电话，贝尔在 1876 年发明到今天也一直在使用，但这种情况也是相对而言的，任何产品都会有衰退的时候，这种曲线变异的情况是不多见的。

第三种为再循环曲线(如图 7-4c 所示)，也叫"反复型"或"周期再周期型"曲线。有的产品进入市场以后，很快度过了介绍期，销售量迅速上升，进入成熟期后销售下降也很快，但由于企业投入更多的销售推广费用，采用降价或优惠的营销策略等，这种产品又重新出现销售迅速增长的趋势，出现了再循环变化。像食品、化妆品、药品、家庭用洗涤剂等大多呈循环型。上述产品到了成熟期后就会大量增加促销投资，以阻止它进入衰退期，使其发生再次循环。有的市场营销学者研究了数百种产品后，推出几种不同的产品生命周期曲线，其中最典型的就是"循环—再循环"型。

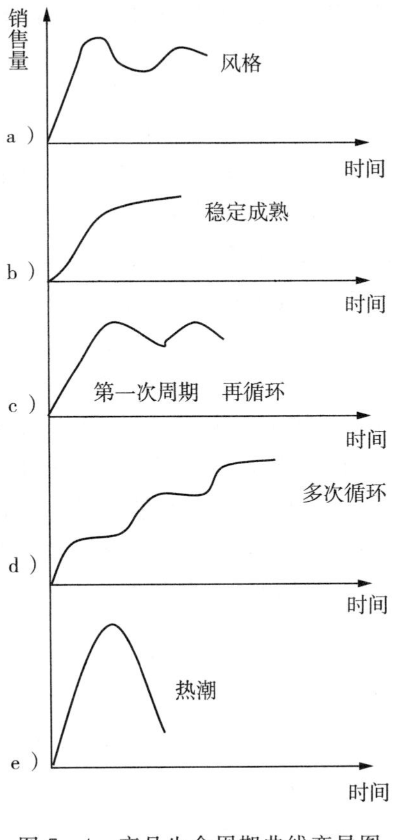

图 7-4　产品生命周期曲线变异图

第四种为扇形产品生命周期曲线，也称"多次循环形态曲线"或"波动形态曲线"(如图 7-4d 所示)，主要是指产品生命周期不断地延伸再延伸，这往往是因为产品创新或不时发现新的用途。多次循环的出现绝非仅求助于销售推广费用的增加，而是在产品进入成熟期以后，在产品销量下降以前，企业通过进一步发展新的产品特性，开发产品新的用途，或者改变企业的营销战略，重新树立产品形象，开发新的市场，使产品销售量从一个高潮走向另一个高潮。这实际上是产品生命周期的延长，它对企业是十分有利的。但企业要付出极大的努力，并作出创造性的营销决策。

第五种为热潮型或时潮型生命周期曲线(如图 7-4e 所示)，是一种迅速进入公众眼睛的流行，它们“来也匆匆”“去也匆匆”，很快地达到高峰，然后迅速衰退。一般都是时尚类的产品，迅速扩张，又迅速衰退。如曾经流行的“呼啦圈”“文身”等。

7. 品种类、形式和品牌生命周期

一般而言，产品种类(如香烟)、产品形式(如过滤嘴香烟)和产品品牌(如云烟)的寿命周期各不相同。产品种类的生命周期最长，只有科学技术发展到一定阶段出现能够代替其全部功能的新产品后，其寿命才会终结。很多产品种类如食盐、汽车、冰箱的产品成熟阶段可以无限期地持续下去，其销售量增加与人口增长率成正比关系。产品形式比产品种类能够更准确地体现标准的产品生命周期历程，它主要取决于技术进步后产品的更新换代的速度。例如，打字机在经历了典型的介绍期、成长期、成熟期之后，由于电脑的普及而进入衰退期，退出市场。总的来说，产品品牌的生命周期较短，但与产品形式生命周期相比，也并不是绝对的，一般根据该品牌产品的销售状况和市场竞争状况而定。

二、产品生命周期各阶段的特点与营销策略

1. 导入期的市场特点与营销策略

(1)导入期的市场特点

① 生产批量小，制造成本高。产品是初次小批量生产，企业对市场的反应还在进行测试，生产方法还没有完全定型，生产还很不稳定，损耗较大，制造成本较高，竞争者还没有加入，市场竞争不激烈。

② 广告费用和其他营销费用开支较大。因为产品刚上市，消费者对产品不了解，此时的广告和其他推销费用往往最大。

③ 价格决策难以确立。由于产量少，成本高，促销费用高，售价偏高些是必要的，但售价高可能限制了购买，售价低可能难以收回成本。

④ 销售渠道少，销售量极为有限，利润少，甚至出现经营亏损。因此，在导入期阶段企业承担的风险较大；如果市场预测和产品开发研制失误，会导致新产品在这个阶段夭折。但这个阶段市场竞争者较少，企业若采取有效的营销组合策略，即可使新产品顺利地度过导入期而进入成长期。

【案例7-3】

杜邦公司延长尼龙生命周期的战略

(1)频加使用。尼龙袜的销售曲线日趋平坦后，杜邦公司便潜心研究，发现那时女人已趋向于“露腿”。由于人们的生活不定，青年女性对于穿袜子的“社交需要”的感觉也日渐淡薄。对于这些发现，杜邦公司认为要使销售曲线回升，有一个直接的方法就是重复强调社交必须穿袜子。这种方法显然颇为困难，宣传的成本也很高，不过它却能在现有的使用者中，提醒他们时常穿着袜子，达到延长产品生命周期的目的。

(2)变化使用。对杜邦来说，这种策略主要是要使女性更普遍地购用尼龙丝袜。首先，杜邦公司推出一种淡色的丝袜，当作时髦标致的装饰，让大家普遍购买后，又推出一些带有花样的高级丝袜，取代以前那种花色单调的丝袜。女性因受新花样的吸引，纷纷换旧购新。货色的变化换新，使人觉得年年有新花样可买、可穿。此外，女性购用五颜六色、花样百出的丝袜后，男人的注意力便集中到她们的美腿上。

(3)寻求新用途。从变化袜子的形态（如松紧长丝袜、松紧短袜）到寻求新的用途（如地毯、轮胎），这些方法都为延长尼龙袜的生命周期起到了一定的促进作用。

(2)导入期的市场营销策略

引入期的营销策略突出一个“快”字。根据上述特点，导入阶段一般有以下四种可供选择的策略（见表 7－4 所列）。

表 7－4　产品导入期可供选择的市场营销策略

促销费用 / 价格水平	高	低
高	快速掠取策略	缓慢掠取策略
低	快速渗透策略	缓慢渗透策略

① 快速掠取策略，即企业以高价格和高促销费用推出新产品。实行高价格是为了在每一单位销售额中获取最大的利润，高促销费用是为了引起目标顾客的注意，加快市场的渗透率，快速抢占市场，高价高利，尽快收回新产品开发投资。实施该策略的市场条件是：市场上有较大的需求潜力，目标顾客具有求新心理，急于购买新产品，并愿意为此付出高价，企业面临潜在竞争者威胁，需要及早树立名牌。

例如，20 世纪 80 年代天津中美史克公司推出的新产品“肠虫清”药片，广告上说每人只需要服用两片，就可以消灭体内各种寄生虫，是一种使用美国先进技术开发的新产品。这种药片每片零售价 3 元多，在 20 世纪 80 年代可谓价格不菲。由于这种新药具有广泛的、强烈的市场需求，当时市场上还没有可以与之竞争的产品，加上厂家在中央电视台不惜重金做广告推广，造成了全国大中城市药店普遍脱销的局面，厂家获取了高额利润，这是成功使用快速掠取策略的一个典型实例。

② 缓慢掠取策略，即企业以高价格和低促销费用将新产品推入市场，缓慢获得高利。高价格和低促销水平结合可以使企业获得更多利润。实施该策略的市场条件是：市场规模相对较小，潜在竞争者威胁较小，而市场上大多数用户对该产品没有过多疑虑，适当的高价能为市场所接受。

例如，电信局刚刚开展特快专递业务时，市场规模有限，但目标消费者对该项业务有较强的需求，愿意付高价购买这一服务，所以定价较高。电信局通过公告、告示等形式，使得目标消费者已经知道了这一服务，没有必要花很多钱去做四大媒介广告推广。

另外，特快专递业务当时在中国具有垄断性，没有其他竞争对手，消费者要满足这一需求就只有找国营的电信局，电信局由此获得了高额、稳定的利润，这是采用缓慢掠取策略推出新产品的典型实例。

③ 快速渗透策略，即企业以低价格和高促销费用推出新产品，目的在于先发制人，以最快的速度打入市场，该策略可以给企业带来最快的市场渗透率和最高的市场占有率。实施这一策略的条件是：产品市场容量很大，潜在消费者对产品不了解，且对价格十分敏感，潜在竞争比较激烈，产品的单位制造成本可随生产规模的扩大和销售量的增长而迅速下降。

例如，丰田汽车刚刚进入美国市场时，为了迅速打开销路，占有市场，在美国汽车业中以最高的广告费用和最低的价格水平销售汽车，每辆丰田车的平均价格比美国轿车便宜 1300 美元左右。依靠这种快速渗透策略，丰田车的销量先后击败美国的福特汽车和克莱斯勒汽车，每台丰田车的制造成本和销售成本也随着销量的增长迅速下降。到 20 世纪 90 年代，丰田公司的汽车销量已经位居世界第二位，仅次于美国的通用汽车公司。

④ 缓慢渗透策略，即企业以低价格和低促销费用推出新产品。低价是为了促使消费者迅速地接受新产品，低促销费用则可以实现更多的利润。企业坚信该市场需求价格弹性较高，而促销弹性较小。实施这一策略的基本条件是：市场容量较大，潜在顾客易于或已经了解此项新产品且对价格十分敏感，有相当的潜在竞争者准备加入竞争行列。

产品导入期是产品生命周期的关键阶段，能否顺利度过这一阶段决定着该产品的市场前途。这个时期营销活动的成败，通常通过品牌察觉、购买意向、产品试用、再次购买率、零售商存货水平和展示比例等指标的上升与否来考察。

2. 成长期的特点与营销策略

(1)成长期的市场特点

① 消费者对新产品已经熟悉，销售量增长很快。

② 成本逐步下降，利润增长很快，以至达到产品整个生命周期的最高峰。由于大规模的生产和丰厚的利润，吸引大批竞争者加入，市场竞争加剧。

③ 产品已定型，大批量生产使生产成本下降，市场价格趋于下降，技术工艺比较成熟。

④ 竞争激烈，市场开始细分，分销网点也在增加。

⑤ 为了适应竞争和市场扩张的需要，企业的促销费用水平基本稳定或略有提高，但占销售额的比例下降。

(2)成长期的营销策略

企业营销策略的核心是尽可能地延长产品的成长期，此阶段营销策略集中体现为一个“好”字。具体来说，可采用以下营销策略：

① 根据用户需求和其他市场信息，不断提高产品质量，努力开发产品的新款式、新型号，增加产品的新用途。

② 强化促销环节，树立强有力的产品形象。促销策略的重心应从建立产品知名度

转移到树立产品形象，主要目标是建立品牌偏好，争取新的顾客。

③ 积极寻求新的细分市场，巩固原有渠道，增加新的销售渠道，开拓新的市场。

④ 在大量生产的基础上，选择适当时机调整价格，以争取更多顾客。

企业采用上述部分或全部市场扩张策略，会增强产品的竞争能力，但也会相应地加大营销成本。因此，在成长阶段，企业面临着“高市场占有率”或“高利润率”的选择。一般来说，实施市场扩张策略会减少眼前利润，但提高了企业的市场地位和竞争能力，有利于维持和扩大企业的市场占有率，从长期利润来看，更有利于企业发展。

3. 成熟期的特点与营销策略

对许多产品来说，这一阶段持续时间最长。成熟期可以分为三个时期：成长成熟期、稳定成熟期和衰退成熟期。

(1)成熟期的市场特点

① 成长成熟期。此时期各销售渠道呈饱和状态，增长率缓慢上升，还有少数后续的购买者继续进入市场。

② 稳定成熟期。由于市场饱和，消费平稳，产品稳定，销售增长率一般只与购买者人数成比例，如无新购买者则增长率停滞或下降。

③ 衰退成熟期。销售水平呈显著下降趋势，原有用户的兴趣已开始转向其他产品和替代品。全行业产品出现过剩，竞争加剧，一些缺乏竞争力的企业将渐渐被取代，新加入的竞争者较少。竞争者之间各有自己特定的目标顾客，市场份额变动不大，突破比较困难。

由于市场上的多数商品大都处于这个阶段，因此企业大多数的时间是处于经营成熟期的产品，如果采取防守性策略，满足现状，势必很难得到发展。成功的企业必须采取进攻性策略，创造性地营销，使产品生命周期出现再循环的局面。

(2)成熟期的营销策略

成熟期的营销策略可以用一个“改”字概括，其基本营销策略如下：

① 市场改良。市场改良策略也称“市场多元化策略”，即企业发现产品的新用途或改变销售方法，扩大销售对象，开发新市场。采取这种策略可从以下三个方面考虑。

a. 寻求新的细分市场，把产品引入尚未使用过这种产品的市场，重点是发现产品的新用途，应用于其他的领域，以使产品的成长期延长。例如，美国杜邦公司生产的尼龙产品，最初只用于军用市场，如降落伞、绳索等。第二次世界大战后转入民用市场，企业开始生产尼龙衣料、蚊帐等日用消费品，以后又继续扩散到轮胎、地毯等市场，使尼龙产品系列进入多循环周期，为企业赢得了长期稳定的利润。

b. 刺激现有顾客、增加使用频率。例如某品牌牙刷厂在广告中告诫人们一个月要换一次牙刷。

c. 市场重新定位，寻求有潜在需求的新顾客。例如一家生产香水的公司，可以通过广告和公关宣传，说服男士也使用这一品牌的香水，从而开发了产品新的目标市场。吉列公司发现不仅男士使用刮脸刀刮脸毛，有不少女性也使用刮脸刀刮腋毛，于是将其生产的刮脸刀刀柄加长，颜色改为鲜艳的色彩，投入女性化妆品市场，结果成功地开发了这一新的细分市场。

② 产品改良策略。产品整体概念的任何一个层次的改革都可视为“产品改良”(也称为“产品再推出”),是指以产品自身的改变来满足顾客的不同需要,吸引有不同需求的顾客,具体包括品质改良、特性改良、式样改良、附加产品改良等。

③ 营销组合改良,即通过改变定价、销售渠道及促销方式来延长产品的成长期和成熟期。营销策略是营销组合的巧妙运用,可以通过改变其中任何一个因素或几个因素的搭配关系来刺激和扩大消费者购买。

例如空调中的分体机,目前已经进入成熟期,厂家采用的营销策略通常是降价、赠品促销,加大宣传力度,加大广告投入,增加销售网点,采取分期付款方式,改善售后服务。

4. 衰退期的特点与营销策略

(1)衰退期的市场特点

① 产品销售量由缓慢下降变为迅速下降。

② 消费者对该产品已不感兴趣,期待新产品出现。

③ 价格已下降到最低水平,产品利润很低甚至为负数。

④ 多数企业无利可图,被迫退出市场。

⑤ 留在市场上的企业逐渐减少产品附加服务,削减促销预算,以维持最低水平的经营。

⑥ 还有少数顾客由于长时间形成的消费习惯,或由于价格低廉,仍然购买该产品。

在产品的衰退期,公司要做的第一件事,就是通过定期审查产品的销售额、市场份额、成本和利润情况,找出确实处于衰退期的产品。

即使一个产品的销售确实在急剧衰退,也不能断定该产品必然无可救药。此时应该考虑能刺激其销量回升的所有办法,如调整目标市场、修改营销组合策略。

判断一种产品是否已进入衰退阶段,需要认真调查研究,获得充分可靠的情报资料,主要包括企业历年销售量、市场占有率趋势、毛利率及投资收益率的变化等,然后做出继续留在市场或退出市场的决定。

(2)衰退期的营销策略

衰退阶段的营销策略主要体现为一个“转”字,其基本营销策略如下:

① 集中策略,即把资源集中使用在最有利的细分市场、最有效的销售渠道和最易销售的品种、款式上。概言之,企业缩短战线,以最有利的市场赢得尽可能多的利润。

② 维持策略,即保持原有的细分市场和营销组合策略,把销售维持在一个低水平。待到适当时机,企业便停止经营,退出市场。

③ 榨取策略,即大大降低销售费用,如广告费用削减为零、大幅度精简推销人员等。虽然销售量有可能迅速下降,但是可以增加眼前利润。榨取策略通常作为停产前的过渡策略。

即使企业决定停止经营处于衰退期的产品,也必须慎重决策:应立即停产还是逐步停产;将所有权出卖或转让给其他企业,还是将企业的资源有秩序地转向新产品经营,并应处理好一切善后事宜。

【案例 7－4】

给牙膏公司的建议

美国有一家生产牙膏的公司，产品优良，包装精美，深受广大消费者的喜爱，每年营业额蒸蒸日上。记录显示，前 10 年公司每年的营业增长率为 10%～20%。不过，业绩进入第 11 年、第 12 年及第 13 年时，则停滞下来，每个月维持同样的数量。董事长对此 3 年业绩表现感到不满，便召开全国经理级高层会议，以商讨对策。会议中，有名年轻经理站起来，对董事长说："我手中有张纸，纸上有个建议，若您要使用我的建议，必须另付我 5 万元！"董事长听了很生气地说："我每个月都支付你薪水，另有分红、奖励。现在叫你来开会讨论，你还要另外要求 5 万元，是否过分？""总裁先生，请别误会。若我的建议行不通，您可以将它丢弃，一毛钱也不必付。"年轻的经理解释说。"好！"董事长接过那张纸后，阅毕，马上签了一张 5 万元支票给那位年轻经理。那张纸上只写了一句话：将现有的牙膏开口扩大 1 毫米。董事长马上下令更换新的包装。试想，每天早上，每个消费者多用 1 毫米的牙膏，每天牙膏的消费量将多出多少倍呢？这个决定，使该公司第 14 年的营业额增加了 32%。

第三节　新产品开发与市场扩散

一、新产品的概念及种类

市场营销学中使用的新产品概念不是从纯技术角度理解的，产品只要在功能、结构、品质、成分、款式、规格或形态上得到改进，与原有产品存在差异，并为顾客带来新的利益，即视为新产品。

按照新产品创新程度的不同，可以将其分为以下几种类型：

1. 全新产品

全新产品即运用新技术创造的整体更新产品，也就是本国或其他国家都没有出现过的首创产品。这种新产品不是在原有产品基础上的小改革，而是采用新原理、新结构、新技术、新材料、具有新功能的产品，全新产品在世界上都属于首创，所以全新产品也叫"世界性新产品"。

例如，西门子公司 1847 年开发的第一台电报机，1866 年开发的第一台发电机，1880 年开发的第一部电梯，1895 年开发的第一台 X 光射线仪，1923 年开发的第一台收音机；索尼公司首次开发的随身听；飞利浦公司开发的第一台家庭录像机；3M 公司开发的黄色不干胶贴纸。

2. 革新产品

革新产品，也叫"换代新产品"，是指运用现代科技对市场上已经出售或普及的产品较大程度地采用新技术、新结构、新材料制造的、性能有显著提高的产品。例如,彩电是黑白电视机的换代产品,全自动洗衣机是半自动洗衣机的换代产品,无氟冰箱是有氟冰箱的换代产品,等等。

3. 改进新产品

改进新产品,是对企业现有的产品进行必要的更新换代,赋予旧产品以新的功能或价值,即对原来产品的成分、结构、功能、款式、规格、花色、外形等做出改进的产品。例如,静音空调是噪声较高的传统空调的改进型产品,节能冰箱是传统冰箱的改进型产品。

4. 仿制新产品

仿制新产品是指在国外或国内已经存在、本企业模仿生产并推向市场的新产品。

在新产品的开发中,合法的仿制是不可能排除的。例如,江西拖拉机厂仿制英国的福格森 20 型拖拉机,生产出丰收 27 型拖拉机;上海七一拖拉机厂仿制英国的福格森 35 型拖拉机,生产出丰收 35 型拖拉机。

5. 新品牌产品

当企业对某一产品使用新的名称或者企业欲进入一个新的产品种类时,若对于该种产品,企业现有设计没有一个合适的,则可建立一个新的品牌名称;或者企业认为它的既有品牌的影响力正在逐渐更新换代,因此需要一种新的品牌。

总之,只要在产品成分、款式、功能或形态上有部分改进或全部改变,有新的功能和效用,并为顾客带来新的利益,均可视为新产品。

二、新产品开发的方式

1. 独自开发

企业完全通过自己的力量开发新产品,称为独自开发。一般适合于技术、经济实力较强的企业。

2. 委托开发

企业提出要求,由高校或科研机构受委托开发新产品。

3. 联合开发

联合开发由两个或两个以上企业互相协作开发新产品,或与高校、科研单位互相协作开发新产品。

4. 引进国外或国内先进技术开发新产品

企业主要通过购买外部的技术专利权或特许权,取得经营权利。这种方式能节约研制费用和研制时间,使新产品的技术水平迅速赶上国内外先进水平。

5. 仿造竞争产品

有些企业仿造竞争者在市场上畅销的产品,但这种做法在有些国家要受到法律的限制。

佳能公司开发复印机时,首先把施乐复印机买回来,全部拆成零部件,组织技术人员逐一分析，在参考借鉴施乐复印机的基础上，开发出了体积更小、操作更简单、价格更低廉的佳能复印机。等到施乐复印机各零部件的专利保护期届满，佳能复印机就迅速上市蚕食了施乐占有的市场份额，取得了销量第一的显著成绩。

【延展阅读】

过去，许多跨国公司将其产品的研发集中在国内进行。然而，现今的全球企业尽可能利用其国外子公司的资源来增强其研发能力。这样做的优点：一是有利于技术从国内向国外分支机构转移；二是可以缩短向国外介绍新产品的时间；三是可以从子公司获取和利用有价值的、廉价的国外研发技术和人才；四是有利于根据国外市场的特色修正原有产品。当然，研发活动的分散化也有不利的一面。例如，研发人才在企业里大多是受过最好教育、拿最高工资的专家，这些人员分散到基层可能会失去规模效益，在沟通上会产生不便。另外，研发分散化可能增加技术机密泄露的风险。

因此，全球企业不应该盲目分散其全球研发活动，在选择开发地点时应着重考虑以下条件：一是当时是否有充足的科学家和研究人员；二是是否有良好的教育和通信设施；三是是否有与产品创新和改进活动密切相关的环境；四是是否有政治风险。国外研发地点不仅可以选择在发达国家，也可以选择在发展中国家，如果这个发展中国家是关键市场，或它所拥有的资源对国外研发来说是必要的而且是可得的。

三、新产品开发的程序

为了提高新产品开发的成功率，企业需要建立科学的新产品开发管理程序。不同行业的生产条件与产品项目不同，管理程序也有所差异，但一般企业研制新产品的管理程序大致如图 7-4 所示。

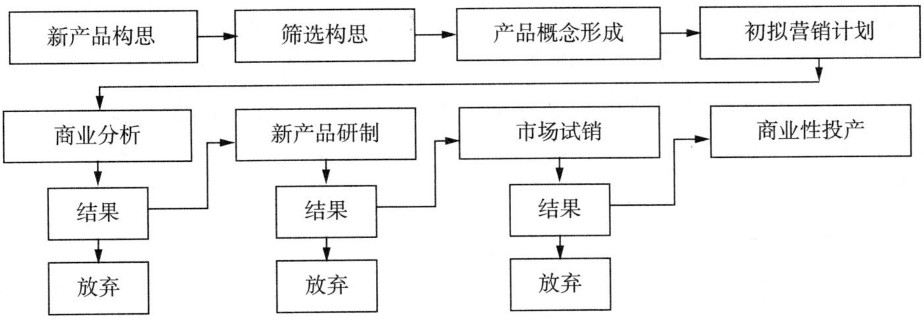

图 7-4　新产品开发管理程序

1. 新产品构思

研制新产品首先要有创造性构思。构思，是为满足一种新需求而提出的设想。当然，并不是所有的新产品创意都能最终开发出新产品，但较多的新产品创意可以为企业提供更多的选择机会。以吉利刀片来说，每45个新产品构思只有3个能进入产品开发阶段，而最后进入市场的只有1个。

新产品构思的来源很广，主要包括职工、经销商、企业高层管理人员、市场调研公司、广告代理商等。此外，企业还可以从大学、咨询公司、同行业团体协会、有关报刊媒体那里寻求有用的新产品创意。在产品构思阶段，营销部门的主要责任是：建立系统的管理制度；广泛收集信息，寻找好的产品构思；鼓励企业内外人员发展新产品构思；将汇集的产品构思转送给企业有关部门，征求修改意见，使其内容更加充实。

2. 筛选新产品构思

筛选新产品构思主要就是对各种新产品构思进行分析、比较、评估，把最好的新产品构思挑选出来。筛选构思时，一般可考虑将以下因素作为其评价标准：①市场吸引力、规模、成长性、生命周期的长短和阶段、普及速度；②企业竞争状况和本企业市场定位；③从技术、人才、资金、市场营销能力等方面来判断其实现的可能性和成功概率；④与现有产品的协同效果和贡献；⑤这种产品是否与企业的营销目标相一致。

筛选过程一般可分为两阶段：第一个阶段要求做出正确和迅速的判断，判别新产品的构思是否符合企业的发展规划、技术专长和财务能力，剔除不合理和不可能的建议。此判断应由有经验的财务专家和厂长、经理做出。第二个阶段要求进行更细致的审查。一般对通过第一阶段后余下的产品构思采用“评判”评出等级。

3. 产品概念的形成与测试

新产品构思经筛选后，需进一步形成更具体、明确的产品概念，即把新产品具体化，也就是企业从消费者的角度对这种创意所做的详尽的描述，用文字、图像、模型等予以清晰阐述，使之在顾客心目中形成一种潜在的产品形象。比如，一块手表，企业可以用文字、图形或模型描述出这块表的外形、价格、走时准确性、如何保修、适合什么样的人使用，形成新产品的概念。

产品概念形成后，企业可拿到一组目标顾客中进行测试。测试时要把产品的核心功能、有形价值和附加服务准确清晰地传达给目标消费者，并提出一些问题。比如，一块手表从企业的角度来看，主要包括这样一些要素：齿轮、轴心、表壳、制造过程、成本等。而从消费者的角度来看，他们只考虑手表的外形、价格、走时准确性、是否保修等。企业可以设计出几种不同的新产品概念，了解哪一种最受顾客欢迎，据此做出决策，这就是对新产品概念进行测试。企业必须根据消费者的要求把产品创意发展为产品概念（见案例7－5）。

4. 初拟营销规划

企业选择了最佳的产品概念之后，必须拟订把这种产品引入市场的初步市场营销计划，并在未来的发展阶段中不断完善。初拟的计划包括三个部分：

第一，描述目标市场的规模、结构、消费者的购买行为、产品的市场定位以及短期内新产品的销售量、市场占有率、预期利润率等。

第二，描述新产品预期价格、分配渠道及第一年的营销预算。

第三，分别阐述较长期（如三至五年）的销售额、目标利润和投资收益率以及不同时期的市场营销组合等。

5. 商业分析

商业分析也称“财务分析”，即对新产品概念从财务角度分析其预计销售量、成本、利润和投资收益率以及技术上的可行性与先进性，充分估计新产品出笼后的风险，从而判断它是否符合企业的目标。企业在商业分析中要考虑以下问题：

第一，从经济效益分析新产品概念是否符合企业目标，包括两个具体步骤：预测销售额和推算成本利润，产品结构、目标市场、消费行为和新产品在市场上应树立的形象。

第二，产品定价、销售渠道策略、第一年预计销售量和促销费用预算。

第三，预测长期销售量和每一时期的利润目标及营销策略。

为了预测新产品的成本、销售量与利润额，可参考以下利润方程式：

$$M_t=(P_t-C_t)Q_t-F_t$$

式中：M_t——t 年的利润额；P_t——t 年的平均价格；C_t——t 年的单位变动成本；Q_t——t 年的销售量；F_t——t 年的不变成本。

【案例 7－5】

汰渍洗衣粉的出生——先有概念后有产品

1837 年 10 月 31 日，两位来自欧洲大陆的移民——威廉·普罗克特和詹姆斯·甘布尔在美国辛辛那提市正式签订合作契约并成立了宝洁公司，生产销售肥皂和蜡烛。2004 年，宝洁公司的全球销售额超过了 514 亿美元，全球雇员人数超过 10 万，在全球 160 多个国家和地区经营 300 多个品牌的产品，而汰渍是众多品牌中颇具传奇色彩的一个。

汰渍被称作“洗衣奇迹”，自从 1946 年推出以来，汰渍经过了 60 多次技术革新及市场开拓。由于采用了新的配方，汰渍的洗涤效果比当时市场上所有其他产品都好，再加上合理的价格，汰渍现已成为全球最大的洗衣粉品牌之一。1993 年年底，宝洁在中国的汰渍品牌小组从消费者需求与习惯研究中得到的数据显示，消费者关心的洗衣粉前三个基本功能是日常清洁、去油、衣领和袖口清洁，再通过概念开发座谈会和消费者深度访问后，宝洁确定了两个待选概念：一个是油迹去无痕；另一个是领干净，袖无渍。在随后的概念测试阶段，由产品研究部开发配方，进行匿名产品测试，通过将品牌总体评价、功能评价、购买意向的测试分数与白猫和活力 28 比较，得出两个概念皆有上市成功可能的结论。最终，品牌小组选择了“去油渍”概念。

然而，汰渍在“去油渍”概念下销售了一段时间后，发现品牌生长并不理想，概念未能明显胜过竞争对手、真正打动消费者。于是，汰渍品牌小组决定，全国推广暂缓，重新选择概念。汰渍再次进行了大量调研发现，领子、袖口是消费者对他人形成印象的一个信号，而当时并没有别的厂家想到这个概念。因此，这次他们选择了“领干净，袖无渍”。这一概念获得了很大成功。宝洁随后推出的其实不是一个产品，而是一个概念、一个说法。产品只是概念的载体，如果调研发现消费者确实需要这个产品，宝洁就去开发这个产品。

6. 新产品研制

新产品研制即由研究开发部门和工程技术部门把这种产品概念转变成为产品，进入试制阶段。只有在这一阶段，以文字、图表及模型等描述的产品设计才变为实体样品。这种实体样品既要具备新产品概念中阐明的主要特点，又要安全可靠，生产成本不超出预算。开发一个成功的实体样品，可能要花费数日、数周、数月甚至数年。佳洁士牙膏的开发试制阶段长达10年，宝丽来照相机为15年，施乐复印机用了15年，电视机的开发试制则用了55年。把新产品概念转变为产品实体，这个过程是在实践中判断产品概念在技术上和商业上的可行性。产品研制一般包括以下三个方面内容：①制作产品模型或样品。样品应具备产品概念所描述的一切特征，同时在经济上和技术上又是可行的。②设计品牌名称。③包装装潢设计。

7. 市场试销

新产品样品经过部分消费者(或用户)试用基本满意后，企业通常根据改进后的设计进行小批量生产，在有选择的目标市场上做检验性的试销。同时，深入调查经销商和顾客，再进一步改进设计或试生产情况。试销不仅能增进企业对新产品销售潜力的了解，而且有助于企业改进市场营销策略。比如，企业从市场试销中，观察试用率(即首次购买比例)和再购率(即重复购买的比例)的高低，对及时了解新产品能否销售成功有着重要意义。新产品试销分析见表7-5所列。

表7-5　新产品试销分析

试用率	再购率	结　论
高	高	成功产品，应大量生产，及时上市
高	低	产品需要及时改进
低	高	需要加强宣传，开发新客户
低	低	失败产品

8. 商业性投产

新产品试销证明是成功的，就可以正式批量生产。企业在这一阶段应做出以下决策：投放的时间、投放的地区范围、目标市场。新产品采用者一般分为最先采用者(又称“消费先驱”)、早期采用者、早期大众、晚期大众和落后的购买者五种类型。从市场营销的角度看，动员“消费先驱”和“早期采用者”这两部分目标顾客购买新产品是关键性的工作，他们对新产品在市场上的流行起着重要作用。企业应根据目标顾客接受新产品的规律，有效地运用目标市场营销策略和市场营销组合策略，根据主次轻重有计划地安排各种营销活动，加快新产品的市场扩散。此后，企业还要设计好新产品商标并向有关部门登记注册，申请技术专利，编制产品说明书，培训销售人员，安排好零配件供应，搞好技术服务，等等。

商品化（商业性投产）在新产品开发过程中投资最大，见表 7－6 所列。在美国，进行全国性的新产品投入一般需要投资 2000 万美元，还不包括用于批量生产的投资。这和市场测试的费用 100 万至 150 万美元相比，风险非常大。但风险不只是资金的损失，还可能会影响公司和渠道成员的关系，降低销售队伍的士气和投资者的信心。

表 7－6　新产品开发的时间和费用分布

	概念开发	样品开发	试销	商品化	合计
时间（%）	14	40	23	23	100
费用（%）	10	30	16	44	100

另外，在这一阶段，企业高层管理者必须做好下述几项决策：

（1）新产品投放时机的选择

企业高层管理者必须分析新产品推出的最佳时机。如果新产品具有较强的季节性，则应在消费旺季到来之前投放市场；如果新产品尚须改进，则应该等到新产品进一步完善之后再投放市场；如果新产品是用来替代本企业的其他产品，则应在原有产品库存较少的情况下投放市场。

（2）新产品投放地点的选择

新产品投放地点的选择即在何地推出新产品。企业高层管理者要决定在什么地方（某一地区、某些地区、全国市场或国际市场）推出新产品最适宜。通常情况下，企业应集中在某一地区市场开展广告和促销活动，拥有一定的市场份额之后，再向各地市场发展。

（3）新产品目标市场的选择

企业高层管理者要把分销和促销目标面向最佳顾客群，其目的是要利用这部分顾客群来带动一般顾客，以最快的速度提高新产品的市场占有率。企业选择目标市场的依据是新产品试销或是新产品开发以来所收集的数据。理想的目标市场是最有潜力的顾客群。一般来说，该顾客群应具有这样的特征：最早采用新产品的市场，该市场的购买者具有一定的传播影响力，该市场的购买者对价格比较敏感，该市场大量购买新产品。

（4）新产品营销组合策略的选择

企业在将新产品投放市场前一定要制定完善的营销组合方案，根据新产品的营销预算，安排适当的营销组合活动。

四、新产品市场扩散

1. 新产品的特征与市场扩散

（1）创新产品的相对优点

新产品的相对优点越多，在功能、可靠性、便利性、新颖性等方面比原有产品的优越性就越大，市场接受得就越快。

(2)创新产品的适应性

创新产品必须与目标市场的消费习惯以及人们的产品价值观相吻合。创新产品如果与目标市场的消费观、社会心理、产品促销相适应或较接近时,则有利于市场扩散;反之,则不利于市场扩散。

(3)创新产品的简易性

这是要求新产品设计、整体结构、使用维修、保养方法必须与目标市场的认知程度相适应。一般而言,新产品的结构和使用方法简单易懂,才有利于新产品的推广扩散,消费品尤其如此。

(4)创新产品的明确性

这是指新产品的性质或优点是否容易被人们观察和描述,是否容易被说明和示范。凡信息传播较便捷、易于认知的产品,其采用速度一般比较快。例如,流行服装不用说明即可知晓,因而流行较快;反之,某些除草药剂,因不能立时看到效果如何,市场扩散就会比较慢。

【延展阅读】

随身听(Walkman)是日本索尼公司在20世纪70年代开发的新产品。索尼公司把新产品的推出与当时正在流行的散步和旱冰等健身、室外活动需要音乐等需求结合起来,使新产品成功地进入市场。索尼公司新产品发布会选择在东京的某公园内,以强调"随身听"满足室外活动需要的特色;同时公司雇用许多模特,让他们佩戴"Walkman",在公园内边听音乐边运动。这样做既渲染了气氛,又给受众留下深刻的印象。"Walkman"就这样顺利地进入了市场。

2. 新产品扩散

当一种新产品最初投放市场时,如何使潜在的消费者从认知、试用到最终采用它,是新产品进入大众消费市场必须经历的几个阶段。理想的情况是:新产品快速扩散,新产品被消费者广泛采用和重复购买。

(1)新产品采用过程

消费者对新产品的采用过程,客观上存在一定的规律性。美国学者罗杰斯对新产品的扩散过程做了界定:一个新的观念从它的发明创造开始到最终的用户或采用者的传播过程。同时,罗杰斯通过调查数百人接受新产品的实例,总结归纳出人们接受新产品的过程和一般规律,认为新产品采用过程有五个阶段,见表7-7所列。

表7-7 新产品的采用过程

知晓	消费者对新产品有所觉察,但缺少关于它的信息
兴趣	消费者受激发,寻找该创新产品的信息
评价	消费者考虑试用期内该创新产品是否明智
试用	消费者小规模使用了该创新产品,改变了对其价值的评价
采用	消费者决定经常和全面采用该创新产品

① 知晓。这是个人获得新产品信息的初始阶段。新产品信息情报的主要来源是广告，或者通过其他间接的渠道获得，如商品说明书、技术资料等。在此阶段，消费者认识或觉察到有一种新产品的存在，但缺少关于它的信息，对新产品的功能、利益、价格等缺乏详细了解。

② 兴趣。这是指消费者不仅认识了新产品，并且产生了兴趣。在此阶段，消费者受到激发而寻找这种新产品的信息。一般来说，消费者对新产品的兴趣越大，市场前景越好。消费者的兴趣与产品的创新程度成正相关关系。产品的创新程度越高，消费者的兴趣会越高，反之则相反。但创新程度并不是唯一的因素，兴趣高也不意味着采用的可能性就大。对于某些构思新奇、结构复杂的产品，消费者兴趣虽很高，但不一定采用。

③ 评价。这一阶段，消费者主要权衡采用新产品的边际价值，并收集相关信息开始结合自身情况，依据评价标准进行评估，考虑自己试用这种新产品是否明智。譬如，采用新产品获得的利益和可能承担风险的比较，从而对新产品的吸引力做出判断。

④ 试用。顾客开始小规模地试用新产品，获取经验并评价其价值，为是否正式采用而收集更多的信息。如果新产品能够带来超过预期的价值，消费者将会继续使用，否则就会放弃。

⑤ 采用。顾客通过试用收到了理想的效果，放弃原有的产品，完全接受新产品，并开始正式购买、重复购买。

(2)新产品的扩散过程

在所有的产品领域里，对于一种上市的新产品，有人乐意最早采用，有人则习惯于随大流，而有的人却直到最后才使用。

① 新产品采用类型。由于每个人的性格、受教育程度、文化背景、社会阶层及成长环境等的不同，在新产品的市场扩散过程中，不同顾客对新产品的反映具有很大的差异。罗杰斯定义了个人创新的概念：在同一社会体系中，某个人比其他成员相对早地采用创新产品的程度。他还识别出参与新产品扩散过程的五类采用者（如图 7－5 所示），并指出他们在价值导向上的差异。

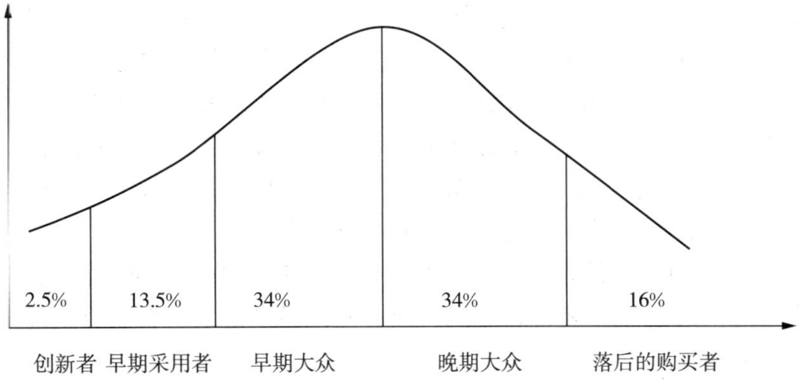

图 7－5　新产品采用类型分布

a. 创新者。创新者也称为“消费先驱”，这些人通常富有个性，勇于革新冒险，性格活跃，消费行为很少听取他人意见，经济宽裕，社会地位较高，受过高等教育，易受广告等促销手段的影响，是企业投放新产品时的极好目标。这类人通常占所有接受这种产品人数的 2.5％。

b. 早期采用者。早期采用者一般是年轻人，富于探索，对新事物比较敏感并有较强的适应性，经济状况良好，对早期采用新产品具有自豪感。这类消费者对广告及其他渠道传播的新产品信息很少有成见，促销媒体对他们有较大的影响力，但与创新者比较，持较为谨慎的态度。这类人通常占所有接受这种产品人数的 13.5％。

c. 早期大众。这部分消费者一般较少有保守思想，接受过一定的教育，有较好的工作环境和固定的收入；对社会中有影响的人物、特别是对自己所崇拜的"舆论领袖"的消费行为具有较强的模仿心理，不甘落后于潮流，但由于特定的经济地位所限，购买高档产品时持非常谨慎的态度，他们经常在征询了早期采用者的意见之后才采纳新产品。企业研究他们的心理状态、消费习惯，对提高产品的市场份额具有很大的意义。这类人通常占所有接受这种产品人数的 34％。

d. 晚期大众。这部分消费者是较晚跟上消费潮流的人。他们的工作岗位、受教育水平及收入状况往往比早期大众略差，对新事物、新环境多持怀疑态度或观望态度，往往在产品成熟阶段才加入购买。这类人通常占所有接受这种产品人数的 34％。

e. 落后的购买者。这些人受传统思想束缚很深，思想非常保守，怀疑任何变化，对新事物、新变化多持反对态度，固守传统消费行为方式，在产品进入成熟期以至衰退期才能接受。这类人通常占所有接受这种产品人数的 16％。

新产品的整个市场扩散过程，从创新采用者至落后购买者，形成完整的"正态分布曲线"，这与产品生命周期曲线极为相似，为企业规划产品生命周期各阶段的营销战略提供了有力的依据。

② 新产品的特点对接受速度的影响。我们通过观察发现，有些新产品几乎在一夜之间就广受欢迎，而有些新产品则要经过漫长的采用过程，即新产品的自身特点对采用过程有着重要影响。

a. 一致性。一致性是指新产品与消费者现有的价值观、产品理解、消费习惯和经验相一致而被广为接受。通常来说，不一致的产品扩散比一致的产品要慢得多。

b. 相对优势。相对于被替代产品，新产品有着突出的优点或能为购买者带来显著的利益，这类新产品容易被采用。比如，家用烤箱就不如微波炉容易接受。

c. 复杂性。复杂性是指了解和使用新产品的难易程度。产品的复杂性越高，采用就越慢。比如，计算机在微软 WINDOWS 操作系统问世之前，仅限于专业人士的圈子。在 WINDOWS 普及之后，计算机就成了普通的家电产品。

d. 可试性。简单可试性是指新产品在一个有限范围内可被试用的程度。比如，日用品试用很简单，像洗衣粉、牙膏、肥皂等；而有些产品则要经过较长时间才能评价其功能，如冰箱、洗衣机等。

e. 可视性。可视性是指产品的好处为人所看到或了解的难易程度。服装和汽车的可视性强，而护肤品可视性则差些。

③ 个人影响对新产品采用的影响。个人影响是某个人使其他人的态度或购买行为能有所改变的效果。卡茨与拉斯费尔德指出，大约有半数的妇女从习惯使用的产品或

品牌转向另一种，其中三分之一涉及个人影响。在各个阶段中，评价阶段的个人影响显得更为重要。

第四节　品牌与包装

一、品牌

著名的管理大师彼德·德鲁克认为：21世纪的组织只有依靠品牌竞争了，因为除此之外他们一无所有。一些经济学家曾尖锐地指出，发达国家对发展中国家的经济战略有其“三部曲”：一是输出产品，二是输出资本，三是输出品牌。输出品牌是最厉害的一步，企业可以用最小的投入换取最大的高额利润。由此可见，品牌的重要性已经上升到一个国家和民族的高度。

1. 品牌的含义

(1)品牌的来源

品牌的英文单词Brand，源于古挪威文Brandr，意思是“烧灼”。人们用这种方式来标记家畜等需要与其他人相区别的私有财产。到了中世纪的欧洲，手工艺匠人用这种打烙印的方法在自己的手工艺品上烙下标记，以便顾客识别产品的产地和生产者。这就产生了最初的商标，并以此为消费者提供担保，同时向生产者提供法律保护。16世纪早期，蒸馏威士忌酒的生产商将威士忌装入烙有生产者名字的木桶中，以防不法商人偷梁换柱。到了1835年，苏格兰的酿酒者使用了“Old Smuggler”这一品牌，以维护采用特殊蒸馏程序酿制的酒的质量声誉。可见，品牌的起源主要基于三个方面：第一，为了区分不同的生产者或所有者；第二，为了帮助消费者识别不同的产品特征；第三，为了证明不同厂家产品的品质，从而保护消费者和生产者的利益不受侵犯。

据资料记载，最早的品牌是我国北宋山东济南刘家功夫针铺的“白兔”标记(如图7-6所示)。宋代山东济南生产手工针的刘家功夫针铺门前有一座石兔，为了不使购买者误入其他宅院，就在针的包装上印有兔的图形及“兔儿为记”的字样。而西方在19世纪初才有关于品牌的文字记载。与之相比，“白兔”牌针的品牌标记要早800多年。因此，它也是世界历史上最早有文献记录的品牌。

图7-6　济南刘家功夫针铺标记

如图7-6所示，“白兔”品牌图案释义：白兔寓意嫦娥，相当于现代的产品商标。白兔上头的铜字刻的是招牌“济南刘家功夫针铺”，白兔两边刻着“认门前白兔儿为记”，就是告诉大家要认准品牌。白兔下面刻着“收买上等钢条，造功夫细针，不误宅院使用，若转于贩，别有加饶。”意思是此商店是用上等的原料造针，使用方便；另一方面，也说明了在中国的古代商贩就已经意识到了广告的效果。

(2)品牌的概念

“品牌”的概念自20世纪50年代由美国著名广告大师大卫·奥格威提出以来，受到国内外诸多专家、学者和企业界人士的普遍关注。学者们对品牌研究的范围和视角有所不同，对品牌的概念尚没有统一的认识。比较有代表性的定义主要有以下几种：

① 品牌是区分不同生产者产品或服务的符号。品牌最原始的含义是从品牌的功能的角度来界定的。1960 年，美国市场营销协会（AMA）认为，品牌是一个名称、专有名词、标记、符号或设计，或是上述元素的组合，用于同其他竞争者的产品或服务相区别。1991 年，营销大师菲利普·科特勒提出，品牌是一个名称、术语、符号或设计，或是它们的总和，其目的是要使自己的产品或服务有别于其他竞争者。1995 年，美国学者林恩·阿普绍指出，品牌是名称、标识和其他可展示的标记，使某种产品或服务区别于其他产品或服务。这三个代表性的学者对品牌的定义主要基于从视觉和符号这一角度，但品牌的内涵绝不仅限于此。

② 品牌是一种无形资产。法国著名品牌专家让-诺埃尔·卡普费雷认为企业最有价值的财富是品牌。将品牌视为一种资产，着眼于品牌的价值功能，其侧重点在于品牌在市场运行中的作用。这种主张认为品牌是一种价值，在一定程度上是脱离产品而存在的，它可以买卖，体现出一种获利能力，更强调品牌对企业的增值功能。

③ 品牌是工商企业和消费者的关系。波士顿咨询公司认为，品牌是与消费者建立的长久关系。奥美广告公司认为，品牌是一个商品透过消费者生活中的认知、体验、信任及感情，争到一席之地后所建立的关系。该观点传达了企业与消费者及产品与消费者之间的沟通，强调品牌的最后实现是由消费者决定的。

品牌可以视为一种合同或协议，消费者对品牌的信任和忠诚来源于品牌所包含的关于产品或服务的质量、属性、价格、个性等方面的承诺。

【延展阅读】

品牌＝品质＋品位＋品行？

品牌力由谁来决定？品质、品位、品行是品牌的“三大支柱”。品质是品牌的出发点。营销“4P”中，第一个“P”如果没做好，其他三个“P”趁早别做，做得越多越反动。可惜知易行难，许多企业败就败在这里。企业拿着一个“鬼产品”，拼命往顾客手里塞，到头来给自己赚来两杯苦酒。第一杯是今天下肚的：劳民伤财。第二杯是明天品尝的：品牌自残。砸的钱越多，买的人越多，恶名远播得也越响……品位决定着品牌在消费者心智资源中的占位。一个品牌的最终成败取决于品行。因为品行决定产品的品质，并进而决定产品的品位。小胜凭智、大胜靠德。一个人的素质就像一座冰山，智力只是露出水面的部分，决定一个人最终成败的是水下的部分，就是品行。品行实际上是一个同赢的观念，是 30 年、50 年、上百年的言行一致、承担责任。

总而言之，没有质量，一切都是负数：生产等于负数，营销等于负数，广告与品牌等于负数，收入与声誉等于负数！

④ 品牌是工商企业对消费者的承诺。菲利普·科特勒指出，品牌是对消费者购买

一组属性的承诺，这种承诺超出了产品的有形部分。凯文·凯勒认为，对于消费者来说，品牌标识了产品的来源，从而成为消费者与产品生产者之间的一种纽带、契约和承诺，是生产者对产品品质的保证。

综合以上各种观点及各位有关学者的理念，本书认为，品牌是由名称、标志、象征物、包装、口号、音乐或其组合等一些区隔竞争的符号而联想到的基于价值的消费者与组织或个人之间的关系及其带来的无形资产。对于一般品牌而言，主要包括品牌名称、品牌标识和商标。品牌名称是指品牌中可以用语言称谓表达的部分，例如：爱玛、统帅、百事可乐等都属于可以用语言称谓表达的品牌名称(Brand Name)。品牌标识是指品牌中可以被认出却不能用语言称谓的部分。商标并不能与品牌等同，它是经过政府有关部门注册的品牌，是受法律保护的，有专门的使用权，具有排他性。

(3)品牌的内涵

菲利普·科特勒认为，品牌从本质上说是卖方向消费者提供的一组特定功能、利益和服务的承诺。一个完整的品牌包含六层意思：品牌属性、品牌利益、品牌价值、品牌文化、品牌个性和品牌使用者。

① 品牌属性即产品自身的特征，主要是指产品在性能、质量、物理性能、技术(技术参数)、定价等方面的独特之处。比如，梅赛德斯奔驰轿车的品牌特色是昂贵、制作精良、技术精湛、耐用、高车速和二手价较高。

② 品牌利益是指品牌产品给消费者或用户在使用中带来的好处和获得需要上的满足感。消费者购买的是利益而不是属性。从消费者角度而言，品牌属性就是品牌功能和情感利益，此时属性需要转化为功能性和情感性的利益。例如，梅赛德斯奔驰车“质量可靠”，会减少消费者维修费用，给消费者提供节约维修成本的好处；“服务上乘”意味着极大地方便了消费者。

③ 品牌价值是品牌向消费者承诺的功能性、情感性及自我表现性利益，体现了制造商的某种价值观。品牌价值是超越企业实体和产品以外的价值，是与品牌知名度、品牌美誉度、品牌忠诚度和品牌联想等消费者对品牌的印象紧密相关的，能给企业和消费者带来效用的价值，是产品属性的升华。例如，梅赛德斯奔驰轿车的品牌价值是高性能、安全、声望。

④ 品牌文化是指品牌背景中的精神层面，它通过赋予品牌深刻而丰富的内涵，建立鲜明的品牌定位，并充分利用各种强有力的内外部传播途径形成消费者对品牌在精神上的高度认同，创造品牌信仰，最终形成强烈的品牌忠诚。市场上很多领导品牌的文化常常代表着一种国家文化或民族文化。比如，梅赛德斯奔驰轿车代表着德国文化的组织性、纪律性和做事严谨；香奈尔代表着浪漫而高雅的法国文化；松下电器代表着严谨而又团结的日本文化；可口可乐代表着热情又奔放的美国文化。

⑤ 品牌个性是指与品牌相关的一系列人类性格特征，是品牌人格化后所具有的“人”的个性，是品牌与消费者沟通的心理基础。从深层次来看，消费者对品牌的喜爱是源于对品牌个性的认同。品牌代言人常常是品牌个性的代表。美国著名的品牌专家大卫·阿克提出，品牌个性主要有真诚、刺激、可靠、老练和强悍五个维度。

⑥ 品牌使用者是指品牌所指向的用户类型或目标消费人群，它暗示了购买或使用

产品的消费者类型。比如，在中国市场，肯德基快餐所指向的使用者是青少年和儿童。品牌将消费者区分开来，不仅从消费者的年龄、职业等表象特征体现出来，更多地体现在消费者心理特征和生活方式上。比如，买保时捷的人是追求彰显身份和地位的成功人士。

品牌属性、品牌利益、品牌价值、品牌文化、品牌个性和品牌使用者这六个要素共同构成品牌的内涵，六大要素是一个有紧密联系而又统一的整体。其中，品牌属性、品牌利益和品牌使用者是形成一个品牌的基础，品牌价值和品牌个性是在此基础上的浓缩和提炼，而品牌文化则是进一步的升华。如果一个品牌只具备“属性、利益和使用者”这三个基本要素，我们称它为“浅意品牌”，同时具备了六大要素的品牌被称为深意品牌。品牌文化和品牌个性是浅意品牌三个基本要素的浓缩和提炼，品牌的某些属性或利益象征着一种文化，而品牌的使用者诠释了品牌的个性。品牌价值是品牌六大要素的中心，品牌价值是一个品牌的精髓所在，是其成为深意品牌的关键。品牌价值是在浅意品牌基础上的升华，一个品牌最独一无二且最有价值的部分通常都会体现在核心价值上。

(4)品牌的作用

随着企业间竞争的日益加剧，产品的同质化时代已经到来，品牌成为引导顾客识别和辨认不同厂家和销售商的产品和服务，使之与竞争对手相区别的唯一利器，它是比企业产品更重要和更长久的无形资产与核心竞争力。尽管企业产品的设计和生产过程经常被竞争对手所模仿，但通常难以模仿的是根植在顾客心目中的品牌形象和对企业的高度认同与忠诚感。品牌的作用主要体现为以下几点：

① 品牌是商品质量的信誉保证，有利于消费者辨别商品，赢得消费者对商品质量的信赖，让消费者买了放心，有助于提高消费者的购物效率。

② 品牌是使企业避免陷入单纯同质化价格竞争的最后一道“屏障”。随着市场竞争的日趋同质化，一个企业的产品、品质、技术、管理、渠道、服务以及流程等很容易被竞争对手复制模仿，但是竞争对手无法复制一个品牌。一个卓越的品牌就意味着企业长期的成功营销和利润，意味着产品的高附加值。

③ 品牌可以为企业获取竞争优势。品牌代表了一种偏见，在消费者看来，只要是自己信得过的品牌就可以将其优先放入计划名单中，即使完全没有购买经验也均可按品牌直接购买。

④ 品牌有利于塑造企业形象。品牌是一种超越企业实体和有形产品以外的资产，代表着企业的形象。在消费者心目中，他们总是把品牌实力与企业的形象联系在一起。品牌促进了企业塑造形象，提高了企业的知名度，并使消费者、社会媒体等受众对企业产生良好的印象。

⑤ 品牌有助于企业降低成本。企业可以通过对顾客建立的品牌偏好，有效降低产品的市场推广成本。根据帕累托 80/20 效率法则，企业 80%的收益来自 20%的顾客，并且取得新顾客的成本要远远高于维护老顾客的成本。因此，品牌偏好一旦建立，消费者就会对品牌产生忠诚。消费者一旦对某一品牌产生忠诚就会减少企业的营销费用，顾客同时也可以降低购买时间和搜索成本等方面的耗费。

⑥ 品牌有助于保护产品特色。品牌使企业能够对其产品的特色或独到之处进行法

律保护。通过商标注册，品牌拥有者可以享受法律上的排他性权利，禁止他人非法利用。未经许可，其他公司的产品不得使用或仿冒品牌标志、专利和外观。

⑦ 品牌对消费者而言，具有可以识别商品来源、减少购买风险、降低搜索成本及追溯制造商责任等多方面的作用。产品的供过于求使消费者有了更大的挑选空间，市场上的商品有了品牌，有利于消费者辨认，并根据品牌或商标的声誉来判断产品的质量。

根据上述可知，几乎企业的一切都能在品牌上得到印证。从这个角度讲，品牌体现了企业的价值，凝聚了企业的核心竞争力，成为企业最宝贵的财富，是企业的无形资产。

全球最大的传播集团 WPP 在英国伦敦发布了“2018 全球最具价值品牌排行榜”，前十强多为科技公司，依次为谷歌、苹果、亚马逊、微软、腾讯、Facebook，Visa、麦当劳、阿里巴巴以及 AT&T(见表 7－8 所列)。榜单首次有两家中国企业跻身前十，它们分别是腾讯(排名第五)和阿里巴巴(排名第九)。阿里巴巴业务横跨电子商务和云计算，其品牌价值于 2017 年暴涨 92%，此次挺进前十。腾讯是应用、消息和网络游戏领域的领军企业。此外，两家公司都是支付服务的巨头。

表 7－8　2018 年全球最具价值品牌前 10 强排行榜

名　次	品牌名称	所处行业	2018 年价值(亿美元)	品牌原产地	2017 年价值(亿美元)
1	谷歌(Google)	科技	3020.63	美国	2455.81
2	苹果(Apple)	科技	3005.95	美国	2346.71
3	亚马逊(Amazon)	零售	2075.94	美国	1392.86
4	微软(Microsoft)	科技	2009.87	美国	1432.22
5	腾讯(Tencent)	科技	1789.9	中国	1082.92
6	脸谱(Facebook)	科技	1621.06	美国	1298.00
7	Visa	支付	1456.11	美国	1109.99
8	麦当劳(McDonald’s)	快餐	1260.44	美国	977.23
9	阿里巴巴(Alibaba)	零售	1134.01	中国	591.27
10	AT&T	电信服务	1066.98	美国	1020.88

2. 品牌与产品、商标、名牌的区别和联系

(1)品牌与产品

① 产品：产品是指向市场提供的，引起注意、获取、使用或消费，以满足欲望或需要的任何东西。广义的产品包括实物、服务、事件、人员、地点、组织、观念或者上述这些组合。

② 品牌与产品的区别：美国 WPP 集团著名广告学者史蒂芬·金精辟地指出了品牌与产品的区别——工厂生产产品，顾客购买品牌。竞争对手虽然能够仿制产品，甚至可以模仿别人的营销手段，却无法仿制品牌，因为品牌具有独特性，它在消费者心里是一种独特的感受。一种产品可能会稍纵即逝，但一个成功的品牌却是经久不衰的。

可见，产品是工厂里生产出来的东西，它是物理属性的集合，没有生命力；品牌是给拥有者带来溢价、产生增值的一种无形的资产，它的载体是用以和其他竞争者的产品或劳务相区分的名称、术语、象征、记号或者设计及其组合。消费者购买的是他们感觉中产品的物理属性所带来的功能利益及随之而来的形象和情感价值。此外，品牌和产品产生的环节不同。产品处于生产环节，而品牌则形成于流通环节。每个品牌之下都有一个产品，而一个产品却未必能成就一个品牌。产品会很快过时，但成功的品牌，若是管理得当，会永远存在。产品与品牌的区别见表 7-9 所列。

表 7-9　产品与品牌的区别

差异点	产　品	品　牌
主要依赖	制造商	消费者
表现	具体、具象、物化的	具体的，也是抽象的、综合的
作用	是实现交换之物品	是与消费者沟通的工具
要素	包括原料、生产、技术和质量	标记、形象、个性等
功能和效用	对应特定的功能和效用	不局限于特定的功能和效用
意义	有功能意义	兼具有象征意义
关注点	注重价格	注重价值，追求高附加值
有形/无形	有形资产	无形资产
模仿性	容易模仿	独一无二
生命周期	有一定的生命周期	可以经久不衰
扩展性	只从属某一类型	可以延伸、兼并和扩展
积累和传承性	其效应难以积累	其资产可以不断积累

③ 品牌与产品的联系：首先，品牌是产品的区隔符号。美国学者指出，品牌就是产品，但它是加上其他各种特性的产品，以便使其以某种方式区别于其他用于满足同样需求的产品。其次，品牌的基础是产品，产品是品牌的载体，品牌利益由产品属性转化而来，品牌核心价值是对产品功能性特征的高度提炼。企业能制造出产品，并不意味着就能创造出属于自己的品牌。因为品牌是消费者对产品的主观感受，而非产品质量的客观反映。一次全美 16 个品牌的小汽车调查结果表明：质量排名第 1 的品牌其销售排名第 12 位，质量排名第 2 的品牌其销售排名第 9 位，质量排名第 3 的品牌其销售排名最末位。可见，从产品到品牌的过程中，消费者的感知和感受起到了决定性作用。

(2)品牌与商标

① 商标：商标是用以区别商品或服务来源的标记，是将某商品或服务标明是某具体个人或企业所生产或提供的商品或服务的显著标志。

② 品牌与商标的区别：品牌和商标的内涵不同。商标主要是指视觉性的识别符号、标志、颜色和图案或者它们的组合，它只是品牌的标志和名称，便于消费者记忆识别。

但品牌有着更丰厚的内涵，它不仅仅是一个标志和名称，更蕴含着生动的精神文化层面的内容。品牌体现着人的价值观，象征着人的身份，抒发着人的情怀。品牌是市场概念，而商标是一种法律概念。一个品牌之所以能发展成为目标顾客心中的首选，主要取决于顾客的认可度、信任度、支持度和忠诚度等，依靠顾客货币投票表决。而商标则要通过一定的程序向相应的机构申请注册，以合法手段取得身份识别。品牌使用无国界，而商标权有国界。世界各国都有自己的商标法律，在一国注册的商标仅在该国内有排他性使用权，超越国界后就失去了排他性权利。商标只在注册国家是商标，在未注册国家就不是商标，不受法律保护。品牌可以延伸，而商标则需要重新注册。品牌延伸并没有改变品牌，但按照我国法律规定，当品牌延伸到另一种新产品时，必须作为一件新商标重新办理商标登记注册。因此在进行商标注册时，企业必须严格注明用于何种产品。

【案例7－6】

买产品？买品牌？

美国《福布斯》杂志的专栏作家布洛尼克曾经组织助手对万宝路香烟的爱好者进行调查。在1546名被调查者中，绝大多数人明白无误地说，自己喜欢这个牌子是因为它的味道好，烟味浓烈，使用起来让他们感到身心愉快。可是布洛克尼却怀疑真正使人着迷的不是万宝路与其他香烟之间在味道上微乎其微的差异，而是万宝路广告给这种香烟的消费者所带来的感觉上的某种优越感。

自从万宝路香烟品牌从女性香烟改为男性目标顾客定位以后，品牌形象广告是：身着牛仔服的男子汉，目光深沉，皮肤粗糙，浑身散发出粗犷、豪迈之气，手指间夹着一支万宝路香烟。

后来为了调查消费者是否真的存有品牌的选择性，助手明确告知顾客会提供质量完全一样的产品不提供品牌，但价格只是原来的一半，结果会怎么样呢？结果只有21％的人愿意购买万宝路香烟。布洛尼克解释这种现象说：烟民们真正需要的是万宝路的品牌和包装带给他们的满足感，没有品牌标志的万宝路香烟虽然口味和质量同正规包装的万宝路完全一样，但是不能给烟民们带来这种满足感。

布洛尼克还注意到，这些万宝路爱好者每天要将所抽的万宝路香烟从口袋中拿出20～25次，万宝路的包装和广告所赋予万宝路的品牌形象已经像服装、首饰等各种装饰物一样成为人际交往的一个相关标志。品牌这种特殊的功能构成了其特有的竞争力。

万宝路在全世界的销量始终保持第一，每年销售的香烟可以达到3000多亿支，需要5000架波音飞机才能装完。世界上每抽掉4支香烟，就有1支是万宝路。

③ 品牌与商标的联系：商标是品牌的一个组成部分，它只是品牌的标志和名称。品牌在政府有关部门依法登记注册并取得专用权后，称为商标。未经注册的品牌不是商

标,不享有专用权,也不受法律保护。因此,品牌和商标虽然都是识别某一产品或服务的标志,但品牌的范围大于或等于商标。

(3)品牌与名牌

① 名牌:名牌是指在市场上具有较高知名度和市场占有率的品牌。在这里编者更着重名牌这个用语的中国特色——强调知名度,过于短视,它与世界范围内通常所指的名牌——强势品牌有着完全不同的内涵。

② 品牌与名牌的区别:名牌顾名思义是具有较高知名度的品牌,但在中国人看来更多强调的是广泛的知名度,创建相对简单,完全可以用高额的广告费造就,而品牌的创建是一个长期的过程,需要进行合理的规划和发展,内涵比名牌丰富得多,比如认知度、美誉度、忠诚度、信任度、追随度、持久度等;名牌是评选出来的,品牌是不可评选的,它是企业合理规划、长期用心打造出来的。

③ 品牌与名牌的联系。品牌一定是名牌,但名牌不一定是品牌。也就是说品牌一定有广泛的知名度,而有知名度,不一定是品牌;两者的关系就像名人(或名流)与英雄的关系。希特勒是名人,却不是英雄。孔府宴酒是名牌,却不是品牌。中山大学卢泰宏教授认为,名牌过于强调知名度可能会误导企业,认为只要想尽办法出名就能成为著名品牌。山东县级小酒厂秦池酒业虽然成为央视两届标王,但最终因为缺乏品牌底蕴在危机面前不堪一击而迅速倒下(见案例 7-7)。

【案例 7-7】

秦池:标王的悲剧

秦池酒厂是山东省临朐县的一家生产“秦池”白酒的企业,这家于 1990 年 3 月正式领到工商执照的酒厂,只是山东无数个不景气的小酒厂中的一个,每年白酒产量 1 万吨左右,产品从来没有跑出过潍坊地区。

1995 年厂长赴京参加中央电视台黄金时段广告“标王”竞标,以 6666 万元人民币的价格夺得第 2 届“标王”。秦池酒厂一夜成名,秦池白酒也身价倍增。中标后的 1 个多月时间里,秦池就签订了销售合同 4 亿元;头 2 个月秦池销售收入就达 2.18 亿元,实现利税 6800 万元,相当于秦池酒厂建厂以来前 55 年的总和。1996 年秦池酒厂的销售额也由 1995 年的 7500 万元一跃达到 9.5 亿元。事实证明,巨额广告投入确实带来了“惊天动地”的效果。

1996 年 11 月 8 日,在招标会上,秦池以 3.2 亿元人民币的“天价”夺得中央电视台黄金时间段的广告权,这一数字相当于 1996 年秦池全年利润的 6.4 倍,比竞标的第 2 位整整高出 1 亿元。1997 年,北京《经济参考报》的一则关于“秦池白酒使用四川酒勾兑”的系列新闻报道被国内无数家报刊转载。当年,秦池的销售额下滑至 6.5 亿元。

1998 年 3 月,秦池老总黯然离开秦池,调入北京某部委任职。当年秦池的年度销售额仅为 3 亿元。

3. 品牌符号设计

美国品牌专家戴维森1997年提出“品牌冰山”的概念。品牌就像大海中的一座冰山，消费者能看到的是露在外面的部分，而隐藏在水面以下的则是很多企业看不到的东西。品牌符号是指品牌当中能够被消费者感官认知的部分，包括品牌名称、品牌标志、品牌口号、品牌角色、品牌故事、品牌音乐和品牌外观等七个部分，它的独特巧妙设计对一个品牌来说十分重要，消费者了解品牌往往是从品牌符号开始的，其基本设计准则如下：

(1)可记忆性

品牌符号设计的可记忆性，即品牌容易让消费者记住和识别。中国台湾宏碁(Acer)电脑公司花巨资设计的英文品牌Acer，是一个富有创意的国际品牌。在1986年以前，宏碁电脑对外的英文品牌叫“Multitech”，字母太多，难以记忆。当时的许多高科技公司都习惯以Tech结尾的单词作名称，例如Logitech、Suntech等。另外，Multitech商标在美国、荷兰等国都出现过。于是在1986年，宏碁公司委托闻名全球的广告设计公司——奥美广告承接新商标的设计任务。奥美广告发动全球各地设计师，历经8个月，从4万多个名字中筛选出Acer。Acer符号的基本含义如下：

① 英文Acer源于拉丁文，代表鲜明、活泼、敏锐、有洞察力，这些含义与宏碁公司所从事的高技术产业的特征十分吻合。

② 英文Acer出自拉丁语根Ace(王牌)，有优秀、杰出的意思。

③ Acer品牌名第一个字母A，在字母表中排在最前面，第二个字母C也排在前面，这就有助于Acer在按字母排列的商业资料中排在前面。根据阅读心理，一篇资料中排在前面的文字容易引起读者更多的注意，并容易给阅读者留下更深的印象。

④ Acer只有两个音节、四个英文字母，易读易记。

⑤ Acer的品牌图案也很有创意：它的左半部是一个箭的标志，代表冲力和速度；右半部是一颗闪亮的钻石，代表坚实与价值。整个品牌的形状像一块半导体芯片，这正是宏碁公司强调的产品价值。

(2)可转移性

品牌符号设计的可转移性，是指品牌能向不同的产品种类延伸和向不同的市场转移。品牌的市场可转移性主要表现为跨文化性，即能融入不同的文化，不被相关国家或地区误解。比如，金利来商标是公司创始人曾宪梓先生1970年亲自设计的，它包括商标图案、牌名英文Goldlion、中文金利来，三者构成了一个整体。Goldlion的中文意译为“金狮”，是喜庆吉祥的象征，给人带来幸福。狮为百兽之王，喻示在服饰行业里，独占“男人世界”的鳌头，具有王者的风采。但是，粤语“金狮”和“尽输”谐音，为避免有的顾客认为犯忌，公司便把英文Goldlion之Gold意译为“金”，lion音译为“利来”，再合二为一，便成了今天的“金利来”。中文牌名的改动，既不失原来金狮的王气，又含有金利滔滔的佳兆。牌名响亮，雅俗共赏，大受欢迎。又如，索尼(SONY)这个商标无论是中文名还是英文名，都没有具体的内涵，不会联想到任何类型的产品，这样的品牌可以扩展使用到任何产品领域，而不至于作茧自缚。

(3)独特、含义丰富

独特、含义丰富性是指对品牌名称、品牌特色或品牌利益等的描述，独一无二、寓意深远、内涵深刻，让人产生丰富的联想。GREE(格力)这个品牌在命名时就充分体现了这一特点。董明珠后来回忆说："名字起了一堆，却全不合眼缘。后来，他们从英文单词GLEE(快乐)得到启发，这个词音译过来是格力：格外有力(几年后，又引申出另一重意思：格力，人格魅力)，一下子就相中了。使用了约两年时间后，考虑到今后在世界商业市场里的竞争，担心GLEE这个词意思太好，将来去英语国家注册，说不定又会跟人撞车，便参照日本SONY公司的做法，创造了一个读音与GLEE相似而英文里肯定没有的词：GREE。读起来，这个词既有点像GREAT(伟大)，又有点像GREEN(绿色)，还有认同的意思(AGREE)，能引起人们丰富的想象，大家一致同意就这么定了。"

(4)合法性

品牌符号设计的合法性是指设计的品牌或标志等要遵守并符合国家有关法律规定。武汉有一家餐饮企业最初取名"小南京"，当经营者申请商标注册时才知道，我国商标法规定县级以上行政区划地名不能作为商标注册，于是改名为"小蓝鲸"。太太乐食品有限公司总经理、奠基人荣耀中先生，于1988年在上海嘉定区兴建了上海家乐调味品有限公司，并打出了"家乐"品牌，但就在品牌鼎盛时期碰上了一场"冤枉"官司。一家国外著名食品企业，在中国香港注册的中文品牌与荣耀中兴建的"家乐"公司的名称类似，便一纸诉状要求上海家乐公司更名。荣耀中权衡再三还是愿意让步，以赔偿1元钱庭外和解，不再以"家乐"为公司名称。荣耀中之所以有理让三分，是因为他看到了自家"家乐"品牌不能走向国际市场的隐患。荣耀中赔偿1元钱，就当是交给跨国公司的学费，提醒自己必须按全球化思路走国际品牌道路。1997年，它将公司名称和产品品牌都统一为"太太乐"，并在多个国家注册，全力打造"太太乐"品牌。

(5)避免雷同，超越时空

品牌设计雷同是实施品牌战略的大忌。因为品牌的最终目标是要通过品牌的竞争力的强化，超越竞争对手。2003年，联想将其英文标识从"Legend"更换为"Lenovo"，其中"Le"取自原标识"Legend"，代表着秉承其一贯传统，新增加的"novo"取自拉丁词"新"，代表着联想的核心是创新精神。2004年，联想公司正式从"Legend"更名为"Lenovo"。更名的主要原因是全球化的结果，因为legend是一个英文单词，跟很多国家的产品有冲突。联想公司新创造一个单词，赋予它意义，并且世界各地的域名可以一次性注册不会重复。

4. 驰名商标

驰名商标一词首创于1883年签订的《保护工业产权巴黎公约》，1925年《巴黎公约》正式使用驰名商标这一概念，现行的对保护驰名商标具有直接法律效力的是1967年修订的《巴黎公约》。

根据国家工商行政管理总局2003年6月1日施行的《驰名商标认定和保护规定》，其含义可以概括为：驰名商标是指在中国为相关公众广为知晓并享有较高声誉的商标。它所强调的是一个注册商标在法律上所获得的特殊保护地位。

(1)驰名商标的法律特征

与一般的商标相比，驰名商标有其独特的专属独占性特征，主要表现为以下三个方面。

① 超越地域范围的垄断权。这是指驰名商标的独占权，不是一般法律意义的商标专用权，而是超越本国范围、在世界各国（至少是巴黎公约成员国）都获得保护的垄断权。也就是当某项商标在注册国或使用国的商标主管机关已认定为驰名商标时，如果另一商标构成对该驰名商标的仿造，且用于相同或类似的商品上，则应拒绝或取消其注册，并禁止使用。这些规定也适用于主要部分系伪造、仿冒或模仿另一驰名商标易于造成混淆的商标。这可以称为“相对保护主义”，现已为大陆法系各个国家所采用。不少英美法系的国家采用的是“绝对保护主义”，即驰名商标所有人，不仅有权禁止其他任何人在同类或类似商品上使用其驰名商标，而且也有权在其他一切商品上禁止使用其驰名商标。

② 超越先申请原则的注册权。除美国等几个少数国家外，世界上大多数国家的商标注册采用申请在先原则；外国人申请的，还享有六个月的优先权，即相同的商标注册申请，注册商标授予最先申请者。但对驰名商标而言，他人虽申请在先，也不准注册，即他人经申请已获准注册，驰名商标所有人也有权在一定期限内请求撤销该注册商标。这个期限，《保护工业产权巴黎公约》规定为五年（自注册之日算起）；成员国还可以自行规定请求禁止使用的期限，但只能多于五年，不能少于巴黎公约规定的最短期限；如果是属于以欺诈手段恶意取得或使用他人驰名商标的，则驰名商标所有人的撤销请求权，不受期限的限制。

③ 严格限制的转让权和许可权。包括中国在内的世界上多数国家的商标法都规定注册商标可以转让和许可他人使用。注册商标的转让，是商标专用权在两个人之间的转移，转让人与被转让人应共同向商标局提出转让申请，经商标局核准公告才属有效。注册商标的使用许可，是使用许可合同签订后，由许可人报送商标局备案，即为有效。1993 年修订的中国商标法还规定，经使用许可的注册商标，在其商品上必须注明被许可人的名称和商品产地，以示区别。就总体而言，典型意义的注册商标转让，比较少见，多见于使用许可，但对驰名商标，各国均加以严格限制，法律禁止转让驰名商标。对于使用许可，则采取严格的审批核准制度，除双方签订使用合同外，必须经商标局核准，并经登记公告，才属有效，以确保驰名商标的声誉。

(2)驰名商标的认定

认定驰名商标的机构主要有三个：国家工商行政管理总局商标局、商标评审委员会、中级以上人民法院（包括中级）。

证明商标驰名的证据材料：

① 证明相关公众对该商标知晓程度的有关材料。

② 证明该商标使用持续时间的有关材料，包括该商标使用、注册的历史和范围的有关材料。

③ 证明该商标的任何宣传工作的持续时间、程度和地理范围的有关材料，包括广告宣传和促销活动的方式、地域范围、宣传媒体的种类以及广告投放量等有关材料。

④ 证明该商标作为驰名商标受保护记录的有关材料，包括该商标曾在中国或者其他国家和地区作为驰名商标受保护的有关材料。

⑤ 证明该商标驰名的其他证据材料，包括使用该商标的主要商品近三年的产量、销售量、销售收入、利税、销售区域等有关材料。

【案例 7－8】

中级人民法院认定“柒牌”商标为驰名商标

柒牌公司 2006 年夏天向福州市中级人民法院提起诉讼，状告广东中山市歌顿涂料化工有限公司在产品和外包装等方面对其注册的“柒牌”商标进行复制和模仿，足以引起公众误认，具有明显的“搭便车”的恶意。原告请求法院依法认定“柒牌”商标为驰名商标，判令被告停止侵害。而被告歌顿公司则认为，驰名商标应由国家商标局认定，原告是服装企业，被告是生产油漆的公司，二者处于不同的省份，不会造成消费者的混淆。

法院审理认为，原告柒牌公司的“柒牌”商标是合法注册商标，原告对其商标享有专有使用权。原告注册商标后不间断使用商标，柒牌商标持续使用时间长达 15 年。原告对上述商标品牌投入巨资，采取媒体广告、通过组织各种产品发布会、大型体育运动会、印制画册广告等方式进行大量、持续的品牌宣传，时间长，覆盖范围遍及全国各地，还被国家公安部确定为“99”式人民警察服装指定生产企业，在市场上享有较高声誉。因此，原告柒牌公司的“柒牌”商标符合《商标法》和最高人民法院《关于审理商标民事纠纷案件适用法律若干问题的解释》规定的有关认定条件，应依法认定为“驰名商标”。

5. 品牌策略

(1)品牌有无策略

品牌运营的第一个作业环节就是企业生产经营的产品是否应该有品牌。不言而喻，企业拥有自己的品牌，必然要付出相应的费用(包括包装费、法律保护费等)，增加运营总成本，同时也承担一定的市场风险(若某品牌不受欢迎，损失自负)，但品牌对使用者或营销者的益处更是不可低估的。在美国，有人做过一个试验：厂家为了确定品牌对毛巾销售产生的影响，把同样的毛巾分为两组：一组加入“加浓”品牌，一组不加品牌。将两组毛巾放在一起销售，结果“加浓”毛巾的销售量是无品牌毛巾的三倍。可见，品牌对消费者具有很强的心理作用，可在消费者心目中树立形象，进而稳定和扩大销售，并由此获得巨大的价值。因此，一般来讲，企业的产品都有一个名字、牌号，即品牌。

实践中，有的营销者为了节约包装、广告等费用，降低产品成本，吸引低收入者购买，提高市场竞争力，也常采用无品牌策略。比如，近几十年来，美国等发达国家出现了一种“非品牌化”趋势，有些产品如面条、袜子、纸巾等不用品牌，称为“不注册产品”，以节省广告和包装费用，降低成本和零售价，以增强市场竞争力。在美国，无品牌产品的价格通常比有品牌低 30％至 50％，对品牌产品构成了不小的威胁。

必须说明的是，商品无品牌也有对品牌认识不足、缺乏品牌意识等原因。当然，商品有无品牌不是一成不变的。随着人们品牌意识的增强，近年来，我国企业品牌化程度不断提高。

(2)品牌归属策略

产品可以以制造商品牌进入市场,也可以以中间商品牌进入市场。当制造商的品牌一直在市场上占据主导地位时,绝大多数制造商多使用自己的品牌;当制造商在不熟悉的新市场上销售产品或者自己的声誉远不如中间商的商誉时,大部分制造商就会考虑首先使用中间商品牌,以利用中间商在消费者中建立的信誉使自己的产品尽快进入目标市场。例如,日本的电子产品初入美国市场时滞销,后来采用了美国著名的百货公司西尔斯品牌,便迅速打开了美国市场。

① 制造商品牌,是指由生产者建立并拥有的品牌。制造商品牌如海尔、格力、TCL、康佳、IBM、可口可乐、百事可乐、耐克、青岛啤酒等。由于大型制造商在全国范围或较大区域内营销产品,制造商品牌也称为“全国品牌”,但这种说法不完全准确,因为许多生产商的市场范围只限于某一地区。

在经销商看来,经销一个知名的制造商品牌最重要的好处是消费者早已认知甚至认可了这一品牌,这种产品带来新的消费者不需要花费太多的努力。也就是说,销售一个知名品牌可以在减少支出的同时获取更高的收益。销售一个知名制造商品牌的主要劣势在于,制造商拥有品牌的控制权,并且随时可以从经销商处收回控制权。再者,消费者忠于的是品牌,而不是批发商或零售商。消费者可以不在特定的经销商那里购买该产品,因此经销商之间的竞争显得更加激烈。

② 中间商品牌,也叫“经销商品牌”“零售商品牌”,是指中间商自己创立并拥有的品牌,可以是自己商号的名字,也可以是自己独立拥有的品牌名。它主要是通过搜集、整理、分析消费者对某些商品的需求特性的信息后,或自设生产基地,或选择合适的生产企业生产特定的商品,最终由零售企业使用自己的商标对该新产品注册,并在企业各销售网点内销售的商品品牌。它包括批发商品牌和零售商品牌,但常见的是零售商品牌。中间商品牌是20世纪30年代以来美国乃至欧洲品牌化的一个持续的发展趋势。目前比较著名的零售商品牌有美国的沃尔玛、英国的马狮百货、法国的家乐福等,我国有联华、国美、苏宁等。

中间商开发自有品牌必须额外花费较多促销费用推广自有品牌,而且如果中间商自己不生产,就必须向制造商订货,会使大量资金积压于商品库存,承担更大的风险。但经销商开发自有品牌也有很多好处:找到无力创立品牌或不愿自设品牌、生产能力过剩的厂家,可以减少生产成本和流通费用,以降低售价、提高竞争能力,还能保证较高的利润;同时,中间商可以加强对产品价格的控制,并在一定程度上控制作为供应商的生产者,如停止供货、更换供应商等。

③ 特许品牌,也称“许可品牌”,是指品牌所有者将品牌的使用权授予品牌使用者在特定区域内使用。肯德基、麦当劳等国际著名品牌,授权连锁店的经营者使用肯德基、麦当劳品牌。

(3)品牌延伸策略

品牌延伸在20世纪初就得到广泛的应用。品牌延伸的理论研究源于20世纪70年代。1979年,Tauber发表了学术论文《品牌授权延伸,新产品得益于老品牌》,首次系统地提出了品牌延伸的理论问题,较全面地分析了品牌延伸的意义和价值。20世纪80

年代，品牌延伸得到广泛研究；20 世纪 90 年代以来，品牌延伸问题进一步成为国内外学术界研究的热点。国内有关品牌延伸的研究始于 20 世纪 90 年代中期，其中以卢泰宏、符国群和余明阳这三位教授的研究为代表。

品牌延伸，是指将某一著名或成名品牌使用到与原产品相同或不同的产品上。原有品牌也称“原品牌”或“母品牌”“主品牌”。品牌延伸有狭义和广义之分。狭义的品牌延伸是指现有品牌延伸使用到新产品上的经营行为。广义的品牌延伸不仅包括将现有品牌延伸使用到新产品上，还包括将现有品牌延伸使用到经过改进的现有产品之上的行为。一项针对国外消费品生产商的调查发现，89％为同品牌同类别的产品，诸如新口味、新包装等，6％为不同类别的新产品，只有 5％为真正新品牌下的新产品。

企业使用品牌延伸策略，可以借助成功品牌的市场信誉在节省促销费用的情况下顺利抢占市场，可以获得更大的范围经济，可以丰富产品的形象，提高市场占有率。值得注意的是，品牌延伸策略是一把双刃剑。若利用已成功的品牌开发并投入市场的新产品不尽如人意，消费者不认可或者原有的成功品牌延伸类别不当，有悖消费者心理，也会影响该品牌的市场信誉，损害原有品牌形象。

(4)多品牌策略

多品牌策略即企业同时为一种产品设计两种或两种以上互相竞争的品牌的做法。这种策略由宝洁公司(P&G)首创并获得了成功。例如，瑞士的制表集团 SMH 旗下有欧米茄、雷达、浪琴、斯沃琪、天梭等多个品牌，中国的五粮液酒厂生产的白酒有“五粮液”“五粮春”“五粮醇”等不同品牌，德国大众在中国市场销售的轿车有桑塔纳、捷达、宝来、帕萨特、奥迪等多个品牌。不同的品牌凸显出不同的个性，瞄准不同的细分市场，消费者可以按照自己的需要、身份、社会地位、职业、收入等做出选择。

企业运用多品牌策略可以在产品销售过程中占有更大的货架空间，进而压缩或挤占了竞争者产品的货架面积，为获得较高的市场占有率奠定了基础。我们还应看到，多种不同的品牌代表了不同的产品特色，多品牌可吸引多种不同需求的顾客，提高市场占有率。

在运用多品牌策略时，要注意各品牌市场份额的大小变化趋势，适时撤销市场占有率过低的品牌，以免造成自身品牌过度竞争。

(5)复合品牌策略

企业对其各种不同的产品分别使用不同的品牌，但需在各种产品的品牌前面冠以企业名称，这种办法称为“复合品牌”策略，也称为“主副品牌”策略，即把企业的名称作为主品牌，再根据每一产品的特点，给其加上一个副品牌。例如“海尔—小神螺”洗衣机、“美的—健康星”空调、“娃哈哈—营养快线”、“康佳—小画仙”电视机等。

这种做法可以使所有产品享受名牌企业的整体声誉，有利于推出新产品，可以反映不同产品的特点和个性，同时又能使子品牌彰显各自的特点和相对的独立性。

(6)个别品牌策略

个别品牌是指企业对各种不同的产品分别使用不同的品牌，它有助于消费者从品牌上区分同一个企业不同的产品。联合利华公司在全球拥有 2000 多个品牌，其中不乏国际知名品牌。这些品牌集中在 4 个行业的 13 类业务上。宝洁公司在中国市场上推出了佳洁士牙膏、护舒宝卫生巾、汰渍洗衣粉、吉列剃须刀等产品。每一种产品都有自己的品牌。

个别品牌策略的好处在于：可以保证企业的整体信誉不至于受某种商品声誉的影响；个别品牌为新产品寻求最佳品牌提供了条件，有利于新产品和优质品牌的推广；便于消费者识别不同质量、档次的商品；同时也有利于企业的新产品向多个目标市场渗透。当然，个别品牌策略也存在非常明显的缺点，正如联合利华公司一位高管所言："公司75%的销售额来自2000多个品牌中的400个。这400个品牌的年增长率约为4.6%，有很高的利润。如果集中精力发展这400个品牌，必然对公司的业务增长有很大的益处。"可见，促销费用较高，并且较难树立起统一的企业形象即是个别品牌策略的显著缺点。

(7)分类品牌策略

分类品牌是按产品线的特点或目标市场的特征分别使用不同的品牌。例如，美国西尔斯公司使用"肯摩尔"品牌销售机械产品，妇女服装使用"瑞溪"品牌，主要家用设备用"家艺"品牌。分类品牌可把需求差异显著的产品类别分开，以免相互混淆。当企业要发展一项原来没有的全新产品线时，而现有品牌并不适用，则应当发展新品牌。

二、包装

大多数产品，从生产者手中流通到消费者的手中都需要有适当的包装，以便于运输、搬运、保护、流通和销售产品。

1. 包装的含义和功能

(1)包装的含义

包装是指对某一品牌商品设计并制作容器或包扎物的一系列活动。也可以说，包装有三个层次的含义：

① 初级包装，即产品的直接容器，如可乐瓶、牙膏皮、老干妈咸菜罐等。

② 次级包装，即保护"初级包装"的中层包装物，如包装一定数量的可口可乐、牙膏皮和老干妈咸菜的纸箱等。

③ 装运包装，即为了便于储运和识别某些产品的外包装，在产品的外包装上一般要有标签，在标签上一般印有"包装内容、品牌标志、产品所含成分、产品质量等级、生产厂家、生产日期、有效期限、使用方法等"。

(2)包装的功能

① 包装有利于吸引消费者，激发消费者的购买欲望，从而有利于产品的销售。

② 便于产品的储存、使用和运输。在产品销售过程中，需要多次运转和装卸，销售商不仅期望便于货架放置的包装、吸引人的包装，而且希望能够很好地保护商品、防止腐烂和破碎。因此，包装有利于保护商品、美化商品、促进商品销售的功能(良好的包装是"沉默的推销员")。

③ 产品促销。搞好产品包装可以实现商品的价值和使用价值，精美的包装还可以使商品增加价值。相反，不注意包装或包装不适当，好货就未必能卖上好价，消费者也未必认可该商品。

④ 有利于循环使用，减少环境污染和破坏。环境污染日益严重，保护环境已经成为全球共同关注的热门话题。避免过度包装，禁止使用危害环境的包装材料，使用能够多次使用或再循环的包装，无论对整个社会、消费者还是企业都非常必要。

包装除了上述功能之外，还可以对其及时注册或申请专利，以保护包装所有者的合法权益。

【案例 7－9】

加多宝、王老吉红罐凉茶商标战转向包装争夺战

红罐凉茶之争已由商标战转向对红罐包装的争夺。加多宝集团强调，红罐包装装潢设计由加多宝公司自己设计并最先使用。现在红罐凉茶虽然改名为加多宝，但其产品装潢并未改变。知名商品的包装装潢权受到法律保护。广药集团将产品装潢与商标混为一谈，目的是误导消费者。

1. 加多宝要驳回广药“红罐”专利申请

加多宝集团表示，红罐凉茶包装是由加多宝公司自行设计并最先使用的，早在 1995 年设计推出了红罐包装，并开始生产和经营红罐凉茶；1996 年申请外观专利，并于 1997 年获得专利证书。多年来，加多宝先后投入 300 多亿元，将偏安一隅的区域性凉茶成功推向全国，成功将红罐凉茶打造成知名商品。现在，红罐凉茶改名为加多宝，但其产品装潢并未改变。

广药集团此前公告称，已向专利局申请红罐包装专利，该外包装在旧版“王老吉”红罐外包装的基础上进行修改，并添加了“中国结”等元素。对此，加多宝方面表示，广药申请的红罐包装主要元素仍是在模仿加多宝，不具有新颖性和适用性，目前加多宝集团已提出专利无效异议，要求驳回广药的专利申请。

2. 律师观点：装潢与商标是各自独立的知识产权

大成律师事务所律师姚岚表示，知名商品之所以成为知名，源自产品提供者的品牌培育和市场。知名商品特有的包装、装潢，属于设计者和最先使用者，其他人使用是构成侵权的；知名商品的特有装潢是与知名商品不可分割的，不是与商标不可分割。

知识产权专家朱妙春认为，“红罐装潢”是加多宝在租用“王老吉”商标时自行独立设计的知名商品特有包装装潢，与“王老吉”商标是各自独立的两项知识产权。

2. 包装的种类

(1)单件运输包装

单件运输包装是指商品在运输过程中，用箱、桶、袋、坛、罐、篓、筐等单件容器对商品进行的包装。例如，可存放 24 罐饮料的纸箱，可包装 30 本书的牛皮纸包等。

单件运输包装在设计时必须考虑到方便运输、装卸和仓储，保护商品在整个流通过程中不损坏、不变质、不渗漏、不蒸发、不变形等。

例如，20 世纪 80 年代，洛阳玻璃厂一直采用木箱集装玻璃，破碎率为 10%，后来设计制造了金属结构的 L 形集装架代替木箱，并在 L 形集装架内衬托橡皮垫，使玻璃的破碎率降到了 1.5%，提高装卸效率 15 倍，一只集装箱回收使用 10 次以上，仅木材节约就超过集装架的投资总额。

(2)集合运输包装

集合运输包装是指将一定数量的单件运输包装放在一个大包装容器内，从而形成的大包装。常见的集合运输包装有集装箱、托盘、集装包、集装袋等。

(3)销售包装

销售包装又称为“内包装”，是指产品的直接容器或包扎物，如香烟盒、牙膏皮、白酒瓶等。销售包装随产品一起卖给顾客。在设计产品销售包装时，一般要注意以下问题：

① 保护商品的使用价值。例如，为了防止可可粉、茶叶等产品的香味散发和变质，通常采用铝箔袋抽氧充氮密封包装，使产品的使用价值不受损害。

② 销售包装在设计上要使商品在货架上能突出醒目，引起顾客注意、刺激顾客购买欲望，起到一个五秒钟商业广告的作用。

例如，在大型超市有成千上万种商品，一般顾客每分钟经过 300 种商品，而 53% 的购买行为是出于冲动。

③ 销售包装的档次、大小、颜色、材料、说明、品牌标志等，要与产品的市场定位、广告宣传相一致。

④ 销售包装要方便消费者携带、开启和使用。为了便于携带，销售包装往往设计出提手。例如，成箱装的蒙牛牛奶在箱的侧面上方安装提手，主要是为了方便顾客购买。据说，当初因为这一提手的成功设计安装，使得蒙牛牛奶销售量大增，并且带动其他几个国内乳业巨头纷纷仿效这一销售包装，从而带动了整个国内牛奶产业的销量。销售包装必须向顾客传递必要的商品信息。

⑤ 销售包装要按照法律的规定，印刷一些必要的内容。如生产商或经销商的名称及地址、商标、商品名称、原料成分、品质特点、包装内商品的数量与重量、使用方法及用量、编号、质检号、贮藏应注意的事项、生产日期、商品有效期等与买方利益有关的信息。

⑥ 销售包装的设计还必须保证消费者的安全。比如，三得利啤酒公司投入 1.4 亿元研制重达 600 克的新一代三得利专用瓶，新瓶经过特殊设计和制造，耐压标准比国家规定的啤酒瓶耐压标准高三倍，达到了国际标准，目的就是保证消费者的安全。

⑦ 创造性销售包装能够带来竞争优势

1998 年，养生堂公司推出的运动型包装的农夫山泉，瓶盖设计与往常旋转开瓶的方式不同，采用“运动盖”直接拉起的开瓶法，开瓶时会发出清脆的响声，这一设计吸引了无数青少年踊跃购买该产品。

3. 包装策略

(1)类似包装策略

类似包装策略即企业将生产经营的所有产品，在包装外形上都采取相同或相近的图案、色彩等共同的特征，使消费者通过类似的包装联想起这些商品是同一企业的产品，具有同样的质量水平。类似包装策略的优点：可以节省包装设计费用，降低包装成本，树立企业整体形象，扩大企业影响，而且还可以充分利用企业已经拥有的良好声誉，有助于消除消费者对新产品的不信任感，进而有利于带动新产品销售。类似包装策略的适用性：它适用于质量水平相近的产品。

（2）等级包装策略

等级包装策略即企业对自己生产经营的不同质量等级的产品分别设计和使用不同的风格、不同的色调和不同的材料进行包装。比如，在销售茶叶时，一、二级茶叶可以听装；三、四级茶叶可以盒装；五、六级茶叶可以塑料袋装；其他茶叶末或碎茶可以散装等。显然，这种依产品等级来配比设计包装的策略可使包装质量与产品质量等级相匹配，对高档产品采用精致包装，对低档产品采用简略包装，其做法适应不同需求层次消费者的购买心理，便于消费者识别、选购商品，从而有利于全面扩大销售。这种策略的优点是不至于某一商品营销的失败而影响其他商品的市场声誉，方便顾客的选购，不足是设计的成本较高。

（3）分类包装策略

分类包装策略是根据消费者的购买目的不同，对同一种产品采用不同的包装。如购买商品用作礼品赠送亲友，则可精致包装；若购买者自己使用，则简单包装。此种包装策略的优点与等级包装策略相同。

（4）配套包装策略

配套包装就是按照消费者的消费习惯，把几种有关联性的产品组合在同一包装物内销售，比如，一套厨房用具、一个化妆盒、一套文具用品、一个旅行药箱等。武汉某茶叶加工厂将绿茶、珠兰、毛尖、茉莉花、龙井五个品种的小包装配套在一起销售，销量很好。这种策略能够节约交易时间，便于消费者购买、携带与使用，也利于扩大产品销售，还能够将新旧产品组合在一起，使新产品顺利进入市场。

（5）再使用包装策略

再使用包装策略也称“双重用途包装策略”，即指包装内的产品使用完后，包装物还可以有其他用途。比如，装咖啡、水果罐头、米酒、果珍等的瓶子可作茶杯用，装衣服的袋子可作手提袋，等等。这种包装策略一方面可以引起顾客的购买兴趣；另一方面还能将印有商标的容器发挥广告宣传作用，吸引顾客重复购买。但是，这类包装成本一般较高。

（6）附赠品包装策略

附赠品包装策略是指在包装物内或包装上附有实物、奖券（如折价券、积分券、抽奖券、样品券、礼品券等）或包装本身可以用来兑换奖品，以吸引消费者购买商品。比如，市场上儿童玩具、糖果等商品附赠连环画、识字图；化妆品包装中附有赠券、奖券，中奖后可得奖品；麦氏咖啡在包装盒内附赠一把精美的小铜勺。附赠品是诱发消费者重复购买的做法，该包装策略对儿童和青少年比较有效，这也是一种有效的营业推广方式。

（7）改变包装策略

改变包装策略，又称“创新包装策略”，它是指采用新的包装设计、包装技术、包装材料，更新原有的产品包装。通常有以下几种做法：

① 当商品要提价时，改变包装，使消费者以为该商品在质量上作了改进，从而愿意接受较高的价格。比如，传统袋装白糖，原来每袋一斤 2.8 元，现在价格上涨，这时候改换商品包装比其他方式调整更容易让顾客接受。

② 改变产品的包装，同时减少产品的分量，但价格不变。这实质上是一种变相提价，可以减少提价的阻力。

③ 当商品销售不畅时，改变包装，使顾客产生新鲜感，重新对这种商品产生兴趣和注意。

河南省卫辉食品挂面厂在产品更新后，包装依旧，销售不畅。该厂重新设计了产品包装，变纸包装为塑料袋包装，由一般的纸箱式包装改为手提式礼品彩色箱包装，变每箱 25 千克为 15 千克、10 千克、5 千克，结果销量大增。

(8)透明包装策略

透明包装有全透明包装或部分透明包装。消费者通过透明包装材料，能看见部分或全部内装商品的实际形态，提高了对商品的认识度，从而放心地选购。

(9)更新包装策略

更新包装策略就是改变原来的包装。更新包装策略是指企业包装策略随着市场需求的变化而改变的做法。一种包装策略无效，依据消费者的要求更换包装，实施新的包装策略，可以改变商品在消费者心目中的地位，进而收到迅速恢复企业声誉的佳效。

(10)不同容量包装策略

这是根据消费者的使用习惯，按照产品的质量、数量设计不同的包装，以满足不同的需求。例如，瑞士出口到美国的雀巢速溶咖啡，为适应一部分主妇每周购物一次的习惯，采用大号包装；为适应另一部分主妇每天购物的习惯，采用 4 盎司、2 盎司的小包装。不同容量包装策略起到了良好的促销作用。

(11)错觉包装策略

错觉包装策略是利用人们对外界事物的观察错觉，进行产品的包装。如两个容量相同的饮料包装，扁形的看起来就比圆形的大些、多些。笨重物体的包装采用浅淡的颜色会使人感到轻巧一些。桂圆肉在盒中的衬托物上只铺了薄薄一层，看上去好像是满满一盒，使顾客产生错觉，吸引他们购买。

企业在现实的包装决策过程中，到底采用哪种具体包装策略，首先要明确产品包装的主要功能，然后根据实现这些功能的特定要求，决定采用哪一种包装策略，以及采用的包装材料、大小、形状、颜色等。这些因素彼此协调，同时与价格、渠道、促销等营销组合因素保持统一，只有这样才能制定出合适的包装策略。

本章小结

通过本章内容的学习，我们首先了解了产品整体概念由五个层次构成，即核心产品、形式产品、期望产品、延伸产品及潜在产品，要把产品整体概念和消费者的需求结合起来理解并加以灵活运用。其次，我们了解了产品的分类方法，但与我们日常生活联系最密切的就是按照需求特征和购买习惯进行分类。第一是有形产品和服务产品的分类；第二是按消费者购买习惯分类，消费品可分为便利品、选购品、特殊品和非渴求品。再次，我们对产品组合的概念和产品组合的决策也有一定程度的了解。产品组合可以从产品组合的宽度、长度、深度和相关性几方面进行考察和决策。优化产品组合第一步就是要对产品线进行分析、评价，然后做出调整产品组合的决策。产品组合决策主要涉及五个方面，即扩大产品组合、缩减产品组合、产品线延伸、产品线填补以及产品线现代化策略。从次，我们对产品生命周期的概念及各阶段的特征和营销策略、新产品的开发及市场扩散进行了介绍，理解这部分知识对于掌握市场营销本质具有非常重要的意义。最后，我们对商标、品牌和包装这部分内容分别给予介绍，对理解商标、品牌、包装在市场营销中的重要作用有了更广、更深和更现实的认识。

客观题

请扫二维码。
(http://www.ehuixue.cn/index/Orgclist/course? cid=11924)

复习思考题

1. 简述产品整体概念。
2. 简述产品组合策略。
3. 简述产品线延伸策略及其优缺点。
4. 简述成长期的特点及营销策略。
5. 简述成熟期的特点及营销策略。
6. 简述新产品开发的程序。
7. 简述品牌和商标的区别及联系。
8. 简述产品包装策略。

应用与探讨

以小组为单位，搜集安徽德力日用玻璃股份有限公司的二手资料，运用产品生命周期理论，试分析该企业在不同时期面临的市场特点和营销策略的变化，及其取得的实际效果。

【结尾案例】

王老吉商标权之争

2012 年的 5 月 14 日，被称为“中国商标第一案”的“红绿王老吉之争”有了定论，经中国国际经济贸易仲裁委员会裁决，广药集团收回香港鸿道集团（加多宝母公司）

对于红罐王老吉的商标权。根据《法制晚报》报道,2010 年,"王老吉"经北京名牌资产评估有限公司评估,品牌价值为 1080 亿元人民币,成为中国目前第一品牌。

1. 主体

王老吉凉茶在清朝道光年间(约 1830 年)由王泽邦初创,王家第三代传人将凉茶店开到了香港、澳门,并将王老吉"橘红底杭线葫芦"的商标注册。

1949 年,王老吉被一分为二,广州王老吉凉茶被归入国有企业,香港的王老吉则依然由王泽邦家族后人把持经营。1995 年,广药集团将罐装王老吉品牌的使用权,以 20 年的租期租给了香港加多宝,广药集团继续销售绿色盒装王老吉。2002 年 11 月,广州王老吉与香港王老吉达成共识,双方签署了 10 年使用权转让协议。

加多宝(中国)饮料有限公司为香港鸿道(集团)有限公司全资子公司,是红罐王老吉的经营者。鸿道集团为海外王老吉商标使用权人及中国香港同兴药业有限责任公司的实际控制人。

2. 商标权及归属

中国大陆王老吉商标权人为广州王老吉药业股份有限公司;王老吉海外商标权人为香港王老吉(国际)药业股份有限公司,王老吉创始人王泽邦的第五代玄孙女王健仪任董事长。拥有大陆王老吉商标独家使用权人:加多宝(中国)饮料有限公司;拥有海外王老吉商标使用权人:广州王老吉药业股份有限公司。

大陆王老吉和海外王老吉权属交叉简表

	大陆王老吉	海外王老吉
商标权人	广州王老吉药业股份有限公司	香港王老吉(国际)药业股份有限公司
商标使用权人	加多宝(中国)饮料有限公司	广州王老吉药业股份有限公司

3. 商标权争夺大战

1995 年,活动于粤港两地的东莞籍贸易批发商陈鸿道,与王健仪进行了接触,并获得红罐装王老吉凉茶的配方,但由于王健仪仅拥有香港及海外的商标所有权,欲在内地经营王老吉凉茶饮料的陈鸿道,便转而与广州羊城药业寻求合作。1997 年,广药集团资产重组,成立广州药业股份有限公司,赴港上市。在此次重组中,王老吉进入了广州药业。同年 2 月,广药与香港鸿道集团签订了"王老吉商标许可使用合同"。而在拿到配方和商标使用权后,陈鸿道开始以加多宝集团为平台,在内地投资红罐王老吉凉茶业务。

2000 年,广药集团和鸿道集团再次签订商标使用许可合同,许可时间为 2000 年至 2010 年 5 月。2002 年至 2003 年间,鸿道又与广药分别补签了《"王老吉"商标许可补充协议》和《关于"王老吉"商标使用许可合同的补充协议》,将商标使用期限延至 2020 年。2008 年,广药集团与鸿道集团交涉,广药称王老吉为国有资产事件,涉嫌国有资产流失,但双方交涉未果。同年 8 月,广药向鸿道发出律师函,称李益民签署的两个补充协议无效。

2011年4月，广药向中国国际经济贸易仲裁委员会提出仲裁申请，并提供相应资料，广药集团认为：2002年至2003年间，鸿道与广药分别补签的《"王老吉"商标许可补充协议》和《关于"王老吉"商标使用许可合同的补充协议》是当时任广药总经理的李益民收取了鸿道数百万的贿赂后，才签署了将租赁期限延长到2020年的授权书。李益民东窗事发后，广药集团认为上述补充协议无效，商标租赁期限已于2010年5月2号到期。李益民案在2005年7月由广州市中级人民法院做出一审判决，法院认定其收受贿款人民币20.9万、港币329万、美元2.5万，对其判处无期徒刑，剥夺政治权利终身。

2011年5月，王老吉商标案立案直至2012年5月11日仲裁结果：广药集团与加多宝母公司（集团）有限公司签订的两份商标续约补充协议无效；鸿道集团停止使用王老吉商标。

4. 商标争夺战的思考

(1)企业应重视商标专用权

"王老吉"商标争议，争议的背后在于商标的价值，根源是在于"王老吉"的商标注册专用权在中国的归属。

(2)赋予商标巨大的价值，需要企业用心经营

在2000年加多宝取得王老吉的商标使用权后，将王老吉定位为"饮品"，并打出了"怕上火，喝王老吉"的广告词。在精确广告十成功营销手段的助推下，加多宝旗下红罐王老吉销售业绩迅速飙升，使"王老吉"成为凉茶的代名词，市场表现和品牌价值十分突出。

根据上述材料，思考下列问题：

1. 王老吉凉茶生命周期和王老吉品牌生命周期有什么不同？如何分析凉茶的产品生命周期？

2. 王老吉商标和王老吉品牌有什么区别和联系？

第八章　价格策略

【学习目标】

通过本章学习，学生能够认识价格策略在营销组合中的地位；了解不同的定价目标，熟悉影响产品定价的因素；掌握成本导向、需求导向和竞争导向定价的方法，掌握各种基本的定价策略和定价技巧；熟知价格变动反应及价格调整方法。

【导入案例】

海底捞就涨价致歉

海底捞为涨价道歉了。

2020年年初，有消费者注意到，恢复堂食的海底捞菜品价格出现上涨。一位北京的消费者在微博上晒出菜单，“人均220+，毛血旺半份从16元涨到23元，8小片；半份土豆片13元，合一片土豆1.5元；自助调料10元一位；米饭7元一碗；小酥肉50元一盘。”对此，海底捞方面回应称，“海底捞确实调整了部分菜品价格，整体价格上涨幅度控制在6%。”让海底捞没有想到的是，涨价并未获得消费者的理解，反而收到呛声一片。有网友甚至称，还没等到消费者“报复性消费”，餐厅却已开始“报复性涨价”。伴随着舆论热度不断升级，海底捞最终公开致歉，以求挽回形象。

2020年4月10日，海底捞火锅官方微博发布致歉信称，海底捞门店此次涨价是公司管理层的错误决策，伤害了海底捞顾客的利益。对此我们深感抱歉。自即时起，中国内地门店菜品价格恢复到2020年1月26日门店停业前标准。

除了海底捞外，同期多家餐饮品牌都被曝出有提价的情况。西贝餐饮表示，公司从2019年12月起因成本上涨影响，对菜品进行了提价。

在茶饮品牌里，消费者也注意到了国内两大新式茶饮品牌的涨价情况。喜茶于2020年1月对旗下5款产品进行全国范围调价，分别是豆豆波波茶、多肉芒芒甘露、芋泥波波鲜奶、流心奶黄波波冰和奶茶波波冰，涨价范围在1至2元内。奈雪的茶于2020年3月对部分产品进行了调价，视当地情况进行调整，因此同一款产品在不同区域可能调高，也可能调低，上调区间在1至2元之间。

第一节　影响定价的因素

价格在市场营销组合中与产品、渠道和促销相比，是企业促进销售、获取效益的关键因素。价格是否合理直接影响产品或服务的销售，是竞争的主要手段，关系到企业营销目标的实现。因此，企业定价既要考虑其营销活动的目的和结果，又要考虑消费者对价格的接受程度，从而使定价具有买卖双方双向决策的特征。

在非限制性商品经济的条件下，企业作为独立的商品生产者和经营者，可以独立自主定价。因此，定价是营销组合的可控变量之一。但是，这种自由定价并不是随心所欲、不受任何制约的。价格的制定受一系列内部和外部因素的影响和制约，企业定价时必须考虑这些因素。

一、定价目标

任何企业都不能孤立地确定价格，而必须按照企业的目标市场战略及市场定位战略来进行。此外，企业管理人员还要确定一些具体的经营目标，如利润额、销售额、市场占有率等，这些都对企业的定价具有重要影响。企业的每一种价格对其利润、收入、市场占有率均有不同的含义。企业的定价目标主要有以下几种：

1. 维持生存

如果企业产能、产量过剩，或面临激烈竞争，则需要把维持生存作为主要目标。为了确保继续开工和存货出手，企业必须制定较低价格，并希望市场是价格敏感型的。许多企业通过大规模的价格折扣来保持企业的活力，只要销售收入能弥补可变成本和部分固定成本，企业的生存便可得以维持。

2. 当期利润最大化

有些企业希望确定一个能使当期利润最大化的价格，以便估计需求和成本，并据此选择一种价格，使之能够产生最大的当期利润、现金流量或投资报酬率。假定企业对其产品的需求函数和成本函数有充分的了解，则借助需求函数和成本函数便可制定确保当期利润最大化的价格。

3. 市场占有率最大化

有些企业想通过定价取得控制市场的地位，即市场占有率最大化。因为企业确信赢得最高的市场占有率之后将享有最低的成本和最高的长期利润，所以企业确定尽可能低的价格来追求市场占有率的领先地位。当具备下述条件之一时，企业就可以考虑通过低价来实现市场占有率的提高：第一，市场对价格高度敏感，因此低价能刺激需求的迅速增长；第二，生产与分销的单位成本会随着生产经验的积累而下降；第三，低价能吓退现有和潜在的竞争者。

4. 产品质量最优化

企业也可以考虑产品质量领先这样的目标，并在生产和营销过程中始终贯彻产品质量最优化的指导思想。这就要求用高价格来弥补高质量和研究开发的高成本。产品优质优价的同时，企业还应该辅以相应的优质服务。

二、产品成本

产品成本是由产品在生产过程和流通过程中所花费的物质消耗和支付的劳动报酬所形成的。在实际营销活动中，产品定价的基础因素就是产品的成本，因为产品价值凝结了产品内在的社会必要劳动量。但这种劳动量是一种理论上的推断，企业在实际工作中无法计算。作为产品价值的主要组成部分——产品成本，企业对此可以相当精确地计算出来。

任何企业都不能随心所欲地制定价格，企业定价必须首先使总成本得到补偿，要求价格不能低于平均成本费用。所谓产品平均成本费用包含平均固定成本费用和平均变动成本费用两个部分，固定成本费用并不随产量的变化而按比例发生，企业取得盈利的初始点只能在价格补偿平均变动成本费用之后的累积余额等于全部固定成本费用之时。显然，产品成本是企业核算盈亏的临界点，产品售价大于产品成本时企业就有可能形成盈利，反之则亏本。一般而言，企业定价中考虑较多的成本类别有以下几种：

① 总成本（TC），是指企业生产一定数量的某种产品所发生的成本总额，是总固定成本（TFC）和总可变成本（TVC）之和。

② 总固定成本（TFC），也称为“间接成本总额”，是指一定时期内产品固定投入的总和，如厂房费用、机器折旧费、一般管理费用、生产者工资等。在一定的生产规模内，产品固定投入的总量是不变的，只要建立了生产单位，不管企业是否生产、生产多少，总固定成本都是必须支付的。

③ 总变动成本（TVC），也称为“直接成本总额”，是指一定时期内产品可变投入成本的总和，如原材料、辅助材料、燃料和动力、计件工资支出等。总变动成本一般随产量增减而按比例增减，产量越大，总变动成本越大。

④ 单位成本（AC），是指单个产品的生产费用总和，是总成本（TC）除以产量（Q）所得之商。同样，单位成本也可分为单位变动成本（AVC）和单位固定成本（AFC）。单位变动成本是发生在一个产品上的直接成本，与产量变化的关系不大，而单位固定成本作为间接分摊的成本，在一定时期内，其与产量是成反比的。产量越大，单位产品中所包括的固定成本就越小；反之则越大。

⑤ 边际成本（MC），是指增加一个单位产量所支付的追加成本，是增加单位产品的总成本增量。边际成本常和边际收入（MR）配合使用，边际收入指企业多售出单位产品得到的追加收入，是销售总收入的增量。边际收入减去边际成本后的余额称为“边际贡献”（MD），边际贡献为正值时，表示增收大于增支，增产对于企业增加利润或减少亏损是有贡献的，反之则没有贡献。

三、市场需求

市场需求对企业定价有着重要影响，而需求又受价格和收入变动的影响。因价格与收入等因素而引起的需求相应的变动率，叫作“需求弹性”。需求弹性分为需求的收入弹性、价格弹性和交叉弹性。

1. 需求的收入弹性

需求的收入弹性是指因收入变动而引起的需求相应的变动率。

有些产品的需求收入弹性大，这意味着消费者货币收入的增加导致该产品的需求量有更大幅度的增加，例如耐用消费品、高档食品、娱乐支出等。有些产品的需求收入弹性小，这意味着消费者货币收入的增加导致该产品的需求量的增加幅度较小，一般来说，生活必需品的情况即是如此。也有些产品的需求收入弹性为负值，这意味着消费者货币收入的增加将导致该产品需求量的下降，例如一些低档食品、低档服装等。

2. 需求的价格弹性

价格会影响市场需求。在正常情况下，市场需求会按照和价格相反的方向变动。价格提高，市场需求就会减少；价格降低，市场需求就会增加。所以，需求曲线是向下倾斜的。那么，需求对价格的变动将做出多大的反应呢？这就需要了解需求价格弹性。需求的价格弹性反映需求量对价格的敏感程度，以需求变动的百分比与价格变动的百分比之比值来计算，亦即价格变动百分之一会使需求变动百分之多少。需求的价格弹性系数公式为：

$$E_d=-\frac{\Delta Q}{\Delta P}\times\frac{P}{Q}$$

式中：E_d为需求的价格弹性系数；P、Q分别为价格与需求量；ΔP、ΔQ分别为价格与需求的变动量。

不同产品具有不同的需求价格弹性，对价格的制定影响很大。

$E_d>1$，富于弹性。定价时应降低价格，薄利多销。

$E_d<1$，缺乏弹性。定价时应适当提高价格，增加盈利。

$E_d=1$，单一弹性。定价时应采取通行价格，实现预期的利润。

$E_p=0$，完全无弹性。定价时可适当提价。

$E_d\to\infty$，完全有弹性。定价时应综合考虑各种因素。

在以下条件下，需求可能缺乏弹性：第一，市场上没有替代品或者没有竞争者；第二，购买者对较高价格不在意；第三，购买者改变购买习惯较慢，也不积极寻找较便宜的东西；第四，购买者认为产品质量有所提高，或者认为存在通货膨胀等，价格较高是应该的。

一般生活必需品需求价格弹性小，如大米、面粉、油等，非生活必需品需求价格弹性大。某产品的可替代品少，需求价格弹性小；反之，则需求价格弹性大。对弹性较大的产品可用降价来刺激需求，对弹性较小的产品可以用适当提价来增加收益，如名、特、优、新产品。

3. 需求的交叉弹性

需求交叉弹性是指具有互补或替代关系的某种产品价格的变动，引起与其相关的产品需求相应发生变动的程度。

商品之间存在着相关性，一种产品价格的变动往往会影响其他产品销售量的变化。这种相关性主要有两种：一是商品之间互为补充，组合在一起共同满足消费者某种需要的互补关系；二是产品之间由于使用价值相同或相似而可以相互替代或部分替代的替代关系。

一般而言，在消费者实际收入不变的情况下，具有替代关系的产品之间，某个产品价格的变化将使其关联产品的需求量出现相应的变动（一般是同方向的变动）；具有互补关系的产品之间，当某产品价格发生变动时，其关联产品的需求量会同该产品的需求量发生一致的变化。

四、竞争状况

为便于研究市场经济条件下的企业定价，有必要将市场结构进行划分。划分依据主要有三个：一是行业内企业数目，二是企业规模，三是产品是否同质。按照以上依据，市场结构可划分为完全竞争、垄断竞争、寡头竞争、纯粹垄断四种类型。

1. 完全竞争

完全竞争的市场必须具备以下条件：第一，市场上有许多卖主和买主，他们买卖的商品只占商品总量的一小部分；第二，他们买卖的商品都是相同的；第三，新卖主可以自由进入市场；第四，卖主和买主对市场信息尤其是市场价格变动的信息完全了解；第五，生产要素在各行业之间有完全的流动性；第六，所有卖主出售商品的条件都相同。

如果只具备前三个条件，这种市场结构叫作“纯粹竞争”；如果完全具备上述六个条件，才能叫作“完全竞争”。

在完全竞争条件下，企业只能按照市场价格出售其产品。由于买主对市场信息完全了解，如果某个企业试图以高于现行市场价格出售产品，顾客就会转向其他的卖主。企业也没有必要以低于市场价格的价格出售产品，因为他们按照现行市场价格就能卖掉所有的产品。在完全竞争的市场条件下，交易的产品种类是同一的，新老企业的进出、生产要素和资源的流动是完全自由的，所有实际的或潜在的买卖双方，都能掌握市场知识和了解市场信息。因此，个别企业只能是市场价格的接受者，而不是价格的制定者。事实上，这种完全竞争的市场条件几乎不存在。

2. 垄断竞争

垄断竞争是一种介于完全竞争和纯粹垄断之间的市场结构，它既有垄断倾向，同时又有竞争成分，因此垄断竞争是一种不完全竞争。

在不完全竞争的条件下，卖主定价时广泛地利用心理因素。

在垄断性竞争的市场条件下，有许多企业和买主，但是各个企业提供的产品或劳务是有差异的。有些是产品实质上的差异，有些是购买者受促销手段影响而在心理上产生的产品差异。企业根据其“差异”的优势，可以部分地通过变动价格的方法来寻求较高的利润。

3. 寡头竞争

寡头竞争是竞争和垄断混合的产物，也是一种不完全竞争。寡头竞争的形式有两种：

① 完全寡头竞争。在这里，各个寡头企业的产品都是同质的，所以完全寡头竞争又叫作“无区别的寡头竞争”。在完全寡头竞争的条件下，整个行业的市场价格较稳定，但各个寡头企业在广告宣传、促销等方面竞争较激烈。

② 不完全寡头竞争。各个寡头企业的产品都有某些差异。这些产品是不能互相代替的，所以不完全寡头竞争又叫作“差异性寡头竞争”。

在寡头竞争的市场条件下，市场上只有少数几家企业控制价格，它们之间是相互依存和影响的关系，是竞争和垄断的混合产物。由于少数企业共同占有大部分的市场份额，它们有能力控制和影响市场价格，其他企业要进入这一市场会受到种种阻碍。但是这几个企业也不能随意改变价格，只能相互依存。任何一个企业的活动都会导致其他几家企业的迅速而有力的反应而难以独自奏效。所以寡头垄断的情况下，彼此价格接近，企业的成本意识强。

4. 纯粹垄断

纯粹垄断(或完全垄断)是指在一个行业中某种产品的生产和销售完全由一个卖主独家经营和控制。在纯粹垄断的条件下，在一个行业中只有一个卖主(政府或私营企业)，没有别家竞争，这个卖主完全控制了市场价格，它可以在国家法律允许的范围内随意定价。但是，不同类型的纯粹垄断的定价有所不同。

① 政府垄断。由于定价目标不同，产品价格定得高低不同。例如，有些产品与一般消费者的日常生活关系密切，价格定得低于成本；有些产品的价格定得较高，以限制消费。

② 私人管制垄断。政府对某些私人垄断企业的定价要加以调节和控制。如美国政府允许某些私人垄断企业的收费能得到中等的效益。

③ 私人非管制垄断。政府允许私营企业随意定价。但垄断企业因怕触犯反托拉斯法，或怕引起竞争，或想以低价加速市场渗透，往往不敢随意提价。

在纯粹垄断条件下，随着产品价格的涨落，产品销售随之减增，致使垄断企业产品的需求曲线，即整个行业产品的需求曲线向右下方倾斜，无论是从长期还是短期来考虑，垄断企业都是根据边际成本等于边际收益的法则来决定其产量。

第二节　定价的一般方法

企业制定价格是一项很复杂的工作，要采取三个步骤：选择定价目标、测定需求的价格弹性、选定最后价格。本节就具体的定价方法进行阐述。

一、成本导向定价

成本导向定价法是一种主要以成本为依据的定价方法，主要包括成本加成定价法和目标利润定价法。

1. 成本加成定价法

成本加成定价是按照单位成本加上一定百分比的加成来制定产品销售价格。加成的含义就是一定比例的利润。所以，成本加成定价公式为：单位产品售价＝单位产品总成本×(1＋成本加成率)

成本加成定价法在实际运用中，又分为两种情况。

(1)总成本加成定价法

总成本是企业在生产产品时花费的全部成本，包括固定成本和变动成本两部分，在单位产品总成本上加一定比例的利润，就是单位产品的价格。有两种计算方法：

① 顺加成:单位产品售价=单位产品总成本×(1+加成率)。

② 逆加成:单位产品售价=单位产品总成本÷(1−加成率)。

我们会发现,在加成率一样的情况下,两种不同的加成方法得出的单价是不一样的。若我们设定单位总成本为100元,加成率为20%,那么按“顺加成”得出的销售单价为100×(1+20%)=120(元),而按“逆加成”得出的销售单价则为100÷(1−20%)=125(元)。这主要是因为“顺加成”是以单位总成本为基数计算毛利额的,而“逆加成”则是以销售单价为基数计算毛利额的,基数不一样,毛利水平就不一样,价格自然也就不一样了。

【延展阅读】

加成率的确定是定价的关键

加成率的确定必须考虑市场环境、行业特点等因素。如杂货店的加成率很低,这是由于存在众多的紧密替代品——其他杂货店,顾客通过频繁购买高度标准化的产品,对价格和质量非常了解;而珠宝行业的加成率则很高,这是因为人们重复购买很少,对价格不了解,对不同珠宝店进行比较是很困难的,所以珠宝的价格弹性较低。在实践中,同行业往往形成一个大多数企业所接受的加成率,如美国烟草加成率是20%,照相机的加成率是28%。

(2)变动成本加成定价法

变动成本加成定价法也叫“边际贡献定价法”,即在定价时只计算变动成本,而不计算固定成本,在变动成本的基础上加上预期的边际贡献。由于边际贡献会小于、等于或大于变动成本,所以企业就会出现盈利、保本或亏损三种情况。这种定价方法一般在卖主竞争激烈时采用。因为这时如果采取总成本加成定价法,必然会因为价格太高影响销售,出现产品积压。采用变动成本加成定价法,一般价格要低于总成本加成法,容易迅速扩大市场。这种定价方法在产品必须降价出售时特别重要,因为只要售价不低于变动成本,说明生产可以维持;如果售价低于变动成本,就是生产越多,亏本越多。

成本加成定价法的优点:①简单。计算企业的成本,比估计需求简单。②同行业的加成率一致,如果成本也相近,则可以减少竞争摩擦。③这种定价方法对买卖双方都比较公平。缺点是:①忽视了产品需求弹性的变化。②忽视了竞争因素。

2. 目标利润定价法

此种方法是指企业根据目标利润的原则,首先确定一个目标利润,然后加上总成本,再除以总产量,就能得出销售单价。其计算公式为:单位产品售价=(总成本+目标利润)÷预期总产量。

当然,目标利润定价的前提是:产品的市场潜力很大,需求的价格弹性不大,按目标利润确定的价格肯定能被市场接受。

目标利润定价法与成本加成定价法是有区别的:成本加成定价法公式中的成本只是制造成本,不包括期间费用;而目标利润定价法公式中的成本包括制造成本和期间费用。相应地,两个公式中的成本利润率也有所不同。

二、需求导向定价

需求导向定价法是以消费者对产品价值的理解程度和需求强度为定价依据的定价方法。主要有以下几种：

1. 认知价值定价法

(1)认知价值定价法的基本指导思想

决定商品价格的关键因素是顾客对商品价值的认知水平，而不是卖方的成本。因此，在定价时，企业先要估计和测量在营销组合中的非价格变量在顾客心目中建立起来的认知价值，然后根据顾客对商品的认知价值，制定出商品的价格。一般来说，每一种商品的性能、用途、质量、外观及其价格等在消费者心目中都有一定的认知和评价。当卖方的价格水平与消费者对商品价值的认知水平大体一致时，消费者才能接受这种价格。

(2)认知价值定价法的意义

认知价值定价法与现代产品定位思想很好地结合起来，成为当代一种全新的定价思想和方法，被越来越多的公司所接受。例如，一位消费者在小卖部喝一杯咖啡、吃一块点心要付 1.5 美元，在饭店的咖啡厅，同样的东西需 2.5 美元，如果送到饭店的房间里享受则需 3.5 美元，价格一级比一级高。这并不是由成本的增加而导致的，而是由于附加的服务和环境气氛为产品增加了价值，消费者对产品的感受、理解不同所致。

【案例 8－1】

LG 的定价策略

假如 LG 公司认为普通电视机的市价为 2000 元。而 LG 公司通过市场调查发现，在消费者心目中，LG 电视机的一些鲜明特点使顾客愿意付出溢价。LG 公司衡量了各种添加利益的认知价值总额为 900 元。最后，LG 公司可能为消费者打一个 400 元的折扣，选择定价为 2500 元。这样，LG 电视的经销商和促销员就能大方地向顾客解释为什么 LG 电视的价格高于同档次的国内品牌电视。

特　点	标准水平	溢价水平	增加的价值(元)
超薄	576 毫米	470 毫米	400
无线音频(wireless sound 芯片)	无	有	200
LG 数码光程眼	无	有	200
DPRC 技术(数字逼真画面)	无	有	100
价格	2000	2900	900

2. 需求差异定价法

需求差异定价法利用需求价格弹性原理，根据在不同的时间、地点和不同细分市场上的顾客对价格的不同灵敏度，对相同成本的同一产品实行不同的价格，以优化企业的顾客群，实现利润最大化的定价方法。

需求差异定价法的形式有以下几种：

① 基于顾客差异的差别定价，即对不同顾客在销售同一产品时实行不同的价格或针对不同的顾客在同一价格下享受不同的配套服务，如对大客户与一般客户的区别。

② 基于产品差异的差别定价，即对不同外观和式样的产品采用不同的价格，价格与产品成本差异不成比例。

③ 基于时间差异的差别定价，即对同一产品在不同时间制定不同的价格，如根据淡、旺季决定价格。

④ 基于地理位置差异的差别定价，即同一产品在不同地点销售的价格有所不同。

需求差异定价法的优点在于能够对不同的市场需求状况有针对性地制定价格，其价格特别有竞争性；其缺点在于由于需求的差异性因素很多，在短时间内很难予以正确的估算和准确的把握，因此容易产生误差。

3. 反向定价法

反向定价法是指企业依据消费者能够接受的最终销售价格，计算成本和利润后，逆向推算出产品的批发价和零售价。这种定价方法不以实际成本为主要依据，而是以市场需求为定价的出发点，力求使价格能为消费者所接受。

三、竞争导向定价

竞争导向定价法是根据竞争者产品的价格来制定企业产品价格的一种方法，常用的有以下三种。

1. 随行就市定价法

随行就市定价法即企业根据同行业企业的平均价格水平定价。在竞争激烈的情况下，它是一种与同行和平共处、比较稳妥的定价方法，可避免风险。

2. 竞争价格定价法

与随行就市定价法相反，竞争价格定价法是一种主动竞争的定价方法，一般为实力雄厚或独具产品特色的企业采用。定价步骤是：将市场上竞争产品价格与企业估算价格进行比较，分为高于、低于、一致三个层次；将企业产品的性能、质量、成本、式样、产量与竞争企业进行比较，分析造成价格差异的原因；根据以上综合指标确定本企业产品的特色、优势及市场定位。在此基础上，按定价所要达到的目标，确定产品价格；跟踪竞争产品的价格变化，及时分析原因，相应调整本企业价格。

3. 密封投标定价法

这是一种竞争性很强的定价方法。一般在购买大宗物资、承包基建工程时，招标人发表招标公告，由多家卖主或承包者在同意招标人所提出的条件的前提下，对招标项目提出报价，招标人从中择优选定。

密封投标定价法的定价程序是：

① 招标。由买方发布招标公告，提出征求产品或劳务的具体条件，引导卖方参与

竞争。

② 投标。卖方或承包者根据招标公告的内容和具体要求，结合自己的条件，考虑成本、利润和竞争者可能提出的报价，在买方规定的截止日期内，将自己愿意承担的价格密封提交。

③ 开标。买方在规定期限内，积极认真地选标，全面认真地审查卖方提出的投标报价、技术力量、工作质量、生产经验、资本金情况、信誉高低等，以此为基础选择承包商，并到期开标。

第三节　定价的基本策略

定价策略是企业为了实现预期的经营目标，根据企业的内部条件和外部环境，对某种商品或劳务，选择最优定价目标所采取的应变谋略和措施。

一、折扣定价策略

在定价过程中，可先定出一个基本价格，然后再用各种折扣和折让来刺激中间商和用户，以促进销售。市场上常用的折扣或折让主要有以下几种：

1. 现金折扣

现金折扣是指对按约定日期付款的消费者给予一定比例的折扣。例如“2/10，n/30”就是常见的现金折扣形式，意指10天内付款的消费者可享受2%的优惠，30天内付款的消费者全价照付。其折扣率的高低，一般由买方付款期间利率的多少、付款期限的长短和经营风险的大小来决定。这一折扣率必须提供给所有符合规定条件的消费者。此法在许多行业已成习惯，其目的是鼓励消费者提前偿还欠款，加速资金周转，减少坏账损失。

2. 批量折扣

批量折扣是指根据购买数量的多少，分别给予不同的折扣。购买数量越多，折扣越大。典型的例子是“购货100个单位以下的单价是10元，100个单位以上单价是9元”。这种折扣必须提供给所有消费者，但不能超过销售商大批量销售所节省的成本。数量折扣的实质是将大量购买时所节约费用的一部分返还给购买者，其关键在于合理确定给予折扣的起点、档次及每个档次的折扣率。它一般分为累计折扣和非累计折扣。数量折扣的目的是鼓励消费者大量购买或集中购买企业产品，以期与本企业建立长期商业关系。在我国通常称为“批量差价”。

3. 功能折扣

功能折扣也称“贸易折扣”，是指制造商给中间商的折扣。因不同的分销渠道所提供的服务不同，给予不同折扣；因批发商和零售商的功能不同，折扣也不同。

4. 季节折扣

季节折扣也称“季节差价”，指经营季节性商品的企业对销售淡季来采购的买主给予折扣优惠。实行季节折扣，有利于鼓励消费者提前购买，减轻企业仓储压力，调整淡旺季间的销售不均衡。它主要适用于具有明显淡旺季的行业和商品。例如旅行社和航空公司，在旅游淡季通常都给顾客一定的折扣优待。目的是使自己的设备能够充分利用，提高经济效益。

5. 折让

折让也是减价的一种形式，是指从目录表价格降价的一种策略。它主要有以下两种形式：①促销折让，是指生产企业为了鼓励中间商开展各种促销活动，而给予某种程度的价格减让，如刊登地方性广告、布置专门的橱窗等。②以旧换新折让，指消费者购买新货时将旧货交回企业，企业给予一定价格优惠的方法。

二、地区定价策略

地区定价策略是指企业根据产销地的远近、交货时间的长短和运杂费用的分担所制定的不同的价格策略。这一定价策略主要有以下几种形式：

1. 产地交货价格

产地交货价格是指在产地某种运输工具上交货定价，卖方承担货品装上运输工具之前的所有费用，交货后一切费用及风险则由买方承担，类似于国际贸易中的离岸价格(FOB)。产地交货价一般适用于生产企业、批发和零售业。其优点是简化卖主的定价工作，缺点是削弱了卖方在较远市场的竞争力。

2. 买主所在地价格

买主所在地价格则是指企业负责将产品运到买主所在地，并承担运输费和保险费等费用。它相当于国际贸易中的到岸价(CIF)。目的地交货价实际上就是生产者的全部生产成本，相当于批发商业通用的“送货制价格”。使用这种策略时，卖主出于竞争需要或为了使消费者更满意而由自己负担货物到达目的地之前的运输、保险和搬运等费用。

3. 统一交货定价

统一交货定价是指企业对于卖给不同地区顾客的产品，都按照相同的厂价加相同的运费(按平均运费计算)定价，保证全球市场上的顾客都能以相同价格买到同一产品(不考虑中间商的加价，这里是指与企业直接交易的顾客)。这种策略便于企业的价格管理，有助于企业在各国产品形象与各种促销手段的统一，有利于巩固和发展离企业远的目标市场的占有率，但容易失去距离较近的部分市场。

4. 分区定价

分区定价是指企业把销售市场划分为若干区域，对于不同区域的顾客分别制定不同的区域价格。产品在同一地区的价格相同，在不同地区价格有差异，离得远的区域产品的价格略高一些。

企业采用分区定价也有一些不足：一是在同一价格区内，有些顾客距离企业较近，有些顾客距离企业较远，前者就不合算；二是处在两个相邻价格区四周的顾客，他们相距不远，但是要按高低不同的价格购买同一种产品；三是相邻区域的价格差异有可能导致中间商随意跨区域销售，不利于企业对区域价格的控制。企业在划分区域时要注重这些问题。

5. 基点定价

基点定价是指企业选择某些有代表性的地点作为基点，在基点可以覆盖的范围内按同样的价格向范围内的其他地点供货，顾客购买价格的差异只包含离基点远近运费的不同。企业可以选定多个基点，按照顾客离得最近的基点计算运费。这种方法减少了顾客购买价格的差异，有利于统一产品的市场价格。

6. 运费免收定价

运费免收定价是指卖方企业为了尽快开拓某个国家或地区的市场，由企业负担全部或部分实际运费。企业期望通过增加产品销量以降低平均成本，弥补运费开支。通过采取运费免收定价，企业可在市场上实现快速渗透，在新市场尽快站稳脚跟。

三、心理定价策略

心理定价策略是指企业定价时，利用顾客心理有意识地将产品价格定高些或低些，以扩大销售。

1. 声望定价

有些名牌商品或著名企业，故意把价格定成整数或定高价，称为“声望定价”。质量不易鉴别的商品最适合采用此法，因为消费者有崇尚名牌的心理，往往以价格来判断质量，认为高价格代表高质量。此外，艺术品、礼品或“炫耀性”商品的定价也必须有适当的高度，定价太低反而会卖不出去。当然，价格也不可过高，使买主难以接受。

2. 参照物定价

顾客在选购商品时，头脑中常有一个参照物价格。参照物价格可能是顾客已了解到的目前市场上这种产品的一般价格，也可能是把以前的价格当作参照物价格。企业在定价时可以利用和影响顾客心目中的参照物价格。例如，商场在陈列时有意识地将某件产品放在价格较高的产品附近，表示这种产品也属于高档之列。时装店常把妇女服装按价格的不同放在不同柜台出售，这意味着高档柜台卖的服装是高质量的。企业还可用其他方式影响顾客的参照物价格，如告诉顾客这种产品的原价比现价要高得多，或启发顾客把本企业的价格同竞争者的价格相比较。

3. 奇数定价

奇数定价也称“尾数定价”，是指在商品定价时取尾数，而不取整数的定价策略。一般来说，价格较低的产品采取零头结尾，常用的尾数为 9 和 8，给消费者以便宜感，同时因标价精确给人以信赖感而易于扩大销售。此策略适用于日常消费品等价格低廉的商品。如一家餐厅将它的汉堡类食品统一标价为 9.8 元，这比标价 10 元要受欢迎。消费者会认为 9.8 元只是几元钱，比整数 10 元要便宜许多。

有研究表明，5 元以下的商品，尾数是 9 的最受欢迎；5 元以上的商品，尾数是 95 的最受欢迎；100 元以上的商品，尾数是 98、99 的最畅销。

4. 整数定价

这种技巧正好和尾数定价的思路相反，就是定个整数价格，不留尾数。如把一套西装定为 500 元，而不定为 499 元。这种技巧主要是利用价格来提高商品的档次。

5. 招徕定价

有些企业利用多数顾客有贪便宜的心理，将某几种商品定低价（低于正常价格甚至低于成本），或利用节庆日和换季时机举行“大甩卖”“酬宾大减价”等活动，把部分商品按原价打折出售，以吸引顾客，促进全部商品的销售。例如，某酒店推出的每日一个“特价菜”，这就属于招徕定价。但如果将原价虚增后再打折扣欺骗顾客，企业应受到法律制裁。

四、差别定价策略

差别定价，就是对同一产品或服务定出两种或多种不同的价格，这种差价并不反映产品成本的变化，而是根据不同顾客、不同时间和场所来调整其产品价格。差别定价主要有以下几种形式：

① 对不同顾客群定不同价格。同一种商品，对某些顾客照价收款，而对另一些顾客则给予优惠，即根据具体情况灵活掌握售价。

② 不同的花色、式样定不同价格。例如，同一质量和成本的衣服，因花色不同，需求量不同，定不同的价格。

③ 不同部位定不同价格。如同一头牛的肉，不同部位定价不同；同一个剧场的座位，前排与后排定价不同；等等。

④ 不同时间定不同价格。有些产品价格特别是饮食服务业的价格，可因季节、日期甚至同一天里的不同时间，定不同的价格。如夜间长途或淡季的飞机票比平时价格要低，它可以鼓励消费者在这些时间多消费。

实行差别定价的前提是：市场必须是可细分的，且各个子市场的需求强度不同；商品不可能从低价市场流向高价市场，即不可能转手倒卖；高价市场上不可能有竞争者削价竞销；这种差别价格必须合法（如有些国家法律禁止“价格歧视”），并得到社会公众的认同。

五、新产品定价策略

定价策略一般要随着产品生命周期的变化而相应改变。由于事关新产品的市场前景，处于介绍期的新产品的定价自然是一个十分重要的问题。

1. 渗透定价

渗透定价法是在新产品介绍期定较低价格，以吸引大量顾客，迅速占领市场，取得较大的市场份额。

采用渗透定价法的条件是：目标市场必须对价格敏感，即低价可扩大市场，促进销售；生产和分销成本必须能随销售量的扩大而降低。

渗透定价法的优点是：可促使新产品迅速成长，打退竞争对手，自己则通过扩大生产，降低成本，薄利多销，来保证长期的最大利润。但是，如果需求的价格弹性不大，扩大生产和降低成本的可能性很小，则不可采取这种策略。

【延展阅读】

小米的渗透定价

小米手机上市的时候，正是移动互联网刚兴起之际。巨大的增量市场，让小米必须采取渗透定价。当时，一方面智能手机刚兴起，绝大多数人仍使用功能机；另一方面苹果手机的高昂价格让年轻人望而却步。这里蕴含着巨大的增量市场。年轻人收入较低，对价格极为敏感，一款高性价比的手机能撬动巨大的增量市场，还有什么比跑马圈地更重要的吗？因此，小米公司凭借移动互联网的东风，直接采取线上的销售渠道，大幅度降低了产品的营销成本，以低价迅速撬开了智能手机的市场，获得极大的市场份额，并对后来的竞争者造成极大压力。

2. 撇脂定价

企业研制出的新产品，开始推出时以尽可能高的价格投入市场，以求得最大收益，尽快收回投资。

采用这种定价法的条件是：产品的质量与高价格相符，有足够的顾客能接受这种高价并愿意购买，竞争者在短期内不易打入该产品市场。

撇脂定价法的优点是：新产品初上市，奇货可居，可抓紧时机迅速收回投资，再用以开发其他新产品；价格开始定高些，有较大回旋余地，可使企业在价格上掌握主动权，根据市场竞争的需要随时调价；企业可根据自己的生产供应能力，用价格调节需求量，避免新产品断档脱销，供不应求；可提高产品身价，树立高档产品形象。

【案例 8-2】

英特尔的价格调整

当英特尔率先研制出奔腾芯片时，单位定价约为 1000 美元。其结果是，电脑制造商对它们的第一台奔腾 PC 机的定价达到 3500 美元甚至还要高，吸引的顾客仅仅是严肃的电脑使用者和商业购买者。但是，在导入期之后，英特尔将奔腾芯片的价格每年削减 30%，最后将奔腾 PC 机的价格降到一般家用电脑购买者所能承受的范围之内。通过这种方法，英特尔从不同的细分市场中获取了最大限度的收益。

六、产品组合定价策略

当产品是某一产品组合的一部分时，企业必须对定价方法进行调整，研究出一系列价格，使整个产品组合的利润实现最大化。由于各种产品之间存在需求和成本的联系，而且会带来不同程度的竞争，所以定价十分困难。

1. 产品大类定价

企业通常开发出来的是产品大类，而不是单一产品。当企业生产的系列产品存在需求和成本的内在关联性时，为了充分发挥这种内在关联性的积极效应，企业便采用产品大类定价策略。在定价时，首先确定某种产品的最低价格，它在产品大类中充当领袖价格，吸引消费者购买某种产品大类中的其他产品；其次，确定产品大类中某种商品的最高价格，它在产品线中充当品牌质量和收回投资的角色；再次，产品大类中的其他产品也分别依据其在产品大类中的角色不同而制定不同的价格。

2. 选择品定价

许多企业在提供主要产品的同时，还会附带一些可供选择的产品或服务。例如，许多酒店的酒价很高，而食品的价格相对较低，食品收入可以弥补食品的成本和酒店的其他成本，而酒类可以带来利润，这也就是为什么酒店的服务生会极力推荐顾客买酒水饮料的缘故。但也有的酒店会将酒价定得较低，而对食品或其他的选择品定价较高，以吸引爱酒水饮料的顾客。

3. 补充品定价

有些产品需要附属或补充产品才能使用，如剃须刀与刀架，隐形眼镜与药水，打印机和墨盒等。许多制造商喜欢为主产品（剃须刀和隐形眼镜）制定较低的价格，同时对附属产品制定较高的价格。但如果补充产品定价过高，则会带来其他的负面影响。

4. 分部定价

服务性企业经常收取一笔固定费用，再加上可变的使用费。例如，电话用户每月都要支付一笔最少的固定费，然后还要再交使用费。游乐园一般先收门票费，如果游玩的地方超过规定，就要再交费。

5. 副产品定价

在生产加工肉类、石油产品和其他化工产品的过程中，经常会有副产品。如果副产品的价值很低，而处理费用昂贵，就会影响到主产品定价——其价格必须能够弥补副产品处置费用。如果副产品对某一顾客群有价值，就应该按照其价值定价。副产品如果能带来收入，将有助于企业在迫于竞争压力时制定较低的竞争价格。

6. 产品系列定价

企业经常以某一价格出售一组产品，例如化妆品、计算机、假期旅游公司提供的系列活动方案等。这就是产品系列定价，也称“价格捆绑”，目标是刺激产品线的需求，充分运用整体运营的成本经济性，同时努力提高利润净贡献。这一组产品的价格低于单独购买其中每一产品的费用总和。这一产品组合的价格必须足够低，以鼓励顾客来购买这一组合，但这种低的价格也必须是能够为企业带来利润的价格。

第四节　价格变动反应及价格调整

企业在确定了产品价格后，仍需要根据环境和市场形势的变化，对既定价格进行调整。调价策略就是指企业根据客观环境和市场形势的变化而对原有价格进行调整的策略。它包括企业主动调价策略和被动调价策略。

一、主动调价策略

这是企业在竞争中对某些产品的供求状况已有较准确的预测，为了取得竞争的主动权，企业主动调高价格和降低价格。

1. 调高价格

调高价格是指在市场营销中，企业为了适应市场环境和自身内部条件的变化，而把原有价格调高。

(1)调高价格的原因

① 通货膨胀，企业的成本费用增加。尤其是成本费用上涨率大于生产提高，会引起价格一涨再涨。如美国，由于对预期的通货膨胀的恐惧，加上对政府价格管制的逆反心理，价格上涨经常大于成本的增加。

② 由于产品成本上涨，妨碍了企业合理利润的取得，企业只能通过涨价来转嫁负担。这是企业调高价格的最主要原因。

③ 由于产品供不应求，企业必须通过提价来抑制部分需求，以缓解市场压力。

④ 改进产品。企业通过改进产品的质量、性能、结构来提高市场竞争力。

⑤ 竞争策略的需要。企业以产品的高价位，来显示产品的高品位。

(2)调高价格的方式

企业采用主动调价策略时，一般有两种方式可供选择：

① 直接调高，即直接提高产品价格。

② 间接调高，即企业采取一定方法使产品价格保持不变但实际隐性上升。例如，缩小产品的尺寸、分量，使用便宜的代用原料，减少价格折让等。

一般降价容易涨价难，调高产品价格往往会遭到消费者的反对。因此，在使用涨价策略时必须慎重，尤其应掌握好涨价幅度、涨价时机，并注意与消费者及时进行沟通。

2. 降低价格

降低价格是指企业为了适应市场环境和内部条件的变化，把原有产品的价格调低。

(1)降低价格的原因

企业降低价格的原因比较复杂，有市场因素，也有企业内部因素，还有社会其他方面的因素。归纳起来有以下几种：

① 企业的生产能力过剩。这时企业库存积压严重，需要扩大业务，但是企业又不能通过产品改良和加强促销等手段来扩大销售。在这种情况下，企业就必须考虑通过降价来提高销售量。

20 世纪 90 年代以来，我国许多企业为了扩大自己的销路，都放弃了以往追随市场领导者定价的做法，改为实行灵活定价。这也导致了我们常见的空调价格大战、彩电价格大战、手机价格大战等。

② 在强大的竞争压力下，企业的市场占有率下降，迫使企业降低价格来维持和扩大市场份额。

比如，美国的汽车、家电、照相机、钟表以及钢铁等行业，由于日本竞争者高质量、低价格产品的侵入，丢失了一些市场，美国的一些企业不得不削价迎战。

③ 企业为了控制市场，通过降低成本来降价。企业通过销售量的扩大来进一步降低成本费用，从而降低价格。

④ 市场需求不振。在宏观经济不景气的形势下，价格下降是许多企业借以渡过经济难关的重要手段。

⑤ 根据产品生命周期阶段的变化进行调整。相对于导入期时较高的价格，在进入成长期后期和成熟期后，市场竞争不断加剧，企业通过下调价格来吸引更多的消费者。

（2）降低价格的方式

因企业产品所处的地位、环境以及引起降价原因的不同，企业选择降价的方式也会各不相同，具体来说有以下两种：

① 直接降价，即直接降低产品价格。如美国柯达公司在20世纪70年代突然将其生产的彩色胶片降价，立刻吸引了众多消费者。

② 间接降价，即企业保持价格目录表上的价格不变，通过送货上门、免费安装、调试、维修、赠送礼品或者增大各种折扣、回扣，以及为消费者保险等手段，在保持名义价格不变的前提下，降低产品的实际价格。

二、被动调价策略

企业被动调价策略是指由于竞争者首先调整了价格，迫使企业必须随之调价的一种策略。一般而言，当竞争者在同质市场上降价时，企业也必须随之降价，否则消费者就会购买竞争者的产品而不购买本企业的产品。如果某一企业提价，且提价会给整个行业带来利益时，所有企业会同时提价。若其中一家企业不认为提价对自己有利时，则它的不合作将促使市场领导者和其他公司撤销提价决定。而在异质市场上，企业对竞争者变价的反应有更多的回旋余地。这时消费者选择供应商主要考虑服务、质量、可靠性以及其他一些因素，这些因素会降低消费者对较小价差的敏感性。如果企业决定对竞争者的降价行为采取有效的行动，那么它可能会采取以下几种反应：

1. 降低价格

企业可将价格降低到竞争对手的价格水平，以便与竞争者的价格相匹配。它可以这样做的原因是：随着销量的增加，成本下降；市场对价格十分敏感，不降价就会使市场份额下降。市场份额一旦下降，以后就将难以恢复。

2. 维持原价

企业可能会维持原价，这是因为：如果降价，利润减少过多；如果不降价，市场份额不会失去太多；需要时，自己能夺回市场份额。

3. 提高认知质量

企业也可以改进产品、服务和沟通方法，强调与竞争者的低价产品相比，自己的产品具有更高的相对质量。

4. 提高价格并改善质量

较高的质量可以用来证明较高的价格，较高的价格能使企业保持较高的利润。

5. 推出低价进攻性产品

最好的做法是在产品线中增加较低价格的产品，或者单独创立一种较低价格的品牌。当正在丢失的细分市场对价格很敏感且不会对较高质量的产品感兴趣时，企业就很有必要这样做。

三、顾客对价格变动的反应

1. 顾客对降价的反应

降价一般会吸引更多的购买者，但有时顾客却会产生不同的理解，甚至曲解企业的意愿。他们会认为：这种产品样式不行了，要让新型产品代替了；商品有毛病，卖不出去了；企业遇到了财务困难，维持不下去了；价格还会进一步下跌，不如再等一等；商品降价，质量肯定也下降了；等等。

2. 顾客对涨价的反应

涨价通常会减少销售量。但是顾客也可能从另一方面去看：商品畅销才涨价，不买就买不到了；商品涨价是因为质量好，价高质必优；卖主想多赚钱才涨价；等等。

四、竞争者对价格变动的反应

企业可从两个方面来估计、预测竞争者对本企业产品价格变动的可能反应：

① 假设竞争对手采取老一套办法对付本企业价格变动，这时竞争对手的反应是能够预测的。

② 假设竞争对手把每一次价格变动都看作是新的挑战，并根据当时自己的利益做出相应的反应，这时企业就必须断定当时竞争对手的利益是什么。

五、企业对竞争者价格变动的反应

1. 不同市场环境下的企业反应

① 在同质产品市场上，如果竞争者降价，企业必须随之降价，否则顾客就会购买竞争者的产品；如果某企业提价且对整个行业有利，其他企业也会随之提价，否则会取消提价，如1996年由长虹率先降价所引发的我国第一次电视机价格战就很能说明这一问题。当时，长虹的降价幅度高达30%。TCL曾试图以保持原有价格提高产品质量、加大宣传力度、扩大竞争者的差异来应付，但因产品的同质性较高，价格弹性较强，未能奏效。为保持其市场占有率，TCL也被迫采取了降价策略。

② 在异质产品市场上，企业对竞争者变价的反应有更多种选择余地。因为在这种市场上，顾客选择卖主时不仅考虑产品价格因素，还考虑产品质量、服务、外观、可靠性等多方面的因素，所以在这种产品市场上，顾客对于较小的价格差异并不在意。

③ 面对竞争者的变价，企业必须调查研究的问题：为什么竞争者变价，暂时变价还

是永久变价？如果对竞争者变价置之不理，将对企业的市场占有率和利润有何影响？其他企业会做出什么反应？竞争者和其他企业对于本企业的每一个可能的反应又会有什么反应？

2. 市场领导者的反应

在市场上，市场领导者往往遭到其他企业的进攻，这些企业的产品可与市场领导者的产品相媲美，它们往往通过进攻性的降价来争夺市场领导者的阵地。在这种情况下，市场领导者有以下几种策略可供选择：

第一，维持价格不变。同时，市场领导者改进产品质量，提高服务水平，加强促销沟通，运用非价格手段来反击竞争者。许多企业的市场营销实践证明，采取这种策略比降价和薄利经营会更好。

第二，降价。降价原因：降价可使销售量和产量增加，从而使成本费用下降；市场对价格很敏感，不降价会使市场占有率下降；市场占有率下降之后，很难恢复。

第三，提价。最有效的方法是提高产品质量，或推出新的品牌，围攻竞争者品牌。例如：休布仑公司的“斯米尔诺夫”伏特加酒，占有 23% 的美国伏特加市场，当它遭到另一品牌“沃尔夫斯密特”的攻击时，该公司将它每瓶涨价 1 美元而不是降价 1 美元，并把这些放入用户广告支出。此外，该公司一方面推出一种新品牌“雷斯卡”，以同“沃尔夫斯密特”竞争；另一方面又将一种低价的新品牌“波波夫”伏特加酒送入市场。这样，企业不仅有效围攻了“沃尔夫斯密特”，还赋予了“斯米尔诺夫”更为高级的形象。

【案例 8－3】

小米推超低价音箱，行业重新洗牌

2017 年 7 月 26 日，小米在北京国家会议中心同时发布了小米 5X 智能手机、MIUI 9 手机系统、小米 AI 智能音箱 3 款新品。然而，本该是外界重点关注的小米 5X 和 MIUI 9 却被 299 元的 AI 智能音箱占去了风头。一夜之间，整个智能音箱行业被小米搅局。小米音箱和同行业相比价格偏低，直接将智能音箱行业的整体价格拉低。299 元的价格已经接近正在进行产业升级的蓝牙音箱，所以最先被击败的会是蓝牙音箱产品。

之前的智能音箱产品价格都在 500 元以上，不利于大多数消费者尝鲜，而小米以低价入局，一定程度上能刺激消费者的购买意愿。但消费者的使用体验还要看音箱的音质、技术及其他服务的水平。小米低价杀入智能音箱市场，或许会像当年小米杀入移动电源、智能手环市场一样，洗掉一些价格奇高、体验奇差、利用泡沫进行融资的企业。2013 年，小米推出 69 元的移动电源，按照当时的行业价格，要达到同样的品质，成本接近 80 元。小米瞬间打败了深圳一半做移动电源的工厂。一年内，小米移动电源销量直接冲上千万套。在手环市场，小米还是同样的套路，用粉丝优势和低价冲击行业，迅速把售价 79 元的手环做到 100 万台。

2017年上半年,在中国市场上,腾讯、百度、阿里巴巴各自推出智能语音产品及解决方案,喜马拉雅FM小雅AI音箱、阿里天猫精灵、联想智能音箱等更是以999元、499元、899元的价格对外发布了自己的音箱产品。从外观或功能上看,上述音箱除了能听音乐、支持设定闹钟、提醒事项、查询天气外,还能与消费者进行语音互动、控制家用智能设备。早先,谷歌、苹果、微软、亚马逊等国际巨头已抢先进入智能音箱领域。后来,众多企业纷纷入局智能音箱领域,被认为是巨头们在提前布局AI时代的入口。小米公关曾向记者透露,小米AI音箱支持连接超过6000万智能设备的米家MIOT平台,通过语音就可以轻松控制8大类小米智能家居设备。显然,小米音箱的低价格并不是为了盈利,而是将小米音箱定位于抢占智能物联网入口的关键。

本章小结

在营销组合策略中,价格具有其他营销组合手段所无法替代的作用。在市场营销活动中,企业定价是一项既重要又困难,而且有一定风险的工作。价格策略在市场营销活动中具有重要地位:价格是调节市场需求、诱导市场需求的重要手段;价格是参与市场营销竞争的有效手段;价格是实现企业营销目标的核心手段;价格受企业营销环境条件的制约。

企业在定价之前必须首先确定定价目标。定价目标为企业营销目标服务,是企业选择定价方法和制定价格策略的依据。企业的定价目标有多种:以维持生存为定价目标,以当期利润最大化为定价目标,以市场占有率最大化为定价目标,以产品质量最优化为定价目标。

产品价值是产品价格的基础。在现实的市场营销活动中,除了产品成本、市场供求、竞争状况以外,市场营销组合中的其他变数:产品策略、渠道策略、促销策略,以及政府的经济政策,企业本身的生产能力、财务能力等都会对企业的价格策略产生不同程度的影响。因此,企业必须在产品价值的基础上,认真研究影响的各方面因素,才能定出保证营销目标实现的合理价格。

企业定价方法一般有成本导向、需求导向和竞争导向三种方式。在成本导向定价中,可按成本加成定价法、目标利润定价法进行定价;在需求导向定价中,可按认知价值定价法、需求差异定价法、反向定价法进行定价;竞争导向定价则是以竞争各方之间的实力对比和竞争者的价格为主要定价依据。

企业定价面对的是复杂多变的环境。有鉴于此,企业必须在采用某种方法确定出基本价格的基础上,根据目标市场状况和定价环境的变化,采用适当的策略,保持价格与环境的适应性。折扣定价、地区定价、心理定价、差别定价、新产品定价和产品组合定价就是一些适应性定价策略。除此之外,企业在必要的时候还要对价格进行适当的调整,根据市场竞争和供需等因素的需要进行调价和降价,以更好地满足消费者的需要和保持企业自身的竞争力。

客观题

请扫二维码。

(http://www.ehuixue.cn/index/Orgclist/course? cid=11924)

复习思考题

1. 企业定价的主要依据有哪些?
2. 你如何看待中国彩电、手机等产品的价格战?
3. 分析中国现阶段影响企业定价的最主要的因素是什么?
4. 什么是成本导向定价法? 有哪些具体方法?
5. 什么是需求导向定价法? 有哪些具体方法?
6. 高新技术企业最适宜采取哪些定价方法?
7. 定价策略如何与其他营销组合策略协调配合?
8. 企业进行价格调整应该注意哪些问题?

应用与探讨

通过调查某个行业市场,谈谈定价策略与营销组合如何协调配合。

【结尾案例】

天价画作成"废品",价格不降反升

2018 年 10 月 5 日,著名英国街头艺术家班克斯的知名作品《拿着气球的女孩》在伦敦苏富比拍卖行开拍。经过多轮激烈竞价,一名买家开出 104 万英镑(约合 937 万元人民币)的天价,这已经是预估价格的 3 倍! 现场气氛高涨。"Bang!"拍卖槌落下,成交了! 观众热情鼓掌,恭喜这位豪气的买家。掌声还没落下,"滴滴滴……"奇怪的警报声响起,众目睽睽之下,画纸居然从画框中滑下! 天价画作转眼成了碎纸! 6 日,班克斯在社交媒体上传一段视频,视频中,这位特立独行的艺术家承认,"画作自毁"是他的杰作。数年前,他就在画框里悄悄安装了碎纸机,如果有朝一日这幅作品被拍卖,他就将遥控碎纸机,毁掉这幅画。苏富比拍卖行当代欧洲艺术品主管布兰切克随后表示:"看来我们刚刚'被班克斯'了。"

班克斯,这位英国最神秘的街头艺术家从未露面,也从未透露过自己的真实身份。

14岁那年他被中学除名，通过在英国各地创作的一系列讽刺涂鸦作品声名鹊起。这些年来，班克斯创作了大量讽刺现实和反战主题的作品，以黑色幽默著称。《拿着气球的女孩》描绘的是一个小女孩向一个心形的红色气球伸出手去。这幅作品最初是在伦敦东部一堵墙上刻印的，后来被无休止地复制，成为班克斯最著名的作品之一。

"吃瓜群众"大可不必为刚刚竞得这幅画作的"苦主"担心。经过这么一闹腾，这幅自毁的画作反而身价大增。专家估计，价值已经翻了一倍，高达200万英镑。

根据上述材料，思考下列问题：

运用本章相关理论分析艺术品变"废品"，价格不降反升的原因。

第九章　分销策略

【学习目标】

通过本章的学习，学生应明确分销策略在营销组合策略中的地位，理解分销渠道、市场营销渠道的含义与区别，知道分销渠道的功能和流程，知道中间商存在的必要性以及批发商、零售商的含义与主要类型，掌握分销渠道的结构类型，掌握影响分销渠道设计的因素，了解分销渠道成员的选择、评价和调整，知道如何激励渠道成员以及如何看待和处理渠道冲突，了解物流的含义、职能、目标和物流决策的大致内容。

【导入案例】

逆袭的三只松鼠

三只松鼠股份有限公司（下称“三只松鼠”）在 2019 年 12 月 3 日发布公告称，截至当日上午公司全渠道成交额突破 100 亿元人民币。食品企业过百亿的不少，但零食这一品类，三只松鼠是国内第一家，这对于从线上淘宝店起家，并且在过去的两年里发展一波三折的三只松鼠而言意义非凡。

作为天猫体系下数一数二的“淘品牌”，互联网的流量红利曾经让三只松鼠享尽无上荣光，名利双收，2012 年成立当年就以 3500 多万元的单日销售额荣登坚果类销冠，之后更是连续蝉联，从 2012 年到 2017 年，三只松鼠每年都倍速增长。但 2017 年之后，增长戛然而止，不止三只松鼠，多数互联网生态下的企业都遇到了增长困境。

但不同的是，正当其他企业还在为流量苦苦挣扎之时，经过两年的调整，三只松鼠已经从失利中走了出来，并且探寻出了一套“后流量时代的突围之道”。从 2018 年开始，三只松鼠接连在组织管理、供应链管理、产品管理等方面进行了一系列的大胆创新，而其中渠道上的变革举措也是其谷底反弹的关键之举。

那么，三只松鼠在渠道上到底做了什么？一个关键布局就是松鼠小店。松鼠小店是三只松鼠面向合作伙伴开放的特许线下实体店，但它与传统的加盟模式有着非常明显的区别。

在官方表述中，三只松鼠用了“联盟”一词代替“加盟”，这表现在：

其一，降低创业门槛，全面推翻传统的加盟模式，取消加盟费、取消保证金、不开招商会。没钱、没经验都没关系，三只松鼠会为有潜力的年轻人提供金融服务，统一出资担保，并且广邀在传统线下零售做了几十年的人一起为店主们传授经营秘诀。

其二，增加软性的文化门槛，找到认同松鼠价值观的年轻创业者。松鼠小店的店长在遴选时非常严格，申请人年龄必须在 18 岁到 35 岁之间，且不是传统的大加盟商。与资源和经验相比，松鼠小店更看重年轻人的学习能力。

其三，注重小店主个人 IP 打造，将店长的个人 IP 与三只松鼠 IP 融合在一起，并体现在门店招牌上。这让创业者感知到，这不是三只松鼠的店，而是自己的店，店上有他的名字。正所谓经营的最高境界是“人店合一”，松鼠联盟小店就是“支持者联盟”或者“粉丝渠道化”，找到认同自己、支持自己的人，然后结成联盟共生关系，共同服务好消费者。

一方面，迅速扩张的松鼠小店，让飘在空中的流量有了依托，线下店强体验的特性，弥补了线上体验的不足，进一步增强了粉丝的品牌黏性；另一方面，借助小店主个人 IP 的打造，三只松鼠找到了线下获客吸粉的新途径。与线上流量相比，线下的强体验、强服务、地域性以及店主个人 IP 的背书，更容易与顾客之间形成信任和强关系，在为品牌引流的同时，也有效锁住流量，变“流量”为“留量”。三只松鼠通过品牌 IP 与个人 IP 的融合，将小店主变成了品牌连接粉丝的一个个节点，并围绕这些节点，形成了品牌的一个个“本地生活圈”和“留量池”。

第一节　分销渠道概述

一、分销渠道的定义

在市场营销理论与实践中，分销渠道、市场营销渠道、销售渠道、销售通路、营销网络、分销网络等术语，经常被不加区分地交替使用。国内外学术界术语对能否交替使用有不同意见。

菲利普·科特勒认为：一条分销渠道是指某种货物或劳务从生产者向消费者移动时取得这种货物或劳务的所有权或帮助转移其所有权的所有企业和个人。因此，一条分销渠道主要包括商人中间商（因为他们取得所有权）和代理中间商（因为他们帮助转移所有权）。此外，它还包括作为分销渠道的起点和终点的生产者和消费者，但是，它不包括供应商、辅助商等。

科特勒认为，严格地讲，市场营销渠道和分销渠道是两个不同的概念。他以为，一条市场营销渠道是指那些配合起来生产、分销和消费某一生产者的某些货物或劳务的一整套所有企业和个人。这就是说，一条市场营销渠道包括某种产品的供产销过程中所有的企业和个人，如资源供应商、生产者、商人中间商、代理中间商、辅助商（又译作“便利交换和实体分销者”，如运输企业、公共货栈、广告代理商、市场研究机构等）以及最后消费者或用户等。

目前在实践中，分销渠道、市场营销渠道、销售渠道、销售通路、营销网络、分销网络等概念多混用，并不严格区分。

二、分销渠道的功能和流程

分销渠道的基本功能是完成产品从生产者向消费者的转移，解决商品经济条件下生产与消费相互分离而产生的空间矛盾、时间矛盾、产品品种和数量矛盾、价格矛盾、信息矛盾、商品所有权矛盾。分销渠道沟通了生产与消费之间的矛盾，将适当数量和品种的商品，在适当的时间、适当的地点，按适当的价格提供给需要它们的消费者。具体而言，菲利普·科特勒认为分销渠道要完成以下重要功能：

① 信息，即收集制订计划和进行交换时所必需的信息。

② 促销，即进行关于所供应的货物的说服性沟通。

③ 谈判，即为了转移所供货物的所有权，而就其价格及有关条件达成最后协议。

④ 订货，即渠道成员向制造商进行有购买意向的沟通行为。

⑤ 融资，即集中和分散资金，以负担渠道工作所需的费用。

⑥ 承担风险，即在执行分销任务的过程中承担有关风险。

⑦ 物流(实体分销)，即使产品实体从生产者转移至消费者，表现为产品的储存和运输。

⑧ 付款，即买方通过银行或其他金融机构将货款付给卖方。

⑨ 转移所有权，即商品所有权由一方转移至另一方。

以上功能都必须被完成，产品才能从生产者转移至消费者，问题在于由谁来完成。如果以上功能都由某一渠道成员来承担，往往不经济、不高效，而由各渠道成员来分担以上功能，则可能效率提高、成本降低。总之，由谁来执行分销渠道的各种功能，实际上是一个分工、效率比较、效益比较和决策问题。分销渠道的设计和管理实质是判断由谁来完成、怎样来完成以上功能更为有效，各种分销渠道模式设计、各种分销渠道管理政策都是在寻求更有效地完成分销渠道的功能。

分销渠道的功能在渠道成员之间分配执行、进行转换，形成了一系列流程(如图9－1所示)，这些流程将渠道成员贯穿起来。

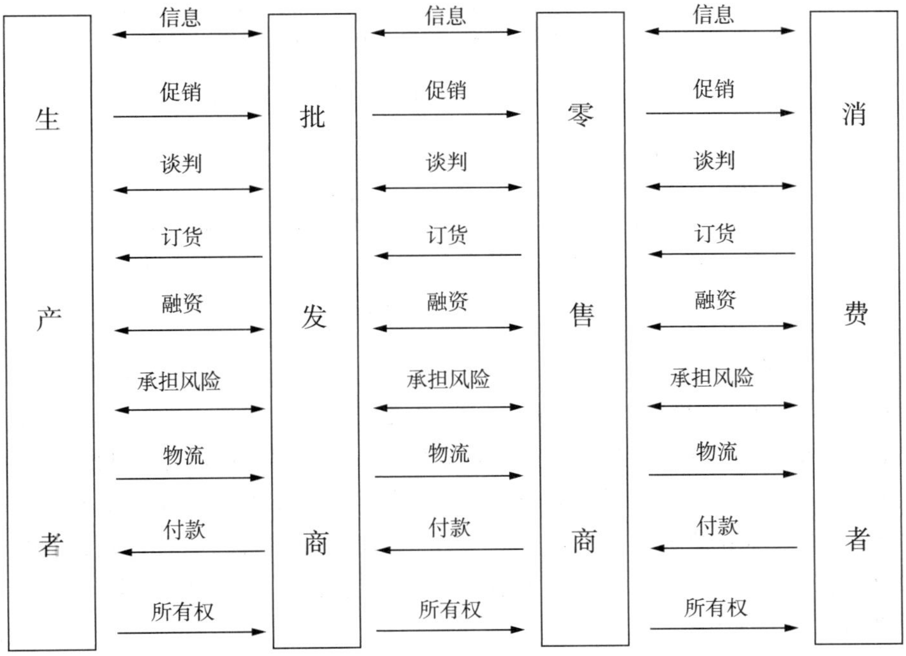

图9－1　分销渠道的流程

第二节　分销渠道的结构类型

本节从三个方面阐述分销渠道的结构类型，即分销渠道的长度结构类型、分销渠道的宽度结构类型和分销渠道的系统结构类型（见表9－1所列）。

表9－1　分销渠道的结构类型

渠道长度结构类型			渠道宽度结构类型	渠道系统结构类型
短渠道	零级渠道	直接渠道	密集分销	松散型渠道系统
	一级渠道	间接渠道	选择分销	垂直渠道系统
长渠道	二级渠道		独家分销	水平渠道系统
	三级渠道			多渠道系统

一、分销渠道的长度结构类型

分销渠道的长度，也称为"分销渠道的级数"，是指产品从生产者转移至消费者（用户）所经过的中间环节级数的多少。经过的中间环节级数越少，渠道越短；经过的中间环节级数越多，渠道越长。图9－2、图9－3分别举例说明了消费品、工业品的几种不同长度的分销渠道。

零级渠道（M–C）：制造商→消费者
一级渠道（M–R–C）：制造商→零售商→消费者
二级渠道（M–W–R–C）：制造商→批发商→零售商→消费者
三级渠道（M–W–J–R–C）：制造商→批发商→中转商→零售商→消费者

图9－2　消费品的分销渠道

零级渠道：制造商→用户
一级渠道：制造商→分销商→用户
制造商→代理商→用户
二级渠道：制造商→代理商→分销商→用户

图9－3　工业品的分销渠道

零级渠道又称"直接渠道"，意指没有中间商参与，产品由生产者直接售给消费者（用户）的渠道类型。零级渠道是工业品分销渠道的主要类型，一般大型设备以及技术复杂、需要提供专门服务的产品，企业都采用零级渠道分销，如飞机的出售是不可能有中间商介绍的。而在消费品市场，零级渠道也有扩大趋势。像鲜活商品，有着长期传统的直销习惯；新技术在流通领域中的广泛应用，也使邮购、电话、电视、因特网销售方式逐步展开，促进了消费品直销方式的发展；也有生产者自设商店，或者招募推销人员，直接向消费者（用户）销售产品。

一级渠道包括一级中间商。在消费品市场，这个中间商通常是零售商；而在工业品市场，它可以是代理商或者分销商。

二级渠道包括两级中间商。消费品二级渠道的典型模式是经由批发商和零售商两级转手分销。在工业品市场，这两级中间商多是由代理商及分销商组成。

三级渠道包括三级中间商。一些消费面宽的日用品，如肉类食品及包装方便面，需要大量零售机构分销，其中许多小型零售商通常不是大型批发商的服务对象，对此，有必要在批发商和零售商之间增加中转商，为小型零售商服务。

1. 直接渠道与间接渠道

直接渠道是指没有中间商参与，产品由生产者直接销售给消费者（用户）的渠道类型。

间接渠道是指有一级或多级中间商参与，产品经由一个或多个商业环节销售给消费者（用户）的渠道类型。

上述零级渠道即为直接渠道；一级、二级、三级渠道统称为“间接渠道”。

2. 短渠道与长渠道

为分析和决策方便，有些学者将直接渠道和间接渠道中的一级渠道称为“短渠道”，而将二级、三级渠道称为“长渠道”。

比较而言，短渠道的优势在于：厂家不受制于批发商，如采用直接渠道，还不受制于零售商；厂家对产品价格和对渠道的控制力增强；减少了渠道冲突；更贴近市场，信息沟通加快，反应及时。

但是，短渠道也有其劣势：抛开批发商，甚至在直接渠道中把零售商也抛开，这就需要厂家进行人力、物力、财力的大力投入，来完成必须完成的分销渠道的功能；抛开批发商，无法利用其客户网络，靠厂家自己去开发零售商，在直接渠道中厂家更得自己去开发消费者（用户），这会导致厂家产品的铺货速度慢、面窄、渗透力不强；抛开批发商，甚至零售商，厂家往往在各地设立自己的批发机构，甚至零售机构，招聘大量的销售人员、物流人员和管理人员，这会导致厂家内部机构、人员、设施庞大，增大了管理难度和经营风险，渠道调整起来困难。

比较而言，长渠道的优势在于：发挥批发商的作用，可节省厂家大量的人力、物力、财力投入；可实现快速、大面积铺货，销售面广，渗透力强。当然，长渠道也有其劣势：在批发环节，易出现价格混乱和区域间窜货；渠道冲突较突出，厂家对渠道成员管理难度大；厂家远离市场，信息沟通迟缓，反应迟缓。

基于以下一些原因，现在渠道长度有缩短的趋势，人们称之为“渠道扁平化”。一是采用长渠道产生很多弊端的客观实际，要求厂家对其进行改造；二是随着厂家规模扩大和实力增强，控制渠道的欲望愈加强烈，厂家会考虑缩短批发环节，甚至越过批发商；三是厂家在微利时代意欲通过缩短渠道中间环节来降低成本、增加利润、增强竞争力；四是渠道环境不断变化，大型零售商的发展以及消费者需求个性化趋势、互联网技术的应用，对渠道结构的变革提出要求。

所谓渠道扁平化，是指分销渠道结构采取基于消费者导向的短而宽的策略进行构建。这种渠道策略可以尽可能节省中间环节的运营成本，拉近企业与消费者的距离，减少因中间层次过多引起的众多问题。

我们要注意的是，渠道扁平化并不意味着就是要采用短渠道，就是抛弃批发商，甚至零售商。渠道扁平化并非简单地减少分销渠道的级数，而是要对原有的渠道进行优化，剔除其中没有增值的环节，整合渠道功能。如果因为渠道有缩短或扁平化的趋势，企业就贸然采用短渠道，不考虑本企业在产品、顾客、企业实力等方面的特点，以及各地区市场的流通领域发展情况和交通设施等状况，那可能会使企业误入歧途。

二、分销渠道的宽度结构类型

分销渠道的宽度，也称为“分销渠道的密度”，是指产品从生产者转移至消费者（用户）所经过的某一级中间环节上中间商数量的多少。某一级中间环节上中间商数量越多，渠道越宽；反之，渠道越窄。

受产品性质、市场特征和企业分销战略等因素的影响，分销渠道的宽度结构大致有下列三种类型。

1. 密集分销

密集分销是指使用尽可能多的中间商，以达到最大的市场覆盖率，便于顾客能随时随地买到产品。密集分销通常能扩大市场覆盖面，或使某产品快速进入新市场，使众多消费者和用户随时随地买到这些产品。消费品中的便利品（如方便食品、饮料、牙膏、牙刷）和工业品中的作业品（如办公用品），通常使用密集分销。

2. 独家分销

与密集分销相反，独家分销是指在某一地区市场只利用一家中间商销售产品。独家分销是窄渠道，有利于强化产品形象，加强厂商合作，简化管理程序。消费品中的特殊品，尤其是著名品牌，常常使用独家分销。

3. 选择分销

选择分销介于密集分销与独家分销之间，是指在某一地区市场选择部分中间商销售产品。选择分销有利于制造商较好地控制渠道，加强厂商合作。消费品中的选购品和特殊品、工业品中的零配件等，通常采用选择分销。

三、分销渠道的系统结构类型

按渠道成员之间的合作关系和相互联系的紧密程度，分销渠道还可以分为松散型渠道系统和整合渠道系统两大类型。

1. 松散型渠道系统

松散型渠道系统，又称为“传统渠道系统”，是指渠道成员之间各自独立，维持一种松散的合作关系，各自追求自身利润的最大化，使得整个分销渠道效率低下。

松散型渠道系统成员之间的系统结构是松散的。由于这种渠道的每一个成员均是独立的，它们往往各自为政，各行其是，都为追求其自身利益的最大化而激烈竞争，甚至不惜牺牲整个渠道系统的利益。在松散型渠道系统中，几乎没有一个成员能完全控制其他成员。松散型渠道系统正面临严峻挑战。

松散型渠道系统的优点是：灵活性强，可以随时调整分销渠道及其成员。其缺点是：渠道成员之间缺乏信任和忠诚，难以形成长期、稳定的合作关系；各自追求自身利益最大化，整个分销系统效益下降。松散型渠道系统适用于：处于不稳定发展状态的小型企业和小规模生产的产品，便于随时调整。

2. 整合渠道系统

整合渠道系统是指渠道成员通过不同程度的一体化整合形成的分销渠道。

整合渠道系统主要包括垂直渠道系统、水平渠道系统、多渠道系统。

(1)垂直渠道系统

垂直渠道系统是指由生产企业、批发商、零售商根据纵向一体化原理形成的，其中某一环节的成员是居于主导地位的联合体。

垂直渠道系统中的渠道成员或属于同一家公司，或将专卖特许权授予其合作成员，或有足够的能力使其他成员合作，因此能控制渠道成员行为，消除某些冲突。在美国，这种垂直渠道系统已成为消费品市场的主要力量，其服务覆盖了全美市场的70%～80%。垂直渠道系统有利于减少渠道成员为追求各自利益和目标而引起的冲突，更好地协调商品在渠道各环节的流通。

垂直渠道系统根据渠道成员间的所有权关系及控制程度不同，分为三种类型：

① 公司式垂直渠道系统，即由一家公司拥有和管理若干工厂、批发机构和零售机构，控制渠道的若干层次，甚至整个分销渠道，综合经营生产、批发和零售业务。

公司式垂直渠道系统又分为两类：一类是由大工业公司拥有和管理的渠道系统，采取工商一体化经营方式，如美国火石和轮胎橡胶公司，下属橡胶种植园、轮胎制造厂，遍布全美的批发与零售机构；一类是由大型零售公司拥有和管理的渠道系统，采取商工一体化经营方式，如美国零售业巨头西尔斯公司出售的商品中，有50%来自它拥有股权的制造厂。

② 管理式垂直渠道系统，即某渠道成员不是通过所有权控制和整合渠道成员关系，而是以规模、实力、品牌知名度等优势，获得渠道其他成员的合作与支持，并对其他成员给予经营管理上的帮助和指导。

如名牌产品制造商柯达、宝洁、吉列，以其品牌、规模和管理经验优势来协调批发商、零售商的经营业务和政策，采取共同一致的行动。

③ 合同式垂直渠道系统，即渠道成员通过签订某种特殊协议而结成的联合体。它又有以下三种类型：

一是特许经营系统，包括制造商或餐饮等服务企业支持的零售商特许经营系统。如福特汽车公司、红蜻蜓皮鞋公司等制造商和麦当劳、肯德基等服务企业，它们与一些独立零售商签订特许经营合同，明确渠道成员的权利义务关系；制造商支持的批发商特许经营系统，如可口可乐公司与一些批发商(各地装瓶厂)签订特许经营合同，授予各地批发商购买其浓缩汁或加工、分装、发运可口可乐的特许权。

二是批发商支持的自愿连锁系统。它是为了和制造商、大零售商竞争，维护独立批发商和独立中小零售商的利益，由独立批发商创办的渠道系统，实行联购分销，参加自愿连锁的各独立中小零售商统一从独立批发商处进货，但分别销售。

三是零售商合作社系统。一些独立中小零售商为了和大零售商竞争，组成合作社，统一采购，统一进行宣传广告活动，共同培训员工等。

(2)水平渠道系统

这是由两家或两家以上的公司横向联合、共同开拓新的营销机会的分销渠道系统。

这些公司或因资本、生产技术、营销资源不足，无力单独开发市场；或因惧怕承担风险；或因与其他公司联合可实现最佳协同效益，因此组成共生联合的渠道系统。这种联合可以是暂时的，也可以组成一家新公司，使之永久化。

例如，在同一街区的零售商共同修建停车场；通用汽车公司与宝洁公司合作，消费者如果在购买的宝洁的产品包装中发现一把特别的塑料钥匙，就可获得一辆雪佛兰汽车；银行在百货公司内设办事处或自动取款机，银行降低开办成本，百货公司提供了方便的金融服务。

(3)多渠道系统

这是对同一或不同的细分市场采用多条渠道的分销体系。

如美国通用电气公司不仅经由独立的零售商(百货公司、折扣商店、邮购商店)，而且还直接向建筑承包商销售大型家电产品。

多渠道营销系统大致有两种形式：一种是制造商通过两条以上的竞争性分销渠道销售同一商标的产品；另一种是制造商通过多条分销渠道销售不同商标的差异性产品。此外，还有一些公司通过同一产品在销售过程中的服务内容与方式的差异，形成多条渠道，以满足不同顾客的需求。

多渠道系统为制造商提供了三方面利益：扩大产品的市场覆盖面，降低渠道成本和更好地适应顾客要求。但该系统也容易造成渠道之间的冲突，给渠道控制和管理工作带来更大难度。

第三节　中间商

一、中间商概述

1. 中间商的含义

中间商是指处于生产者与消费者之间、参与商品流通业务、促进买卖行为发生和实现的商业组织或个人。

2. 中间商的类型

(1)按其是否拥有商品所有权分为经销商和代理商

经销商是从事商品流通业务，并拥有商品所有权的中间商。代理商是从事商品流通业务，但不拥有商品所有权的中间商。

(2)按其在流通过程中所起的作用不同分为批发商和零售商

批发是指将物品或服务销售给为了转卖或者商业用途而购买的用户的活动。批发商是指介于生产者与零售商之间、以盈利为目的从事批发活动的组织。零售是指将物品或服务销售给为了个人消费或者非商业用途而购买的消费者的活动。零售的定义也可表述为：向最终消费者个人或社会集团出售生活消费品及相关服务，以供其最终消费之用的全部活动。零售商是介于生产者、批发商与消费者之间，以盈利为目的从事零售活动的组织。

3. 生产者为什么要使用中间商

(1)生产企业人力、物力、财力等有限

许多生产企业缺乏直接将其产品销售给最终使用者的人力、物力、财力，特别是一些规模有限的小企业。即使是大企业，通常也会因为其顾客分布太广、购买太分散而不得不使用中间商，将完成商品分销职能所需的投资和费用转给中间商。

(2)生产企业直接销售存在机会成本

即使一些生产企业有能力自建分销渠道，直接销售，但是如果将这笔资金投在生产领域，所获报酬可能会高于前者，也就不会直接销售了。

(3)生产企业直接销售很难满足顾客购物多样性的需求和比较选择的购物习惯

顾客购买时，通常会同时购买一些不同类的产品，或者希望在许多同类产品中进行比较选择，而生产企业不可能生产众多不同类的产品，一般也不会销售其他企业的同类产品让顾客选择。

(4)使用中间商可以减少交易次数，从而降低交易成本，提高交易效率

图 9－4 显示了利用中间商是实现经济效益的一个主要源泉。无中间商的情况下，有 4 个生产者，每个生产者都利用直接销售分别接触到 4 个顾客，这个系统要求 16 次交易联系；有中间商的情况下，这 4 个生产者通过同 1 个中间商和 4 个顾客发生联系，这个系统只要求 8 次交易联系。这样，生产者就减少了必须进行销售的工作量。

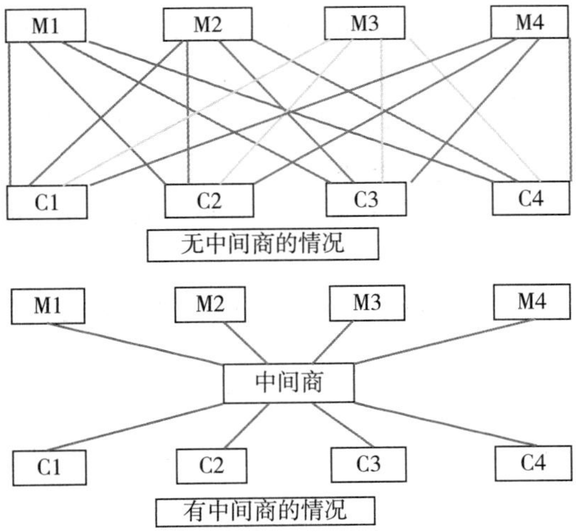

图 9－4 中间商的经济效果

M—制造商；C—顾客

(5)中间商能提供更有效率的专业服务

中间商有更广泛的客户关系、更丰富的市场知识、更接近顾客的地理位置和交易场地及储货空间等，产品通过中间商的运作，提供给生产企业的利润通常高于生产企业直

接销售所获的利润。

(6)使用中间商有助于生产企业开发新市场和新产品

生产企业在打算进入某个陌生的新市场或向市场推出新产品时,通过当地的中间商可以大大提高成功率,因为当地的中间商更了解当地市场情况,有更广泛的业务联系网。

二、批发商

批发商在分销渠道中的作用并不像制造商和零售商那样明显可见。批发商曾经是渠道的主导,它们通过设计和发展渠道将许多零售商和制造商的活动联结起来。但最近几年,由于许多零售商和制造商之间的纵向一体化,批发商的作用似乎在减弱,被认为是分销渠道中不必要的一环。但实际上,批发商远没有被排除在分销渠道之外,许多著名的批发商仍主导着其各自的分销渠道。

批发商之所以还会继续存在,并在分销渠道中扮演重要的角色,是因为批发商能够在以下方面发挥其功能:

① 推销与促销。批发商提供推销队伍,使制造商能以小的成本开支接近许多小顾客。

② 采购和置办多种商品。批发商根据市场需求,选购商品,并将各种不同的商品进行搭配,为零售商或其他批发商节约商品采购和搭配的时间与成本。

③ 存货。批发商备有一定的库存,这样就减少了制造商和零售商的存货成本与风险。

④ 运输。批发商一般有自己的运输工具,承担着商品从制造商到批发商或批发商到零售商的运输,这样可以降低制造商和零售商在运输工具上的投入。同时,批发商距离顾客比制造商近,可以更快速送货。

⑤ 融资。批发商可以为制造商提供财务援助,如预付款提早订货、按时付款等;可以为零售商提供财务援助,如准许赊销或分期付款等。

⑥ 承担风险。批发商承担了拥有商品所有权、商品失窃、损坏、过时等所带来的风险。

⑦ 提供市场信息。批发商向制造商和零售商提供有关竞争者的各种活动、新产品、价格变化等方面的信息。

⑧ 管理服务和建议。批发商帮助零售商改进经营活动,如培训零售商的人员、布置商店和商品陈列以及帮助建立会计系统和存货控制系统。此外,批发商为行业客户提供培训和技术服务。

批发商不会消亡,他们需要思考的是如何在新环境的挑战下更好地塑造自我和发挥自己在分销渠道中不可替代的作用。

批发商主要有三种类型:商人批发商、经纪人和代理商、制造商的销售分部与销售办事处以及零售商的采购办事处。

1. 商人批发商

商人批发商又称为"独立批发商",是指拥有商品所有权的批发商。按所承担职能和提供服务的多少，商人批发商可分为完全服务批发商和有限服务批发商。

(1)完全服务批发商

传统的批发商大多是完全服务批发商，即不仅买进卖出商品，而且还承担商品实体转移——运输、储存、分类、编配、送货，并且向生产企业或零售企业提供融资服务。不过，随着商品经济越来越发达、社会分工越来越细致专业、信息传递越来越顺畅快捷，完全服务批发商正在减少，特别是商品实体分配部分，越来越多地由专业物流企业来承担。

(2)有限服务批发商

有限服务批发商只承担部分职能，提供部分服务。各种形式的有限服务批发商今后将会有大的发展，主要有下列类型：

① 现购自运批发商。这种批发商只经营一些周转快的商品，卖给小型零售商，收取现款，不赊销，也不送货，顾客要自行上门挑选商品，自行运输。

② 货车(卡车)批发商。这种批发商主要销售生鲜易腐商品，品种不多，从生产企业那里把货物装上车后，立即送货给固定客户，客户大多是小食品店、餐馆、超市、医院等。

③ 承销批发商。这种批发商通常经营煤炭、木材、大型设备等大宗、笨重、高成交额的商品，先接到顾客订单，然后向生产企业订货，由生产企业直接向顾客发货；承担从向生产企业订货到顾客收到货物这期间的货物所有权及风险，但不设库存，不送货；成交规模大，但业务内容较简单，一般只要一间办公室以及电话、传真机等通信设施即可，因此又被称为“写字台批发商”。

④ 托售批发商。这种批发商的服务对象是杂货商店和药品零售商，通常经营非食品类商品。托售批发商在零售店设置货架，展示商品，商品出售之后，定期与零售商结算收款；承担送货、上架、补货、融资等多项服务。

⑤ 邮购批发商。邮购批发商向零售商、工业用户、相关顾客邮寄商品目录，主要有珠宝、化妆品、专门食品和其他一些小商品。主要顾客是偏远地区的商人，采用邮寄或者其他运输方式送货。

⑥ 农场主合作社。这种合作社为农场主成员所有，承担农产品销售任务，年终分配利润给各成员。

2. 经纪人和代理商

经纪人和代理商是不拥有商品所有权的批发商。他们与商人批发商的区别：不拥有商品所有权，承担的职能基本限于协助完成商品所有权的转移，促进买卖；赚取的是委托方支付的佣金，大约占销售额的2%～6%，而不是商人批发商靠贱买贵卖赚取的经营利润。

(1)经纪人

经纪人协助完成商品所有权的转移，为买卖双方牵线搭桥，协助谈判。他们与委托方没有长期代理关系。他们不存货，不卷入财务，不承担风险。

(2)代理商

代理商通常根据较长期的协议代表买方或卖方，协助完成商品所有权的转移。有下列类型：

① 制造商代表。制造商代表一般与多个生产互补产品的制造商签约，在制造商分配的销售区域，按照与制造商约定的价格政策、订单处理程序、送货服务和各种保证为制造商推销其委托销售的某些产品。

制造商代表类似于制造商的推销员，无权决定交易条件和价格，只在约定地区内代理制造商的部分产品。制造商代表大多是小型企业，雇用的推销人员不多。

制造商代表按在约定地区是否享有专营权分为独家代理商和一般代理商。独家代理商即在约定区域，在一定时期内，对制造商的某些产品享有独家代理权；一般代理商即在约定区域，对制造商的某些产品不享有独家代理权，制造商在同一区域可委托多个代理商，并且制造商也可以自己在该区域直接销售。

生产者采用制造商代表适用于以下几种情况：小企业或新公司，自己没有力量雇用驻外推销人员，或雇用专职驻外推销人员不合算。在开发新的地区市场时，因不确定因素较多，可以先委托这类代理商打开市场，待销路打开，市场销量上升之后，再派自己的推销人员或设立销售办事处。制造商在市场潜力大、发展较为成熟的地区派自己的推销人员，而在潜在购买者数量有限、市场分散的地区委托制造商代表去推销，可相对降低成本。

② 销售代理商。销售代理商通常被委托销售制造商的全部产品，并对交易条件和销售价格有较大影响，一般不受地区限制，但不得经营竞争者的产品，制造商也不得再委托其他代理商，或在市场上设立自己的销售机构。

销售代理商类似于制造商的销售部门，独家全权代理制造商全部产品的销售。销售代理商大多规模较大，不仅负责推销，还负责广告促销，参加展销会，调查市场需求动向，向制造商提出产品改进、定价等方面的建议。

采用销售代理商适用于以下几种情况：自感营销力量力不从心的制造商或者需要集中精力解决生产和技术等问题的制造商，或者制造商刚刚进入全新的市场时。

③ 采购代理商根据协议为委托人采购、收货、验货、储运及运交货物。采购代理商往往消息灵通，有专业眼光，能为委托人购买到物美价廉的货物。

④ 佣金商。佣金商大多从事生鲜农产品代销业务，一般在批发市场拥有自己的货位和仓库，可替委托人储存、保管货物，对货物有较大的经营权。佣金商卖出货物后，扣除佣金和其他费用，余款给予委托人。一些农场主不亲自到市场上出售产品，也不愿加入农场主合作社，而委托佣金商代销。

3. 制造商的销售分部与销售办事处以及零售商的采购办事处

这是卖方或买方不通过外部的商人批发商、经纪人和代理商，而自行经营批发业务。

(1)制造商的销售分部与销售办事处

制造商在各地设立销售分部或销售办事处，自营批发，专门从事其产品在各地的批发经营，属于制造商所有。销售分部执行产品储存、销售、送货、服务等多项职能；而销售办事处一般只执行销售职能，不设仓储和产品库存。

(2)零售商的采购办事处

一些零售商不通过外部的采购代理商，而在采购地自设采购办事处，从事采购、收货、验货、储运及运交货物。

三、零售商

零售商是分销渠道中最靠近消费者的一环。零售商利用各种购物环境把不同制造商的产品提供给消费者。现在在许多渠道中，零售商是主导力量，就像沃尔玛、西尔斯那样，它们决定了如何组织和运作整个分销过程。随着零售商势力崛起，其在分销渠道中的作用越来越重要。

2004 年 10 月 1 日我国开始实施重新修订的《零售业态分类》国家标准，该标准根据零售商的经营方式、商品结构、服务功能，以及选址、商圈、规模、店堂设施、目标顾客和有无固定营业场所，将零售商分为食杂店、便利店、折扣店、超市、大型超市、仓储会员店、百货店、专业店、专卖店、家居建材商店、购物中心、厂家直销中心、电视购物、邮购、网上商店、自动售货亭、电话购物等 17 种类型，并从总体上将零售商分为有店铺零售商和无店铺零售商两类。

1. 有店铺零售商

有固定的进行商品陈列和销售所需要的场所和空间，并且消费者的购买行为主要在这一场所内完成。有店铺零售商有以下类型：

① 食杂店。它一般位于居民区内或传统商业区内，目标顾客以相对固定的居民为主，商品以香烟、酒、饮料、休闲食品为主，独立、传统、无明显品牌形象。

② 便利店。它以满足顾客便利性需求为其主要目的，一般位于商业中心区、居住区、交通要道以及车站、医院、学校、娱乐场所、办公楼、加油站等公共活动区。目标顾客主要为单身者、年轻人，顾客多为有目的购买。商品以即时食品、日用小百货为主，有即时消费性、小容量、应急性等特点，营业时间长，提供即时性食品的辅助设施，开设多项商品性服务项目。

【延展阅读】

中国便利店进入快速发展期

经过 20 多年的探索，中国便利店行业进入快速发展期，在新概念、新技术和资本的助推下，持续保持稳健增长。

1. 外资巨头加速布局　进行本土化探索

作为进驻内地的第一家日系连锁便利店，罗森不但注重商品开发，还重新进行市场定位，再次开启扩张步伐。2019 年 1 月 18 日，罗森中国宣布门店数量突破 2000 家。

以上海为中心的华东地区，是全国便利店最密集的地方。全家便利店在上海有强大的门店密度优势，借由门店发展而来的湃客咖啡成了全家的特色商品，正计划独立发展。

北京市便利店的网点发展相对不平衡，平均每百万人只拥有 208 家便利店，大部分便利店品牌的门店还集中在发达商业区。2004 年，7—11 先入为主进驻北京，因此相比于罗森、全家在北京的布局，7—11依然有着规模优势。

加速布局的同时，外资便利店也在不断进行着中国业务本土化的探索，罗森、全家、7—11均已经开放加盟。

2. 本土便利店追赶　线上线下融合

在外资便利店品牌跑马圈地、加速本土化经营的同时，本土便利店和资本助推的新兴便利店也在追赶布局。

新佳宜不仅是长沙第一，也是湖南第一，其门店数量和销售规模是湖南第二大便利店品牌的近5倍。见福便利店是福建省内最大的便利店，2018年见福便利店获得红杉资本投资，估值高达12亿元。邻几便利店在合肥、芜湖、马鞍山共有200多家便利店，成为安徽省连锁网点最多的便利店公司，并计划向华中和华东地区发展。

随着中国零售业变革的深入，便利店行业线上线下融合明显，全渠道发力。

苏宁小店覆盖全国71座城市、25 000个社区、7500万用户、46座冷链仓。苏宁小店发布苏小团App，发力社区拼购来盘活庞大的社区用户，使其成为苏宁大快消甚至整个苏宁体系的流量入口。此外，苏宁小店要在全国建成1100个前置仓，在商品储存、物流配送等多个方面，一个前置仓将为15家苏宁小店提供配套服务。

与传统便利店相比，阿里与百联集团联合投资的逸刻便利主打"便利店＋餐饮"概念，店内布置有20多个就餐位，就餐区域占到了店铺总面积的60%。

有投资人预测，中国未来会出现数个估值百亿级的便利店项目，而能否出现千亿市值规模的项目，要看市场最终的整合程度。

③ 折扣店。折扣店是装修简单、提供有限服务、商品价格低廉的小型超市，一般位于居民区、交通要道等租金相对便宜的地区，目标顾客主要为商圈内的居民。折扣店拥有不到2000个品种，商品价格一般低于市场平均水平，自有品牌占有较大的比例；用工精简，为顾客提供有限的服务。

④ 超市。超市开架售货，集中收款，满足社区消费者日常生活需要。它根据商品结构的不同，可以分为食品超市和综合超市；一般位于市、区商业中心、居住区，目标顾客以居民为主；主要经营包装食品和日用品，自选销售，出入口分设，在收银台统一结算。

⑤ 大型超市。大型超市的实际营业面积为6000平方米以上，品种齐全，让顾客一次性购齐商品。根据商品结构，可以分为以经营食品为主的大型超市和以经营日用品为主的大型超市。大型超市一般位于市、区商业中心、城乡接合部、交通要道及大型居住区附近，目标顾客以居民、流动顾客为主；大众化衣、食、生活用品齐全，一次性购齐，注重自有品牌开发；一般设有不低于营业面积40%的停车场。

⑥ 仓储会员店。仓储会员店以会员制为基础，实行储销一体、批零兼营，提供有限服务和低价格商品；一般位于城乡接合部的交通要道，目标顾客以中小零售店、餐饮店、集团购买和流动顾客为主；以大众化衣、食、生活用品为主，自有品牌占相当部分，商品品种在4000种左右，实行低价、批量销售，对顾客实行会员制管理。

⑦ 百货店。百货店在一个建筑物内，经营若干大类商品，实行统一管理，分区销售，满足顾客对时尚商品多样化选择需求；一般位于市、区级商业中心、历史形成的商业集聚地，目标顾客以追求时尚和品位的流动顾客为主；商品门类齐全，以服饰、鞋类、箱包、化妆品、礼品、家庭用品、家用电器为主，采取柜台销售和开架面售相结合方式，注重服务，设餐饮、娱乐场所等服务项目和设施，功能齐全。

⑧ 专业店。专业店以专门经营某一大类商品为主，例如办公用品专业店、玩具专业店、家电专业店、药品专业店、服饰店等；一般位于市、区级商业中心以及百货店、购物中心内，目标顾客以有目的选购某类商品的流动顾客为主；以销售某类商品为主，体现专业性、深度性，品种丰富，选择余地大。

⑨ 专卖店。专卖店以专门经营或被授权经营某一主要品牌商品为主，一般位于市、区级商业中心、专业街以及百货店、购物中心内，目标顾客以中高档消费者和追求时尚的年轻人为主；以销售某一品牌系列为主，销售量少、质优、高毛利，商店陈列、照明、包装、广告讲究，注重品牌声誉，提供专业性服务。

⑩ 家居建材商店。家居建材商店以专门销售建材、装饰、家居用品为主，一般位于城乡接合部、交通要道或消费者自有房产比较高的地区，目标顾客以拥有自有房产的顾客为主；商品以改善、建设家庭居住环境有关的装饰、装修等用品、日用杂品、技术及服务为主，提供一站式购足和一条龙服务。

⑪ 购物中心。购物中心是多种零售店铺、服务设施集中在由企业有计划地开发、管理、运营的一个建筑物内或一个区域内，向消费者提供综合性服务的商业集合体。购物中心又分为以下几种：

a. 社区购物中心。在城市的区域商业中心建立的，面积在 5 万平方米以内。一般有 20～40 个租赁店，包括大型超市、专业店、专卖店、饮食服务及其他店，各个租赁店独立开展经营活动。

b. 市区购物中心。在城市的商业中心建立的，面积在 10 万平方米以内。一般有 40～100 个租赁店，包括百货店、大型超市、各种专业店、专卖店、饮食店、杂品店以及娱乐服务设施等，各个租赁店独立开展经营活动。

c. 城郊购物中心。在城市的郊区建立的，面积在 10 万平方米以上。一般有 200 个租赁店以上，包括百货店、大型超市、各种专业店、专卖店、饮食店、杂品店以及娱乐服务设施等，各个租赁店独立开展经营活动。

⑫ 厂家直销中心。厂家直销中心由生产商直接设立或委托独立经营者设立，专门经营本企业品牌商品，并且多个企业品牌的营业场所集中在一个区域。一般远离市区，目标顾客多为重视品牌的有目的购买，为品牌商品生产商直接设立，商品均为该企业的品牌。

2. 无店铺零售商

无店铺零售商有以下类型：

① 电视购物。目标顾客以电视观众为主，以电视作为向消费者进行商品宣传展示的渠道，并取得订单，送货到指定地点或自提。

② 邮购。目标顾客以地理上相隔较远的消费者为主，以邮寄商品目录为主向消费者进行商品宣传展示的渠道，并取得订单，通过邮寄的方式将商品送达指定地点。

③ 网上商店。目标顾客是有上网能力、追求快捷性的消费者，通过互联网络进行买卖活动，送货到指定地点。

④ 电话购物。根据不同的产品特点，目标顾客不同，主要通过电话完成售卖活动。商品单一，以某类品种为主，送货到指定地点或自提。

⑤ 自动售货机。目标顾客以流动顾客为主，通过自动售货机进行商品售卖活动。

采用电视、邮寄商品目录、互联网络、电话等多种媒介向潜在顾客宣传商品，传达信息，然后顾客通过信函、电话、电子邮件等方式订货，订购的商品通过邮寄等方式送抵顾客，这种商品销售的方式被称为“直复市场营销”。美国直复市场营销学会指出，直复市场营销是一种为了在任何地方产生可度量的反应和达成协议而使用一种或多种广告媒介相互作用的市场营销系统。直复市场营销还可称为“媒介营销”。直复市场营销是很有发展前途的零售经营形式：一是符合未来更多的人希望依靠现代电子信息和通信技术在家工作和在家购物的愿望；二是由于生活节奏加快、时间价值提高以及娱乐旅行风盛行，将逛街购物当作消遣的倾向将减弱，由于城市的不断扩展和交通的拥挤，人们倾向于将购物当作负担；三是随着商品日趋标准化，全国著名品牌的形成，零售商经营水平和售后保障水平的提高，全社会信用水平的改善，人们将减少对直复市场营销的疑虑；四是现代各种媒介的发展提供了物质技术保证。

无店铺零售商除了国家《零售业态分类标准》中提到的类型外，还有其他一些形式。如走街串巷，到居民区贩卖商品；使用大型汽车流动售货；为特定委托人提供购物服务的购物服务公司；人员直接推销。人员直接推销又分为三种类型：一对一推销，即一个推销人员访问一位潜在顾客并推销产品；一对多推销，即一个推销人员到一家主人家庭，邀请朋友和邻居参加聚会，展示产品和接受订单；多层次推销，即企业招收独立的推销人员作为企业产品的分销代表，他们又能再招聘和销售给再分销者，再分销者继续再招聘其他人销售产品。一位分销者的报酬包括他自己直接向顾客销售的佣金以及他所招聘的人的全部销售额的比例提成。

【延展阅读】

全球零售业四大趋势

培养一流的数字化能力。全球零售商正快速达成共识，即对于消费者而言，购物无关实体店与网店之间的博弈，亦非不同渠道之间的角逐。消费者并不在意渠道之分。

线上线下整合，弥补错失时机。起初，许多零售商持观望态度，未有效跟进数字化趋势，因而错失增长良机。如今，这些零售商正奋起直追。

打造独具特色的店内体验。全球90%的零售额仍来自实体门店，因此实体零售店并不会黯然没落。然而，相较于种类繁多、方便快捷的线上购物，实体零售商须打造良好的客户体验，并提升品牌参与度。

把握前沿技术，重塑零售内涵。每家零售商均应实时跟进物联网、人工智能、增强虚拟现实以及机器人技术。

第四节　分销渠道的设计与管理

一、分销渠道的设计

1. 分销渠道设计要考虑的因素

(1)市场因素

① 潜在顾客的规模与聚集特点。如果潜在顾客多，且分布面广，市场范围大，那么可以考虑利用“较长而宽”的渠道，广为推销；相反，如果潜在顾客少，且分布集中，那么可以考虑利用“较短而窄”的渠道。

② 消费者(用户)的购买习惯。消费者的购买往往每次购买量少，购买次数多；而产业用户的购买却是每次购买量大，购买次数少。这就决定了制造商可以把产品直接销售给产业用户，而一般不将产品直接销售给消费者，因为制造商多次、小批量销售会增加成本，不合算。

消费者对不同的消费品有不同的购买习惯。消费品中的便利品的消费者有很多，市场很大，而且消费者对这种消费品的购买次数很频繁，希望随时随地买到，往往需要通过批发商和为数众多的中小零售商转卖给广大消费者。因此，便利品分销渠道往往“较长而宽”。而消费品中的特殊品，消费者在习惯上愿意多花时间和精力去物色，制造商可以通过少数几个精心挑选的零售商去销售其产品，甚至在一个地区只通过一家零售商经销其产品。因此，特殊品的分销渠道往往“较短而窄”。

(2)产品因素

产品的价值高低、重量大小、是否易腐、时尚性强或弱、标准化程度高或低等因素对渠道的设计也有重要影响。以下是渠道设计时，企业经常要考虑的产品特征及其决策原则：

① 产品的类型。消费品中的便利品、选购品和特殊品，因为消费者的购买习惯不同，它们的渠道有较大差异。

② 产品的技术性和售后服务。技术性越强，越需要经常服务和保养的产品，就更加要求在零售环节上建立与顾客交流的互动平台，这会促使制造商利用“较短而窄”的渠道。

③ 产品生命周期。产品生命周期的不同阶段有不同的特点和要达到的营销目标，企业的渠道设计必须与之相适应，必须随着产品生命周期的改变而进行必要的调整。

(3)制造商因素

① 制造商的财力、人力、物力和预计市场投入。制造商如果资金雄厚，或者打算大力进行市场投入，人员、机构和物流设施充足，可以使用较短的渠道。反之，如果制造商资金不足，市场投入少，人员、机构和物流设施缺乏，则采用短渠道不太现实，须借助批发商，可考虑采用长渠道。

② 制造商是否打算快速回笼资金和从商家处得到融资支持。如果有此打算，则制造商倾向于采用长渠道，因为批发交易通常大于零售交易，且批发商通过提早订货、淡

季预付货款、按时付款等，可为制造商提供财务援助。

③ 制造商控制渠道的愿望和经营管理销售业务的经验和能力。如果制造商非常看重对渠道的掌控，又有经营管理销售业务的经验和能力，那么制造商就愈加有可能采用短渠道。

④ 制造商的产品组合。如果制造商的产品的种类、型号、规格多，相关性又较强，那么制造商采用短渠道的可行性大些。反之，如果制造商的产品的种类、型号、规格少，或相关性不强，那么制造商采用短渠道的可行性会降低。

(4)中间商因素

中间商的可得性、质量和成本如何对制造商的渠道设计有直接影响。中间商的可得性，即中间商对制造商的配合程度是高还是低。中间商的质量，即中间商的能力是强还是弱，能否很好地履行相应的渠道功能，成为渠道价值链中增值的环节。中间商的成本，即制造商使用中间商所付出的花费是高还是低。

如果制造商可以找到合适、令其满意的中间商，那么制造商向下游商业领域的渗透就会少一些；反之，如果使用中间商不能令其满意，则制造商必然向下游延伸，承担起更多的渠道功能，更多地采用短渠道和垂直渠道系统。

(5)竞争者因素

一般地说，制造商要尽量避免和竞争者使用一样的分销渠道。如果竞争者使用和控制着传统的渠道，制造商就使用其他不同的渠道或途径销售其产品。例如，连裤袜在美国很受妇女欢迎，过去所有生产连裤袜的制造商都通过百货商店、妇女服装商店销售，而 L’eggs 牌连裤袜避开竞争者，在超级市场销售，结果很成功。美国雅芳(Avon)公司也是如此，它不使用传统的分销渠道，而采取避开竞争者的方式，训练漂亮的年轻妇女，挨家挨户上门直销化妆品，结果盈利甚多，也很成功。

当然，由于受消费者购买习惯的影响，有些产品的制造商不得不使用竞争者所使用的渠道。例如，消费者购买食品喜欢在众多厂家的产品中比较品牌、价格等，食品制造商就必须将其产品摆在那些经营其竞争者的产品的零售商店里出售。

(6)环境因素

影响渠道设计的环境因素既多又复杂，各地经济发展水平、居民居住的聚集程度、交通便利程度、零售业发达程度、法律法规和政策等方面都不尽相同，甚至有重大差异。其中，特别应注意零售业结构对渠道设计的影响。

零售业结构包括零售业态构成以及零售业的集中化程度。总体上看，零售业结构的变化趋势是：零售业态越来越丰富、复杂；零售寡头崛起，零售业的集中化程度在提高。

这两种变化趋势对制造商的渠道设计产生两个方面的影响：一是多种渠道并存，形成多渠道系统，产品通过不同的“管道”到达消费者手中，制造商必须学会多渠道的设计与管理；二是制造商必须学会如何同零售巨头打交道，通过磨合，找到利益的均衡点，同时必须平衡好面向零售巨头的直营体系与面向中小零售商的分销体系二者间的关系。

以上对分销渠道设计要考虑的因素的分析，属于“解析”式的。实际上，在现实中，企业进行决策时，必须将诸多因素综合起来考虑，进行整体运筹、系统思考，即围绕目标，综合多种因素，权衡利弊，设计出最合适的渠道结构模式，既要适合环境，又要适合自身，并随着环境和自身的变化、目标的变化而不断改进调整。

2. 分销渠道设计的步骤

分销渠道的设计一般遵循以下步骤：分析顾客需要的服务产出水平→确定渠道目标与限制因素→明确各种渠道备选方案→评估各种可能的渠道备选方案。

(1)分析顾客需要的服务产出水平

渠道设计必须从消费者开始，第一步就是要知道消费者想要买什么、为何买、在哪买、何时买、如何买。一般要考察五个因素：

① 批量大小，即购买数量多少，消费者是希望一次购买少量产品还是大量产品。

② 空间便利，即购买地点远近，消费者是希望就近购买，还是愿意多跑些路去物色产品。

③ 等候时间，即交货时间长短，消费者是希望快速成交，立即拿货，还是愿意多等待些时日拿货。

④ 产品品种，即可选产品多少，消费者是希望有许多品牌、品种，产品齐全，还是更愿意品牌专卖、产品专业化。

⑤ 服务支持，即附加服务多少、服务地点远近和时间长短，消费者是希望得到较多的、便利的、快速的附加服务，并愿意为此付出相应的费用，还是根本就不需要附加服务。

渠道设计必须积极响应顾客在以上五个方面的愿望和要求。在这个顾客是“上帝”的时代，渠道设计的一个原则就是发现顾客想从渠道中获得什么，并通过改进和创造更好的渠道为顾客服务。

(2)确定渠道目标与限制因素

① 确定渠道目标。围绕顾客需要的服务产出水平，渠道目标通常以企业如何、何时、何地使其产品到达目标顾客来表述。渠道目标应该明确而具体，以便使渠道设计具有可操作性，最好能以量化的方式表述。例如：

某电脑公司的渠道目标是：“可以让想买电脑的人在驱车距离内就能方便地购买。”

某减肥品公司的渠道目标是：“在一年时间里使公司的产品在80%的超级市场里得以展示。”

某服务器生产企业的渠道目标是：“公司在2年之内达到覆盖全国范围，使二级经销商达30个左右；在3年之内通过经销商销售的比例达30%以上。”

有些企业以销售量和市场份额来表述其渠道目标，如某电脑配件公司将2020年的渠道目标表述为销售量12 000万件，市场份额10%。这是传统的渠道目标阐述方式，其特点是以企业产品销售为中心考虑问题，而不是从顾客对渠道的服务要求出发制定目标。在激烈竞争的市场中，以企业为中心的渠道目标不能为渠道设计提供很好的导向。

我们知道，渠道目标是企业营销目标的组成部分，它必须为营销目标服务，与之保持一致。而营销目标是企业总体目标的组成部分，服务于企业总体目标。所以，在制定渠道目标时，企业要考虑总体目标和营销目标，并与营销组合的其他目标(即产品、定价、促销目标)保持一致。

② 确定渠道任务。企业要使渠道目标变为现实，需要将渠道目标分解为渠道任务，即渠道需要履行哪些具体的功能。渠道任务必须明确、具体而全面。渠道的主要任务包括推销、渠道支持、物流、产品修正、售后服务以及风险承担等(见表 9-2 所列)。

表 9-2　主要渠道任务

推销：新产品市场推广、现有产品推广、向最终消费者促销、建立零售展厅、价格谈判与销售形式的确定	渠道支持：市场调研、地区市场信息共享、向顾客提供市场信息、与最终消费者洽谈、选择经销商、培训经销商的员工	物流：存货、订单处理、产品运输、与最终消费者的信用交易、向顾客报单、单据处理	产品修正与售后服务：提供技术服务、调整产品以满足顾客需求、产品维护与修理、处理退货、处理取消订单	风险承担：存货融资、向最终消费者提供信用、存货的所有权、产品义务、仓储设施投资

表 9-2 表示的是确定渠道任务需要考虑的一般情况。企业在具体规定渠道任务时，要视本企业的渠道目标及产品特点等情况而定。

③ 确定渠道设计的限制因素及其影响。渠道设计必须综合考虑市场、产品、制造商自身、中间商、竞争者、环境等诸多因素的影响，在以上因素形成的限制条件下，确定渠道目标，设计渠道的备选方案。

(3)明确各种渠道备选方案

在确定了渠道目标和限制因素之后，下一步工作是提出各种渠道备选方案。前文已从渠道长度结构、渠道宽度结构、渠道系统结构三个方面提出了各种备选方案。在渠道长度结构上，有四种类型选择：零级渠道、一级渠道、二级渠道和三级渠道；在渠道宽度结构上，有三种类型选择：密集分销、选择分销和独家分销；在渠道系统结构上，有四种类型选择：松散型渠道系统、垂直渠道系统、水平渠道系统和多渠道系统。企业可结合本企业的渠道目标和限制因素以及渠道任务，进行细化设计，确定通过几级中间环节、各级中间环节上中间商的数量与类型、各级渠道成员之间的合作关系和联系的紧密程度、渠道成员的条件和责任。

在各渠道备选方案中，生产者必须确定渠道成员的条件和责任，即必须在以下四个方面明确表述清楚：

① 价格政策，生产者要制定价目表和折扣细目单。

② 销售条件，生产者要约定清楚付款条件和生产者的担保。

③ 商家的地区权利，生产者对商家的销售区域、销售对象、销售产品要限定清楚。

④ 各渠道成员所应提供的具体服务和责任：生产者必须明确渠道任务如何在厂商间分担，渠道流程如何在厂商间衔接。如要明确促销任务在厂商间的分配和促销费用在厂商间的分摊，物流任务及其费用在厂商间的分配与分摊，售后服务任务及其费用的分配与分摊等。

(4)评估各种可能的渠道备选方案

对各种可能的渠道备选方案都需要以经济性、可控制性和适应性这三个标准进行评估。经济性标准就是比较哪种渠道方案能使制造商取得更大销售额而付出更少费用，可控制性标准就是分析哪种渠道方案更有利于制造商控制，适应性标准就是分析哪种渠道方案更有利于制造商适应可能的环境变化。

经济性标准是三个标准中最为重要的一个。一方面，不同的分销渠道在不同阶段会产生不同的销售量和销售额；另一方面，不同的分销渠道会有各自的销售成本，生产者需要在这二者间进行权衡。生产者对渠道的选择还受制于其控制渠道的愿望和紧迫性，越长而宽的渠道越不易控制。一个涉及长期承诺的渠道方案或者需要投入较大的交易专有资产的渠道方案，其适应环境的能力就较弱，只有在经济性和可控制性方面都很优越的条件下，才可予以考虑。

二、分销渠道的管理

1. 选择渠道成员

渠道成员的选择是非常重要的。渠道成员选择将决定消费者需要的产品能否及时、准确地转移到消费者手中，影响分销的成本和顾客服务。时下，越来越多的公司重视与渠道成员的关系，有的甚至结成战略伙伴关系，这愈加说明选择渠道成员要慎重认真。如果选择不当，就可能引起巨大的资源投资失误；如果选择得好，则可以锦上添花。

渠道成员选择的重要性与企业分销渠道的宽度结构高度相关。分销渠道的宽度越窄，渠道成员的选择越重要。独家分销，一旦选择了某个成员，就意味着丧失了使用其他成员的机会。同时，企业的分销任务能否有效实施，完全取决于这个渠道成员的表现，所冒的风险很大；相反，分销渠道的宽度越宽，则渠道成员选择的重要性就相应地减小。

选定了中间商还要努力说服对方接受本企业的产品，因为并不是所有的中间商对本企业的产品都感兴趣。投资规模大且有名牌产品的生产企业易于得到商家的认同，易于找到合适的中间商，而对那些刚刚兴办的中小企业来说就不是一件容易的事情了。

选择中间商首先要广泛搜集有关中间商的业务经营、资信、市场范围、服务水平等方面的信息，确定审核和比较的标准。一般情况下，企业要考虑中间商的市场范围、产品政策、地理区位优势、中间商的产品知识、预期合作程度、财务状况及管理水平、促销政策和技术、综合服务能力等。

2. 激励渠道成员

中间商需要激励以尽其职。激励渠道成员使其有良好表现，必须从了解中间商的需要及其心理入手。有些西方学者曾建议这样来了解中间商：

第一，中间商并非受雇于制造商，而是一个独立的市场主体，并且经过一些实践后，他安于某种经营方式，执行实现自己目标所必需的职能，在自己可以自由决定的范围内制定自己的政策。

第二，中间商经常以担任其顾客的采购代理人为主要工作，其次才是制造商的销售代理人，任何向他购买商品的顾客，他都有兴趣出售。

第三，中间商试图把所有商品组成一组相关的产品组合，并将该组合销售给各个顾客。其销售努力在于取得该产品组合的订单，而非单项物品的订单。

第四，除非给予很大好处，中间商不会为所销售的品牌保存其个别的销售记录。那些可供产品开发、定价、包装及促销规划使用的信息，常被中间商未标准化的记录所抹杀，有时甚至有意对制造商加以隐瞒。

制造商在处理与中间商的关系时，往往采取不同的方式，主要有合作、合伙、分销规划三种。

大多数生产者都以为激励只是想方设法得到中间商的合作。他们幻想出来一些正的激励因子，如高利润、私下交易、奖赏、合作广告津贴、展示津贴、销售比赛；如果这些未能发生作用，他们就改负的惩罚，如威胁说要减少中间商的利润，减少给他们的服务，甚至终止双方的关系。这些方法的根本问题是生产者从未好好地研究中间商的需要、困难以及中间商的优劣点；相反，他们只是基于草率的"刺激—反应"式的思考，把很多繁杂的工具凑合起来激励中间商。

较为精明的生产者则常会与中间商建立长期合伙关系。这就需要制造商详细了解他能从中间商那里得到什么，以及中间商可从制造商获得些什么。制造商与中间商就市场覆盖、存货水平、营销进程、账户申请、技术建议以及服务、营销信息等方面进行沟通，同中间商签订有关政策的协议，并对坚持实施这些政策的中间商给予补偿。例如，一家企业不直接给 25%的销售佣金，而按下列标准支付：①给 5%，因其能保持适度的存货；②再给 5%，因其能满足销售配额的要求；③再给 5%，因其能有效地服务顾客；④再给 5%，因其能及时地通报最终顾客的购买水平；⑤最后再给 5%，因其能正确管理应收账款。

分销规划是制造商与中间商间可能建立的进一步关系。它是指建立一个有计划的、专业管理的纵向营销系统，把制造商和中间商双方的需要结合起来。制造商在市场营销部门下成立一个专门的部门，即分销关系规划处，主要工作为探求中间商的各种需要，制订交易计划及其他方案，以帮助中间商的经营达到最佳水平。该部门和中间商合作决定销售目标、存货水平、产品铺货面、商品陈列方案、销售培训要求以及广告促销计划等。其目的在于将中间商认为他之所以赚钱是因为与购买者站在同一立场（共同对抗制造商）的看法，转变为他之所以赚钱乃是由于他和制造商站在同一立场（即通过为其精心规划的垂直营销系统的一分子而赚钱）。

企业可以应用下述类型的渠道权力获取合作：

① 奖励权力。一个渠道成员能够给予另一个渠道成员某种有价值的东西以帮助他们实现其目标。如当中间商执行特定活动时，制造商给予其附加利益。

② 强迫权力。一个渠道成员惩罚另一个渠道成员。如果中间商不合作，制造商就威胁停止某些资源或终止关系。

③ 法定权力。渠道内部有成文或不成文的规则，这些规则规定一个渠道成员有权影响另一个渠道成员的行为，而后者有义务接受这种影响。制造商可依据合同规定或从属关系，要求中间商有所行动。

④ 认同权力。一个渠道成员的形象对其他成员具有较大的吸引力，获得其他成员

的尊重和认同。一般名牌产品、名店具有这种权力。

⑤ 信息权力。一个渠道成员提供某一类有价值的信息。

⑥ 专家权力。一个渠道成员在某一方面具有专业知识。制造商可运用具备的产品知识、专门技术、行业知识、经营管理知识等指导培训中间商，帮助中间商提高能力和经营业绩。

3. 评价渠道成员

生产者除了选择和激励中间商外，还必须定期评估他们的绩效。如果某一中间商的绩效过分低于既定标准，则须找出原因，同时应考虑可能的补救方法。

评价中间商，首先应检查其销售等情况，如销售指标完成情况、平均存货水平、向顾客交货时间、损坏和损失商品处理、对企业宣传和培训计划的合作情况、货款返回的状况和对顾客的服务表现等。在检查的各指标中，最重要的一个是销量总额指标，因为它是一个综合反映值。

测量中间商绩效主要方法有两种：一是将每一中间商的销售绩效与上期绩效比较，并以整个群体的升降百分比作为标准。对低于该群体平均水平的中间商，加强评估与激励措施。二是将各中间商的销售绩效与该地区基于销售潜量分析所设立的销售配额相比较，对未达既定比例的中间商加强激励措施或调整。

4. 渠道调整

为了适应市场新的动态，如消费者的购买方式发生变化、市场扩大、新的竞争者兴起、创新的分销战略出现、产品生命周期发生改变，企业便有必要对分销渠道进行调整。渠道调整的方式可分为以下三个层次：

① 对某个渠道成员的调整。它包括功能调整，即重新分配渠道成员所应执行的职能；素质调整，即用培训、帮助的方法提高渠道成员的素质和能力；数量调整，即增减渠道成员数量。

② 对某条分销渠道的调整。它包括重新定位某条渠道的目标市场，重新设计某个目标市场的分销渠道。

③ 对整个分销渠道系统的调整：企业重新全盘考虑营销战略与营销组合，重新全盘设计分销渠道。

5. 渠道冲突管理

渠道冲突指的是一个渠道成员意识到另一个渠道成员正在从事某种伤害其利益、阻挠其目标实现的行为，从而形成的双方对立、不配合的状态。

渠道冲突的根源在于渠道成员之间的相互依赖关系。相互依赖要求合作，但同时必然伴随着冲突。因为两个以上独立主体在目标、角色、资源的分配、意识等方面存在利益上、认识上的差异和矛盾，这些差异和矛盾就是潜在的冲突。在一定条件下潜在冲突就会表面化，成为现实冲突。如果说相互依赖是不可避免的，那么合作与冲突也是不可避免的，没有冲突往往意味着没有合作，所以冲突是无法根除的，冲突也并非都是坏事情。对于冲突应该正确认识、积极预防和处理。

渠道冲突有垂直渠道冲突、水平渠道冲突和多渠道冲突三种类型。

① 垂直渠道冲突是同一渠道中不同层次的渠道成员之间的冲突。例如,某些批发商可能会抱怨生产企业在价格方面控制太紧,留给自己的利润空间太小,而提供的服务(如广告、推销等)太少;零售商对批发商或生产企业,可能也存在类似的不满。垂直渠道冲突也称作"渠道上下游冲突"。生产企业必须从全局着手,妥善解决垂直渠道冲突,促进渠道成员间更好地合作。

② 水平渠道冲突是同一渠道中同一层次的渠道成员之间的冲突。产生水平冲突的原因大多是生产企业没有对目标市场的中间商数量及其专营区域做出合理的规划,使中间商为各自的利益互相倾轧。生产企业应及时采取有效措施,缓和并协调这些矛盾,否则就会影响渠道成员的合作及产品的销售。另外,生产企业应未雨绸缪,采取相应措施防止这些情况的出现。

③ 多渠道冲突是不同渠道的渠道成员之间的冲突。随着顾客细分市场和可利用的渠道不断增加,越来越多的企业采用多渠道系统。例如,美国的利维牌牛仔裤原来通过特约经销店销售,当它决定将西尔斯百货公司和彭尼公司也纳为自己的经销伙伴时,特约经销店表达了强烈的不满。因此,生产企业要重视引导渠道成员之间进行有效竞争,防止过度竞争,并加以协调。

渠道冲突产生的根本原因在于渠道成员分工而产生的相互依赖和渠道权力的非均衡性;直接原因是渠道成员间存在的诸多差异所导致,有结构性的差异,如资源稀缺、目标不一致和决策领域无共识,也有态度性的差异,如角色界定不清、感知差异、期望差异以及沟通不足。渠道冲突发生的诱因或者说导火索往往是在产品的购销差价、付款方式、存货水平、争夺大客户、技术咨询和服务、商家经营竞争对手产品、费用分摊、促销力度和方式等方面,渠道成员不能达成一致。

对一些可预测的经常性冲突,企业需要事先就制定一套处理程序,一旦危机发生就照章办事,例行处理,临危不乱,将危机和损失降到最小限度。常用的方法有:审慎选择渠道成员;增强渠道成员对渠道领袖的信任;经常互相沟通,共商共议,互换人员,协同工作;考虑中间商的利益,帮助中间商工作;用富有号召力、诱惑力的宏伟目标调动成员积极性,协同努力。

而当冲突出现时,渠道领袖要负起责任,制订明确的解决方案,采取有效的协调行动,控制局势,避免事态恶化。常用的方法有:找到使冲突双方都能够接受的方案;通过劝说,说服冲突方改变看法;通过谈判和讨价还价,诱使或迫使冲突方做出让步;通过第三方介入,由第三方召集冲突方进行沟通、调解,甚至于司法介入;最后采用退出法,中断与某个或某些渠道成员的合同关系。

第五节　物流管理

市场营销不仅意味着发掘并刺激消费者或用户的需求和欲望,而且意味着适时、适地、适量地提供商品给消费者或用户,从而满足其需求和欲望。为此,企业要进行商品的订单处理、仓储、存货控制和运输,即要进行物流管理,这对于降低成本、增强竞争力、提供优质服务、促进和便利顾客购买、提高企业效益,均具有重要意义。

一、物流的含义与职能

物流是指通过有效地安排商品的仓储、管理和转移,使商品在需要的时间到达需要地点的经营活动。

物流的职能是将产品由生产地转移到消费地,从而创造地点效用。物流作为市场营销的一部分,它以企业销售预测为开端,以此为基础来规划生产水平和存货水平,产成品经过包装、厂内储存、向外运输、销地储存,最后到达顾客处,并提供服务。

二、物流目标

物流管理必须具有系统观。首先要研究顾客需要什么和竞争者提供了什么,之后企业制定自己的物流目标。如一家器具制造商的物流目标是:在接到订单后的七天内,至少有95%的中间商订货必须送达;以99%的准确性处理中间商的订货,对中间商有关订货情况的询问,必须在三小时内做出答复;保证商品在运输中的损失不超过1%。

在制定了物流目标后,企业就可以着手设计一个以最小的成本达到这些目标的方案。每一个可能的物流系统都包含了式9-1所表示的总费用:

$$M=T+FW+VW+S \tag{9-1}$$

式中:M——该物流系统的物流总成本;T——该物流系统的运输总成本;FW——该物流系统的仓储总固定成本;VW——该物流系统的仓储总变动成本(包括存货);S——该物流系统由于平均的交货延迟而失去销售额的总成本。

在选择和设计物流系统时,要对不同物流系统的总成本(M)加以分析,然后选择一个总成本(M)最小的物流系统。如果S难以测算的话,企业可以致力于成本($T+FW+VW$)最小化来实现顾客服务的目标水平。

三、物流决策

物流管理涉及四个重要的决策问题:如何处理订单(订单程序)、商品储存地点应该设在何处(仓储)、应有多少储备商品(存货)、如何运送商品(运输)。

1. 订单程序

物流是从顾客订货开始的。如今企业需要努力缩短订单到收款的周期。该周期包括许多步骤:销售员转交订单,订单输入和客户信用检查,存货与生产安排,订单和发票传递,收到货款。处理订单的每一步骤都要迅速而准确地完成。

为提高效率,许多企业采取计算机控制系统,从收到顾客订单开始,计算机就会依次完成以下工作:查看顾客的信用情况以及库存中是否有货,货存在什么地方,发出装运指令,开出账单和改写库存记录,发出生产(或进货)指令以增加库存量,通知销售人员货已发出。

2. 仓储

每个企业在其商品待售的时候,必须把它们储存起来,因为生产和消费的周期很少一致。仓储缓和了预期数量上和时间上的差异。企业必须决定储存场所的数量。储存场所多，能够较快地将货物送达顾客处，但是仓储成本会增加。为了减少仓库和存货递增的成本，企业可以集中在一个地方存货和使用更快的运输以完成订单。

有些企业的仓库设在工厂内或者工厂附近，有些企业的仓库则设在全国各地。企业可以拥有自己的仓库，也可以租用仓库。储备仓库的商品储存时间为中期到长期，而中转仓库从各个工厂和供应商那儿收到商品后就尽快地发送出去。

旧式的多层建筑的仓库，伴随着它的缓慢的电梯和低效的货物管理程式，受到了来自新式的单层的自动化仓库的挑战。自动化仓库装有由中心电脑控制的先进的货物管理系统。电脑读出商店的订单，根据商品编码，指挥起重机和电动吊车集中商品，将商品运送到装货码头，并且开出发票。自动化仓库减少了工人的工伤事故，降低了劳动成本，减少了商品被盗和破损率，并且加强了存货控制。

现在，一些以往在工厂中从事的活动也开始在仓库中进行，包括组装、包装、建立促销展示等。“延伸”商品生产的最终环节，可以节省成本，并能够更好地满足需求。

3. 存货

存货决策的制定包括何时进货（订货点）、进多少货（订货量）。

订货点是指存货水平随着不断的销售而下降，当降到一定数量时，就需再进货的存量。订货点的决定要考虑办理进货手续的繁简、运输时间的长短、是否容易发生意外、该商品的销售频率和对服务标准要求的高低等因素。总的原则是既要避免断档脱销带来声誉损失（丧失顾客信任等），又要防止货物积压而造成经济损失。订货点是在权衡由于脱销所造成的风险与存货过量所发生的费用这两者后决定的。

订货量就是每次进货的数量。订货量大，订货次数就少。企业应该在订货处理成本和存货维持成本之间进行权衡。订货处理成本包括该产品的设备装置成本和营运成本；如果设备装置成本高，则制造商可以安排一个较长的生产周期，维持较大的库存量来降低每单位的平均成本；如果设备装置成本低，制造商则可以维持较小的库存量而经常性地生产该产品。存货维持成本包括仓储费、占压资金费、保险费、损耗费和税金等。

图 9－5 表明，单位订货处理成本随着订货量增加而下降，因为订货处理成本被分摊到更多的单位上了；单位存货维持成本则随着订货量增加而上升，因为每单位的储存时间相对长了。这两条成本曲线垂直相加，即为总成本曲线。总成本曲线下弯向横轴的最低点是最佳订货量 Q＊。

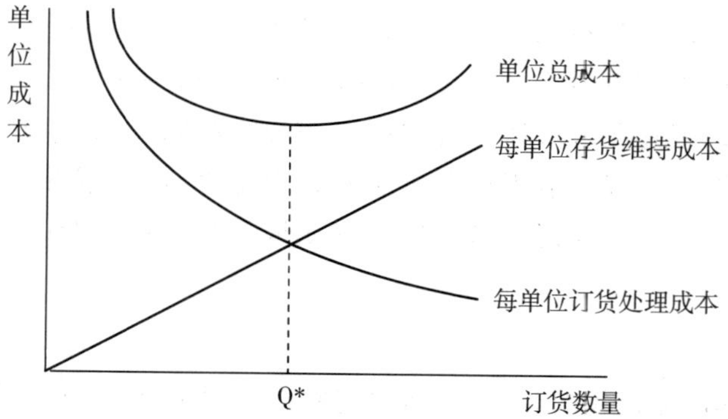

图 9－5　最佳订货量的决定

人们对准时生产方法越来越感兴趣，它建立在订单基础上，通过安排适时的流程而非库存，既可以降低库存水平，实现近似零存货，又可以满足顾客要求的服务水平。

4. 运输

企业选择何种运输工具、运输路线会影响到产品价格、交货时间、是否准时交货和物品到达目的地时的损耗情况，所有这些都关系到顾客的满意程度。企业可在五种运输方式中进行选择：铁路运输、水路运输、卡车运输、管道运输和航空运输。托运人在为某个产品选择运输方式时，要考虑到速度、频率、可靠性、运载能力、可用性和成本等因素。如果托运人要求快速，空运和卡车运输就是主要选择对象；如果目的是要谋求低成本，那么，水运和管道运输就是主要考虑对象。

托运人越来越多地将两种或两种以上的运输方式结合起来使用。集装箱将商品装于箱内或挂车上，这样就方便了运输方式的调换。猪背联运是指火车和卡车的联合运输，鱼背联运是指水路和卡车的联合运输，火车船联运是指水路和铁路联合运输，空中卡车联运是指航空和卡车运输结合使用。每一种联运方式都对托运人有某种独特的好处。例如，猪背联运比单独使用卡车运输便宜，也相当灵活和方便。

托运人可以选择私人运输、契约性运输或公共运输。如果托运人拥有自己的卡车或飞机，该托运人就是一个私人运输商。契约性运输商就是指某个独立的组织，按照所订的契约，向另一个组织出售运输服务。公共运输商按照规定时间提供预定地点之间的运输服务，它向所有的托运人都按标准价格收费。

本章小结

(1)分销渠道的决策是企业管理层面临的最重要的决策之一，它将直接影响其他营销决策。分销渠道要完成收集信息、促销、谈判、订货、融资、承担风险、物流、付款和转移所有权的重要功能。分销渠道的结构是理解和制定分销渠道决策的基本框架。分销渠道设计时要考虑市场、产品、制造商自身、中间商、竞争者和环境等一些基本因素的影响。制造商在处理与中间商的关系时，往往采取合作、合伙、分销规划三种不同的方式。所有的分销渠道都存在潜在的渠道冲突，渠道冲突是无法根除的。对于渠道冲突应该正确认识，积极预防和处理。生产者必须对物流做出决策，最终目标是满足顾客在效率上和盈利上的要求。

(2)大多数生产者不直接向最终用户出售商品。生产者利用中间商是因为他们缺乏直接销售的财务资源，或者直接销售不可行，或他们在做更赚钱的其他事情。利用中间商可以更有效地推动商品广泛进入目标市场。

(3)批发商主要有商人批发商、经纪人和代理商、制造商的销售分部与销售办事处以及零售商的采购办事处这三种类型。批发商因为在推销与促销、采购和置办多种商品、存货、运输、融资、承担风险、提供市场信息、管理服务和建议等方面发挥着重要功能，所以在分销渠道中扮演着重要角色。

(4)零售商主要有店铺零售商和无店铺零售商两大类，可细分为食杂店、便利店、折扣店、超市、大型超市、仓储会员店、百货店、专业店、专卖店、家居建材商店、购物中心、厂家直销中心、电视购物、邮购、网上商店、自动售货亭、电话购物等17种类型。零售商是分销渠道中最靠近消费者的一环，随着零售商势力崛起，其在分销渠道中的作用越来越重要。

(5)分销渠道的结构是理解和制定分销渠道决策的基本框架。分销渠道长度结构的可选方案有零级渠道、一级渠道、二级渠道和三级渠道，分销渠道宽度结构的可选方案有密集分销、选择分销和独家分销，分销渠道系统结构的可选方案有松散型渠道系统、垂直渠道系统、水平渠道系统和多渠道系统。企业必须搞清楚各方案的利弊和适用性。

(6)分销渠道设计时要考虑市场、产品、制造商自身、中间商、竞争者和环境等一些基本因素的影响，一般遵循以下步骤进行设计：分析顾客需要的服务产出水平→确定渠道目标与限制因素→明确各种渠道备选方案→从经济性、可控制性和适应性三个方面去评估各种可能的渠道备选方案。

(7)渠道成员选择的重要性与企业分销渠道的宽度结构高度相关。选择中间商一般情况下要考虑中间商的市场范围、产品政策、地理区位优势、中间商的产品知识、预期合作程度、财务状况及管理水平、促销政策和技术、综合服务能力等。

(8)制造商在处理与中间商的关系时，往往采取合作、合伙、分销规划三种不同的方式。制造商可以应用奖励权力、强迫权力、法定权力、认同权力、信息权力和专家权力等渠道权力获取中间商的合作。

(9)对渠道成员必须根据事先建立的标准进行定期评价。在市场条件变化时，企业需要对渠道进行调整。

(10)所有的分销渠道都存在潜在的渠道冲突，渠道冲突是无法根除的。渠道冲突产生的根本原因在于渠道成员分工而产生的相互依赖和渠道权力的非均衡性；直接原因是渠道成员间存在着结构性和态度性的诸多差异。渠道冲突发生的诱因或者说导火索往往是在产品的购销差价、付款方式、存货水平等方面渠道成员不能达成一致。渠道冲突有垂直渠道冲突、水平渠道冲突和多渠道冲突三种类型。对于渠道冲突应该正确认识，积极预防和处理。

(11)生产者必须对物流作出决策：如何处理订单(订单程序)，商品储存地点应该设在何处(仓储)，应有多少储备商品(存货)，如何运送商品(运输)，最终目标是满足顾客在效率上和盈利上的要求。

客观题

请扫二维码。

(http://www.ehuixue.cn/index/Orgclist/course? cid=11924)

复习思考题

1. 列举分销渠道的九个功能。
2. 阐述中间商存在的意义。

3. 图示消费品、工业品分销渠道的基本模型。

4. 简述短渠道和长渠道的利弊及适用性。

5. 简述密集分销、独家分销和选择分销的利弊及适用性。

6. 分销渠道设计要考虑哪些因素的影响？

应用与探讨

1. 以小组为单位，为新近上市的海南伊人生物技术有限公司生产的“伊人净”在上海地区设计营销渠道。

(1)伊人净的产品特性

伊人净是泡沫型妇科护理产品，产品诉求为解决女性妇科问题，剂型新颖，使用方便，但与传统的洗液类护理产品不同，首次使用需要适当指导。

(2)伊人净的营销目标

伊人公司希望产品能够快速进入市场，成为女性日用生活的必需品，像感冒药一样随处可购买，从而改变中国女性传统的清水清洗和洗液清洗的习惯。最终，像卫生巾取代卫生纸一样，伊人净成为女性妇科护理市场的主导产品。

2. 寻找校园 O2O 领域的商机。

【结尾案例】

相宜本草：多渠道协调平衡

相宜本草成立于2000年，它没有机会搭乘20世纪90年代国内美妆品牌野蛮生长的高速列车。能够成为占据一席之地的后来者，相宜本草主要靠两点：渠道上实施以KA(大型商超)为核心的多渠道战略，功效上定位“中药本草”填补当时的市场空白。近年来，随着线上购物规模的不断扩大，美妆品牌也纷纷加码电商业务，但随之而来的是线上线下渠道交叉、经销商窜货等乱象频频出现。相宜本草的做法是：将渠道完全分开，为各个渠道设计专供产品，这一做法有效避免了互相干扰。

1. 强势经营商超渠道

相宜本草另类的渠道切入点至今仍为许多业内人士津津乐道。不同于许多本土化妆品品牌一开始从专营店入手、强势崛起后再进入商超等渠道的发展路径，相宜本草从创立之初便瞄准了更为高端的KA渠道。

相宜本草的突出之处在于对销售终端的高度重视和精细化管理。相宜本草采取了分段考核制度，将各项具体费用消耗标准量化落地。另外，分布在全国卖场内的数千名BA(化妆品导购员)也是相宜本草终端销售的保证。相宜本草对这些BA进行无中介直接管理，不仅专门成立导购培训中心，还为其设置了多种激励方式。

2. 多渠道协调平衡

现在，相宜本草的渠道，不仅包括其赖以崛起的大型商超，还有线上销售和专营店等其他渠道，这“三驾马车”共同构成了相宜本草的多渠道格局。

事实上，进货渠道五花八门、终端定价参差不齐，几乎是每一个选择多渠道策略的企业都会面临的难题，但相宜本草有自己的解决方案。在经销商网络体系管理方面，相宜本草按地区进行渠道分线，每个省在三大渠道都分设代理商；在此基础上，进一步严格规定每个经销商只能选择一个单一渠道，其他渠道不得涉足。为了进行相应的监督，相宜本草还在产品上配备了明码暗码系统。而在价格管控上，相宜本草将定价权收回并强势推行线上线下统一价，从根源上遏制了价格的多样化。另外，针对同一品牌在不同渠道销售可能引发的价格体系和消费者认知混乱，相宜本草还为各个渠道研发了符合渠道特色和定位的相对应的产品，例如专供商超的红景天系列，网络渠道的红石榴系列，专营店渠道的芍药皙白产品系列；实行了渠道产品明星代言计划，以此向消费者明示某系列产品属于特定渠道。

3. 深度渗透低线市场

向二、三线城市甚至周边县城、乡镇下沉，是近年来美妆品牌的大势所趋，对于优势一向在于一线城市大型卖场的相宜本草来说也不例外。在低线市场，没有“大牌”压力的相宜本草可以自如地将终端渠道开进社区店、小型日化店和偏远的便利店。越往低线市场走，品牌对经销商的依赖程度会越高。随着渠道下沉，相宜本草对经销商的有效管理将成为其快速扩张过程中无法绕过的难题。

资料来源：根据相宜本草网站资料整理

思考题：

1. 怎样理解相宜本草的多渠道组合设计？

2. 相宜本草是怎样实现多渠道协调平衡的？

第十章 促销策略

【学习目标】

通过本章学习，学生能够理解促销、促销组合、人员推销、广告、公共关系等概念的深刻含义，掌握各种促销方式的特点以及具体运用策略。

【导入案例】

江小白如何从传统白酒市场脱颖而出

“手机里的人已坐在对面，你怎么还盯着屏幕看”“我们总是发现以前的自己有点傻”“不要到处宣扬你的内心，因为不止你一个人有故事”“跟重要的人才谈人生”“低质量的社交，不如高质量的独处”“每个吃货，都有一个勤奋的胃和一张劳模的嘴”“吃着火锅唱着歌，喝着小白划着拳，我是文艺小青年”……这些文案都是来自一个叫江小白的白酒瓶身文案，而且还是一个坚持称自己为“传统白酒企业”的宣传语，这跟人们印象中的白酒企业好像大相径庭啊。江小白是由重庆江小白酒类营销有限公司推出的青春小酒，其销售目标定位为时尚青春群体以及富含时代感和文艺气息的“80后”“90后”的年轻消费群体，属于具有开创性、颠覆性的酒类产品。从2012年成立公司到在业内打响名声，江小白品牌仅用了一年的时间。其品牌形象深入人心，但江小白除了在地铁上放点互动广告牌以外，几乎从不在主流媒体做广告，利用得最多的是免费的社交媒体，一开始就把互联网社区论坛、微博等社会化营销工具运用得非常熟练，采取线上线下结合的方式，称之为“O2O营销”。对于互动性很强的社交媒体，江小白的微博营销显示出鲜明的特点。首先，擅于文案植入，将有意思的话题与江小白的产品联系在一起；其次，对应自己的品牌形象，将微博的运营完全拟人化，几乎在每一个热点事件发生时，都能看到江小白的表态；最后，利用微博互动作为线上工具，组织线下活动，并与线上形成互动，以增强粉丝黏性。比如“寻找江小白”，是要求粉丝将在生活中遇到的江小白拍下来，回传至互联网。被粉丝找到的江小白，有餐单上的，有餐馆里的，有单瓶酒的，也有地铁广告上的。江小白正是凭借其准确的目标定位、深入人心的文案策划以及利用互动性强的社交媒体进行话题营销，让其品牌在非常短的时间内以较小的成本引起消费者的广泛关注和认同，从而带动销售业绩的快速增长。

成功的市场营销活动，不仅需要制定适当的价格、选择合适的分销渠道向市场提供令消费者满意的产品，而且需要采取适当的方式进行促销。促销策略属于四大营销策略之一。正确制定并合理运用促销策略，是企业在市场竞争中取得有利产销条件、获取较大经济效益的必要保证。

第一节　促销与促销组合

一、促销的含义

促销是促进产品销售的简称，是指企业通过人员推销或非人员推销的方式，沟通企业与消费者之间的信息，引发、刺激消费者的消费欲望和兴趣，使其产生购买行为的活动。其实质是卖方企业与现实或潜在顾客之间进行信息沟通的过程。

促销具有以下几层含义：①促销工作的核心是沟通信息；②促销的目的是引发、刺激消费者产生购买行为；③促销方式有人员促销和非人员促销两类。

人员促销，亦称“直接促销”或“人员推销”，是企业运用推销人员向消费者推销商品或劳务的一种促销活动。

非人员促销，亦称“间接促销”或“非人员推销”，是企业通过一定的媒体传递产品或劳务等有关信息，以促使消费者产生购买欲望、发生购买行为的一系列促销活动，包括广告、公关关系、营业推广。

二、促销的作用

1. 传递信息，提供情报

销售产品是市场营销活动的中心任务，信息传递是产品顺利销售的保证。信息传递有双向和单向之分。单向信息传递是间接促销的主要功能。双向信息传递是直接促销的功能。

2. 突出特点，树立形象

在市场竞争激烈的情况下，同类商品很多，并且有些商品差别微小，消费者往往不易分辨。作为向买方提供有关信息的生产者就需要通过促销活动、宣传来突出产品特点，树立产品形象，激发消费者的购买欲望。

3. 引导消费，刺激需求

在促销活动中，营销者通过对有关产品知识的介绍，有利于激发消费者的需求欲望，变潜在需求为现实需求，达到扩大销售的目的。

4. 形成偏爱，稳定销售

在激烈的竞争中，要想稳定企业产品在市场上的占有率，就需要企业运用适当的促销方式，开展促销活动，实现稳定销售之功效。

【延展阅读】

促销活动常见标语

※新货在线,折扣不断。	※新货拿在手,折扣天天有。
※精彩不断,折扣连连。	※天天有新品,日日有折扣。
※价廉物美,挥泪抛售。	※这个"价"期,该出手了。
※优惠不断,巨惠连连。	※清仓大处理,折扣连连看。
※百万感恩,"新"享事成。	※恩将"酬"报,仅此一天。
※团购风暴,席卷全城。	※蓄势待发,"惠"会等你。
※千种商品,万般实惠。	※机会只有一次,人生不可重来。
※正品打折,欲购从速。	※新货不断上架,商品天天降价。
※大刀阔斧,打折到底。	※新品行货上市,折扣每天不变。
※厂家直销,让利大众。	※机会不是天天有,该出手时就出手。

三、促销组合及其影响因素

1. 促销组合的含义

所谓促销组合,就是企业根据产品的特点和营销目标,综合各种影响因素,对各种促销方式的选择、编配和运用。企业促销决策的核心问题是力求促销组合的最优化,以实现更好的整体促销效果。

促销组合主要包括人员推销、广告、营业推广、公共关系四种方式。促销组合是促销策略的前提,在促销组合的基础上,才能制定相应的促销策略。因此,促销策略也称"促销组合策略"。

2. 基本促销策略

美国市场营销学家菲利普·科特勒认为,企业可能采取两种促销策略:"推"的策略和"拉"的策略(如图 10-1 所示)。

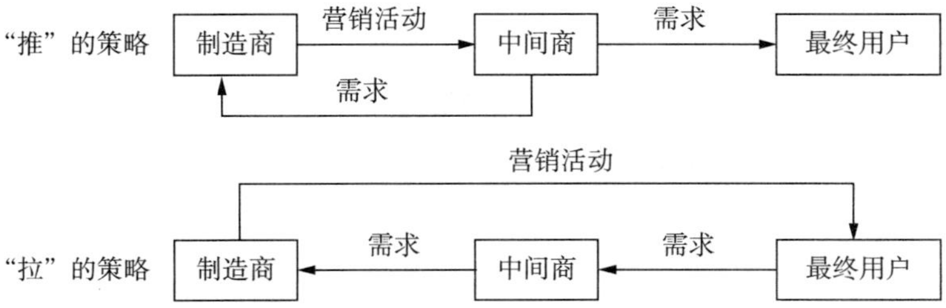

图 10-1 "推"与"拉"促销策略的区别

(1)推的策略

推的策略,是指企业通过自己的促销人员把产品推销到市场上去的策略。其目的是说服中间商与消费者购买企业产品,并层层渗透,最后到达消费者手中。

(2)拉的策略

拉的策略,是指企业为了扩大销售,利用价格、广告、品牌、商标、企业形象、信誉等形式宣传产品,激发顾客的购买欲望,从而吸引顾客购买的策略。由消费者向零售商、零售商向批发商、批发商向制造商求购,由下至上,层层拉动购买。

3. 促销组合的影响因素

(1)促销目标

它是企业从事促销活动所要达到的目的。无目标的促销活动收不到理想的效果。因此,促销组合和促销策略的制定要符合企业的促销目标,并根据不同的促销目标,采用不同的促销组合与促销策略。从整体看,广告和公共宣传在顾客购买决策过程的初始阶段效果最优,而人员推销和营业推广在较后阶段更具成效。

(2)产品因素

它主要包括:①产品特点。技术复杂、单价昂贵的商品适用于人员推销,如系统集成、房屋装修、生产设备。一方面,需要懂技术的推销人员做专门的介绍、演示操作、售后技术保障;另一方面,价格昂贵才能承担相对昂贵的人员推销成本。反之,结构简单、标准化程度低、科技含量低以及价格低廉的产品适合广告促销,如绝大多数生活消费品。

②产品的市场生命周期。在投入阶段,应以广告、公共宣传为主,辅以人员推销和营业推广,促成顾客首次购买。因为在产品的导入期需要广泛宣传,以提高知名度,而广告和公共宣传覆盖面广,成本效益最优。在成长阶段,通过消费者相互口传信息,需求会保持自然增长的势头,所以仍以广告宣传为主,但内容上应突出宣传本企业产品的品牌、特色和优势,同时营业推广可相应减少。在成熟阶段,促销强度要加大,特别是要加强营业推广,辅以少量提醒性广告,因为此时大多数目标顾客已了解了这一产品。在衰退阶段,促销规模要降到最低程度,公共宣传可完全停止,营业推广可继续进行,人员推销应减至最小规模。产品生命周期不同阶段促销组合与目标重点见表 10－1 所列及图 10－2所示。

表 10－1　产品生命周期不同阶段促销组合与目标重点

产品市场寿命周期	促销目标重点	促销组合
导入期	建立产品知晓度	各种介绍性广告、人员推销
成长期	提高产品的知名度,增强顾客对本企业产品的购买兴趣	改变广告形式,注重宣传企业产品特色,辅助公关手段
成熟期	提高产品的美誉度,增强购买兴趣与偏爱	广告作用在于强调本产品与其他产品的细微差别,配合运用营业推广
衰退期	维持信任、偏爱	销售促进为主、提醒性广告
整个周期阶段	消除顾客的不满意感	利用公共关系

(3)市场条件

市场条件不同,促销策略和促销组合也有所不同。

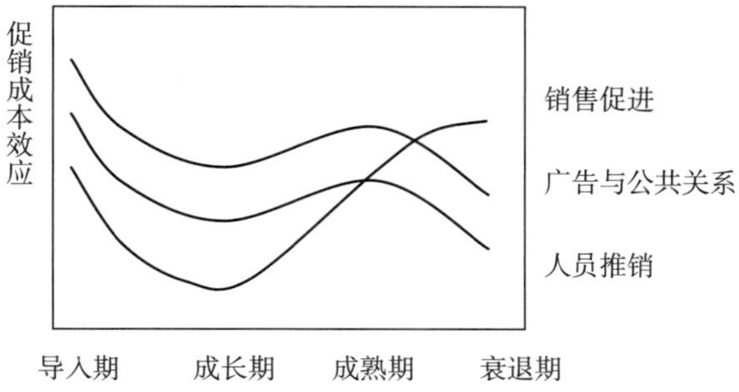

图 10－2　各种促销工具在产品生命周期不同阶段的成本效应

① 从市场的地理范围大小来看，若是小规模本地市场，则应采用人员推销为主；若是全国市场或世界市场，则多采用广告形式。

② 从市场类型来看，各种促销方式的有效性因产品市场的类型不同而有所差异（如图 10－3 所示）。消费者市场因消费者多而分散，而且产品的结构简单、标准化程度低、价格低廉，所以多数靠广告等非人员推销形式；而对用户较少、批量购买、成交额较大的组织市场，需要由具有专门知识的推销人员做专门的介绍或演示操作，所以主要采用人员推销形式。此外，在竞争者的市场条件下，制定促销策略和促销组合还应考虑竞争者的促销策略和形式，要有针对性地不断变换自己的促销策略及促销组合。

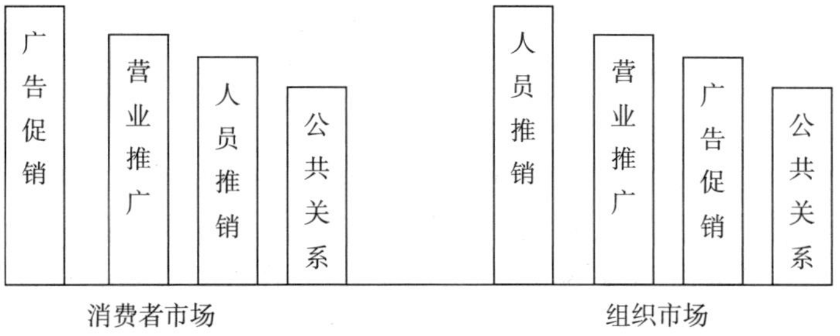

图 10－3　各种促销方式在不同的产品市场上的相对重要性

（4）促销预算

企业开展促销活动，必须支付一定的费用。促销预算即决定在促销方面花多少钱，这也是企业面临的制定营销决策的难题之一。因为企业能够用于促销活动的费用总是有限的。因此，企业在满足促销目标的前提下，要做到效果好而费用省。企业确定的促销预算额应该是企业有能力负担的，并且是能够适应竞争需要的。为了避免盲目性，在确定促销预算额时，除了考虑营业额的多少外，还应考虑到促销目标的要求、产品市场生命周期等其他影响促销的因素。

（5）购买者准备阶段

在特定的购买准备阶段，不同的促销方式有着不同的成本效应（如图 10－4 所示）。例如在购买准备的较前阶段，利用广告和公共宣传帮助消费者认识和理解产品的效果更好；在购买准备的较后阶段，利用人员推销和营业推广促进消费者采取购买行动的效果更好。

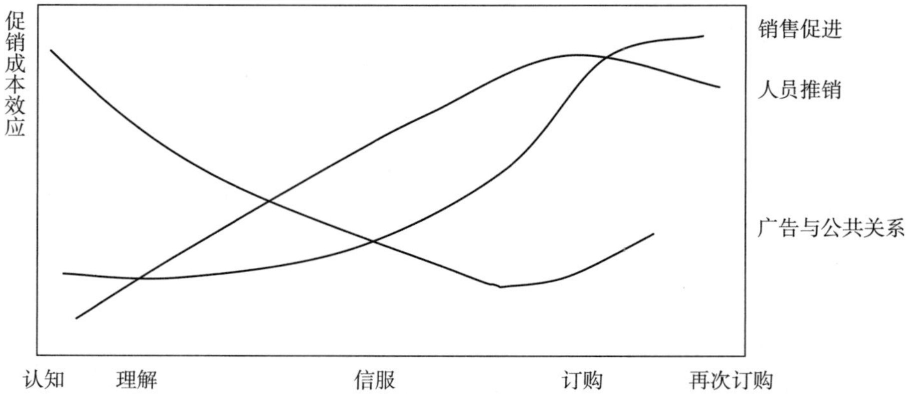

图 10-4　各种促销方式在购买准备不同阶段的成本效应

第二节　人员推销策略

一、人员推销的概念、特点

1. 人员推销的概念

根据美国市场营销协会定义委员会的解释，所谓人员推销，是指企业通过派出推销人员与一个或一个以上可能成为购买者的人交谈，作口头陈述，以推销商品，促进和扩大销售。

推销是指推销人员在一定的推销环境里，运用一定的推销技术与手段，说服潜在顾客购买某项商品或劳务，以满足顾客的一定需求，实现自身推销目标的沟通协调过程。简要来说，它就是推销员通过帮助和说服等手段促使顾客采取购买行为的活动过程。

推销活动是在诸要素互相影响、互相作用中形成的，这些要素主要包括四个方面：推销主体（推销人员）；推销对象（顾客、用户等）；推销客体（产品、劳务、观念等）；推销环境（政治、经济、文化、地理环境和社会舆论环境等）。

2. 人员推销的特点

(1)主动性

推销活动不同于坐店经商的经营方式，而是采取主动出击的策略，寻找潜在顾客，上门推销商品。推销是推销员主动吸引顾客的注意力，使之产生购买欲望，做出购买决定和采取购买行动。企业通过推销工作，把那些可买可不买、可在这里买也可在那里买的众多顾客，变为本企业的现实客户，从而有效地扩大自己的销售额。

(2)双向性

人员推销作为一种信息传递方式，具有双向性。一方面，推销人员可以通过向顾客介绍产品的特点、性能等招徕顾客，促进产品销售；另一方面，推销人员与顾客的接触、观察和有意识的调查研究，有利于及时了解顾客对推销产品的评价。企业通过这些可以不断收集信息、反馈信息，为以后的营销活动提供依据。

(3)灵活性

由于人员推销是与顾客直接联系，当面洽谈，所以可以通过交谈和观察不同顾客的特点和反应来了解顾客的需要，及时发现和解决顾客提出的问题，消除疑虑，促使顾客购买。

(4)特定性

推销人员的推销活动过程是从寻找潜在顾客着手的，只有先确定好推销对象才能够有效开展推销活动。推销总是有特定对象的，或者说是向特定顾客进行推销。任何一位推销员的任何一次推销活动都具有特定性，他们不可能漫无边际或毫无目的地寻找顾客，也不可能随意地向毫不相干的人推销商品，不然推销就成为毫无意义的活动。

(5)互利性

现代推销是一种互利互惠的活动，必须同时满足推销双方的不同要求，否则就难以达到推销的目的。在推销过程中，推销人员不仅要考虑到自己有利可图，还要考虑到购买一方有利可图，这就要求推销人员要从双方的共同利益出发进行推销，尤其要把握好顾客的购买目的和购买动机，帮助顾客解决问题，设法满足顾客的需求。只有对双方都有利，买卖才可能长久，推销才可以成功。

人员推销的不利之处在于成本较高，对推销人员的要求较高。

二、人员推销的基本形式、对象

1. 人员推销的基本形式

人员推销主要有以下三种基本形式：

(1)上门推销

上门推销是由推销人员携带样品、说明书、订货单等，上门拜访顾客推销商品的一种推销方式。这种推销方式虽然工作艰辛，但主动性很强，效果也显著。

(2)柜台推销

柜台推销是营业人员向进入商店等固定营业场所的顾客推销商品的一种推销形式。它不像上门推销那样积极主动，但由于铺面固定，易使顾客信赖，所费人力也较小。

(3)会议推销

会议推销是企业利用各种形式的会议，介绍和宣传产品，开展推销活动的一种形式。尽管会受到与会者人数、范围限制，但这种推销方式具有用户集中、厂家众多以及中间商、零售商、个体消费者集聚等特点，便于在短时间内进行大量洽谈活动，省时省钱。

2. 人员推销的对象

人员推销的对象有消费者、生产用户和中间商。

(1)向消费者推销

推销人员在向消费者推销产品之前，必须对消费者有所了解，如年龄、性别、职业等基本情况，然后再进一步了解消费者的购买能力、购买习惯等，以此为依据有针对性地对不同的消费者施以不同的推销技巧。

(2)向生产用户推销

将产品推销给生产用户的必要条件是熟悉生产用户的有关情况，在此前提下，推销人员还要善于准确而恰当地说明自己产品的特点，分析生产用户使用该产品后会得到怎样的效益。

(3)向中间商推销

向中间商推销时也要求推销人员具备相当丰富的专业知识和较高的推销技巧来应付理智型的购买行为。在向中间商推销产品时除了要了解中间商的有关信息外，还要向其提供帮助，以建立友谊，扩展销售。

三、人员推销的任务及其工作步骤

1. 推销人员的任务

① 探寻市场。推销人员应该寻求机会，发现潜在顾客，创造需求，开拓新的市场。

② 传递信息。推销人员要及时向消费者传递产品和劳务信息，为消费者提供购买决策的参考资料。

③ 销售产品。这一任务包括接近顾客，回答顾客的问题，解除顾客疑虑，促成交易。

④ 收集情报。推销人员在推销过程中还要收集情报，反馈信息。

⑤ 开展售前、售中、售后服务。推销人员在推销过程中，既要向消费者提供售前的信息介绍、咨询服务，又要为顾客提供售中的接待服务，还要为顾客提供售后服务，以消除顾客的后顾之忧。

2. 推销人员的工作步骤

一般来说，推销人员推销商品包括这样几个步骤：寻找顾客、顾客资格审查、约见、接近准备、面谈等。

(1)寻找顾客

寻找顾客有很多种办法，如地毯式访问法、连锁介绍法、中心开花法、个人观察法、广告开拓法、市场咨询法和资料查阅法等。寻找顾客的目标是找到准顾客。准顾客，是指既可以获益于某种推销的商品，又有能力购买这种商品的个人或组织。

(2)顾客资格审查

西方推销人员中流传着这样一件事：两大公司各派一名推销员，到非洲去推销皮鞋，开拓新市场。到达目的地之后，两个推销员各自给总公司拍了一封电报，其中之一是"此地无市场，因为所有的人都不穿鞋子"；另一个是"此地市场潜力很大，因为所有的人都没有鞋子可穿"。由于在对顾客进行资格审查时，推销员的着眼点不一样，结果就不一样，最终导致公司的营销策略不一样。

(3)约见

约见是推销人员事先征得顾客同意接见的行动过程。一般来说，顾客都不大欢迎推销人员来访，这就需要推销人员利用销售技巧打动准顾客，约见成功就意味着推销工作向前迈进了一大步。

(4)接近准备

其方法有：

① 产品接近法。推销员直接利用推销的产品引起顾客注意，它适用于本身有吸引

力、有特色、质地优良的商品。

② 利益接近法。利益接近法利用商品的实惠引起顾客注意和兴趣。

③ 问题接近法。问题接近法以提出问题的方式引起顾客注意和兴趣。

④ 馈赠接近法。推销人员利用赠品来引起顾客注意和兴趣,然后进入面谈。

推销员接近顾客时,一定要信心十足,面带微笑。成功的推销人员平时非常注意微笑训练,甚至有人发明了所谓"G字微笑练习法",即每天早晨起床后对着镜子念英文字母G,以训练笑脸,把微笑变成一件十分自然的事情。

(5)面谈

面谈是整个推销过程的关键性环节。推销工作的一条黄金法则:不与顾客争吵。在面谈中顾客往往会提出各种各样的购买异议。这些异议可分为:

① 需求异议:顾客不需要推销的商品。

② 财力异议:顾客无钱购买推销品。

③ 权利异议:顾客自以为无权购买推销品。

④ 产品异议:顾客自以为不应该购买此种推销品。

⑤ 价格异议:顾客自以为推销品价格过高。

另外还有货源异议、推销人员异议和购买时间异议等。

【延展阅读】

推销员的语言技巧

推销员处理购买异议时应注意语言技巧。如汽车加油站的职员,与其说"您需要加多少油",不如说"我为您把油加满吧";饮食店招待员可以把"您喝点什么"改为选择问句"您是喝咖啡,还是来点点心",这样的问话使顾客感到难以完全拒绝,而"来点点心吧"和"来一杯咖啡吧"这样的问句却达不到那样的效果。

在交易中促使顾客额外购买某些产品还是可能的,但与问话很有关系,"您看一看,想买些什么?"这样的问话毫无意义,很多顾客会不假思索地回答"什么也不买"。

四、推销人员的素质要求

1. 政治素质

(1)具有强烈的事业心和责任感

事业心,就是要成就一项伟大事业的雄心。推销人员的事业心主要表现为:应充分认识到自己工作的价值,热爱推销工作,要有献身于推销事业的精神。推销人员要不怕艰苦,任劳任怨,全心全意为顾客服务,有取得事业成功的坚定信念。

责任感,就是自觉地把分内的事做好的心情。强烈的事业心可以形成高度的责任感。推销人员的责任感主要表现为:忠实于本企业,忠实于自己的顾客。每个推销人员的一言一行都代表着企业的形象,都必须为所在企业负责,为树立企业良好信誉做贡献，绝不允许有损害企业利益的行为发生。同时，推销人员要对顾客的利益负责，真心实意满足顾客的需要，帮助顾客解决实际困难和问题。

(2)具有良好的职业道德

道德是调整人们相互关系以及个人与社会关系的行为准则与规范的总和。推销人员应具有良好的职业道德，因为推销活动不仅是一种个人行为，也是一种社会行为，推销人员必须深刻理解自己的工作所具有的社会意义。作为一个推销员，应具备的职业道德主要有：

① 守法。守法即要求推销人员具有强烈的法制观念，自觉遵纪守法，一切依法办事，真正做到知法、懂法、守法。

② 负责。一方面，推销人员要对企业负责，热爱企业，维护企业信誉，不搞私人交易，不假公济私；另一方面，推销人员要对顾客负责，对顾客讲真话、实话，如实反映商品的品质和功能，千方百计帮助顾客解决各种困难和问题。

③ 守信。守信是市场经济生活得以正常运行的基本保证，推销人员在推销活动中必须信守承诺。如果由于某种原因不能履行承诺，推销人员有义务做出解释，并在必要时主动赔偿损失。

④ 公平。现代推销活动中，坚持公平原则涉及两方面内容：一方面是推销人员在向推销对象推销产品或服务的过程中必须公平，另一方面是推销人员在与竞争者的推销竞争中必须公平。

(3)具有现代推销观念

推销人员应树立和坚持以顾客为中心的现代推销观念。

2. 业务素质

(1)具有丰富的专业知识

① 企业知识。推销人员应了解企业的过去和现状，了解企业在同行业中的地位，对企业的经济实力、技术设备、生产能力、营销策略和销售条件等要相当熟悉，还要了解企业的发展方向。

② 产品知识。了解本企业产品的性能、结构、质量、用途和使用方法以及竞争者的产品情况等。

③ 市场知识。熟悉市场的基本行情，善于捕捉各种有关的市场信息，包括国家的有关政策、条例等。

④ 用户知识。了解并适时适地地运用心理学知识，研究顾客心理的变化和要求，以便采取相应的方法和技巧。

(2)具有熟练的推销技巧

推销技巧是指推销员在推销过程中运用的销售技能，是一种专门技术。推销活动是一个包括寻找潜在顾客、顾客资格审查、接近准备、接近顾客、面谈、处理顾客异议、成交及售后服务在内的完整过程。因此，推销人员需具有熟练的多方面推销技巧。

推销技巧的核心是：推销人员必须站在顾客立场上，为顾客的利益(也为企业的利益)说服顾客购买自己所推销的产品，让顾客充分感受到购买的愉悦心理，并确实因此而获益或感到满足。

推销技巧贯穿于整个推销活动的始终。推销人员应熟练地掌握发掘顾客的各种方法;吸引顾客应具备的条件;有高度的职业敏感,善于找出顾客的真实需求;善于接近顾客,取得顾客的信任;能有效地克服顾客购买时的心理障碍;善于交谈,能正确处理顾客在面谈中提出的各种异议;善于把握成交的合适时机;热心为顾客服务,为顾客排忧解难,并能及时恰当地处理顾客提出的各类申诉和抱怨,使顾客由不满意转为满意,抓住时机,最终成交。

3. 能力素质

(1)观察能力

由于洽谈中顾客的购买欲望稍纵即逝,推销人员要通过揣度顾客的性格、爱好,观察顾客的说话方式及面部表情的变化,以洞察其心理,从而做出正确的判断,掌握成交的时机。

(2)记忆能力

记忆能力是指对经历过的事物能记住,并在需要时回忆起来的能力。推销人员的工作繁杂,需要记住的东西很多,如顾客的姓名、职务、单位、电话、兴趣爱好,商品的性能、特点、价格、使用方法,对顾客的许诺、交易条件、洽谈时间、地点等。

(3)交往能力

交往能力是指人们为了某种目的而运用语言或者非语言方式相互交换信息、实行人际交往的能力。推销人员在工作中要与各种各样的人打交道,有效的交往会密切自己与顾客的关系,增加获得信息的渠道,提高推销效率。

交往能力不是天生的,是在推销实践中逐步培养的。要培养高超的交往能力,推销人员必须努力拓宽自己的知识面,做到天文地理、文韬武略都尽可能懂得多一点,同时要掌握必要的社交礼仪和礼节常识。推销人员还应敢于交往,主动与人交往,在各种场合可以应付自如,圆满周到,并利用各种机会提高自己的社交能力。

(4)语言表达能力

得体的语言、融洽的交谈往往取得了成功的一半。推销人员熟练运用语言技巧,谈吐文雅、彬彬有礼、热情大方、举止得体会赢得顾客的信任和高兴,给顾客留下良好的印象,为推销取得成功创造条件。

(5)应变能力

市场环境因素多样且复杂,市场状况很不平稳,并且推销员一般是独立工作,所以要想实现促销目标,必须具有很强的应变能力,能够筹划推销中的各种活动,应付各种意外情况。

(6)创造能力

推销工作是一种体力劳动与脑力劳动相结合的工作,是一种综合性的工作,是一种创造性的工作。推销人员应具有很强的创造能力,才能在激烈的市场竞争中出奇制胜。推销人员要唤醒自己的创造天赋,要有一股"别出心裁"的创新精神;要突破传统思路,养成独立思考的习惯,决不放过任何产生最佳效果的尝试机会,善于采用新方法、走新路子。这样,其推销活动才能引起广大顾客的注意。

4. 个人素质

(1)坚定的自信心

自信心就是推销人员对自己行为的正确性坚信不疑，抱有充分的信心。推销人员应相信自己能够胜任推销工作，相信自己能够说服顾客购买产品，相信自己能够战胜推销活动中的各种困难，无论是顺境还是逆境，始终保持必胜的信心。推销人员只有对自己充满信心，才能感染顾客、影响顾客并改变顾客的态度，使顾客对你产生信心，进而相信并购买你所推销的商品。因此，自信心是一个合格推销员应当具备的基本条件之一。

自信不是盲目的，不是超越自我现实的无根据的自信，而是在自我认识和自我评价基础上建立起来的自信。推销人员要全面深入地了解自己的各个方面，并进行分析、比较、判断，弄清自己的长处和短处。

(2)顽强的意志

意志是确定目的并选择手段以克服困难、达到预定目的的心理过程。不同的人具有不同的意志，有的人意志坚定，百折不挠；有的人意志力薄弱，惧怕困难。推销人员在工作中，会遇到来自方方面面的阻力，瞬息万变的市场、激烈的竞争、不分昼夜的奔波、严厉的拒绝等，无一不是对推销人员意志的一种考验。推销人员要积极面对挑战，正确地对待在推销活动中遇到的失败和困难，勤奋进取，只有更高的追求加之付出的辛勤劳动，才能有更多的收获。

(3)稳定的情绪

情绪是指与生理需要是否获得满足相联系的倾向，它是由情景所引起并随其而变化的。推销人员在工作中，各种各样的情况都可能遇见：如很顺利成交，使人感到高兴；经过艰苦的讨价还价后达成了交易，使人感到轻松愉快；风云突变，眼看成功的交易失败了，使人感到惋惜；接二连三地碰钉子，使人感到沮丧；无端受到指责、嘲讽，使人感到委屈；等等。这些情况的出现，必然引起推销人员情绪的波动，而推销人员情绪的波动会使顾客的情绪受到感染。所以，推销工作要求推销人员必须保持稳定而乐观的情绪，切忌浮躁，因为浮躁往往会直接影响冷静思考和正确判断，会导致推销工作的失败。

(4)端庄的仪表

在推销活动中，推销人员推销产品的同时也是在推销自己。这就要求推销人员要注意推销礼仪，讲究文明礼貌，仪表端庄，给顾客留下良好的印象，为以后的成交作好铺垫。

(5)健康的身体

推销人员是独立的经营者，每天都要起早贪黑，东奔西走，与各种各样的顾客打交道，而且食、住常无规律，还要交涉各种推销业务，需要有充沛的体力和旺盛的精力。所以，健康的身体是推销人员成功的重要保证，身体欠佳，很难以充沛的精力从事工作。

总之，一个优秀的推销员需要多方面的知识和修养。平时要注意一点一滴地培养，增长才干，这就是为什么从事推销工作的人员很多，而其中佼佼者微乎其微的道理。

五、推销人员的管理

1. 推销人员的甄选

对推销人员的选拔可以有两种途径:一是在企业内部的职工中选拔。他们熟悉企业的基本情况,具备一定的产品技术知识,可以减少训练时间,迅速补充销售力量。二是向社会公开招聘,即企业从高等院校的应届毕业生、其他企业或单位的职工等群体中物色合格人选。

企业选拔推销人员的工作一般有三个方面:一是履历审查。了解其工作经验、工作态度、工作业绩和社会交往情况,以此作为选择的基础。二是笔试。通过综合知识的测试,掌握其业务知识和文化知识的状况。三是面试。这是选拔的最后一关,也是起着决定作用的方面,因为通过面试可以比较准确地评定一个人的语言能力、仪表风度以及理解问题和解决问题的能力。

2. 推销人员的培训

培训推销人员的方法通常有三种:一是讲授培训。这是一种课堂教学培训方式。一般是通过举办短期学习班或到职业技能培训院校去进修等形式,由专家、教授和有丰富经验的推销员进行基础理论、商品知识、企业知识、顾客知识、市场知识和推销技巧的综合培训以及对有关政策法规、业务职责和工作程序的培训。二是模拟培训。它是受训人员亲自参与的、有一定真实感的培训方法。三是实践培训。实际上,这是一种岗位练兵,已经被选上的推销人员直接上岗,请有经验的推销人员传、帮、带,使受训人员逐渐熟悉业务,成为合格的推销人员。

3. 推销人员的组织

推销人员的组织结构可分为以下几种:

(1)地区结构式

地区结构式是每个(组)推销人员负责一定地区的推销业务。不过,由于不同地区的顾客密度、销售潜量和工作量不等,每个推销员负责地区的面积并不相同。这种结构形式简单,目标明确,便于发挥销售人员的工作能力,便于销售人员与当地各界人士建立良好关系,有利于节约销售费用。不利之处在于当产品或市场差异性较大时,推销人员不能很好地了解众多的产品和顾客,从而影响推销效果。

(2)产品结构式

产品结构式是每个(组)推销人员负责一种或几种产品的推销业务。它适用于经营众多各不相同的产品且这些产品的技术性较强、差异较大的企业。这种结构形式有利于推销人员发挥自己的长处,专门服务于有关产品的顾客,可以争取到更多的顾客,但由于不同产品的推销员可能到同一地区推销,不利于节约推销费用。

(3)顾客结构式

顾客结构式是根据顾客的行业、规模、分销渠道的不同而分别配备推销人员。对采取多角化经营战略的企业来说,采用顾客结构式即按用户行业或为某个大用户单独组建销售队伍更为合理。因为这种形式有利于加深推销人员对客户的了解,建立用户档案，充分满足顾客的要求。但其缺点在于当顾客分布地区较分散时，会导致企业推销费用过大。

(4)综合结构式

综合结构式是以上几种结构的综合组织。在企业规模大、产品多、市场范围广和顾客分散的条件下，采用综合结构式可以提高产品销售率。

4. 推销人员的业绩评估

业绩评估的主要考核指标如下：①销售数量指标，是最常用的指标，用于衡量销售增长状况；②访问顾客的次数，衡量推销人员的努力程度；③增加新用户的数量(或市场占有率的提高)，是衡量推销人员特别贡献的主要指标；④销售完成率＝实际销售额/计划销售额；⑤推销费用率＝推销费用/总销售收入。

第三节　广告策略

一、广告的含义及作用

1. 广告的定义

广告作为商品经济发展的产物，以私有制的形成和商品交换的产生为其前提。"广告"二字，从中文字面上理解是"广而告之"；在西方，"广告"一词则源于拉丁语，作"诱导""注意"解，后演化成为英语口语中的Advertising(广告活动)和Advertisement(广告宣传品或广告物)。作为一种熟悉的事物，人人都可以对它指点评说，可是又很难把广告的定义本质把握准确，这是广告有趣又复杂之处。

广告是指广告客户以付费的方式，有计划地借助大众传播媒体向选定的目标市场传递特定的商品、服务或观点的信息，以期产生影响大众行动的信息传播活动。

2. 广告的作用

广告在现代经济生活中的重要性可以从市场、企业、消费这三个层次进行分析。

(1)广告是传播市场商品信息的主要工具

市场的一般定义是指买卖双方相互联系、相互作用的总表现。那么，买卖双方是如何相互联系、相互作用的呢？二者的沟通是通过商品流通来实现的。商品流通由三部分组成：商品交易流通、商品货物流通、商品信息流通。信息流是开拓市场的先锋。大量信息是怎样传递到人们那儿去的呢？靠的是传播。当今世界具有传播商品信息功能的行业或渠道很多，最主要的就是广告信息渠道。

(2)广告是企业竞争的有力武器

第一，利用庞大的广告预算开支，多投入多产出。"没有广告就没有市场，没有广告就没有名牌"已成为企业家的共识。

第二，利用广告策划，吸引受众，以尽可能少的投入获取尽可能大的产出。有的企业利用广告定位，通过具有针对性的广告策略，"放开大路，占领两厢"，为自己争取一定的市场份额。例如，七喜汽水面世之初，面临百事可乐、可口可乐两个超级品牌，七喜在夹缝里如何求生存？七喜为自己的汽水精心设计了简短的广告词“七喜——非可乐”，一下子把饮料市场一分为二：一边是百事可乐、可口可乐等市场所有的可乐型饮料，另一边是刚刚面世的、非可乐的七喜。七喜在众多的可乐饮料市场上为自己“创造”出了一个新的市场。这场非可乐广告宣传的结果是：七喜汽水在第一年的销售量提高了10%，而且以后每年都有所增加。利用广告增强企业的竞争力，不仅见诸大的广告策划，也见于细微的广告文案设计。譬如：牙刷广告词“一毛不拔”，鞋子广告词“千里之行，始于足下”，灭蚊器广告词“默默无‘蚊’”，咖啡广告词“味道好极了”，等等。易懂、易背、易念，这些广告用语给人留下深刻的印象。

第三，利用广告策略，树立企业文化。当今的广告大战，从本质上可以说是不同的企业文化之间的较量和竞争。

(3)广告可以引导消费、刺激消费，甚至创造需求

广告刺激着消费、创造消费需求。因此，有人说：“出售化妆品，实质上出售的是美的希望；出售柑橘，实质上出售的是生命力；出售汽车，实质上出售的是声望；出售衣服，实质上出售的是个性。”

(4)广告还起着美化环境、教育人们的作用

广告也是一种艺术，好的广告能给人以美的享受，能美化市容、美化环境。同时，广告内容设计得当，有利于树立消费者的道德观、人生观及优良的社会风尚。

二、广告的分类

1. 按广告传播的范围分类

(1)全国性广告

全国性广告指的是采用信息传播能覆盖全国范围的媒体所做的广告，以此刺激全国消费者对所广告的产品产生购买欲望。

(2)地方性广告

地方性广告指的是采用信息传播只能覆盖一定区域的媒体所做的广告，以此激发某些特定地区消费者对产品的需求。此类广告传播范围小，比较适合于生产规模小、产品通用性差的产品和企业。

2. 按广告的目的分类

(1)商品广告

商品广告是针对商品销售开展的大众传播活动。

(2)企业广告

企业广告强调宣传、介绍企业名称、企业文化、企业概况等有关企业信息，其目的是提高企业的名誉、形象和声望。

3. 按广告目标分类

(1)通知型广告

通知型广告主要用于新产品的入市阶段，目的在于树立品牌，推出新产品。××香波打入市场的广告就是“还有半个月，一种全新型洗发水将与消费者见面”，然后依次递

减天数，“还有10天”“还有一周”“还有一天”，然后在预定的那天再打出全面介绍该种品牌香波的广告。

(2)说服型广告

说服型广告的目的是培养消费者对某种品牌的需求，从而在同类商品中选择它。“达克宁”药膏通过“不但治标，还能治本”来暗示其同类产品只能治标，不能治本，从而劝说消费者进行选择。

(3)提醒型广告

提醒型广告在产品进入旺销后十分重要，目的是保护消费者对该种产品的记忆和连续购买，如××饮料的广告词就是：“你今天喝了没有？”

三、广告策略

企业的广告策略包括广告目标确定、广告媒体选择、广告创意制作、广告费用预算、广告效果评估等五个方面的内容。

1. 广告目标确定

广告目标是指在一个特定时期对特定观众所要完成的特定的传播任务。福特公司把它的汽车定位为“静悄悄的福特”，整个广告活动围绕“静悄悄”做文章，突出福特汽车的安静舒适、不受噪声干扰的特点。

在制定广告目标时，一般应考虑广告的传播对象、内容、时间、地点、媒体，即广告策略的五大要素。

2. 广告媒体选择

(1)广告媒体的种类

① 印刷品广告。印刷品广告包括报纸广告、杂志广告、电话簿广告、画册广告、火车时刻表广告等，下面举两个例子。

a. 报纸广告。世界上最早的报纸是中国汉代的“邸报”，距今已有1000多年历史。报纸广告的优势是：覆盖面宽，读者稳定，传递灵活迅速，新闻性、可读性、知识性、指导性和纪录性“五性”显著，白纸黑字便于保存，可以多次传播信息，制作成本低等。报纸广告的局限是：广告有效时间短，传播范围有限。

b. 杂志广告。杂志广告是指利用杂志的封面、封底、内页、插页为媒体刊登的广告。世界上最早的杂志是德国《观察周刊》，创于1590年。杂志广告的优势是：阅读有效时间长，便于长期保存，内容专业性较强，有独特的、固定的读者群，如妇女杂志、体育杂志、医药保健杂志、电子杂志、汽车摩托车杂志和家用电器杂志等，有利于刊登相对应的商品广告。杂志广告也有其局限性：周期较长，不利于快速传播，杂志广告的时间性、季节性不够鲜明。

② 电子媒体广告。电子媒体广告或称“电子广告”，是指以电子信息技术、电子媒体来传达广告信息的广告形式，包括电视广告、网络广告、广播广告、电影广告、电子显示大屏幕广告等，下面举两个例子。

a. 电视广告。电视广告是指利用电视为媒体传播放映的广告。电视广告的优势很明显。它收视率高，插于精彩节目的中间，观众为了收看电视节目而愿意接受广告，虽然带有强制性，但观众一般可以接受。电视广告形声兼备，视觉刺激强，给人强烈的感观刺激。观看电视，寓教于乐，寓广告于娱乐，收视效果佳，其广告效果相对显著。它的局限性也很明显，一方面是电视广告制作成本高，电视播放收费高，而且瞬间消失，使企业通过电视做广告的费用很高；另一方面，电视广告的双向沟通性差，互动性弱。

b. 网络广告。网络广告是指利用互联网通过图文或多媒体方式，向互联网用户发布的营利性商业广告。与传统的四大传播媒体（报纸、杂志、电视、广播）广告及近来备受垂青的户外广告相比，网络广告具有得天独厚的优势，发展非常迅速，被称之为“第五大广告媒体”。网络广告相对于其他广告媒体具有覆盖面广、形式多样、信息量大、高效传播、互动性强等特点。

覆盖面广是指网络广告的对象是与互联网相连的所有计算机终端客户，通过互联网将产品、服务等信息传送到世界各地，其世界性广告覆盖范围使其他广告媒介望尘莫及；形式多样是指网络广告采用集文字介绍、声音、影像、图像、颜色、音乐等于一体的丰富表现手段，更加吸引受众；信息量大是指其利用互联网资源能够容纳难以计量的内容和信息，它的广告信息面之广、量之大是报纸和电视无法比拟的；高效传播是指网络广告可以实现多对多的传播过程，相对于报纸广告的一对一的传播过程、电视传媒一对多的方式来说效果要高效得多；互动性强是指广告发布者将广告信息内容准备好，放置于网络站点上，所有网络用户都可以通过上网及时查看，获取广告信息，并能及时与广告者进行沟通和互动。

【延展阅读】

网络广告的历史

网络广告就是在网络上做的广告，是利用网站上的广告横幅、文本链接、多媒体的方法，在互联网刊登或发布广告，通过网络传递到用户的一种高科技广告运作方式。网络广告发源于美国。1994 年 10 月 27 日是网络广告史上的里程碑。这一天美国著名的 *Hotwired* 杂志推出了网络版的 *Hotwired*，并首次在网站上推出了网络广告，立即吸引了 AT&T 等 14 个客户在其主页上发布广告 Banner，这标志着网络广告的正式诞生。我国第一个商业性的网络广告出现在 1997 年 3 月，传播网站是 Chinabyte，广告表现形式为 468×60 像素的动画旗帜广告。Intel 和 IBM 是国内最早在互联网上投放广告的广告主。

c. 广播广告。广播广告是指利用无线电或有线广播为媒体播送传导的广告。由于广播广告传收同步，听众容易收听到最快最新的商品信息，而且它每天重播频率高，收播对象层次广泛，速度快，空间大，广告制作费也低。广播广告的局限性是只有信息的听觉刺激，而没有视觉刺激，而据估计，人的信息来源 60%以上来自眼睛视觉，而且广播广告的频段频道相对不太固定，需要经常调整，也妨碍了商品信息的传播。

③ 户外广告。它主要包括路牌广告（或称“广告牌”，它是户外广告的主要形式，除

在铁皮、木板、铁板等耐用材料上绘制、张贴外，还包括广告柱、广告商亭、公路上的拱形广告牌等)、霓虹灯广告和灯箱广告、交通车厢广告、招贴广告(或称“海报”)、旗帜广告、气球广告等。

④ 邮寄广告。邮寄广告是广告主采用邮寄售货的方式，供应给消费者或用户广告中所推销的商品。它包括商品目录、商品说明书、宣传小册子、明信片、挂历广告以及样本、通知函、征订单、订货卡、定期或不定期的业务通信等。

⑤ POP广告。POP广告是英文“Point of Purchasing Advertising”的大写字母缩写，译为“售点广告”，即售货点和购物场所的广告。世界各国广告业都把POP视为一切购物场所(商场、百货公司、超级市场、零售店、专卖店和专业商店等)场内场外所做广告的总和。

POP广告的种类就外在形式的不同分为立式、悬挂式、墙壁式和柜台式四种，就内在性质的不同分为室内POP广告和室外POP广告两种。室内POP广告是指商店内部的各种广告，如柜台广告、货架陈列广告、模特儿广告、圆柱广告、空中旋转的广告、室内电子广告和灯箱广告。室外POP广告是售货场所门前和周围的POP广告，包括门面装饰、商店招牌、橱窗布置、商品陈列、传单广告、活人广告、招贴画广告以及广告牌、霓虹灯、灯箱和电子显示广告等。

⑥ 其他广告。其他广告是指除以上五种广告以外的媒体广告，如馈赠广告、赞助广告、体育广告以及包装纸广告、购物袋广告、手提袋广告等。

(2)如何选择广告媒体

① 产品因素。如果是技术性复杂的机械产品，宜用样本广告，它可以较详细地说明产品性能，或用实物表演，增强用户实感。一般消费品可用视听广告媒体。

② 消费者媒体习惯。如针对工程技术人员的广告，应选择专业杂志为媒体；推销玩具和化妆品等的广告，较好的媒体是电视。

③ 销售范围。广告宣传的范围要和商品推销的范围一致。

④ 广告媒体的知名度和影响力。它包括发行量、信誉、频率和覆盖区域等。

⑤ 广告主的经济承受能力。广告主的经济承受能力影响着其对广告媒体的选择。

3. 广告创意制作

广告创意是广告设计制作者在酝酿广告时的构想。广告设计制作者根据广告主的要求，在进行详尽的市场调查后，经过精心思考和策划，最后完成一个商品、劳务、企业形象的综合广告方案。

广告创意就其内容而言可包括两类：一是战术型广告创意，是指在确定的市场上，紧紧盯着目标，将产品的品牌迅速留在顾客心中，并得到有利地位；二是战略型广告创意，是指找出可能的市场，确定广告目标和对象，制订切实可行的促销活动计划。

国际广告协会对创意新颖的广告有五点要求：能体现愉快的感觉；能体现创新进步的精神；能解决某一实际问题；有明确的承诺；有潜力。

(1)广告创意设计的构思

广告创意设计的构思要真、简、奇、美，攻心为上。创意设计很艰苦。一家广告公司为德国××啤酒打进本国市场代理广告业务。如何既保持原有品牌的优势，又适合本国的具体情况呢？该广告制作以下数量众多、精美的备选广告：“没办法，害羞是数百年来的家族遗传”“这一杯是我们的最佳代言人”和“不妨先向邻居打听打听”等。

（2）广告创意的媒体运用

广告创意不仅是文案设计，还包括广告宣传所使用的媒体设计。如何运用各种媒体的特点来为广告服务，同样显创意功夫。如“西铁城”手表打入澳大利亚市场的广告创意，也是利用POP广告媒体，巧妙地宣传产品的质量。预告消费者某日某时某刻，该公司用飞机在堪培拉广场空投西铁城手表，谁捡到就归谁，届时飞机如期而至，数以万计的手表从天而降……消费者戴着高空落下、走时准确又不要钞票的手表，效果非常好。

创意广告的媒体选择，离不开现代科技，同样是利用POP广告，精工表的广告创意则充分显示了现代科技的运用：在西欧一个城市上空，突然飘来一朵彩云，这彩云不偏不倚停留在人群密集的中心广场上空，不断变换着颜色，慢慢地映出醒目的大字：“精工表世界销售总值第一”。现代科技研究发现：人造烟幕在空气中停留的时间，可以通过减少云烟中微粒的直径和比重的办法来延长，钟表公司就是根据这一原理制造出了这一新颖独特的烟幕广告。

（3）广告创意的语言艺术

广告创意的语言艺术散见于各种商品广告之中。例如，理发店的广告语言为“虽是毫末技艺，却是顶上功夫”；猪饲料的广告语言为“饲宝×××，催猪不吹牛”；酸梅汁的广告语言为“小别意酸酸，欢聚心甜甜”；粉刺药品的广告语言为“只要青春不要‘痘’”；汽车的广告语言为“车到山前必有路，有路必有××车”。

语言艺术还包括产品的商标名称和进入国外市场的译名。可口可乐（Coca cola）打入中国市场时，拟用四个谐音的汉字来称呼这种不含酒精的西方饮料，开始选译的是“蝌蚪嚼蜡”，又是动物又是蜡烛，无味加不干净的印象，使其无人问津，后转用“可口可乐”，美味可口、开心快乐，从此销路大增。

4. 广告费用预算

广告费用预算可有以下四种不同的选择方案。

（1）销售百分比法

根据过去经验，按计划销售额的一定百分比确定广告费用。好处是简便易行，缺点是实际操作中过于呆板，不能适应市场变化。

（2）目标任务法

明确广告目标后，选定广告媒体，再计算出为实现这一广告目标应支出的广告费用。这种方法在实际操作中难度较大，因为广告目标很难以数字来精确计算。

（3）竞争对抗法

它是根据竞争对手的广告宣传情况，来决定自己的广告费用支出的一种方法。

（4）倾力投掷法

企业在不能测定广告目标和广告效果的情况下，常常采用有多少费用就做多少广告的办法，它的风险比较大。

5. 广告效果评估

广告效果的评估就是指运用科学的方法来鉴定所做广告的效益。广告效益包括三个方面：一是广告的经济效益，是指广告促进商品或服务销售的程度和企业的产值、利税等经济指标增长的程度；二是广告的心理效益，是指消费者对所作广告的心理认同程度和购买意向、购买频率；三是广告的社会效益，是指广告是否符合社会公德，是否寓教于销。

广告效果的测定方法，主要有以下方法：

(1)预审法

它是广告制作完成以后，在媒体发布以前所进行的广告效果测定和相应分析。具体可通过以下手段进行：

① 模拟销售检验。模拟销售检验就是通过人为的办法"选"一个销售环境，以此检验广告的促销功能。譬如"盲目销售检验"，就是把包装好的产品上的商标拿掉，摆在货柜上，每种商品后面有个说明卡片，上面分别有一则不同的广告，最后看哪种商品销量大，就说明哪种卡片上的广告促销功能强。

② 消费者试用。消费者试用就是把一组同类产品放在消费者面前，消费者可以是企业内部的职工，也可以是部分有兴趣的市民，各自产品均配以不同的广告，然后检验消费者对广告的反应程度、对相应产品的购买意向和购买结果。这类办法的优点是速度快，检验的是真正的消费者，价格费用不高，能利用完整的广告；局限性在于不是顾客主动选购，而是被动回答，购买行为不自然，而且由于消费者表达能力的不同，对其意见想法的回答难以准确。

③ 邮寄检验。邮寄检验可以通过各种各样的印刷品形式进行，如小册子、信件、说明书和明信片等。把不同的广告缩小印在明信片上，每张明信片都有一些免费小赠品，所有明信片的赠品都一样，然后把这些明信片寄给大量的、有一定代表性的消费者，根据有复信并已接受赠品者的比例大小，就可以检测出广告有效程度。

④ 仪器检验。仪器检验就是把消费者置于各种仪器前，检测其对广告的反应程度。视力相机的功能是在阅读广告时记录其视力运动情况。测量表明，一个人在阅读时，眼睛并不是顺着字行稳定地移动的。同时，不同人的阅读习惯也不同。通过视力相机获得的资料可以用来确定广告标题的位置，确定某一广告长度的合适与否以及其他广告文案设计问题。再如印象测量器也是一种国外使用的广告效果检测仪，这种机械装置把被检的广告在被检测人员眼前暴露 3～5 秒，然后检验人员可以衡量出每个被检人能够回忆起多少广告内容。

(2)复审法

这是广告发布以后，为了分析广告效果、调整广告策略而进行的测量广告效果的方法。具体可通过以下手段进行：

① 售后检验。这是最直接、也是用处最多的一种方法。它把广告发布后企业产品的新的销售量和广告发布前的销售量比较，从其中得出广告的促销功能。优点是简便易行，立竿见影，直接和企业销售量挂钩；不足之处是无法把广告促销的效果和同时作用的其他促销办法(如人员促销、公共关系)的效果区分开来。

② 调查检验。调查消费者，询问顾客，做一些广告并向读者提供一些好处，鼓励他们对广告做出评论。可以把同一则广告发布在不同的媒体上（电视、报纸、广播等），询问哪一种效果好；也可以同时发布在报纸上，准备两则广告，今天刊登一则广告，明天刊登另一则广告，然后询问哪一种广告效果较好，再决定取舍。

③ 回忆检验。一般来说，不给对方任何提醒或暗示，只是在受试者记忆的中检查所做广告深入人心的程度。其优点是提供有关广告深入人心的程度方面的材料，而且还可以检测消费者是否领会了广告制作人员试图表达的广告主题，广告设计意图和受众的接受认同程度是否一致；缺点是费用大，受试者记忆兴趣和记忆程度有差别。

第四节　营业推广

一、营业推广的种类

营业推广又称"销售促进"，是指那些能够刺激顾客作出强烈反应、促进短期购买行为的促销方式。营业推广能直接、迅速地提高销售额，其种类主要有三种。

1. 针对消费者的营业推广

针对消费者的营业推广可以鼓励老顾客继续使用，促进新顾客使用，动员顾客购买新产品或更新设备；引导顾客改变购买习惯，或培养顾客对本企业的偏爱行为等。其方式有：

第一，赠送样品，即向消费者赠送样品或试用样品，样品可以挨户赠送，在商店或闹市区散发，在其他商品中附送，也可以公开广告赠送。赠送样品是介绍一种新商品最有效的方法，费用也最高。

第二，赠送优惠券，即给持有人一个证明，证明他在购买某种商品时可以免付一定金额的钱。

第三，廉价包装，即在商品包装或招贴上注明，比通常包装减价若干。它可以是一种商品单装，也可以把几件商品包装在一起。

第四，有奖销售，即向购买某产品的消费者提供获得现金、旅游、物品的机会。各种摸奖、抽奖也属此类。

第五，现场示范，即企业派人将自己的产品在销售现场当场进行使用示范表演，把一些技术性较强的产品的使用方法介绍给消费者。

第六，组织展销，即企业将一些能显示企业优势和特征的产品集中陈列，边展边销。

第七，包装兑现，即采用商品包装来兑换现金或奖品，如收集到若干个某种饮料瓶盖，可兑换一定数量的现金或实物，借以鼓励消费者购买该种饮料。

第八，提供赠品，即对购买价格较高的商品的顾客赠送相关商品（价格相对较低、符合质量标准的商品）有利于刺激高价商品的销售。提供赠品是有效的营业推广方式。

2. 针对中间商的营业推广

针对中间商的营业推广目的是鼓励批发商大量购买，吸引零售商扩大经营，动员有关中间商积极购存或推销某些产品。其方式可以采用：

第一，批发回扣。企业为争取批发商或零售商多购进自己的产品，在某一时期内可给予购买一定数量本企业产品的批发商一定的回扣。

第二，推广津贴。企业为促使中间商购进企业产品并帮助企业推销产品，还可以支付给中间商以一定的推广津贴。

第三，销售竞赛。企业根据各个中间商销售本企业产品的实绩，分别给优胜者以不同的奖励，如现金奖、实物奖或免费旅游奖等。

第四，举办交易会或博览会、业务会议。

第五，工商联营。企业分担一定的市场营销费用，如广告费用、摊位费用，以便跟经销商建立稳定的购销关系。

3. 针对销售人员的营业推广

鼓励销售人员热情推销产品或处理某些老产品，或促使他们积极开拓新市场。其方式可以采用：①销售竞赛：如有奖销售，比例分成；②免费提供人员培训、技术指导；③职位提拔；④免费旅游；等等。

二、营业推广的特点

1. 直观的表现形式

许多营业推广工具具有吸引注意力的性质，可以打破顾客购买某一特殊产品的惰性。它们告诉顾客说这是永不再来的一次机会，这种吸引力，尤其是对于那些精打细算的人是一种很强的吸引力，但这类人对于任何一种品牌的产品都不会永远购买，是品牌转换者，而不是品牌忠实者。

2. 灵活多样，适应性强

企业可根据顾客心理和市场营销环境等因素，采取针对性很强的营业推广方法，向消费者提供特殊的购买机会，具有强烈的吸引力和诱惑力，能够唤起顾客的广泛关注，立即促成购买行为，在较大范围内收到立竿见影的功效。

3. 有一定的局限性和副作用

有些方式显现出卖者急于出售的意图，容易造成顾客的逆反心理。如果使用太多，或使用不当，顾客会怀疑此产品的品质，或怀疑产品之价格是否合理，容易给人造成"推销的是水货"的错误感觉。

【延展阅读】

TCL"双11"大象送货玩出新花样

"双11"，是指每年11月11日的网络促销日，来源于阿里巴巴集团天猫事业部在2009年11月11日举办的网络促销活动。"双11"已成为名副其实的全民购物盛宴，被称为"网络购物狂欢节"或者"全球购物狂欢节"。"双11"期间，各大家电企业都推出了海量降价活动，大打促销战，也有商家推出了不少吸引眼球的活动，为品牌聚集人气。TCL 的营销传播手法也更显创新。“双 11”当天，一位主播就跑到了苏宁易购直营店，打算直播教大家怎样挑选一款好家电。不过，原本这平凡无奇的直播却碰上了一次颇为有趣的大象送货事件。在活动现场有两头大象，这两头大象起初在苏宁易购门前等待，在接到配送任务后，两头大象就跟着苏宁易购 TCL 送货员出门送货了。这引得许多朋友纷纷驻足观看，掏出手机来拍这两位特殊的送货员。而两头大象也显得关系融洽，一直在互相打闹，看起来并不害怕人类。而在 TCL“双 11”活动期间购买了电视、空调以及洗衣机的“家电全家桶”的客户也对这位特殊的家电送货员的到来显得十分惊喜。随后，TCL 送货员为客户安装购买家电，大象首次的送货之旅也完满成功。原来这是 TCL 大象送货直播活动。在竞争激烈的“双 11”家电市场，TCL 的大象送货活动真可谓脑洞大开，开启了家电配送以及品牌营销的新玩法。这次活动在网络上吸引了非常多的关注，引发了消费者兴趣，加强了企业与消费者的沟通，进而推动用户转化率提升，最终也取得了良好的效果。

三、营业推广的实施过程

一个企业在运用营业推广时，一般包括确定目标、选择工具、制订方案、实施和控制方案、评价结果等过程。

1. 确订营业推广目标

就消费者而言，目标包括鼓励消费者更多地使用商品和促进大批量购买；争取未使用者试用；吸引竞争者品牌的使用者。就零售商而言，目标包括吸引零售商经营新的商品品目和维持较高水平的存货，鼓励他们购买冷门商品，抵消各种竞争性的促销影响，建立零售商的品牌忠诚和获得进入新的零售网点的机会。就销售队伍而言，目标包括鼓励他们支持一种新产品或新型号，激励他们寻找更多的潜在顾客和刺激他们推销冷门商品。

2. 选择营业推广工具

企业可以在上述的各种方式中，灵活有效地选择使用。

3. 制订营业推广方案

营业推广方案应该包括这样几个因素：

第一，费用。营销人员必须决定准备拿出多少费用进行刺激。

第二，参加者的条件。刺激可以提供给任何人，或选择出来的一部分人。

第三，营业推广措施的分配途径。营销人员必须确定怎样去促销和分发促销方案。

第四，营业推广时间。调查结果显示，最佳的频率是每季有三周的促销活动，最佳持续时间是产品平均购买周期的长度。

第五，营业推广的总预算。

4. 方案试验

面向消费者市场的营业推广能轻易地进行预试，可邀请消费者对几种不同的、可能的优惠办法作出评价打分等，也可以在有限的地区进行试用性测试。

5. 实施和控制营业推广方案

实施的期限包括前置时间和销售延续时间。前置时间是从开始实施这种方案前所必需的准备时间。它包括最初的计划、设计，以及包装修改的批准或者材料的邮寄或者分送到家；配合广告的准备工作和销售点材料；通知现场推销人员，为个别的分店建立地区的配额，购买或印刷特别赠品或包装材料，预期存货的生产，存放到分配中心准备在特定的日期发放。销售延续时间是指从开始实施到大约95%的采取此促销办法的商品已经在消费者手里所经历的时间。

6. 评价营业推广结果

对营业推广方案的评价是营业推广的最后一步。最常见的一种方法是把推广前、推广中和推广后的销售进行比较。

第五节　公共关系

一、公共关系的含义及基本特征

1. 公共关系的概念

公共关系是指某一组织为改善与社会公众的关系，促进公众对组织的认识、理解及支持，达到树立良好组织形象、促进商品销售的目的的一系列促销活动。“公共关系”一词的本义是工商企业与其周围的各种内部、外部公众建立良好的关系。它是一种状态，任何一个企业或个人都处于某种公共关系状态之中。它又是一种活动，当一个工商企业或个人有意识地、自觉地采取措施去改善自己的公共关系状态时，就是在从事公共关系活动。作为促销组合的一部分，公共关系的本质是一种管理职能：评估社会公众的态度，确认与公众利益相符合的个人或组织的政策与程序，拟订并执行各种行动方案，以争取社会公众的理解与接受。

2. 公共关系的基本特征

(1)形象至上

在公众中塑造、建立和维护组织的良好形象是公共关系活动的根本目的，而这种形象既与组织的总体有关，也与公众的状态和变化趋势直接相连。这就要求组织必须有合理的经营决策机制、正确的经营理念和创新精神，并根据公众、社会的需要及其变化，及时调整和修正自己的行为，不断地改进产品和服务，以便在公众面前树立良好的形象。可以这么说，良好的形象是组织最大的财富，是组织生存和发展的出发点和归宿。企业的一切工作都是为顾客展开，失去了社会公众的支持和理解，组织也就没有存在的必要了。

(2)沟通为本

在现代社会,社会组织与公众打交道,实际上是通过信息双向交流和沟通来实现的。正是通过这种双向交流和信息共享过程,才形成了组织与公众之间的共同利益和互动关系。这是公共关系区别于法律、道德和制度等意识形态的地方。在这里,组织和公众之间可以进行平等自愿的、充分的信息交流和反馈,没有任何强制力量,双方都可畅所欲言,因而能最大程度地降低不良影响。

(3)互惠互利

对于一个社会组织而言,当然应该追求自身利益的最大化,但很多组织在这一过程中却发生了迷失。对社会组织而言,只有在互惠互利的情况下,才能真正达到自身利益的最大化。组织的公共关系工作之所以有成效、之所以有必要,恰恰在于它能协调双方的利益,通过公共关系,可以实现双方利益的最大化,这也是具备公关意识的组织和不具备公关意识的组织的最大区别。

(4)真实真诚

追求真实是现代公共关系工作的基本原则,告诉公众真相便一直是公关工作的不二信条。尤其是现代社会,信息及传媒手段空前发达,这使得任何组织都无法长期封锁消息、控制消息,以隐瞒真相、欺骗公众。因此,公共关系强调真实原则,要求公关人员实事求是向公众提供真实信息,以取得公众的信任和理解。

(5)长远观点

公共关系是通过协调沟通、树立组织形象、建立互惠互利关系的过程。这个过程既包括向公众传递信息的过程,也包括影响并改变公众态度的过程,甚至还包括组织转型,如改变现有形象、塑造新的形象的过程。所有这一切,都不是一朝一夕就能完成的,必须经过长期艰苦的努力。因此,在公共关系工作中,公共关系组织和公关人员不应计较一城一池之得失,而要着眼于长远利益,只要持续不断努力,付出总有回报。

二、公共关系的职能

公共关系的对象很广,包括消费者、新闻媒体、政府和业务伙伴等。组织机构利用公共关系去吸引公众的注意力或者去抵消留在公众头脑里的坏印象。国家使用公共宣传去吸引更多的观光者、外国投资者和取得国际支持。公共关系作为一门经营管理的艺术,其功用、职能主要体现在信息收集、咨询建议、信息沟通等多个方面。

1. 信息收集

公共关系所须收集的信息主要有两大类,即产品形象信息与企业形象信息。产品形象信息包括公众特别是用户对于产品价格、质量、性能、用途等方面的反映,对于该产品优点、缺点的评价以及如何改进等方面的建议。企业形象信息则包括公众对本企业组织机构的评价,如机构是否健全,设置是否合理,人员是否精简,运转是否灵活,办事效率如何等;公众对企业管理水平的评价,如经营决策评价、生产管理的评价、市场营销管理的评价、人事管理的评价等;公众对于企业人员素质的评价,如对决策者的战略眼光、决策能力、创新精神等方面的评价；公众对于企业服务质量的评价，包括服务态度、对顾客的责任感。

2. 咨询建议

其内容涉及本企业知名度、可信度的评估和咨询，公众心理的分析预测和咨询，以及评议本企业的方针、政策、计划。

3. 信息沟通

在企业创建时期，信息沟通的主要任务是争取建立公众对于本企业的良好印象，能够招揽人才、争取投资；建立自己的独特风格，如企业的产品命名、商标、广告的制作、代表色的选择、门面的装修。企业遇到风险时，要弄清事情的原因，区别对待：对公众的误解或他人的陷害，要进行必要的解释，将本企业采取的预防措施向公众宣布；对企业自身过失而危害了公众利益，公共关系人员应实事求是，使恶劣影响减小到最低限度，将本企业的改进措施公之于众，帮助企业重振声誉。

【延展阅读】

微软和苹果因竞合而双赢

微软公司销售 IBM 个人电脑上使用的视窗操作系统。视窗结合 IBM 个人电脑，最大的竞争者是苹果公司的麦金托什电脑。苹果公司和微软公司多年来一直争夺市场占有率，但两者不仅是竞争者，也是伙伴，为什么呢？因为微软也生产用于麦金托什电脑上的文书处理和试算表软件。没有微软公司的软件，较少有人愿意购买麦金托什电脑；没有麦金托什电脑，微软公司也损失部分利润丰厚的应用软件市场。这两家公司的关系即是竞合关系——某个领域内合作，某个领域内竞争。如果微软公司和苹果公司都视对方为死敌，这样的关系便无法存在。只有双方领导人都抛弃狭隘的军事心态，不再沉溺于毁灭竞争者的念头里，进行动机良好的竞争，甚至与竞争者合作以炒热市场，大家才能获得更丰富的利润。

三、公共关系的原则与实施步骤

1. 确定公共关系的原则

(1)以诚取信的原则

企业要在公众心目中树立良好的形象，关键在于诚实。只有诚实才能获得公众信任。如果企业以欺骗的方法，吹嘘自己，必然失去公众的信任。

(2)公众利益与企业利益相协调的原则

企业的生存发展不能离开社会的支持，诸如劳动力、资金、生产资料的提供及政府的宏观调控。因此，企业为社会公众提供优质产品，进行公关活动时必须将公众利益与企业利益结合起来。

2. 公共关系实施的步骤

(1)调查研究

企业通过调研,一方面了解企业实施政策的有关公众的意见,反馈给高层管理者,促使企业决策有的放矢;另一方面,将企业领导者的意图及企业决策传递给公众,使公众提高对企业的认识。

(2)确定目标

一般说来,企业公关目标是促使公众了解企业形象,改变公众对企业的态度。具体地说,公关目标是通过企业传播信息,转变公众态度,即唤起企业需求。必须注意,不同企业或企业在不同发展时期,其公关具体目标是不同的。

(3)交流信息

企业通过大众传播媒体及交流信息的方式传播信息。可见,公关过程就是信息交流过程。

3. 评估公共关系结果

评价的指标包括:第一,曝光频率。衡量公共关系效果的最简易的方法是计算出现在媒体上的曝光次数。企业同时希望报上有字、广播有声、电视有影。第二,反响。企业分析由公共关系活动而引起公众对产品的知名度、理解、态度方面的变化,调查这些变动前后变化水平。第三,销售额和利润。销售额和利润的影响是最令人满意的一种衡量方法。

四、公共关系的主要方法

1. 利用新闻媒介

由新闻媒介提供的宣传报道对企业来说是免费广告,它能给企业带来许多好处。首先,它比广告创造更大的新闻价值,有时甚至是一种轰动效应,而且能鼓舞企业内部的士气和增强信心。一个企业或者产品能作为新闻报道而受到赞扬,无疑是一种有力的激励。其次,宣传报道比广告更具有可信性,使消费者在心理上感到客观和真实。

2. 参与社会活动

企业在从事生产经营活动的同时,还应积极参与社会活动。企业在社会活动中体现自己的社会责任,赢得社会公众的理解和信任。同时,企业结交社会各界朋友,建立起广泛和良好的人际关系。

3. 组织宣传展览

在公共关系活动中,企业可以印发各种宣传材料,如介绍企业的小册子、业务咨询、图片画册、音像资料等,还可以举办形式多样的展览会、报告会、纪念会及有奖竞赛等,通过这些活动使社会公众了解企业的历史、业绩、名优产品、优秀人物、发展的前景,达到树立企业形象的目的。

4. 进行咨询和游说

咨询主要是向管理人员提供有关公众意见,是企业定位与形象等方面的劝告和建议,也可包括回答和处理顾客的问题、抱怨和投诉。游说的对象主要是立法机构和政府官员。企业与他们打交道的目的是在一定范围内防止不利于本企业的法令、规定的颁布实施，或为了促使有利于本企业的法令、规定的颁布实施。

5. 公司广告

公司广告是一种延伸的公关职能，通过对某一社会事件或者公益事业表明立场或直接参与来推销整个公司。公司广告常见的形式有：形象广告，是以提高组织知名度、树立组织整体形象为目标的公关广告，在组织行为足以为组织声誉增光生色的基础上，致力于让公众知道组织的名字，亮出“牌子”；倡导广告，以社会热点、商业动态或环境问题为主题，通过宣传一种社会理想来宣传公司观点；公益广告，通过宣传和赞助社会公益事业来获得形象支持。

本章小结

本章主要介绍了促销的含义，促销的实质是信息沟通的过程。促销主要起着传递信息、提供情报、突出特点、树立形象、引导消费、刺激需求、形成偏爱、稳定销售等作用。促销组合主要包括人员推销、广告、营业推广、公共关系四种方式。企业可能采取的两种促销策略有“推”的策略和“拉”的策略。促销组合的选择主要受其促销目标、产品因素、市场条件、促销预算、购买者准备阶段等因素的影响。人员推销是指企业通过派出推销人员与一个或一个以上可能成为购买者的人交谈，做口头陈述，以推销商品、促进和扩大销售。广告是指广告客户以付费的方式，有计划借助大众传播媒体向选定的目标市场传递特定的商品、服务或观点的信息，以期产生影响大众行动的信息传播活动。广告媒体的种类包括印刷品广告、电子媒体广告、户外广告、邮寄广告、POP 广告和其他广告。广告媒体的选择主要受产品因素、消费者媒体习惯、销售范围、广告媒体的知名度和影响力、广告主的经济承受能力等因素影响。营业推广又称“销售促进”，是指那些能够刺激顾客作出强烈反应、促进短期购买行为的促销方式，其种类包括针对消费者的营业推广、针对中间商的营业推广、针对销售人员的营业推广。公共关系是指某一组织为改善与社会公众的关系，促进公众对组织的认识、理解及支持，达到树立良好组织形象、促进商品销售的目的的一系列促销活动。

客观题

请扫二维码。

(http://www.ehuixue.cn/index/Orgclist/course? cid=11924)

复习思考题

1. 促销组合的影响因素有哪些？
2. 何为人员推销，其特点有哪些？

3. 广告媒体的种类有哪些，如何选择广告媒体？

4. 营业推广的特点有哪些，如何实施？

5. 如何理解公共关系的含义？

应用与探讨

请以你身边所熟悉的某一企业为例，设计一个节假日促销方案。

【结尾案例】

招商银行微信营销案例

招商银行1987年成立于中国改革开放的最前沿——深圳蛇口，是中国境内第一家完全由企业法人持股的股份制商业银行，也是国家从体制外推动银行业改革的第一家试点银行。

招商银行诞生以来，始终坚持“因您而变”的经营服务理念，品牌知名度日益提升。在英国权威金融杂志《银行家》公布的2019年全球银行品牌1000强中，招商银行品牌价值位列全球第9位，一级资本位列全球第19位；在《财富》世界500强榜单中，招商银行连续8年强势入榜，2019年名列世界第188位。

近年来，招商银行持续推进“轻型银行”建设，实现了“质量、效益、规模”动态均衡发展，结构更安全，特色更鲜明，模式更清晰。

面向未来，招商银行提出“金融科技银行”新定位，紧紧围绕客户需求，深度融合科技与业务，以科技敏捷带动业务敏捷，创造最佳客户体验。

当客户想要查询银行账户余额时，可以有多种方式，而当下最为方便省事的就是直接关注银行公众号登录账号进行查询。招商银行信用卡微信公众号率先落实这一功能，成了金融、电信行业广泛使用这一营销方式的典型案例。

招商银行微信信用卡中心利用技术在微信公众号上开发出了支持查询信用卡余额的功能，这一功能只需要用户绑定微信号和信用卡信息就能实现，非常方便实用。而为了推广这一功能，招商银行首先利用微信的漂流瓶功能发起了一个“爱心漂流瓶”的公益活动，用户捡到漂流瓶便可以在公众号兑换积分，为自闭症儿童提供帮助。这样简单有用的公益活动吸引了很多用户的参与，很快就获得了很多粉丝，借此推广了招商银行微信信用卡中心公众号，并且借助公益善行提高了招商银行的品牌影响力和美誉度。更重要的是，通过公众号的互动，用户和粉丝们有机会直接体验招商银行微信银行的便利功能。

此外，招商银行还借助二维码扫描的方式来宣传这一新产品，打出“国内首家微信银行”的旗号引起用户们的好奇和尝试，在线上、线下的一些场所进行二维码推广，任何持有招商银行信用卡的用户都有可能注意到并出于好奇和方便扫码尝试，这也为其公众号带来了许多精准客户粉丝。

招商银行的确是国内首家推出“微信银行”服务的金融企业，这一概念，及其借助微信进行营销的策略，成了很多金融电信企业效仿的样本。从其产品本身的便利性就足以吸引到很多用户，而借助公益活动和二维码的低成本推广，利用微信的泛用性和传播上的方便快捷，成功获得了粉丝，提高了招商银行微信信用卡中心的知名度。

问题：

1. 招商银行的微信查询账户余额策略有何借鉴之处？
2. 开展微信推广要注意哪些问题？

第十一章　市场营销计划、组织与控制

【学习目标】

通过本章内容的学习，学生将了解市场营销计划、组织、实施、控制的相关概念，熟悉市场营销计划的内容，了解市场营销部门的组织形式，理清市场营销部门与其他部门之间的关系，掌握市场营销实施的过程和市场营销控制的内容及其方法。

【导入案例】

京东到家发布“2018 全域营销计划”

（电子商务研究中心讯）2018 年 3 月 28 日，京东到家发布了“2018 全域营销计划”。

达达—京东到家市场副总裁汪蕊表示，京东到家除了本身在线上拥有 5000 多万注册用户和 2000 多万月活跃用户外，在线上、线下都有全域业态布局。其中，以智能货柜为载体的近场域覆盖 10 米左右的距离，满足了消费者 2～10 分钟的时效需求；以全家、7—11 和罗森等便利店为载体的社区域覆盖 50～500 米左右的距离，满足了消费者 15～30 分钟的时效需求；以超市、大卖场和京东到家 App 为载体的本地域覆盖1～3千米左右的距离，满足了消费者 1 小时以内的时效需求。最后，通过对“全域”所获得的海量信息进行沉淀、提炼、融合和交叉分析，形成精准的用户画像。

汪蕊介绍称，针对品牌商在渠道整合上的痛点，京东到家通过自身线上、线下的优势，拥有全行业最强的渠道整合能力。在此前与伊利的合作中，京东到家通过独有的末端冷链配送管理方案，帮助伊利有效解决了其低温酸奶品类很难在线上售卖的问题，并进行场景化促销活动。

针对投放转化的痛点，京东到家通过充沛的线上流量和丰富的品牌活动，拥有将线上投放直接转化为线下销量增长的能力。在 2017 年“双 12”与玛氏的合作活动中，京东到家平台上玛氏的销量比活动前增长了 14 倍。

针对用户培养的痛点，京东到家通过精准的用户画像和丰富的营销工具，拥有产品全生命周期的用户运营能力，可以准确判断出目标消费者的喜好，在帮助品牌商调整商品投放策略的同时，提高用户的黏性和复购率。在此前与百事食品的合作中，京东到家根据百事食品的用户属性，为其策划了全平台范围的大促营销活动，并在活动后持续进行了用户运营与维护。

汪蕊最后表示，无界零售时代，融合线上、线下各个场景的营销方式将成为趋势。2017 年，京东到家更多的是通过本地域来帮助品牌商解决三大痛点。2018 年，京东到家全面开放近场域和社区域，并推出开放合作的家联计划，为品牌提供线上、线下全域的一体化营销解决方案，从投放转化、渠道整合和用户培养三个方面为品牌商赋能。

第一节　市场营销计划

市场营销计划是企业指导、协调市场营销活动的主要依据。企业应为每一次市场营销活动精心准备计划，并分析、预见实施中可能出现的各种问题，思考防范对策。市场营销计划内容一般由以下八个部分构成。

一、概要

概要是市场营销计划的开端，是对主要的市场营销目标和有关措施简短地给出概述。概要是整个市场营销计划的精神所在。

通常，市场营销计划需要提交上级主管或有关人员审核。由于他们未必有充足的时间阅读全文，因此可以通过概要，把计划的中心描述出来，便于他们迅速了解、掌握计划的核心内容。在形式上，最好在概要的后面，附上整个计划的目录；同时，在概要的有关内容中，用括号注明相应页码。

二、背景或现状

在这一部分当中，需要提供与市场、产品、竞争、分销以及宏观环境因素有关的背景资料。

第一，市场形势。描述市场的基本情况，包括市场规模与增长情况（以单位或金额计算），分析过去几年的总量、总额，不同地区或细分市场的销售；提供消费者或用户在需求、观念及购买行为方面的动态和趋势。

第二，产品情况。近几年中有关产品的销量、价格、利润及差额方面的资料。

第三，竞争形势。指出主要竞争者，分析他们的规模、目标、市场占有率、产品质量、市场营销战略、策略和战术，以及任何有助于了解其意图、行为的资料。

第四，分销情况。介绍各条分销渠道的销售情况，各条渠道的相对重要性及其变化。不仅要说明各个经销商以及他们经营能力的变化，还要分析对他们进行激励所需的投入、费用和交易条件。

第五，宏观环境。阐述影响该产品（品牌）市场营销的宏观环境，市场营销的现状及未来变化的趋势。

三、分析

通过分析现状，围绕产品找出主要的机会与威胁、优势与弱点，以及面临的问题。

第一，机会与威胁分析。通过分析，阐述可能影响企业未来的外部因素，考虑可以采取的行动。分析时,对所有的机会和威胁,要有时间顺序,并分出轻重缓急,使更重要、更紧迫的事项能受到特别的关注。

第二,优势与弱点分析。通过分析,说明企业资源、能力的基本特征。优势是企业用于开发机会、对付威胁所具备的内部因素,弱点是企业必须改进、完善的某些内部条件。

第三,问题分析。通过分析,得出机会与威胁、优势与弱点的对比结果,从而确定计划中必须强调、突出的主要方面,以帮助企业形成有关市场营销的目标、战略、策略和战术。

四、目标

营销目标是营销计划的核心部分,是制定战略和行动方案的重要依据。

目标分为两类:财务目标和市场营销目标。财务目标主要由即期利润指标和长期投资收益率目标组成。财务目标必须转换成营销目标,如销售额、市场占有率、分销网覆盖面、单价水平等。所有目标都应以定量的形式表达,并具有可操作性和一致性。

五、战略

企业制定的每一目标,从理论上来说,都可以通过多种途径去实现。如实现一定的利润目标,既可以薄利多销,也可以厚利精销。对于不同的实现途径,要进行深入分析、权衡利弊,不仅要针对有关产品及品牌制定主要的市场营销战略,做出基本分析,还要对策略加以详细说明。

市场营销战略主要由三个方面组成,每个方面都可以用文字表述,也可列表说明。

(1)目标市场战略

阐明企业及其品牌、产品准备进入的细分市场。不同的细分市场在顾客偏好、对市场营销行为的反应、盈利潜力以及企业能够或愿意满足其需求的程度等方面各有特点,所以企业需要精心选择其目标市场,慎重分配其市场营销资源和能力。

(2)市场营销组合战略

对选定的细分市场,分别制定包括产品、价格、销量和促销等因素在内的一体化战略。通常,在针对目标市场确定市场营销组合时,会有多种不同的方案可供选择。因此要辨明主次,从中选优。

(3)市场营销预算

测算有关市场营销战略所需的、适量的费用、用途和项目。如某企业为其产品——修护保湿眼霜制定了以下一套市场营销战略:

① 目标市场——中上等收入家庭,尤其侧重于女性顾客。

② 品牌定位——保湿效果和抗皱效果最佳的眼霜。

③ 产品线——增加一种低价格的品牌和两种高价格的品牌。

④ 价格——稍高于竞争品牌。

⑤ 分销——重点向大型购物广场、百货大楼、专卖商店及其他商店渗透。

⑥ 销售人员——增长5%。

⑦ 服务——进一步做到优质、迅速。

⑧ 广告——针对品牌定位战略所指向的目标市场,开展一次新的广告活动;广告重点宣传高价格的品牌;广告预算增加25%。

⑨ 销售推广——预算增加10%,用以增加销售现场的展览,参加更多的商业洽谈会。

⑩ 研究与开发——增加30%的费用,以开发更多、更好的品牌。

⑪ 市场营销调研——增加10%的费用,以增进对消费者购买选择过程的了解,预测竞争者的营销策略。

在制定战略的过程中,市场营销部门的一项重要工作是与其他有关部门、人员讨论、协商,争取理解、支持与合作。比如同采购部门、研究与开发部门、生产部门以及财务部门的沟通,了解、确认这些部门执行计划有什么问题与困难,能否解决以及打算如何解决实现企业市场营销战略所面对的问题,从而明确哪些方面可能存在问题,哪些方面可以做得更好。具体内容包括能否买到足够的原材料,能否设计、制造预期质量、数量和特色的产品,资金的来源以及有无足够的资金保证等。

六、战术

战略必须具体化,形成整套的战术或具体行动。也就是说,要进一步从做什么、何时做、花费多少成本以及达到什么要求等方面,全盘考虑市场营销战略实施过程中涉及的各个因素、每个环节以及所有内容。可以把具体的战术或行动用图表描述出来,标明日期、活动费用和责任人,使整个战术行动方案一目了然,便于执行和控制。

七、损益预测

决定目标、战略和战术以后,可以编一份类似损益报告的辅助预算书,在预算书的收入栏中列出预计的销售数量及单价,在支出栏中列出分项目生产成本、储运成本以及各种市场营销费用。收入与支出的差额就是预计的盈利。经上级主管部门同意后,它将成为有关部门进行原材料采购、生产组织、人力资源及市场营销管理环节的依据。

八、控制

这是市场营销计划的最后一部分,主要说明如何对计划的执行过程及进度进行管理。常用的做法是把目标和预算按月或按季度分开,便于上级主管部门及时了解各阶段的销售实绩,掌握未能完成任务的部门、环节,分析原因,并在要求限期内做出解释和提出改进措施。在某些市场营销计划的控制部分,还包括针对意外事件的应急计划。应急计划须简要列举可能发生的各种不利情况,发生的概率和危害程度,应当采取的预防措施和必须准备的善后措施。制订并附列应急计划,目的是事先考虑可能出现的重大危机和可能产生的各种困难。

【延展阅读】

蒙牛"闯进"世界杯赛场

为了能继续加速蒙牛全球化，让全球消费者享受到来自中国的乳制品，也让他们更加信任来自中国的品牌，蒙牛计划借助世界杯进行营销。蒙牛集团与国际足联联合宣布，蒙牛成为2018年俄罗斯世界杯全球官方赞助商。这既是国际足联在全球赞助商级别首次合作的乳品品牌，也是中国食品饮料行业中成为世界杯全球赞助商的第一个品牌。世界杯选择中国蒙牛，这背后是对蒙牛产品品质的高度认可，是蒙牛以高品质竞逐全球市场的新坐标。借助世界杯舞台，蒙牛将让自身的产品品质得到世界更多消费者的认同；同时，也将进一步提升和丰富整个中国乳业在世界舞台上的形象内涵。对海外消费者来说，他们不仅可以了解"中国品牌"，而且还能体验"中国品质"。

第二节　市场营销组织

市场营销组织是制订和实施市场营销计划的职能部门。在不同企业，市场营销组织往往有不同的称谓，许多企业的市场营销组织常常是一个机构或科室。

一、市场营销组织的演变过程

现代企业的市场营销部门，是随着市场营销观念的发展、长期演变形成的产物。在市场经济发达的西方国家，企业的市场营销组织随着经营思想的发展和企业自身的成长，大体经历了以下五种典型形式。

1. 单纯的销售部门

20世纪30年代以前，西方企业生产观念作为经营活动的指导思想，单纯的销售部门就是这种生产观念指导下的产物。一般来说，所有企业都是从财务、生产、销售和会计这四个基本职能部门开始发展的。财务部门主要负责资金管理；生产部门负责产品制造；销售部门通常由一位副总经理负责，直接管理销售人员，并负责营销调研和广告宣传等工作，其形式如图11－1a所示。这种形式实际上是将企业营销工作的多项职能、多个环节集于一身。在这个阶段，销售部门的职能仅仅是推销生产部门生产出来的产品。生产什么，销售什么；生产多少，销售多少。

2. 具有辅助性职能的推销部门

20世纪30年代以后，市场竞争日趋激烈。大多数企业开始以推销观念为指导思想，需要一些经常性的市场营销调研、广告和其他促销活动。这些工作逐渐演变成为推销部门的专门职能。当这些工作在量上达到一定程度时，许多企业开始设立市场营销主管的职位，全盘负责这些工作，其形式如图11－1b所示。

3. 独立的市场营销部门

在众多企业的实际工作中，随着其规模和业务范围的进一步扩大，原来作为附属性工作的市场营销研究、新产品开发、广告促销和为顾客服务等市场营销职能的重要性日益增大。于是，市场营销部门开始成为一个相对独立的职能部门，市场营销副总经理直接受总经理的领导，销售和市场营销成为平行的两个职能部门，其形式如图 11－1c 所示。这种部门设置便于企业全面分析所面临的机遇与挑战。例如，某企业一次新产品的上市失败后，销售经理可能会推荐、雇用更多业务员，提高销售费用，开展销售竞赛活动以利于产品销售，而市场营销部经理的建议可能与销售经理大相径庭。市场营销经理常常从消费者角度入手来分析解决问题，而不仅仅从当前产品的价格和销售人员的角度入手。例如，企业的市场定位是否正确；与竞争者相比较，目标市场消费者如何评价本企业及其产品；在产品的特点、风格、包装、服务、配送及促销手段等方面是否有变化，这些变化是否合理；等等。显然，这种分析问题的角度比仅从促销的角度分析更能有效解决问题。

4. 现代市场营销部门

市场营销观念占主导地位的公司往往还不能满足上述的营销部门设置。因为当“一切从消费者出发”的理念贯彻到整个营销工作时，产品销售的成功只是营销活动的一个自然结果，而企业的产品销售只是营销活动中的一个环节。因此，市场营销部门设置最终就会变成由一名营销副总经理统一负责销售部门和各市场营销部门的工作。这就形成了现代市场营销部门的基本构架，其形式如图 11－1d 所示。

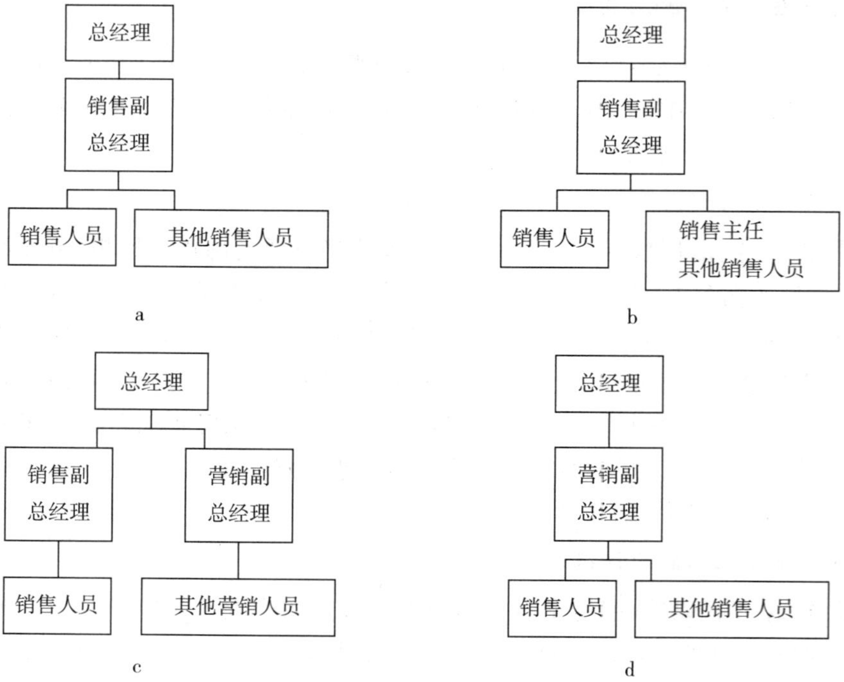

图 11－1　市场营销组织形式

需要注意的是,市场营销人员和销售人员是两种截然不同的群体,尽管市场营销人员有很多来自销售人员,但还是不应该将他们混淆,并不是所有的销售人员都能成为市场营销人员。事实上,这两种职业有着根本的区别。从专业性而言,市场营销经理的任务是确定市场机会、准备市场营销策略并计划组织新产品进入目标市场,使销售活动达到预定目标,而销售人员则负责实施。如果征求销售人员对于市场机会和整个计划的看法和见解,那么在实施过程中可能会导致事与愿违。当然,在实施计划后,市场营销人员没有收集销售人员对于此次行动计划实施的反馈信息,他将很难对整个计划进行有效控制。市场营销和销售人员的比较见表 11-1 所列。事实表明,市场营销人员和销售人员相互欣赏对方才能的话,将会给公司带来意想不到的收益。

表 11-1 市场营销人员和销售人员的比较

项 目	市场营销人员	销售人员
工作内容	依赖于市场营销研究确定目标市场、进行市场细分,制定市场营销策略	依赖街头经验了解个性不同的买主并销售产品
时间	计划工作	面对面的促销
出发点	长远考虑	短期考虑
目的	获得市场占有率并赚取利润	促进销售

5. 现代市场营销企业

一个企业仅仅有了现代化的营销部门,还不能说它是完全意义上的现代市场营销。现代市场营销企业取决于企业内部各种管理人员对待市场营销职能的态度,当所有的管理人员都认识到企业一切部门的工作都是"为顾客服务","市场营销"不仅是一个部门的名称而且是一个企业的经营哲学时,这个企业才能算是一个"以消费者为中心"的现代市场营销企业。明白这一点,我们就可以知道不同行业、不同规模的企业并不存在千篇一律的市场营销部门设置。只要这种设置"以消费者为中心",能匹配具体企业的市场营销整体工作,那就是合理的。

二、市场营销部门的组织形式

现代企业的市场营销部门有各种组织形式。不论采用何种形式,营销部门都必须贯彻"以顾客为中心"的指导思想,才能使其发挥应有的作用。

1. 职能型组织

职能型组织是最常见的一种市场营销组织形式,其结构如图 11-2 所示。市场营销经理的工作就是协调各专业职能部门的活动。职能部门的数量,可以根据需要随时增减。职能型组织的最大优点是简便易行。不过,随着公司产品种类的增多和市场的扩大,这种组织形式可能降低效率。因为没有一个职能部门对某一具体的产品或市场负责,每个职能部门都在为获得更多的预算和更有力的地位而竞争,致使营销经理陷于难以调解的纠纷之中。

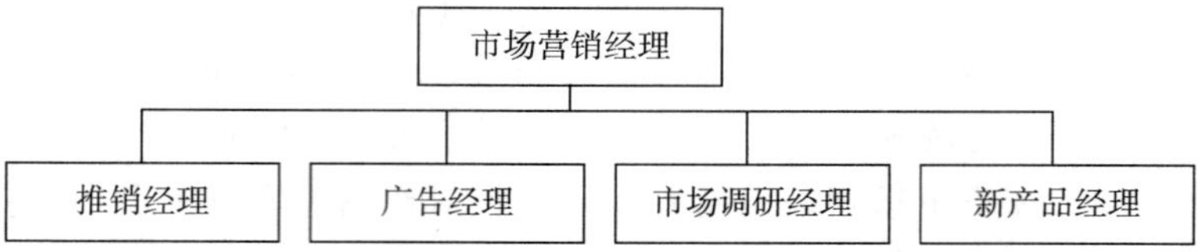

图 11－2　职能型组织

2. 地区型组织

在全国范围内销售产品的企业通常按地理区域组织其销售力量，其形式如图 11－3 所示。

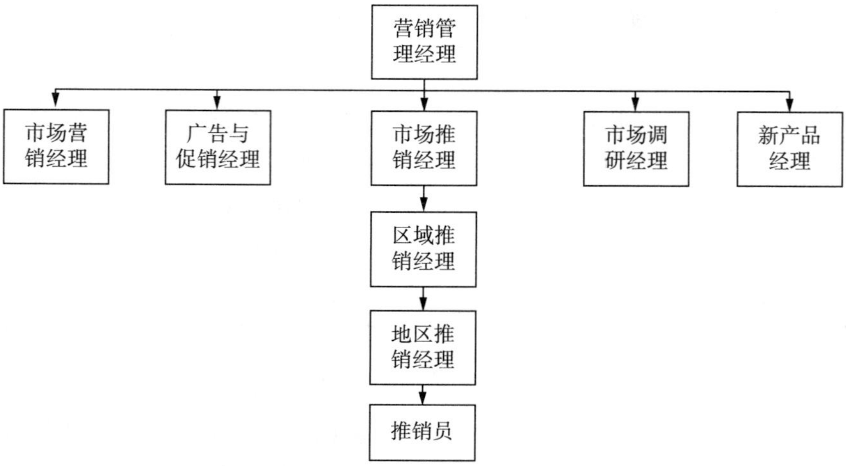

图 11－3　地区型组织

地区经理掌握一切关于该地区市场环境的情报，为在该地区打开公司产品的销路制订长、短期计划，并负责计划的执行。

3. 产品管理型组织

如果一个企业生产多品种或多品牌的产品，并且各种产品之间的差别很大，则适于按产品系列或品牌设置营销组织，其形式如图 11－4 所示。

产品管理型组织于 1927 年开始，为美国宝洁公司所采用，以后有很多厂商，尤其是食品、洗涤用品、化妆用品和化学工业企业纷纷效法。例如，美国通用食品公司在其"邮寄部"就采取产品管理型组织——设有若干独立的产品线经理，分别负责粮油食品、动物食品和饮料等；在粮油产品线，又分设若干品种经理，分别负责营养食品、儿童加糖食品、家庭食品和其他食品；在营养食品产品经理之下，又设有若干品牌经理。产品经理的任务是制定产品的长期发展战略和年度销售计划，并负责全面实施计划和控制执行结果。

产品管理型组织有以下四个优点：①能协调各方力量开发某种产品市场；②能对市场上出现的问题迅速做出反应；③较小的品种或品牌也因有专人负责而不致遭忽视；④由于必须与各方人员打交道，产品经理成为锻炼年轻经理的极好位置。

不过，此种组织模式也有一些不便之处。首先，产品经理虽被称为"最小的总裁"，但并无履行其职责的充分权力，他不得不依赖诸如广告、推销、产品开发等其他职能部门的配合；其次，产品经理只能成为本产品的专家，而很难成为职能专家；再次，这种管理系统的费用通常较期望的高；最后，产品经理往往只任职一个短时期就被调走，使市场营销计划缺乏连续性。

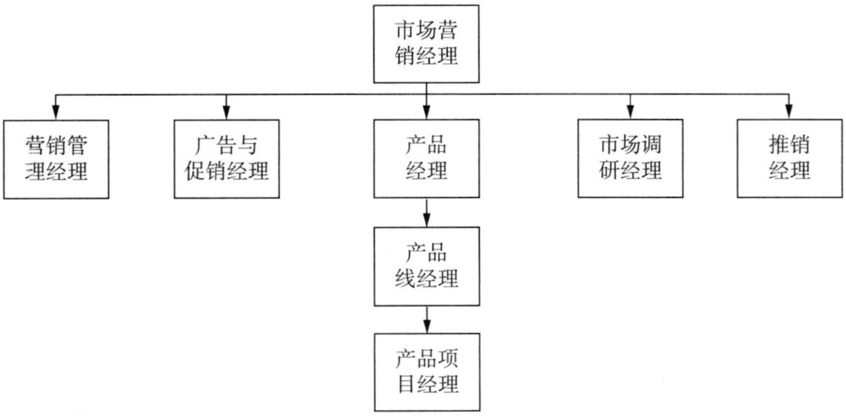

图 11-4　产品管理型组织

4. 市场管理型组织

如果市场能够按照顾客特有的购买习惯和偏好细分，也可以建立市场管理型组织。它同产品（品牌）管理型组织相似，由一个总市场经理管辖若干细分市场经理。市场经理的职责亦与产品经理相似，他为自己负责的市场制订长期和年度的计划，分析市场趋势及所需要的新产品，他们比较注重长远的市场占有率，而不是眼前的获利能力。市场管理型组织与产品管理型组织有相似的优点和不足，它的最大优点是企业可以围绕特定消费者或用户的需要，开展一体化的市场营销活动，而不是把重点放在彼此隔离的产品或地区上面。在市场经济发达国家，许多企业都是按照市场型结构建立市场营销组织。有些学者甚至认为，以企业各个主要的目标市场为中心，建立相应的市场营销部门和分支机构，是确保实现"以顾客为中心"的现代市场营销观念的唯一办法。

5. 产品/市场管理型组织

面向不同市场、生产多种产品的企业，在确定市场营销组织结构时经常面临的两难选择是：采用产品管理型还是市场管理型，能否吸收两种组织形式的优点，摒弃它们的不足之处。所以，有的企业建立一种既有产品（品牌）经理又有市场经理的矩阵组织，以求解决这个难题，即产品/市场管理型组织。它是一种矩阵式组织，是将产品与市场结合起来的组织形式，如图 11-5 所示。但是，矩阵组织的管理费用高，容易产生内部冲突。因此，企业又产生了新的两难选择：一是如何组织销售力量，究竟是按每种产品还是按各个市场组织销售队伍，或者销售力量不实行专业化分工？二是在各个产品市场上由谁负责定价，是产品（品牌）经理还是市场经理？

绝大多数企业认为，只有对那些相当重要的产品和市场，才需要同时设有产品经理和市场经理；也有企业认为，这种组织的高管理费用和潜在矛盾并不可怕，它所能够带

		市场经理			
		男装	女装	家庭用户	工业用户
产	人造纤维				
品	醋酸纤维				
经	尼　　龙				
理	涤　　纶				

图 11－5　产品/市场管理型组织

来的效益，远远超过需要为它付出的代价，因此应根据实际需要来选用。

6. 事业部组织

从事多角化经营的大公司随着规模进一步扩大，常为同类的产品分设事业部。这些事业部各自独立，组织上也自成体系，设有自己的职能部门，由此产生了营销职能如何在公司总部与事业部之间划分的问题。一般来说有以下几种选择：

第一，公司总部不再设营销部门，营销职能完全由各事业部自己负责。

第二，公司总部设一个规模很小的营销部门，只承担很有限的营销职能。如最高主管对市场机会或威胁做出评估，督促公司其他部门接受现代营销观念的指导等。

第三，适当规模的总公司级营销部门，通常要为各事业部提供多种营销服务，如广告、公关促销、营销调研、人员培训等。

第四，总公司级设置庞大的营销部门，直接参与各事业部的营销规划工作，并对计划的实施过程加以控制。

三、市场营销组织设置的一般原则

企业种类很多，不可能、也不应该按一种模式设置市场营销机构。但是，既然都是企业，建立市场营销组织总会有一些相同的要求，可以作为一般原则。

1. 整体协调和主导性原则

协调是管理的主要职能之一。设置市场营销机构需要遵循的整体协调和主导性原则，可从以下几个方面加以认识：

第一，设置的市场营销机构，能够与企业内部的其他机构相互协调，并能成功协调各个部门之间的关系。一般来说，在经营中，市场营销部门依据市场需求引导企业活动，重点解决营销费用与目标顾客相适应、产品顺利通过市场交换的问题。市场营销机构通过识别、确认和评估市场上存在的需求，选择和决定企业能够最好地为之服务的目标市场或顾客群体，通过目标市场决策可为整个企业明确努力方向。市场营销部门还担负着向市场和潜在顾客推荐产品、引导购买，以及分销产品，如建立销售渠道、组织产品运输与仓储的任务。生产职能的一般任务包括负责设备、原材料的采购、供应，形成和发展生产能力，管理作业流程，控制质量水准，按照企业经营的要求完成生产任务。研究与开发职能则为企业经营提供“后劲”，进行产品、工艺和技术的开发、改造、更新和设计。财务职能解决企业经营所需的资金来源，在各个职能部门、各个业务项目、各个流程环节之间进行资金分配，对资金的使用进行监督、管理，核算成本、收益。人力资源管理通过对“人”这一资源的开发、使用，帮助实现企业目标。没有了顾客，企业就会失去存在的价值。因此，无论是生产管理、研究与开发管理、财务管理，还是人力资源管理，都不能简单地被作为一般的职能部门看待。它们不仅是企业“直线式”管理层次中的一环，而且还是一种“横向式”的关联，要与其他部门一道，构成企业管理的一项系统工程。

第二，市场营销部门内部的人员机构以及层次结构也要相互协调，以充分发挥市场营销机构自身的整体效应。只有做到从自身内部到企业内部、再到企业外部的协调一致，市场营销机构的设置才是成功的。

第三，设置的市场营销机构，能够对企业与外部环境，尤其是与目标市场、顾客之间关系的协调发挥积极作用。企业的目的是创造市场、创造顾客，失去了市场、顾客，企业也就失去了存在的资格和生存的条件。满足市场的需求，创造满意的顾客，是企业最为基本的宗旨和责任。比竞争者更好地完成这一任务，是组建市场营销部门的基本目的。

总之，市场营销部门应当做到在面对市场、面对顾客时，能够代表企业；面对企业内部各个部门、全体员工时，又能代表市场和顾客。同时，市场营销部门自身内部又具有相互适应的弹性结构，是一个有机的系统。

2. 精简及适当原则

“精简”用于组织建设，就是要“精兵简政”，切忌机构臃肿。最佳的机构，是既能完成工作任务，又有着最为简单的组织形式。这就涉及管理跨度与层次的问题。

“精简”包括两种含义：一是因事设职、因职设人，做到人员精干，不搞“小而全”。二是内部层次不宜太多。内部层次少，可以促使信息流通加快，减少阻碍；还可密切员工之间的关系，利于交流思想和沟通情感，提高积极性和效率。实践证明，在建立机构时能否把握好市场营销工作的性质和职能范围，是真正做到精简原则的十分重要的前提。

管理跨度又称“管理宽度”或“管理幅度”，是指领导者能够有效地直接指挥的部门或员工的数量，是一个“横向”的概念。管理层次又称“管理梯度”，是指一个组织下不同等级的数目，是一个“纵向”的概念。一般来说，管理职能和范围不变时，管理跨度与管理层次是互为反比的关系。管理跨度越大，层次越少；反之，管理跨度越小，层次越多。

通常情况下，如果管理层次过多，容易造成信息失真与信息传递速度过慢的问题，可能影响决策的及时性和正确性；如果管理跨度过大，超出领导者能够管辖的限度，又会造成整个机构内部的不协调、不平衡。因此，必须选择合适的管理跨度和管理层次。应当指出的是，市场营销组织管理跨度及管理层次的设置，不是一成不变的，机构本身应当具有一定的弹性。企业需要根据变化的内外部情况，及时调整市场营销部门的组织结构，以适应发展的需要。

3. 有效性原则

直观地讲，“效率”是指一个组织在一定时间内可以完成的工作量。它是衡量一个组织综合素质的重要标准。一个高效率的组织，说明它内部结构合理、完善，就有可能顺利生存和发展。在企业内部，各个部门的效率表现在能否在必要的时间里，完成规定的各项任务；能否以最少的工作量换取最大的成果；能否很好地吸取过去的经验教训，在业务上不断创新；能否维护机构内部的协调，及时适应外部环境条件的变化。为了在工作中实现组织的高效率，达到组织的有效性，市场营销组织的设置必须具备以下基本条件：

第一，市场营销部门要有与完成自身任务相一致的权力，包括人权、物权、财权、发言权和处理事务权。不能责、权、利相结合，部门就无法工作，更谈不上效率。

第二，市场营销组织要有畅通的内外部信息沟通渠道。如果信息流通量为零，管理就等于死亡。没有通畅的信息，市场营销管理也就难有真正的效率。

第三，善于用人，各司其职。市场营销管理任务繁杂、牵涉面广，对人员素质的要求也各有侧重。各级市场营销管理人员，应当善于发挥领导者各自的作用，始终牢记自己的职责，不把精力消耗在不应干预的领域。

为了保证效率，部门要制定规章制度，包括奖惩条例。通过建章立制，明确每个员工的职责，各司其职、奖勤罚懒，充分调动全体员工的积极性。

【延展阅读】

上汽大通：C2B模式创新和组织变革的先行者

上汽大通隶属于上汽集团，相比于集团下的上汽大众和上汽通用，成立于2011年的大通还是一家年轻车企。2018年1—10月，在中国整个汽车市场下滑0.1%、乘用车市场下滑1.0%的背景下，面对国内汽车市场的变化，作为上汽集团最年轻的整车公司，上汽大通却保持销量稳步增长，累计销量同比增长达27%。同时，海外业务已经形成了大洋洲、欧洲、东盟、南美洲和中东地区5大重点核心市场，覆盖45个国家和地区。2018年1—10月，上汽大通海外市场销售量共计为12 667台，同比增长84.5%。

面对这样的销量成绩，上汽大通并没有故步自封，C2B模式和组织调整恰好是近年来上汽大通两大变革举措。这两场大变革，均是遵循“对外以用户为中心：C2B模式创新；对内以员工为中心：企业组织变革”这一原则。C2B模式创新是上汽大通2016下半年提出的重大转型战略，核心是围绕用户需求，开发并提供定制化的产品，过程中打破以往闭门造车的模式，通过各种线上渠道与用户实时组群沟通，最大限度去除中间媒介，给用户一种全新的产品和服务体验。

第三节　市场营销实施

一、市场营销实施的含义

市场营销实施，是指企业为实现其战略目标而致力于将营销计划变为具体营销方案的过程，也就是要有效地调动企业的全资源（人力、财力、物力）投入日常业务活动中去。分析市场营销环境、制定营销战略和营销计划是解决企业营销活动应该“做什么”和“为什么要这样做”的问题；而营销工作的实施则是要解决“由谁去做”“在什么地方做”“在什么时候做”和“怎样做”的问题。

营销工作的实施是一个艰巨而复杂的过程。美国的一项研究表明，90%被调查的计划人员认为，他们制定的战略和战术之所以没有成功，是因为没有得到有效的实施。管理人员常常难以诊断营销工作实施中的问题，营销失败的原因可能是由于战略战术本身有问题，也可能是由于正确的战略战术没有得到有效的实施。

二、市场营销计划的实施和问题

1. 市场营销计划的实施

在市场营销过程中，把市场营销计划转化为市场营销业绩的“中介”因素，是市场营销计划的实施。没有具体的实施，再好的计划也只是“纸上谈兵”。市场营销计划的实施，涉及以下相互联系的四项内容：

（1）制订行动方案

为了有效实施市场营销计划，市场营销部门及有关人员需要制订详细的行动方案。方案必须明确市场营销计划中的关键性环境、措施和任务，并将任务和责任分配到个人或小组。方案还应包含具体的时间表和每一项重要行动的确切时间。

（2）设置组织机构

在市场营销计划的实施过程中，组织机构起着决定性的作用。它把计划实施的任务分配给具体的部门和人员，规定明确的职权界限和信息沟通路线，协调企业内容的各项决策和行动。组织机构应当与计划的任务相一致，与企业自身的特点与环境相适应。也就是说，必须根据企业战略、市场营销计划的需要，适时改变、完善组织机构。

（3）形成规章制度

为了保证计划能够落到实处，必须设计相应的规章制度。在这些规章制度当中，必须明确与计划有关的各个环节、岗位及人员的责、权、利，各种要求以及奖惩条件。

（4）协调各种关系

为了有效实施市场营销战略和计划，行动方案、组织机构、规章制度等因素必须协调一致，相互配合。

2. 计划实施中的问题与原因

在市场营销计划的实施过程中，会出现一些问题，以至于好的市场营销战略、策略、战术并不能带来同样好的营销业绩。经分析，主要有以下原因：

（1）计划脱离实际

市场营销计划通常由上层的专业计划人员制订，实施则主要靠基层的操作人员、管理人员和销售人员。专业计划人员更多考虑的是总体方案和原则性要求，容易忽视实施过程和实施中的细节，使计划过于笼统和流于形式；专业计划人员不了解实施中的具体问题，计划脱离实际；专业计划人员与基层操作人员之间缺乏交流和沟通，基层操作人员不能完全理解他们所贯彻计划的内涵，在实施中经常遇到困难；等等。最终，由于计划脱离实际，专业计划人员和基层操作人员易产生对立和信任缺失，因此，不能仅仅依靠专业计划人员制订计划。可行的做法是专业计划人员协助有关市场营销人员共同制订计划。基层人员比专业计划人员更了解实际，将他们纳入计划管理过程，将更有利于市场营销计划的实施。

(2)长期目标和短期目标相矛盾

计划常常涉及企业的长期目标,但企业对于具体实施计划的市场营销人员,通常根据他们短期的工作绩效,如销售量、市场占有率或利润率等指标,进行评估和奖励。因此,市场营销人员常常不得不选择短期行为。企业克服这种长期目标和短期目标之间的矛盾,设法求得两者之间的协调,是十分重要而又十分艰难的任务。

(3)因循守旧的惰性

一般来说,企业当前的经营活动往往是为了实现既定的目标,新的战略、新的计划如果不符合传统和习惯,就容易遭受抵制。新旧战略、计划之间的差异越大,实施中可能遇到的阻力也就越大。要想实施与旧战略截然不同的新计划,常常需要打破传统的组织结构和运行流程。例如,为了实施老产品开辟新市场的计划,企业就可能需要重新组建一个新的机构。

(4)缺乏具体、明确的行动方案

有些计划之所以失败,是因为没有制订明确、具体的行动方案,缺乏一个能使企业内部各有关部门及环节协调一致、共同努力的依据。

三、市场营销实施的技能

美国著名管理咨询组织麦肯锡公司的研究表明,战略仅仅是企业经营管理成败的七个要素之一。在麦肯锡的"7－S框架"(如图 11 - 6 所示)中,前三个要素(战略、结构和体制)是企业经营管理的"硬件";后四个要素(技巧、人员、作风和共同价值观)是企业经营管理的"软件"。

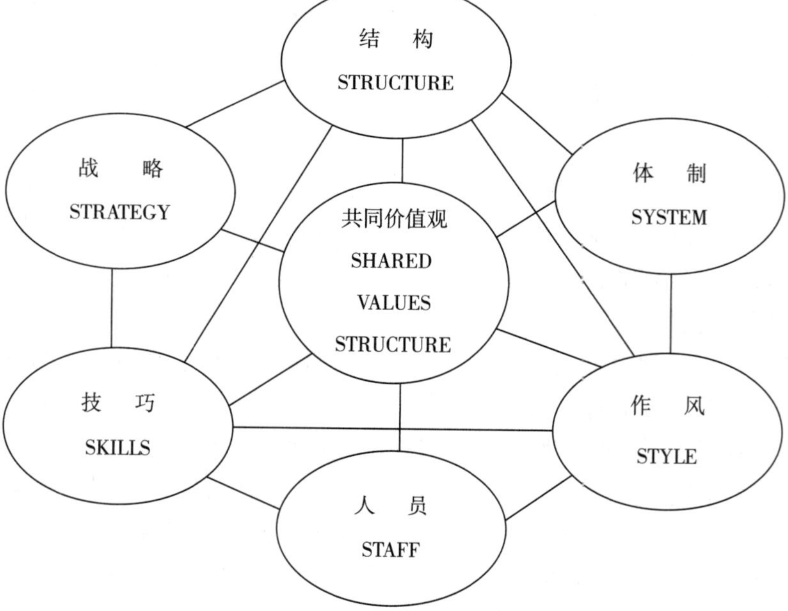

图 11 - 6　麦肯锡"7－S"框架

成功的企业首先必须制定适当的战略以实现企业的目标，然后建立适当的组织结构和信息、计划、控制与奖惩体制，以贯彻和实施战略。麦肯锡公司的研究人员认为，美国企业落后的基本原因在于过分拘泥于以理性主义为基石的“科学管理”的思想观点，导致一般管理界过分依赖于解析的、定量的方法，形成唯有数据才可信的偏颇之见。他们只相信复杂的结构、周密的计划、严格的规章、自上而下的控制、明确的分工、经济的大规模生产等科学的、理性的手段，而忽视了管理中非常重要的人的因素。

事实上，管理在很大程度上受到人的影响。而人按其本性来说，绝非纯理性的，感情因素的成分不容忽视。企业的成败在很大程度上取决于是否拥有适当的人员，包括具有适当技能的普通员工和具有适当管理才能的管理人员。这些人员还必须树立共同的价值观、基本信念和行为准则，即“企业文化”。

此外，这七个要素(7－S)必须同企业所处的环境要素相适应，并随环境的变化而变化，这才能保证企业经营管理的成功。

【延展阅读】

华为战略神器：群狼战术之项目化营销

华为战略营销的关键性策略就是项目化营销，强调的是“群狼战术”，建立欲望强烈、分工合理、高效运作的项目团队，开展“多专业的团队运作模式”，使负责客户关系的客户线、负责技术研发的产品线、负责供应链与服务的交付线，三线目标一致，高度协同，专业而有专长，分工而有协作，在同一个方向上聚力奋战，最终达成项目成果。华为这样做不仅能在第一时间洞察到潜在项目的战略机会点，还能系统掌控项目流程和细节，并善于总结经验教训，逐步提升项目化营销运作的娴熟度与成功率。

项目化营销的模式是多专业、高协同、超授权。多专业是指华为的项目营销强调多部门、多专业的配合。高协同是指围绕着项目成功必须处理好“关键人”强度与“相关人”广度。这里的关键人可能是关键决策者，或是关键部门；相关人是指决策的影响者，或是相关部门。超授权是指一线人员具有超出他们职位的决策权。

华为构建的项目化营销体制，包括全流程打通，在细节上下功夫，不断总结经验，分享交流，以组织化运作的理念，持续提升项目营销能力。全流程是指华为的项目化营销运作强调“端到端”的全流程打通。钻细节是指华为项目化营销强调把控项目的每个细节，细节往往成为项目的转折点。慎总结是指华为项目化营销强调阶段性的反思与总结复盘。企业不断优化和完善，从而促进整个组织项目营销能力的持续提升。

综上所述，华为项目化营销是华为营销的关键支撑点之一，从策略、模式与体制上，都体现出了华为的战略神韵，彰显出华为的核心价值观与经营理念——以客户为中心，持续创造价值。

第四节　市场营销控制

控制是管理的重要职能之一。如果把市场营销管理看作是计划、实施、控制这样一个周而复始的过程，那么，控制既是前一次循环的结束，又孕育着新一轮循环的开始。

在管理过程中，控制的目的在于确保企业经营按照计划规定的预期目标运行。市场营销控制是市场营销管理用于跟踪企业营销活动过程的每一环节，以确保其按计划目标运行而实施的一整套工作程序或工作制度，包括为使营销实绩与预期目标相一致而采取的各种措施。

一、市场营销控制的基本程序

实行营销控制的最基本原因在于，计划通常是建立在事先对众多不确定因素的某种假定基础上的，而在计划实施过程中，遇到的现实不可能与事先的假定完全一致，难免会遇到各种意料之外的事，因此，企业就需要通过营销控制，及早发现问题，并对计划或计划的实施方式做出必要的调整。

控制有助于企业及早发现问题，防患于未然。例如，严格选新产品，可避免新产品开发失误导致巨额损失；实行质量控制，可确保产品质量可靠，使用安全，避免顾客购买后产生不满情绪；运用“20/80 原则”，可以发现是哪 20%的推销员完成了销售总额的 80%，进而寻找改进销售人员绩效考核办法的途径。

市场营销控制可对营销人员起监督和激励的作用。如果营销人员发现他们的主管非常关心每种产品、每个地区市场的盈利情况，并且他们的报酬与前途与之挂钩时，他们将会更加努力并更认真地遵循计划的要求。

虽然建立一套有效的营销控制制度十分必要，但调查表明，即使在发达国家，不少企业也未采取适当的营销控制措施。这主要是因为：部分企业没有明确的市场营销目标，当然也就无法对营销活动进行控制；部分企业对其经营产品的获利情况不了解，不能对广告的效益进行评价，也就无法评价其推销人员的工作；还有部分企业不能分析自己的贮存成本、分销成本，无法确认商品被退回的原因，自然就无法对市场营销进行控制；等等。

有效的市场营销控制，必须讲究科学、严格的工作程序或步骤，具体内容如图 11 - 7 所示。

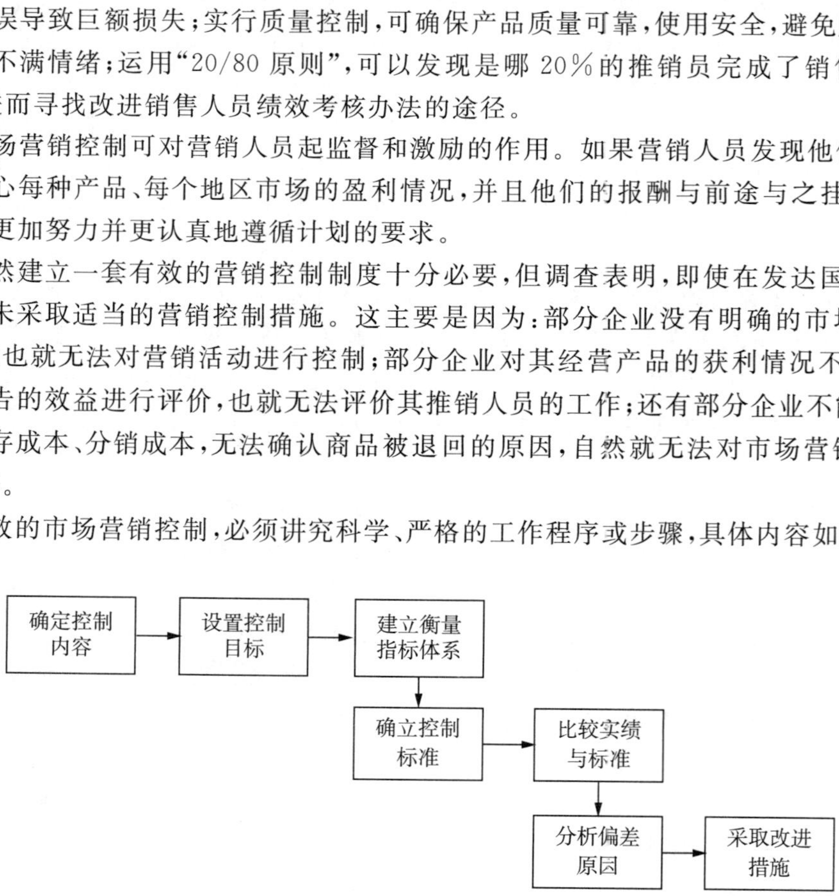

图 11 - 7　营销控制的步骤

第一步，确定控制内容。虽然控制的内容越多、范围越广，可获得的信息越多，但控制活动本身也会引起费用支出。因此，在确定控制内容、范围、额度时，管理者应注意使控制成本小于控制活动所能带来的效益或可避免的损失。在实际工作中，最常见的控制内容是销售收入、销售成本和销售利润，但对市场调查、推销人员的工作、售后服务、新产品开发、广告等营销活动，也应通过控制加以评价。

第二步，设置控制目标。这是将控制与计划连接起来的主要环节。如果在计划中已经认真设立了目标，那么，此目标也是控制目标。

第三步，建立衡量指标体系。由于营销工作的复杂性，不同工作的考核内容也大不相同。因此，对营销工作的考核指标也因营销工作性质的不同而有所区别。在大多数情况下，企业的营销目标就决定了控制的指标，如目标销售收入、利润率、市场占有率、销售增长率等。但有一些问题则比较复杂，需采取其他考核指标，如营销人员的工作效率，可用一年内新增加的客户数以及对客户的访问频率来衡量，广告效果可用记住广告内容的读者(观众)占全部读者(观众)的百分比数来衡量。由于每个行业都有其自身的特点，因此营销控制的指标体系也有多种。

第四步，确立控制标准。控制标准是以某种量化的尺度来表示控制对象预期的活动范围或可接受的活动范围，即对控制的指标加以定量化。如规定某项新产品在投入市场 8 个月之后应使市场占有率达到 4%，每个销售人员全年应增加 20 个新客户，等等。但考虑到各销售人员工作对象的差异，确立控制标准时，一般应允许有一定的浮动范围。

为提高企业的管理水平，在确立控制标准时可参考外部其他企业的标准，并尽可能多地吸收企业内部多方面管理者和被管理者的意见，使其更切合实际，并尽可能多地受到各方面的认可。为使标准具有激励作用，可采用两种标准：一种是按现有的平均水平设立；另一种是用先进平均数确定，以激励营销人员的工作达到更高水平。

确立标准时还须考虑产品、地区、竞争情况不同所造成的差别，从而使用不同的标准。如考察推销人员工作效率时，企业需要考虑下列因素的影响：①所管辖区内的市场潜力；②所管辖区内同类产品的竞争力；③所推销产品的具体情况；④广告强度。因此，不可能要求每个人都能创造同样的销售额或利润额。

第五步，比较实绩与标准。在控制标准与实际执行结果进行比较时，需要决定比较的频率，即多长时间进行一次比较，这取决于控制对象是否经常变动。如果比较的结果是实绩与控制标准一致，则控制过程到此结束；如果不一致，则需进行下一步骤。

第六步，分析偏差原因。产生偏差可能有两种情况：一是实施过程中的问题，这种偏差比较容易分析；二是计划本身的问题，确认这种偏差比较困难。此外，这两种情况往往交织在一起，使分析偏差的工作成为控制过程中的一大难点。因此，在分析产生偏差的原因时，应特别避免因缺乏对背景情况的了解，或未加适当分析，而犯“把孩子连同洗澡水一起泼出去”的错误。如某部门的业绩不佳，可能只因一种产品的亏损影响了整个部门的获利水平；某推销人员完不成访问次数指标，可能是由于在旅途中花费时间过多，需要改进访问路线图，但也可能是由于定额过高，这时则应降低定额以保证每次访问的质量。

第七步，采取改进措施。如果在制订计划时，同时也制订了应急计划，就可在预期的紧急情况发生时，迅速执行备选方案。不过，大多数情况下并没有这类预定措施，这就必须根据实际情况，迅速制定补救措施，或适当调整某些营销计划目标。

市场营销控制有四种主要类型，即年度计划控制、盈利能力控制、效率控制和战略控制。下面分别进行阐述。

二、年度计划控制

对于企业来说，市场营销计划执行的结果不仅取决于计划的制订是否周密，还有赖于计划执行过程中产生的偏差是否得到有效控制。市场营销的年度计划控制，是指企业在制订本年度计划的基础上，采取有效控制步骤，检查实际绩效与计划之间是否有偏差，并采取改进措施，以确保市场营销计划的顺利完成。可见，制订年度计划并付诸实施之后，做好控制工作也是一项极其重要的任务。

1. 市场营销年度计划控制的目的

第一，促使年度计划产生连续不断的推动力。

第二，为市场营销计划的年终绩效评估提供科学的依据。

第三，发现企业潜在问题并及时予以妥善解决。

第四，为高层管理人员有效监督各部门的工作提供事实依据。

2. 市场营销年度计划控制的步骤

第一，制定标准，即确定本年度各个季度(或月)的目标，如销售目标、利润目标等。

第二，绩效测量，即将实际成果与预期成果相比较。

第三，因果分析，即研究发生偏差的原因。

第四，改正行动，即采取最佳的改正措施，努力使成果与计划相一致。

3. 市场营销年度计划控制的方法

企业管理人员可运用五种绩效工具控制年度计划目标的实现程度，即销售分析、市场占有率分析、市场营销费用分析、财务分析、顾客态度追踪。

(1)销售分析

销售分析主要用于衡量和评估管理人员所制订的计划销售额与实际销售额之间的关系。这种关系的衡量和评估主要有两种方法：

① 销售总量差异分析。销售总量差异分析用于决定各个不同的因素对销售绩效的不同作用。例如，市场营销年度计划要求每季度销售甲产品 50 000 件，每件单价 2.00 元，即销售额为 100 000 元。但在该季结束时，只销了 45 000 件，每件平均销售单价为 1.90 元，即实际销售额为 85 500 元，则这一销售绩效差异为－14 500 元。通过绩效差异分析则可区分：销售额的下降有多少是由于价格变动造成的？有多少是由于销量变动造成的？其分析过程如下：

因价格变动产生的差异＝(实际销售价格－计划销售价格)×实际销售量

＝(1.9－2.00)×45 000

=－4500(占 145 00 元的 31％)

因销量变动产生的差异=(实际销售量－计划销售量)×计划销售价格

=(45 000－50 000)×2.00

=－10 000(占 14 500 元的 69％)

可见,约有 1/2 的销售额差异是由于未能实现预期的销售数量。故该企业应密切注意它未达预期销量目标的原因。

② 个别销售分析。个别销售分析主要应着眼于对个别产品或地区销售额未能达到预期份额的分析。例如,假设企业分别在三个地区销售某种产品,其预期销售额分别为35 000元、15 000元和50 000元,总额为100 000元。实际销售额分别为31 500元、18 000元和49 000元。就预期销售某种产品而言,第一个地区的销售额有 10％未完成计划,第二个地区的销售超额完成了计划的 20％,第三个地区的销售额有 2％未完成计划。整体情况是计划完成程度为 98.5％。从计划执行的情况来看,似乎第一个地区的问题最多。但对这一整体计划未完成的结果,企业还应深入分析是否存在下列问题:计划任务的分配是否合理;各地区销售人员的力量配比是否合理;各地区销售人员的积极性是否都得以充分发挥;各地区是否有新的竞争者进入;各地区居民的收入水平、消费习惯的改变,是否对本企业产品的销售产生了重大影响。

(2)市场占有率分析

企业销售绩效的高低应参照其竞争者的经营状况。企业销售额的增加,可能是企业所处的整个经济环境的改善,也可能是其市场营销工作较其竞争者有较多改善。市场占有率上升,表明其较竞争者的情况更好;如果下降,则说明其较竞争者绩效较差。衡量市场占有率的第一个步骤是明确地定义使用何种度量方法。一般来说,有以下四种不同的度量方法:

① 全部市场占有率,即以企业的销售额占全行业销售额的百分比来表示的市场占有率。使用这种测量方法必须做两项决策:第一是要以产品销售额来表示市场占有率;第二是正确认定行业的范围,即明确本行业所应包括的产品、市场等。

② 可达市场占有率,即以企业的销售额占企业所服务市场的百分比来表示的市场占有率。所谓可达市场,一是企业产品最适合的市场,二是企业市场营销努力所及的市场。企业可能有近 100％的可达市场占有率,却只有相对较小百分比的全部市场占有率。

③ 相对于三个最大竞争者的相对市场占有率,即以企业的销售额相对于最大的三个竞争者销售额总和的百分比来表示的市场占有率。如某企业有 16％的市场占有率,其最大的三个竞争者的市场占有率分别为 20％、10％、10％,则该企业的相对市场占有率是 16/40=40％。一般情况下,相对市场占有率高于 33％即被认为是强势企业。

④ 相对于市场领导者的相对市场占有率,即以企业销售额相对于市场领导竞争者销售额的百分比来表示的市场占有率。相对市场占有率超过 100％,表明该企业是市场领导者;相对市场占有率增加,表明企业正接近市场领导竞争者。

了解企业市场占有率之后，尚须正确解释市场占有率变动的原因。企业可从产品大类、顾客类型、地区以及其他方面来考察市场占有率的变动情况。一种有效的分析方法是从顾客渗透率 C_P、顾客忠诚度 C_L、顾客选择性 C_S 以及价格选择性 P_S 等四个因素来综合分析。其中：顾客渗透率是指从本企业购买某产品的顾客占该产品所有顾客的百分比，顾客忠诚度是指本企业的忠诚顾客占所有顾客的百分比，顾客选择性是指本企业一般顾客的购买量相对于其他企业一般顾客购买量的百分比，价格选择性是指本企业平均价格同所有其他企业平均价格的百分比。这样，全部市场占有率就可表述为：$T_M S = C_P \times C_L \times C_S \times P_S$

(3)市场营销费用分析

年度计划控制也需要检查与销售有关的市场营销费用，以确定企业在达到销售目标时的费用支出。市场营销费用分析是一种主要的检查方法。市场营销管理人员的工作就是密切注意这些比例，以发现是否有比例失控情形的发生。当一项费用对销售额比例失去控制时，必须认真查找原因。

(4)财务分析

市场营销管理人员应就不同的费用对销售额的比例和其他的比例进行全面的财务分析，以决定企业如何展开活动以及在何处展开活动，才可获得更高的盈利水平。尤其是利用财务分析来判别影响企业资本净值收益率的各种因素。

(5)顾客态度追踪

年度计划控制所采用的上述衡量标准大多是以财务分析和数量分析为特征，基本上属定量分析。但这种分析方法无法对市场营销的发展变化进行定性分析和描述。为此，企业需要建立一套系统来追踪其顾客、经销商以及其他市场营销系统参与者的态度。如果发现顾客对本企业和产品的态度发生了变化，企业管理者就可以及时采取行动，争取主动。企业一般可利用以下系统来追踪顾客的态度：

① 顾客投诉和建议制度。通过设置意见簿、建议卡等，企业可对相关记录进行分析，并答复来自客户的信函和口头抱怨，同时还可为改进管理提供依据。零售商、旅馆、餐馆等一些通过服务直接与广大消费者打交道的企业，都可通过意见簿、建议卡等多种形式增加顾客反馈意见的途径，鼓励顾客提意见，使企业对自己的产品、服务在客户心目中的地位有更全面的了解。

② 典型户调查。由那些同意定期通过电话或信函向企业反映他们的意见和建议的顾客组成典型户小组，并通过对典型户进行定期或不定期的调查，企业可及时了解顾客的意见，并不断完善投诉系统。

③ 定期的用户随机调查。这是一种通过抽样的方式了解顾客对公司服务质量满意程度的调查，以评价公司工作人员的服务态度、质量等。有关部门及管理人员可将顾客目前对企业的评分与上期相比，从而评判本企业的形象在顾客心目中的改善或恶化的程度，并与其他企业的得分相比，以正确衡量本企业在同行中的地位及可能改善的途径。

通过上述分析，企业在发现实际绩效与年度计划发生较大偏差时，可考虑采取以下措施：削减产量、降低价格、对销售队伍提出更高的要求、削减杂项支出、裁减员工、调整企业簿记、出售企业财产、出售整个企业。

三、盈利能力控制

为测定不同产品、不同销售区域、不同顾客群体、不同渠道以及不同订货规模的盈利能力，企业还需要运用盈利能力控制手段实时进行控制。盈利能力控制所获取的信息，有助于管理人员决定各种产品或市场营销活动是扩展、减少还是取消。为此，企业需对市场营销成本以及盈利能力等指标进行分析。

1. 市场营销成本

市场营销成本直接影响企业利润，它由以下项目构成：

① 直接推销费用，包括直接销售人员的工资、资金、差旅费、培训费、交际费等。

② 促销费用，包括媒体的广告成本、产品说明书印刷费用、赠品费用、展览会费用、促销人员工资等。

③ 仓储费用，包括租金、维护费、折旧费、保险费、包装费、存货成本等。

④ 运输费用，包括托运费用等。如果是自有运输工具，则要计算折旧费、维护费、燃料费、牌照费、保险费、司机工资等。

⑤ 其他市场营销费用，包括市场营销管理人员工资、办公费用等。

上述市场营销成本与企业的生产成本共同构成了企业的总成本，直接影响到企业的经济效益。

2. 盈利能力的考察指标

获取利润是企业最重要的目标，因此盈利能力控制在市场营销管理中占有十分重要的地位。为使企业在市场中获取更高的利润，市场营销部门就必须对下列盈利能力指标进行考察。

(1)销售利润率

一般来说，销售利润率是评估企业获利能力的主要指标之一。它是指销售利润与销售额之比，表示每百元销售额给企业带来的利润。其计算公式为：

$$\text{销售利润率}=\frac{\text{本期销售利润}}{\text{同期销售额}}\times 100\% \qquad (11-1)$$

(2)资产收益率

资产收益率是指企业所创造的利润总额与企业资产之比。其计算公式为：

$$\text{资产收益率}=\frac{\text{本期利润总额}}{\text{同期资产平均占用总额}}\times 100\% \qquad (11-2)$$

但是，在同一行业各个企业间的负债比例往往大不相同，而对资产收益率的评价又常需要与同行业的平均水平进行对比。所以，在评估企业获利能力时，最好能将税后利润加上利息支出，以消除由于举债经营而支付的利息对利润水平产生的不同影响。因此，资产收益率的计算公式为：

$$资产收益率=\frac{某期税后息前利润总额}{同期资产平均占用总额}\times 100\% \qquad (11-3)$$

其分母之所以用资产平均占用总额，是因为年初和年末余额相差很大，如果仅用年末或年初余额作为总额显然不合理。其计算方法一般可取期末和期初资产占用额的简单算术平均数。

(3)净资产收益率

净资产收益率是指税后利润总额与净资产平均占用额之比。净资产是指总资产减去负债总额后的余额。这是衡量企业偿债后剩余资产的收益率。其计算公式为：

$$净资产收益率=\frac{税后利润总额}{净资产平均占用额}\times 100\% \qquad (11-4)$$

(4)资产管理效率

资产管理效率可通过以下比例来分析：

① 资产周转率。资产周转率是指企业一定时期内产品销售收入净额与同期资产平均占用额之比。其计算公式为：

$$资产周转率=\frac{某期产品销售收入净额}{同期资产平均占用额}\times 100\% \qquad (11-5)$$

该指标可以衡量企业投资的利用效率，一般用年作为考核周期。资产周转率高说明投资的利用效率高。

② 存货周转率。存货周转率是指一定时期内产品销售成本与同期存货(指产品)平均余额之比。其计算公式为：

$$存货周转率=\frac{某期产品销售成本}{同期存货平均余额}\times 100\% \qquad (11-6)$$

该指标表明某一时期内存货周转的次数，从而考核存货的流动性。存货平均余额一般取年初和年末余额的简单算术平均数。一般来说，存货周转率越高越好，说明存货水平低，周转快，资金使用率高。

资产管理效率与获利能力密切相关。资产管理效率越高，获利能力也越强。这可以从资产收益与资产周转率及销售利润率的关系中体现出来。资产收益率实际上是资产周转率和销售率的乘积。

$$资产收益率=资产周转率\times 销售利润率$$

$$=\frac{某种产品销售收入净额}{同期资产平均占用额}\times\frac{本期销售利润}{同期产品销售收入净额}=\frac{本期销售利润}{同期资产平均占用额} \qquad (11-7)$$

四、效率控制

假如盈利能力分析结果显示企业从某一产品、地区或市场所得的利润很低，那就必须考虑到是否有高效率的方式来管理销售人员，以开展广告、销售促进及分销工作。

1. 销售人员效率控制

为实现对销售人员效率控制，各地区的销售经理需要记录本地区销售人员效率的几项主要指标。这些指标包括：①每个销售人员每天平均的销售访问次数；②每次会晤的平均访问时间；③每次销售访问的平均收益；④每次销售访问的平均成本；⑤每次销售访问的招待成本；⑥每百次销售访问所订购的百分比；⑦每期新增的顾客数量；⑧每期丧失的顾客数量；⑨销售成本占总销售额的百分比。

企业可以从以上分析中发现一些非常重要的问题。例如，销售代表每天的访问次数是否太少，在招待上花费是否太多，每百次访问中是否签订了足够的订单，是否增加了足够的新顾客并留住了老顾客，等等。当企业开始正视销售人员效率的改善时，企业将会取得很多实质性的改进。

2. 广告效率控制

企业进行广告效率控制，应至少做好以下统计：①每一媒体类型、每一媒体工具接触每千名购买者所花费的广告成本；②顾客对每一媒体工具注意、联想和阅读的百分比；③顾客对广告内容和效果的意见；④衡量顾客对广告前后的产品态度；⑤受广告刺激而引起的询问次数。

3. 促销效率控制

为了改善销售促进的效率，企业还需进行促销效率控制。为此，管理层应该对每项促销的成本和销售的影响进行记录，并注意做好以下统计：①由于优惠而销售的百分比；②每一销售额的陈列成本；③赠券收回的百分比；④因示范而引起的询问次数。

4. 分销效率

分销效率主要是对企业存货水平、仓库位置及运输方式进行分析和改进，以达到最佳配置并寻找最佳运输途径。

例如，面包批发商遭到了来自连锁面包店的激烈竞争，它们在面包的物流方面处境不妙，面包批发商必须做多次停留，而每停留一次只送少量面包。不仅如此，开车司机一般还要将面包送到每家商店的货架上，而连锁面包商则将面包放在连锁店的卸货平台上，然后由商店工作人员将面包陈列到货架上。这种物流方式促使美国面包商协会提出：是否可以以“利用更有效的面包处理程序”为题进行调查。该协会进行了一次系统工程研究。研究人员以一分钟为单位具体计算面包装上卡车到陈列在货架上所需的时间。

五、战略控制

战略控制的目的是确保企业的目标、政策、战略和措施与市场营销环境相适应。由于在复杂多变的市场环境中，原来的目标和战略往往容易“落伍”、过时，因此企业很有必要通过“市场营销审计”这一工具，定期地、批判性地重新评估企业的战略、计划及执行情况。

市场营销审计除了应对出现的问题外，其范围还覆盖了整个市场营销环境、市场营销系统以及具体的市场营销活动的所有方面。市场营销审计通常由企业内部相对独立、富有经验的市场营销审计机构客观进行。市场营销审计需要定期进行，而不是出了问题才采取行动。市场营销审计不仅能为困难的企业带来效益，同样可以帮助经营卓有成效的企业增加效益。

本章小结

市场营销计划是关于具体品种、品牌如何进行市场营销的安排和要求，是指导、协调市场营销活动的主要依据。营销计划的实施涉及制订行动方案、调整组织结构、形成规章制度和协调各种关系等相互联系的内容。市场营销组织是为实现企业的目标，制订和实施市场营销计划的职能部门。企业市场营销组织的形式，随着经营思想的发展和企业自身的成长而演变。企业营销组织设置一般应遵循整体协调和主导性原则、精简及适当原则、有效性原则。市场营销控制通过对营销活动经常性的监督、评估，包括年度计划控制、盈利控制、效率控制和战略控制，以控制其发展方向。市场营销审计也是进行营销控制的有效工具，其任务是对企业或战略经营单位的市场营销环境、目标、战略和营销活动等进行定期审计，以发现市场机会，揭示问题，提出建议。

客观题

请扫二维码。

(http://www.ehuixue.cn/index/Orgclist/course? cid=11924)

复习思考题

1. 如何制订稳健、可行的市场营销计划？
2. 实施市场营销计划过程中需要注意什么？
3. 比较独立的市场营销部门、现代市场营销部门和市场营销企业之间的区别和共同点，分析它们之间的联系。
4. 列举市场营销组织的各种形式，分析设置市场营销组织的主要原则。
5. 市场营销控制有哪些基本方法和途径？
6. 市场营销审计的范围与主要内容。

应用与探讨

请以你身边熟悉的企业为例，围绕其现有的市场营销计划，追踪并分析该企业营销计划具体的实施与控制过程。

【结尾案例】

依托数字化赋能，五粮液部署营销组织大变革

2018年，五粮液与IBM形成战略合作关系，数字化转型工作正式启动。这一年，五粮液将建立"1个工程，3个体系，3个平台"的全新支撑；这一年，五粮液完成了数字化前台、中台和后台的规划。2019年，五粮液依托数字化赋能，营销组织大变革于今天正式启动。

2月18日，五粮液2019年度第一个重磅会议——营销改革工作会召开。

五粮液集团党委书记、董事长李曙光，五粮液集团总经理、股份公司董事长刘中国，五粮液集团公司副董事长、股份公司常务副总经理邹涛，集团（股份）公司纪委书记魏红英等全体在企高管，全国的营销人员代表，以及五粮液相关职能部门工作人员共400余人参加了此次大会。会议对接下来的营销组织变革进行了安排与部署。

1. 五粮液"补组织短板"落下实锤

五粮液营销机构变革的消息并不突然，早在2018年"1218共商共建共享"大会上已显"征兆"。

彼时，李曙光在谈到2019年五粮液怎么应对市场变局时，用了"补短板，拉长板，升级新动能，抢抓结构性机遇，共享高质量发展"这25个字予以概括。其中"补短板"方面，李曙光坦承在组织能力上存在短板。

据悉，五粮液的整体营销改革路线图已经部署，将持续推进总部横向专业化、区域纵向扁平化、事业部模式运作、平台模式共享提效、建立市场化用人机制五大工作。

有业内人士认为，2018年，五粮液已经将战略梳理清晰，方向已经很明确，关乎五粮液未来的关键问题落到了组织能力的改革上。而此次营销改革工作会的召开标志着五粮液"补组织短板"落下实锤。

2. 区域纵向扁平化是营销改革的重点

其核心为：将中心制转变为营销制，以省为基础，以市场容量、市场潜力、竞争态势三个维度，构建单省营销或多省合一的营销。此外，将职能部门和资源下沉到营销，加强市场精耕细作和快速响应。

对此，有业内人士表示，五粮液此次组织机构大变革后，一改过去大片区的营销作战模式，将总部职能前移到营销，以营销的扁平化管理模块为营销作战单元，聚焦核心终端和核心消费者的运营。在强大的品质和品牌优势下，一旦改革到位，就必将发挥很大的威力。

有经销商认为，组织变革是必然。五粮液以"数字化"赋能改革，有利于引导商家管理系统向数字化、科学化、精准化转型。"这是符合时代所需的，五粮液带领我们走在了前列。"

值得注意的是，有五粮液经销商表示，此次五粮液的扁平化动作，与很多企业不同。"五粮液这家公司从2018年起，开始具有很强的数字化意识。提到扁平化，大家

往往会想到人海战术。但是,此次五粮液不会采用人海战术,而是要运用更为精准的数字化为商家、终端、消费者提供服务,五粮液构建的是适应未来竞争的现代营销体系。2018年,其构架已经搭建完毕。2019年随着营销组织改革的推进,五粮液必将迎来更高质量的发展。"

根据上述材料,思考下列问题:

1. 五粮液集团是如何以数字化为支撑进行营销机构的改革?
2. 五粮液集团的营销组织变革对你有何启示?

第十二章　新媒体营销

【学习目标】

通过本章内容的学习，学生应了解新媒体的内涵、特征、发展趋势；掌握新媒体营销的内涵、特性及主要方式；能初步运用新媒体营销的技巧、策略，树立新媒体营销意识。

【导入案例】

阿迪达斯不再使用电视广告

2017年3月15日，阿迪达斯CEO卡斯珀·罗思德在接受CNBC采访时宣布，公司将放弃使用电视广告进行宣传，并寻求到2020年时将电子商务营收提高3倍。原因是年轻消费者主要是通过移动设备来跟商家进行互动，数字化业务对企业来说至关重要，所以企业准备放弃电视广告。

调研数据显示，2016年，阿迪达斯从设计和营销上，紧紧抓住了年轻人。他们发现，年轻人不是不看广告了，而是不太会去打开电视了。从Instagram、微博上明星红人的照片，到阿迪达斯官网的预售码，再到门外围着彻夜排队的年轻人的实体店货架上，阿迪用“年轻偶像＋饥饿营销”组合打造的这些爆款轮番地轰炸着我们的视听，电视广告在其中确实没帮上什么忙。

尽管如此，在线广告还有很多问题需要解决。比如大多数的网络视频广告是无效的，有81％的用户会对视频静音，62％的用户对强制播放的广告感到恼火，93％的人考虑使用广告拦截应用。广告主在衡量投放策略的时候，往往会孤立地去看每个媒体渠道的回报率，忽略了各媒体渠道的互相作用，他们很难看清或意识到网络媒体广告的效果是如何被电视平台所影响的。广告主将电视广告资源转而投入网络广告，只能在短期内造成销量增长，而在长期回报率上反而会降低。因此，广告主不应当再孤立地看广告投放渠道，而应在选择广告投放策略时，更多地参考长期回报率。

第一节　新媒体概述

随着信息化时代的来临，人们交流及通信方式发生了深刻变革，沟通的地理及空间障碍被大大克服。从全球范围看，世界各国纷纷把发展信息技术作为社会和经济发展的重大战略目标。科学和技术的进步与发展，在推动信息社会的发展方面发挥了重要作用。由此带来的媒体升级换代——新媒体发展迅猛，也越来越多地影响着我们的生活。

一、新媒体的内涵

新媒体是相对于传统媒体而言的，新媒体的概念最早是1967年由美国人戈尔德马克提出的。近年来，越来越多的人关注这一名词，但对于“新媒体”的内涵一直没有定论，各种组织机构、专家学者、新媒体的使用者都从各自所处的不同领域、不同视角对“新媒体”进行定义。一些传播学期刊上设有“新媒体”专栏，所刊载文章的研究对象也不尽相同，有数字电视、移动电视、手机媒体、IPTV等，还有一些刊物把博客、播客等也列入新媒体专栏。美国《连线》杂志曾对新媒体这样定义：新媒体是所有人对所有人的传播。2001年，丹尼·吉尔默从媒体发展的角度提出：新媒体应是以博客为主导趋向的自媒体或公共媒体，即新闻媒介3.0。华纳兄弟总裁施瓦茨威格认为：新媒体就是非线性播出的媒体。联合国教科文组织对新媒体下的定义：以数字技术为基础，以网络为载体进行信息传播的媒介。清华大学的熊澄宇教授认为：新媒体是个相对的概念，相对于报纸，广播是新媒体；相对于广播，电视是新媒体；相对于电视，今天的网络又是新媒体。今天的新媒体主要是指：在计算机处理技术基础上产生和影响的媒体形态，包括在线的网络媒体和离线的其他数字媒体形式。

目前较流行的定义为：新媒体是一个宽泛的概念，是利用数字技术、网络技术，通过互联网、宽带局域网、无线通信网、卫星等渠道，以及电脑、手机、数字电视机等终端，向用户提供信息和娱乐服务的传播形态。新媒体是信息科技与媒体产品的紧密结合，是媒体传播市场发展的趋势和方向。简单地说，新媒体就是任何以计算机新科技为基础，通过网络、移动和数字技术等各种现代传播手段，传播数字化文字、声音、图像信息的数字、网络、移动媒体。

二、新媒体的主要类型

不同的专家和学者根据不同的标准划分出新媒体不同的类型。科学、合理地划分新媒体，对新媒体的研究至关重要。新媒体根据载体和技术手段的不同，分为互联网新媒体、手机新媒体、户外新媒体和衍生新媒体四种类型。

1. 互联网新媒体

互联网新媒体是以互联网为传播渠道的，它是新媒体的主要类型，例如互联网参政议政、电子商务、网上银行、网上缴纳生活费用等。互联网新媒体又主要分为新闻网站、门户网站以及IPTV三种形式。

(1)新闻网站

国务院新闻办公室和信息产业部联合公布的《互联网站从事登载新闻业务管理暂行规定》对新闻网站做了解释：新闻网站即为中央新闻单位、中央国家机关各部门单位以及省、自治区、直辖市和省、自治区人民政府所在地的直属事业单位依法建立的网站。本书所说的新闻网站重点指的是一些高质量、高浏览率、对社会舆论能产生重大影响、社会效益较好的新闻网站，比如人民网、新浪网、凤凰网等。新媒体时期，新闻网站也采用互动形式，对网站的内容和形式不断创新，以此来满足用户的新需求。

(2)门户网站

门户网站基本上已经覆盖到新闻、时尚、视频、财经、体育等多领域，诸如人们常见的新浪、腾讯、搜狐、网易等。门户网站具有信息交流、检索、传递的功能，不仅是通向和打开互联网空间的“门户”，而且为个体提供了互联网空间的多项服务。同时，门户网站还具有新闻服务、媒体舆论监督、娱乐等功能，在互联网空间担当重要的任务。

(3)IPTV

IPTV 即 Internet Protocol Television，即交互式网络电视。它是集互联网、通信、多媒体等多种技术于一体的崭新技术。目前，家中的计算机和网络机顶盒就是 IPTV 的应用形式。它不仅能够为用户提供海量的信息，同时还为用户提供个性化服务。由于 IPTV 被广泛运用在娱乐、信息咨询、商业以及教育中，因此它具有十分强劲的竞争力。

2. 手机新媒体

手机新媒体是一种以随身携带的手机为载体的新兴媒体形式。手机集互联网、电话、小说、报纸、信用卡、电影等于一身，具有强大的功能。它一经推广，迅速成为新媒体时代的“宠儿”。目前，人们主要运用手机的文字传输功能和影像传播功能，手机文字传输包括手机小说、手机新闻、手机短信以及手机杂志等。手机影像传播包括手机电影、手机电视以及手机本身具有的摄像和摄影功能等。另外，人们还可以利用手机进行娱乐与社交等。手机不仅改变了人们的生活方式，而且也在潜移默化地对人们的社会行为和思维方式进行着改变，深刻影响了整个社会的发展。

3. 户外新媒体

户外新媒体是一种户外传播信息资源的媒体，一般是指人们能直接看到的数字电视等新媒体，比如移动电视、LED 彩色显示屏等，区别于广告牌、车体、灯箱等传统户外媒体形式，主要依附于公交、地铁、航空、轻轨等出行工具上，它的主要内容是广告。这些户外新媒体正以生动的影像资料吸引着人们的眼球，刺激着人们的购物欲望，它成功运用在商业广告中。目前，户外新媒体已经成为一种发展趋势。

4. 衍生新媒体

衍生新媒体，是在应用 Web 2.0 技术的基础上衍生而来的维基、Dig、RSS；基于网络科技 Web 2.0 的指向应用而衍生出来的博客、播客、维客、RSS 等衍生新媒体。

第一，维基(Wiki)。它是一种超文本系统，是面向社会群体式写作的协作工具，支持多人的维护，甚至可以是任何访问者，用于多人共同维护的一套复杂的网站文档，便于知识的分享。其中，维基百科是最著名的站点，它是一套完全由网民免费建立起来的网上百科全书。

第二，博客(Blog)。博客是继 E-mail、BBS、IM 之后盛行的第四种网络交流工具，是网络时代个人的“读者文摘”。更重要的是，博客是广大网民表达自己的个性化意见的网络平台，是一种网络话语权向平民阶层的转移。

第三，Dig。Dig的中文翻译为“掘客”或者“顶格”。2004年10月，美国人凯文·罗斯创办了Dig网站。Dig网站采用新闻系统的模式，它其实是一个任何人都可以对新闻资讯进行评论的站点。它的独特之处在于它没有职业编辑，完全取决于用户，将权力全部下放给用户，用户可以随意提交文章，然后由阅读者来判断该文章是否有用，收藏文章的用户人数越多，说明该文章越有热点。也就是说，用户认为这篇文章不错，那么“dig”一下，当“dig”数达到一定程度，该文章就会出现在首页或者其他页面上。

第四，SNS。SNS(Social Networking Service)，即社会性网络服务。1967年，哈佛大学心理学教授米尔格伦创立了六度分离理论：你和任何一个陌生人之间所间隔的人不会超过五个，也就是说，最多通过五个人你就能够认识任何一个陌生人。按照六度分离理论，每一个个体的社交圈子都在不断放大，最后成为一个大型的网络。它侧重的是具有爱好相同、职业相仿、出身相似、亲戚关系或者具有其他共同点的一类群体，其实质就是把现实生活中的社交圈子迁移到互联网中。常见的社交网络一般包括微博、微信、Facebook等。社交网络中人们之间的交流方式主要表现为点与点的交互，这种社交网络是为所有注册用户提供的一个相对平等和公平的机会。每一个人都可以通过网络发展自己的影响力，这些影响力还可以向下发展线下力量，以此来扩大自己的影响面，赚取经济效益。由此，用户就可以把自己作为供应商媒体，提供信息生产、共享以及传播等一整套服务，这就是“自媒体”。

三、新媒体的特征

每一种新媒体的出现都依赖于新的媒介技术，每种媒体都会表现出其所基于的媒介的特性。新媒体被形象地称为“第五媒体”，同报纸、杂志、广播、电视等传统的大众传媒相比，具有自己独特的传播特性。这主要表现为以下几个方面：

1. 传播主体多元化

在大众传播时代，大众传媒主要承担传播者的角色，广大受众则是信息接收者。新媒体的出现打破了这种局面，用户不仅可以在社交网络上获取各种新闻消息，还可以在社交应用上发表自己的观点、想法，分享自己的所得与感悟。大众改变了过去单一的信息接收角色，具有传播者和接收者双重身份。传播者的形态从传统大众传媒走入寻常百姓家，传播主体变得更加多元化。

此外，传播主体多元化也带来了传播者主体地位的弱化与泛化，传播者与受众之间的关系变得模糊，并且二者之间的身份可以随时相互转化；受众接收到传播者信息后，可以利用新媒体及时对消息进行转发，进而转化为新的传播者；原来的传播者通过类似的形式接收到其他传播者转发来的信息，进而转化为新的受众，传播者与接收者之间形成循环互动。

2. 互动及时与信息共享

随着新兴媒介技术的发展，用户获取和传播信息变得更加便利。一方面，用户不仅可以用智能手机或者平板电脑等智能终端在微博、微信等新媒体上快速获取各类新闻信息，提高自己对社会环境的认知；另一方面，用户通过社交网络，可及时对新闻信息发表个人的观点和评价，参与到事件的讨论当中。

此外，新媒体对于受众来说，还是一个信息共享平台。依托互联网这个开放的平台，全世界的网络都可以连接起来，形成一个海量信息数据库。而超链接技术更是将这些海量信息有效融合在一起，新媒体的开放、共享程度超过了以往所有的媒体。受众能够将信息第一时间发布出去，与其他用户共享。例如，百度文库是提供网友在线分享文档的开放平台，用户可以在百度文库在线阅读或自由下载论文、专业资料、课件、试题或各类公文模板等，而这些文档也都是网友上传提供的。

3. 即时、实时、全时传播

新媒体以网络技术、数字技术及移动通信技术为依托，通过社交网络将亿万用户连接起来，使信息获取和传播更加快速便捷。用户通过新媒体可以随时随地获取信息，了解社会热点；同时，新兴的移动社交应用——微博、微信、短视频等媒介更是可以将用户分享的内容第一时间发布出去，让信息直达受众，打破了传统媒体在时间上的限制，真正实现了麦克卢汉关于“地球村”的预言。

不仅如此，随着近年来兴起的移动社交应用及视频直播的发展，受众更是直接被带到了事件现场，使事件进展、传播者发布信息及受众接收三项得以同步进行。信息传播的时效性大为增强，典型表现就是微博的兴起，许多突发事件都是通过微博爆料出来的。用户在新闻信息的采集、加工、制作等一系列活动中，都有机会参与其中，并发表自己的评论。

4. 信息服务个性化

传统大众传媒环境下，受众往往是匿名的、广泛的群体，传统媒体对受众进行单向度的“同质化传播”。传播节目内容试图涵盖所有受众，因此受众的个人需求并未得到有效满足。然而，在新媒体时代，信息内容多样化使得受众的细分化趋势加深，受众的地位与个性凸显。新媒体能够为不同的受众群体提供多样化的内容，受众可以自主选择内容和服务。与此同时，网络市场上的公司、服务商也开始进一步对受众进行细分，向不同属性的群体分别提供不同的个性化产品和服务，为受众异质化传播提供了可能，提高了传播的专业性、精准度和有效性。在受众主导传播的局面下，受众有更大的选择权、更高的自由度，新媒体更加注重用户的个性化体验，有利于满足受众的需求。

新媒体融合了传统媒体的很多优点，能够为受众提供个性化的服务。通常，这种个性化体现在细节设计之中。当前，包括 SNS 网站、博客、微博在内的社交网络媒体都可以为用户提供个性化的服务，如主页设计、页面排版、好友管理、图片视频分享等。对于用户而言，他们不仅拥有信息的选择权，还拥有信息的控制权，可以按照自己的个性方式创作信息内容，改变信息的传播方式。利用各种搜索引擎，人们可以根据自己的需求来选择所关注的内容，还可以根据自己的喜好寻找自己的“朋友圈”，如 BBS 论坛、QQ 群、微信等。

【延展阅读】

今日头条，算法助力崛起！

打开今日头条，我们看到的是满屏的新闻资讯。从内容上看，今日头条很像其他新闻客户端；从功能上看，今日头条又特别像互联网媒体。但在今日头条CEO张一鸣眼中，今日头条却是一款个性化推荐引擎产品。今日头条由张一鸣于2012年3月创建，在不到4年的时间里便轻松超过包括百度新闻在内的其他新闻客户端，一跃成为互联网媒体的后起之秀。今天头条的成功崛起，主要得益于背后的个性化推荐算法。

基于精心设计的机器学习引擎和大数据处理架构，今日头条能实现特定用户的个性化推荐。据官方描述，今日头条可以在0.1秒内计算出推荐结果，3秒完成文章提取、挖掘、消重、分类，5秒计算出新用户兴趣分配，10秒内更新用户模型。当用户使用微博、QQ等社交账号登录今日头条时，它也能在5秒内通过算法解读使用者的兴趣DNA，用户每次动作后，10秒更新用户模型，越用越懂用户，从而进行精准的阅读内容推荐。正是由于这套算法，今日头条在短短几年内便拥有了5.5亿用户，每天有超过1.4亿用户在今日头条上阅读自己感兴趣的文章。

5. 海量信息及内容碎片化

新媒体的出现不仅扩大了传播主体范围，而且带来了海量的传播信息。每个人都可以使用各式各样的社交网络分享内容，信息的表现在形式上也更为丰富多样，新媒体能够集文字、图片、音频、视频、动画等多种表现形式于一体，带给用户更加震撼的视听享受。

内容碎片化也可以叫作“微内容”，它们并非整块的内容，而是零碎地堆砌在一起，没有得到有效的整合。新媒体时代，网络应用大致经历了由BBS到博客、QQ空间到人人再到微博、微信的转变。受到社交网络演变的影响，人们在网络上发布的内容长度逐渐降低，信息呈现碎片化的特点，进而产生信息缺乏深度、逻辑性等问题，影响着新媒体时代受众阅读习惯的养成。信息内容的碎片化折射出现代人生活的压力及其导致的媒介内容的浅薄化、娱乐化问题，加上传播主体的多元化、传播权利的全民化，新媒体平台中各种各样的信息更是趋于海量化，呈现出碎片化信息爆炸的状态。

四、新媒体对社会的影响

新媒体对社会的影响主要有以下几个方面：

1. 社交空间压缩，交往速度加快

新媒体打破了原有时间和地域的限制，空间的极度压缩使每个人所处的现实位置正变得无关紧要，地域、场景等真实存在的空间逐渐淡化，身体的存在位置已经不是决定群体是否有共同经历的前提。在越来越多的事件中，身体可能是缺位的，但是人们却可以享有共同的体验。新媒体将身处不同物理空间的人整合进共同的虚拟场景，使得处于相同空间的人可以分离在不同的场景中，社会交往的线性模式被打破。但同时，新媒体对传播时效的不断追求也使得人们的交往向即时在线转变。人们的零碎时间被最大限度地整合，新媒体侵袭着人们的时间，使社会时刻处于即时在线的紧迫感中。

2. 现实与网络的身份及地位剥离

在新媒体空间内，参与者并不都依附于社会现实地位而存在，而是扮演其想扮演的角色，发挥与在现实生活中截然不同的作用。现在，虚拟社会网络越来越成为现实世界的延伸，现实社会和虚拟社会相互交叠。一个人可以用不同的身份、角色参与到网络中，表现出多重人格。因此，如何取得互信、快速确定双方在交往中的角色扮演，是新媒体对社会结构提出的挑战。在社交范围扩大的同时，人们的社交圈则呈现出集中的趋势，以兴趣为聚合的小圈子逐渐形成。新媒体带来的新型社会联络与动员能力也会使不同阶层之间的分化更为严重，社会利益团体的边界逐渐明晰和固化。

3. 传播模式进入信息推荐时代

新信息中介改变了信息传播格局，加长了信息传播链。其要点在于个性化信息的聚集与传播，原有的线性、互动、循环等传播模式都受到挑战，在随时变化的传者和受者之间加入了智能化的信息过滤系统。从简单的垃圾信息清除到搜索引擎的关键词再到个性化推荐系统，通过互动和个性化筛选，信息被个人获知，并成为个人所在圈子中的共享信息，继而生产出新的热点，在传播过程中形成新的社会事件。然而，新信息中介是把其他所有媒体的内容借过来作为自己的内容，面向用户提供接口和平台，从而控制媒体的内容和流向，这就产生了“谁来监督新信息中介对信息的全面、公正的提供”的问题。

4. 话语力分散，用户自主地位提升

新媒体朝着鼓励人人参与的方向发展，人们拥有了更加充分的表达权。民众在各种问题上发出自己的声音，消解了原有的权威话语中心。通过网络共享和分散资源的集中，网络速率和信息利用率提高，用户的自主性和参与度得到提升。点对点技术(P2P)通过点对点传播，将参与者的计算能力和带宽集中起来，用户的电脑成为主机同步上传的重要载体。维基技术(Wiki)使得用户共同创作成为一种可能，通过协同创作，可以相互补充和纠正，一定程度上实现了网络的自净化功能。

5. 记忆方式和内容偏向发生变化

网络上的搜索引擎给人们的思维方式带来巨大冲击，上网搜索逐渐成为解决问题的重要方式。因此，人们的记忆方式发生变化，更多的选择性记忆在于重要的信息点和信息的获取路径，而不再是具体的内容。过去我们比的是谁记忆力好，现在比的是记忆方式，即谁能记住重要的信息点和信息获取的路径，找到路径就能找到需要的内容。

6. 传统构词法被解构

新媒体解构式的语言形成和传播方式更多地表现出反规则、碎片化和去中心的特点。恶搞、嘲讽、质疑权威成为新媒体中一种常见的内容风格，大量短小、碎片化的信息，正在从不同方面质疑传统话语权威。于是，新媒体通过对不同语言碎片的反规则拼接，形成一种新的立体式的图景，建构着新的话语体系。很多网络词汇渐渐成了人们的口头语，无论人们是认可它的诙谐或者批判它的粗鄙，它已成为一种现象，渗透在网络乃至生活中的每个角落。

五、新媒体发展趋势

1. 移动化

以手机和平板电脑为代表的移动设备越来越成为人们获取信息的主要手段。

2. 可视化

视频已经成为新闻传播的潮流。无论是传统媒体还是新媒体，它们均把视频业务作为发展的重点。思科公司曾预计，2016 至 2021 年，全球移动视频增长 8.7 倍，占移动数据总流量的 78%。

3. 智能化

大数据、云计算、人工智能等技术的普及应用，改变了传统的新闻采集、制作、发布方式，重塑了信息传播流程，极大地激发了新闻生产的潜力。

4. 互动化

互联网的普及降低了信息发布门槛，受众不再仅仅是被动的信息接收方，而是广泛参与到信息生产中，日益成为信息传播中平等的一员。

5. 平台化

不少媒体机构正在从单一的内容提供者向综合服务提供者转变，依托已有或新建的网络平台聚合用户资源，不断扩大影响，拓展盈利模式。

6. 开放化

媒体竞争日益演变为综合实力的较量，传媒业与其他行业的跨界合作不断深化，内容与技术、媒体与资本的结合越来越紧密。

第二节　新媒体营销

新媒体营销作为一种新兴、快捷、经济的营销方式，迎合了当今世界消费潮流演变及受众信息获取方式变化的时代要求，它以多样化的精准营销策略提高了企业销售的针对性、营销的艺术性和情感的交互性，更好地确保顾客的“中心地位”的实现。

一、新媒体营销的内涵

传统的营销模式追求的是所谓的“覆盖量”，在报纸杂志上就是发行量，在电视广播上就是收视（听）率，在网站上便是访问量。将广告或者公关文章加载到覆盖量高的媒体上，便可以获得较多的关注。这种登高一呼式的传播方式本质上属于宣传模式，传播路径是单向的。其缺点非常明显:很难探测受众接收信息后的反应。一方面,广告代理公司递交了厚厚的媒体覆盖量报告以证明广告被很多人看到;另一方面,商业公司用短期内的销量是否提升来决定广告是否达到了目的。但平心而论,一场营销行为和短期销量之间究竟有何关系,至今并没有答案。

基于新媒体的营销模式,则是将宣传向参与改变。新媒体营销借助于受众广泛且深入的信息发布,达到让其卷入具体的营销活动中的目的。比如,利用博客所完成的话题讨论,请博客作者们就某一个话题展开讨论,从而扩大商业公司想要推广的主题或品牌的影响范围。

总体来说,新媒体营销是在特定产品的概念诉求与问题分析的基础上,对消费者进行心理引导的营销推广方式。从本质上来说,它是企业渗透的商业策略在新媒体形式上的表达,通常凭借媒体与舆论传播使消费者认同某种概念、观点和分析思路,从而达到宣传企业品牌并销售产品的目的。

二、新媒体营销的特征

1. 成本低廉

(1)经济成本低廉

一是固定成本低廉,新媒体营销创建网络平台减少固定资金的投入;二是流动成本低廉,在新媒体营销过程中,可以借助先进的多媒体技术手段,以文字、图片、视频等表现形式对产品、服务进行描述,为新媒体营销提供逼真的表现效果,从而使潜在消费者更形象更直接地接收企业的营销信息。

(2)技术成本低廉

新媒体营销是科学技术发展到一定程度的产物,其技术含量比传统媒体高,但与高端技术相比,新媒体营销的技术成本不算很高。

(3)时间成本低廉

营销信息的传播无须经过相关行政部门的审批,简化了传播的程序;再者,网络信息传递的互动性使得营销信息能够获得"一传十,十传百"的效果,使得新媒体营销时间成本比较低。

2. 目标客户精准定位

新媒体涵盖着多样化的内容,微信、微博、博客、论坛等让每个人都可以成为信息发布者,浩如烟海的信息中涉及各类生活、学习、工作等的讨论都展现了前所未有的广度和深度。通过对社交平台大量数据的分析,企业可以利用新媒体有效地挖掘用户的需求,为产品设计开发提供有针对性的市场依据。

3. 与用户的距离拉近

新媒体营销交互式传播方式更好地实现了企业与消费者间的信息沟通,拉近了产销距离;实现了信息即时高效传播,营销效率大大提高,大大降低了产品投放的市场风险。例如,小米在推出产品之前会通过其官方微博征求用户的意见,根据用户的要求进行产品的设计研发及改进,使其产品深入人心。

三、新媒体营销的主要模式

当前，新媒体营销的模式主要有以下几种：

1. 微博营销

受众最感兴趣的内容和最容易引起讨论的话题一经投入受众中，就会引起快速复制、热烈讨论和参与，从而形成连绵不断的传播浪潮。企业创造出恰当的话题，再将话题发送到受众群体中，等待受众在话题的原始形态和构成上自由发挥、创造，不断扩充其内容。微博营销做得最成功的当属新浪微博。

2. 微信营销

微信营销是伴随着微信的火热而兴起的一种网络营销方式。微信不存在距离的限制，用户注册微信后，可与周围同样注册的"朋友"形成一种联系，订阅自己需要的信息，商家通过提供用户需要的信息，推广自己的产品，从而实现点对点的营销。

3. SNS 营销

SNS 是指帮助人们建立社会性网络的互联网应用服务；也是指社会现有已成熟普及的信息载体，如短信 SMS 服务。

4. LBS 位置营销

LBS 位置营销全称为 Location Based Service，是通过电信移动运营商的无线电通信网络或外部定位方式获取移动终端用户的位置信息，在 GIS 平台的支持下，为用户提供相应服务的一种增值业务。它将行为、时间与地理三者融为一体，实现精准定位。

5. 网站营销

企业网站是最突出的、能够同社会各个层面沟通的一种形态，也是企业所有营销传播的基础。网站不仅可以塑造、传达品牌形象，而且可以提供更多可控制的传播形态，传播自己的品牌信息等。

6. 搜索营销

搜索引擎帮助网民从大量信息中快速获取所需要的信息，为企业带来巨大的商机。与传统的营销方式相比，搜索营销使得品牌建设的成本大大降低。企业可以通过搜索营销增加网站流量，也可以寻找合作伙伴，从而推广品牌。

7. 视频营销

视频营销是利用网友上传视频进行视频互动的营销模式，启发了国内很多视频网站的开发和成长。而互联网电视产品的推出，也让网络视频渗入传统电视终端。

8. 直播营销

直播营销是指在现场随着事件的发生、发展进程，同时制作和播出节目的方式。该营销活动以直播平台为载体，达到企业品牌知名度提升或是销量增长的目的。直播的核心价值就在于其聚集注意力的能力，未来直播营销将成为多数产品营销的标配。

【延展阅读】

直播营销的三种经典模式

1. 模式一:品牌+直播+明星

在戛纳电影节上,欧莱雅全程直播了李宇春等几位代言人在戛纳现场的台前幕后,同时介绍她们使用的各种欧莱雅产品。直播4小时之后,李宇春同款唇膏在欧莱雅天猫旗舰店售罄。明星效应向来强大,特别是直播进入平民化阶段,大牌明星的出现很快能抓住受众眼球并产生轰动效应,而且导流能力强,能为品牌带来真金白银的销量。

2. 模式二:品牌+发布会+直播

除了请明星吆喝的"直播版电视购物",国内企业触发直播这项技能的另一种普遍形式就是发布会直播了。2016年5月,小米第一次举办了一场纯在线直播的新品发布会。线上发布会好处多多:第一,场地、搭建费没有了;第二,覆盖的"米粉"广了,参与度也提升了,每个人都可以留言向雷军提问;第三,作为国内"第一次"纯在线直播的新品发布会,这事儿还具有事件营销的资质。

3. 模式三:品牌+直播+深互动

直播最大的优势在于带给用户更直接更亲近的使用体验,甚至是零距离互动,但评论、打赏、送礼物都只停留在表面,互动不够深入。深入互动的直播营销如何运作?下面一个案例或许可以给我们参考:2015年4月,以搞怪著称的男性护理品牌 Old Spice 在游戏直播平台 Twitch 上进行了一个奇怪的直播——他们找了一个人到野外丛林中生活三天,而且他的行为完全由观众控制。所有观众都可以通过聊天输入上下左右等按键来控制人物的下一步行动,然后统计所有玩家的选择,票数最高的动作就作为当事人的下一步行动。

四、新媒体营销的发展趋势

新媒体的快速发展,不仅极大地改变了消费者的媒体接触习惯和消费观念,也改变了企业的营销理念与营销模式。随着数字技术与通信技术的发展,新媒体营销主要呈现出以下趋势。

1. 新媒体广告创意要求更高,内容营销更受欢迎

电商、广告、增值服务需求越来越大,开始借助第三方广告平台进行转化,如微播、城外圈等。这类资源聚合型的媒体平台型公司连接起了自媒体和广告主,让前者得变现,后者得资源,各取所需。一个好的营销案例就是一个好故事。越来越多的企业热衷于"讲故事",因为没人爱听大道理,但大多数人喜欢听小故事。

2. 社交营销成为主场

社交媒体又称"社会化媒体",是人们彼此之间用来分享意见、见解、经验和观点的

工具和平台。著名传播学者彭兰将其定义为“基于用户社会关系的内容生产与交换平台”,认为其主要特征在于:第一,它是内容生产与社交的结合;第二,社交平台上的主角是用户,而不是网站的运营者。研究机构 CIC 将下列媒体划归为社交媒体的范畴:微博、社交网站(SNS)、即时通信、电子商务、视频、音乐、论坛、消费评论、分类信息、签到与位置服务、社会化电子商务、社交游戏、社会化内容聚合、档案分享、博客、在线百科、在线旅游、婚恋交友网络、商务社交、私密社交等。

社交媒体充分利用了用户之间的社会关系,使媒体平台上的用户群体从内容的消费者转变成内容的生产者。因为社交媒体所展开的营销活动具有全新的信息传播方式和营销模式,所以企业必须转变营销思路和策略,借助社会化媒体优势,根据不同人群在不同社群的行为特点,进行创意策划,实现品牌营销和客户服务的目标。

3. 视频、短视频将成为新媒体的新增长点

好的内容能够引起用户的聚焦和讨论,但是如果将话题内容制作成视频的话,视频就可能会快速地传播,从而有效实现营销目标。视频营销结合了“视频”与“互联网”的优点,以其感染力强、互动性强、传播迅速、成本相对低廉等优势,赢得了企业青睐。短视频作为社会化媒体,能够很好地传递社会与社交圈的信息,满足了用户对于人际交往的需求;同时,随着碎片化时代的到来,人们的注意力也越来越稀缺,短视频满足了大众碎片化阅读的需求,比较容易得到消费者的免费传播和参与。2016 年 6 月,知名汽车厂商雪佛兰携手秒拍联合推出了与曼联球星面对面互动营销的活动。网友通过秒拍可以上传任意姿势、任意动作、任意风格的踢球短视频参加评比,只要参加即有机会赢得曼联传奇球星亲自授课的机会。活动共征集到的网友短视频多达 1812 条,视频播放量超过 7000 万次,获得网友 400 万点赞数。可见,用户对于他们喜欢的视频是比较容易给出评论和进行互动的。

4. 公众平台成为新媒体营销的主要渠道

随着移动互联网时代的到来,移动应用成为用户流量的主要入口。尤其是以微信为代表的相关公众平台,更是成为承载移动网络用户的重要载体。不仅如此,公众号所具有的简单方便、用户精准、覆盖面广的优势让越来越多的企业看到了公众号的价值,纷纷转向移动互联网市场,在公众号平台上开展网络营销活动。公众号更是成了企业广告信息传播的主要阵地。

除此之外,作为时下企业开展新媒体营销的主要模式——“公众号+社群”在未来将被应用到更多的企业新媒体营销中。特别是对于直接面向消费者的中小企业,“公众号”和“社群”相结合的互动营销方法,对提高用户口碑和推广企业品牌有着天然的优势。

第三节 微博与微信营销

一、微博营销

1. 微博营销的内涵

微博营销是指通过微博平台为商家、个人等创造价值的一种营销方式。企业将微

博作为营销平台，以微博粉丝作为潜在的营销对象，通过微博平台与粉丝进行互动沟通，向网民传播企业及产品等营销信息，帮助企业树立良好的品牌形象，实现产品或服务的转化和购买，最终为企业带来经济收益。

2. 微博营销的优势

企业开展微博营销活动有着巨大的优势，发布一条微博的成本几乎是零，却可以快速地将企业及产品相关信息传达给消费者。同时，企业还可通过微博直接与粉丝及潜在用户进行互动，从而拉近了企业与用户之间的距离。

(1)内容丰富，形式多样化

微博营销的优势主要体现在微博发布的内容丰富和发布形式多样化两个方面。

从内容上看，企业可以将微博作为对外宣传的窗口，发布与公司有关的新闻活动、新品发布、促销活动等新闻消息。

从形式上看，微博营销的活动形式非常之多，除了今日话题、互动问答、投票抽奖之外，还可借助微博平台的广告中心开通微博粉丝通、微任务、搜索推广等服务进行广告推广。

(2)信息传播快

用户只要满足上网和拥有计算机设备或智能终端的条件即可随时随地即时将信息发布出去。

(3)覆盖群体广

以新浪为例，新浪微博的注册用户非常多，覆盖了不同职业、不同地区、不同阶层、不同民族。这里不仅有超聚人气的社会名人，还有报道新闻的大众媒体及发布公告的政府机构。当然，新浪微博的用户还是以个人用户居多，因此企业通过微博发布的消息覆盖范围更广。

(4)宣传成本低

同传统的报纸、广播、电视等媒体比较，微博营销费用低廉。发布一条微博的成本近乎为零，即便是借助“大 V”或粉丝同步推广，其费用与电视广告费相比，仍具有极大优势。

3. 企业微博营销的主要方式

(1)有奖转发

有奖转发活动形式以企业官方微博发布的博文为主，通常会设置诱人的奖品刺激和吸引粉丝转发该微博所提示的活动。有奖转发主要适用于刚开通官方微博的企业，急需告知广大网民和吸引更多用户的关注；还有就是新品发布时期，需要加大宣传力度；最后一种情况是针对已经拥有大量粉丝的企业微博，它们为了与粉丝互动，会定期举行有奖转发活动。

(2)有奖征集

有奖征集就是通过微博就某一问题向广大网民征集解决方案或创意，常见的有奖征集活动有征集广告语、段子、祝福语及创意想法等。它能调动用户兴趣，并通过奖品来诱导用户，吸引其参与其中。

(3)免费试用

免费试用是指企业通过微博发布广告促销信息。与传统广告不同之处在于,发布的产品是免费试用的,以免费的形式吸引目标用户积极参与活动。官方微博根据用户填写的申请理由把奖品发给目标客户。这种活动主要用于企业发布新产品开拓市场时,或者为了市场反馈,进行口碑营销时。

(4)预约抢购

小米在其新品发布期,通过各大网络平台对新品进行了高度的曝光宣传,然后以预约抢购的限量销售模式出售产品,所以该活动非常适合企业上新品或者开设新业务时采用,尤其适用于3C数码产品的预售。

(5)限时抢

限时抢是指企业在指定的活动时间内发起的游戏活动。该活动目前支持的形式有两种:幸运转盘和一键参与。活动以随机的方式抽选出获奖者。一般来说,奖品设置也比较丰厚,会有不同等级的奖励,用户参与即可抽奖,以此吸引用户参与活动。该活动适用于电商行业及O2O企业的营销活动。

(6)预约报名

预约报名活动与预约抢购活动模式相似,也是提前邀请粉丝参与企业开设的最新服务或者业务。常见的预约报名活动有试驾、试吃活动等。因此,该活动更适合于服务性行业或者开展O2O业务的企业。

二、微信营销

1. 微信营销的内涵

微信营销是一种基于用户群体与微信平台的全新的网络营销方式。它通过微信软件与微信用户搭建一个类似"朋友"的关系链,并在该社交关系中借助移动互联网特有的功能而制造全新的营销方式,如"漂流瓶"营销、公众平台营销等,来达到传播产品信息、传达品牌理念,从而实现促进产品销售、强化企业品牌的营销目的。

2. 微信营销的特点

(1)"一对一"互动营销

微信是一款基于个人通信的即时通信工具,用户在微信上的互动是"一对一"的,在完成信息的推送之后,商家可以根据客户的反馈与其进行一对一的对接,根据客户的需求量身定制解决方案。这种营销给客户的感觉往往是"专一的""私密的"。因此,微信营销更接近于朋友化、人性化的营销,它运用亲切动人的语言和图片,拉近了和用户之间的距离,从而提高了用户黏性。

(2)信息到达率高

通过微信,商家可以将企业的活动信息及产品相关信息完整无误地发送到用户的移动终端上。同时,微信收到未读信息时会以铃声、角标等方式提醒用户阅读,加之手机端的移动便携特征,使得用户可以随时随地读取信息,从而实现了微信信息的高到达率。

（3）强关系营销

微信的一对一产品形态注定了其能够通过互动的形式将普通关系发展成为强关系，从而产生更大的价值。微信建立联系的方式是互动，互动就是聊天，可以解答疑惑，可以讲故事甚至可以“卖萌”，用一切形式让企业与消费者形成朋友关系。

（4）初期成本较低，维系成本较高

相对于传统的电视、报纸、户外广告，微信营销的信息成本要低廉得多。目前申请公众账号是免费的，企业只需一点流量就可以向粉丝用户推送广告信息。但是，当公众账号粉丝数量扩大时，企业就需要投入大量的人力、物力、财力和受众做好互动沟通，此时会产生较高的成本。同时，为了留住粉丝，商家也必须不断制作高质量的文案、图片等内容。因此，企业做好微信公众账号的运营比申请一个账号群发硬广告信息要复杂得多。

3. 微信运营平台推广方式

微信运营平台推广是指在微信平台内部对微信公众号的推广。微信运营平台的推广作为微信公众号推广的主要渠道，历来深受微信运营人员的重视。常见的微信运营平台的推广方式主要有微信群推广、微信公众号互推、线上广告投放、免费赠送干货、投票、H5 页面推荐给亲朋好友等，具体内容如下：

（1）微信群推广

在社群营销火热发展的今天，越来越多的微信营销人员开始将微信群作为公众号推广的重要渠道，通过持续不断推送优质的文章内容，吸引潜在读者成为自己的忠实用户。

但需要注意的是，要长久保持群的活跃度及设定好群规则，微信营销人同应重视平时维护，而不是直接把文章或者推广信息发到群里，这种硬广告式的粗暴方式很容易引起群成员的反感，所以在发送文章时，最好附加一些评论，多与群内成员互动，提高在群内的影响力。

（2）微信公众号互推

微信营销人同找到与自己的微信公众号用户群体相重合的其他微信公众号，相互推广，这也是时下较为流行的公众号推广方法。使用该方式进行推广的优点是简单快捷，效果好，不过前提是推广的微信公众号本身已拥有一定的用户数量。因此，这种方式对于粉丝数量少、影响力小的企业公众号来说，门槛较高。

（3）线上广告投放

“花钱省时间，省钱花时间”，对于广告预算充足的企业而言，投放线上广告是快速吸引粉丝、提高曝光量的有效方式之一。微信的线上广告主要有公众号广告、朋友圈广告及网赚类转发等几种方式。

（4）免费赠送干货

在知识经济时代，人们对知识的需求越来越强烈，大量网民愿意为知识服务付费。因此，微信营销人员可以通过免费分享或者免费赠送干货知识给用户的方式吸引用户关注公众号。为此，相关人员可以把行业内的相关知识制作成图文并茂的精美的电子文档，通过与用户互动，留下用户的邮箱，将干货知识赠送给对方。

（5）投票

通过微信公众号发起投票活动也是一种推广微信公众号的常见方式。通过微信公众号发起各种选美、选萌宝、选最佳员工、选优秀团队的投票活动，可以提升用户的参与度，这种活动利用的就是人们普遍存在的希望被认可的心理。同时，活动中的候选人可能会拉票，以期吸引到更多的人气和票数，这种做法在本质上起到了积极配合推广活动，使公众号获得更多曝光率的作用。

(6)H5 页面

近年来，H5 页面凭借其简单快捷、生动有趣的设计在移动前端市场形成了火爆局面，吸引了大量用户的注意力，同样也备受微信运营人员的关注。通过 H5 设计一些生动有趣的小游戏或者商业活动吸引大量用户的关注，成为推广微信公众号的高效方式之一。这类活动形式多样，如朋友互动、趣味游戏、有奖竞猜等。

(7)推荐给亲朋好友

对于运营时间较短的微信公众号来说，一般情况下其影响力较小、用户量较少。所以，营销人员在前期应通过亲朋好友的强关系推荐获取一定的粉丝用户，积累用户数量。

本章小结

随着信息化时代的来临，传统传播媒体发生了深刻变革，新兴媒体发展迅速。新媒体是利用数字技术、网络技术，通过互联网、宽带局域网、无线通信网、卫星等渠道，以及电脑、手机、数字电视机等终端，向用户提供信息和娱乐服务的传播形态。新媒体是信息科技与媒体产品的紧密结合，是媒体传播市场发展的趋势和方向。它具有传播主体多元化，互动及时和信息共享，即时、实时、全时传播，信息服务个性化，海量信息及内容碎片化等特征。

新媒体的出现，促成了社会结构及营销环境的巨大改变。新媒体营销方式对传统营销形成了巨大冲击。新媒体营销是在特定产品的概念诉求与问题分析的基础上，对消费者进行心理引导的营销推广方式。从本质上来说，它是企业渗透的商业策略在新媒体形式上的表达，通常凭借媒体与舆论传播使消费者认同某种概念、观点和分析思路，从而达到宣传企业品牌、销售产品的目的。新媒体营销当前以微博、微信营销为主，同时，视频直播模式异军突起。未来，内容营销、社交营销、短视频营销将成为新媒体营销的主要方向，公众平台成为主要渠道。

客观题

请扫二维码。

(http://www.ehuixue.cn/index/Orgclist/course? cid=11924)

复习思考题

1. 解释新媒体内涵。
2. 与传统媒体相比，新媒体有哪些特征？

3. 什么是新媒体营销？

4. 新媒体营销的优势有哪些？

5. 简述新媒体营销的发展趋势。

应用与探讨

调查一至两个企业的新媒体营销现状，运用本章所学理论提出优化的对策、建议。

【结尾案例】

抖音——城市营销

2018年大西安什么最火？魔性的“西安的人”“西安诱人的美食”，大家都因为抖音被西安深深吸引了。据抖音高级市场总监支颖介绍，截至2018年3月，抖音上关于西安的视频量超过61万条，播放总量超过36亿次，点赞总量超过1亿。例如，西安的钟鼓楼、肉夹馍、灌汤包子都在抖音上拥有不少的粉丝。其中有一条拍摄肉夹馍制作过程的视频获得点赞超过10万。《西安人的歌》是由两个在西安求学的年轻人创作的，描述西安城市特色的歌。随着西安的走红，这首歌也成为抖音上最受用户喜欢的音乐，截至2018年4月播放量已经超过18亿次。

翻开抖音视频中的评论，总能看到诸如：“抖音的总部是不是在西安？”“别放了，我去，我去还不行吗”“中了抖音的毒，专门来西安”等言论。因为抖音，西安在2018年春节期间，接待游客1269.49万人次，同比增长66.56%，实现旅游收入103.15亿元，同比增长137.08%；五一小长假，西安共接待游客1014.56万人次，比去年同期多了400多万人，旅游业总收入45.05亿元，是2017年的两倍多！作为“抖音之城”，本地人更能切身感受到西安的变化，“因为一个短视频App，直接拉动了西安全市的旅游业，至少加快3年。”有人在评价抖音和西安的关系时说道。由此可见，以抖音为代表的短视频行业为城市营销带来了巨大红利，同时也成为平台型企业杀入城市文旅的新切入点。

思考：请运用新媒体营销相关理论总结抖音城市推广的模式，分析抖音城市营销成功的原因？

参考文献

[1] 菲利普·科特勒,加里·阿姆斯特朗．市场营销:原理与实践[M]．楼尊,译．16 版．北京:中国人民大学出版社,2015.

[2] 菲利普·科特勒,凯文·莱恩·凯勒．营销管理[M]．何佳讯,等译．15 版．上海:格致出版社,2016.

[3] 加里·阿姆斯特朗,菲利普·科特勒,王永贵．市场营销学[M]．王永贵,郑孝莹,等译．12 版．北京:中国人民大学出版社,2017.

[4] 菲利普·科特勒,加里·阿姆斯特朗．市场营销原理[M]．郭国庆,译．15 版．北京:清华大学出版社,2019.

[5] 郭国庆,陈凯．市场营销学[M]．6 版．北京:中国人民大学出版社,2019.

[6] 郑玉香,范秀成．市场营销管理理论与实践新发展[M]．北京:中国经济出版社,2014.

[7] 王永贵．市场营销[M]．北京:中国人民大学出版社,2019.

[8] 赵占波,张永军,李季．市场营销学学科前沿研究报告[M]．北京:经济管理出版社,2015.

[9] 吴健安,钟育赣．市场营销学[M]．6 版．北京:清华大学出版社,2018.

[10] 刘志迎．现代市场营销学[M]．合肥:安徽人民出版社,2008.

[11] 庄贵军．营销渠道管理[M]．3 版．北京:北京大学出版社,2018.

[12] 吕一林,王俊杰,彭雷清．营销渠道决策与管理[M]．3 版．北京:中国人民大学出版社,2015.

[13] 吴涛．市场营销学教程[M]．北京:中国发展出版社,2009.

[14] 卡尔·麦克丹尼尔,小查尔斯·W. 兰姆,小约瑟夫·F. 海尔．市场营销学:案例与实践[M]．时启亮,朱洪兴,王啸吟,译．上海:格致出版社,上海人民出版社,2010.

[15] 伯特·罗森布罗姆．营销渠道管理[M]．李乃和,等译．6 版．北京:机械工业出版社,2002.

[16] 肖怡．零售学[M]．4 版．北京:高等教育出版社,2017.

[17] 符国群．消费者行为学[M].3 版．北京:高等教育出版社,2016.

[18] 卢泰宏,周懿瑾．消费者行为学:洞察中国消费者[M].3 版．北京:中国人民大学出版社,2018.

[19] 张灿鹏,郭砚常．市场调查与分析预测[M].2 版．北京:北京交通大学出版社,清华大学出版社,2013.

[20] 宋思根．市场调研[M].2 版．北京:电子工业出版社,2012.

图书在版编目(CIP)数据

市场营销学/胡月英,张国宝主编．—合肥:合肥工业大学出版社,2021.8(2024.1重印)

ISBN 978-7-5650-4759-6

Ⅰ.①市… Ⅱ.①胡…②张… Ⅲ.①市场营销学—高等学校—教材
Ⅳ.①F713.50

中国版本图书馆 CIP 数据核字(2019)第 276062 号

市场营销学

胡月英　张国宝　主编　　　　责任编辑　王钱超

出　版	合肥工业大学出版社		**版　次**	2021 年 8 月第 1 版
地　址	合肥市屯溪路 193 号		**印　次**	2024 年 1 月第 2 次印刷
邮　编	230009		**开　本**	787 毫米×1092 毫米　1/16
电　话	人文编辑部:0551-62903205		**印　张**	22.75
	市场营销部:0551-62903198		**字　数**	512 千字
网　址	press.hfut.edu.cn		**印　刷**	安徽昶颉包装印务有限责任公司
E-mail	hfutpress@163.com		**发　行**	全国新华书店

ISBN 978-7-5650-4759-6　　　　定价:58.00 元